Boeken van Lisa St Aubin de Terán bij Meulenhoff

*Joanna.* Roman
*Op doorreis. Belevenissen van een treinverslaafde*
*De stoptrein naar Milaan.* Roman
*Rosalind.* Roman
*Een huis in Italië. De vele seizoenen van een villa in Umbrië.*
Autobiografie
*Hoeders van het huis.* Roman
*Het paleis.* Roman
*De haciënda. Mijn jaren in Venezuela.* Autobiografie
*De tijger.* Roman
*La Festa.* Verhalen
*Mijn favoriete reizen.* Autobiografie
*Otto.* Roman

# Lisa St Aubin de Terán

# OTTO

ROMAN

Uit het Engels vertaald door
Janneke van Horn

J · M · MEULENHOFF

IMMER · MET · MOED

Meulenhoff Editie 2085
www.meulenhoff.nl
ISBN 90 290 7486 8 / NUR 302

Dit boek is een geromantiseerde versie van het werkelijke leven van de Venezolaanse revolutionair en socioloog Oswaldo Barreto Miliani, codenaam 'Otto'. Ik heb daarvoor zijn toestemming gekregen, en draag dit boek aan hem op.

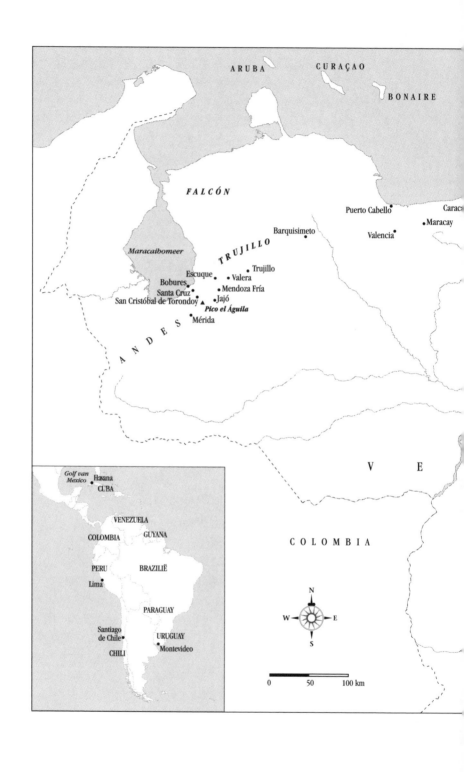

ARUBA  CURAÇAO

BONAIRE

*FALCÓN*

Puerto Cabello     Carac

Valencia     Maracay

Barquisimeto

*Maracaibomeer*

*TRUJILLO*

Escuque     Trujillo
Bobures     Valera
Santa Cruz     Mendoza Fría
San Cristóbal de Torondoy     Jajó
*Pico el Águila*
Mérida

*A N D E S*

V     E

COLOMBIA

*Golf van*
*Mexico*   Havana
CUBA

VENEZUELA

COLOMBIA     GUYANA

PERU     BRAZILIË
Lima

PARAGUAY

Santiago
de Chile     URUGUAY
CHILI     Montevideo

N

W     E

S

0     50     100 km

CARIBISCHE ZEE

GRENADA

TOBAGO

ISLA
MARGARITA

La Guaira
Catia la Mar

Carúpano

Port of Spain

TRINIDAD

Puerto la Cruz

Bergantín

Orinoco

E    Z    U    E    L    A

GUYANA

BRAZILIË

I

# 1

❧

*K*anker is net als de boeman El Coco, waarmee je moeder je bang maakte toen je nog heel klein was. El Coco lag onder je bed, klaar om je te grijpen als je naar de wc moest, hij maakte dat je in bed plaste en daarvoor keer op keer een standje kreeg, want El Coco was zo angstaanjagend dat je er alles voor over had om uit zijn klauwen te blijven.

Je hebt af en toe een glimp van El Coco's schaduw opgevangen, zijn aanwezigheid gevoeld in het struikgewas, zijn ademhaling en steelse voetstap gehoord. Maar je zag hem nooit. El Coco vervaagt rond dezelfde tijd dat je je bewust wordt van het bestaan van kanker. Die doet wat El Coco nooit heeft gedaan: hij steelt vrienden en buren, ontvoert tantes en als hij ze al laat gaan, zijn ze dunner, stil en angstig.

Kanker is een woord dat zelden uitgesproken wordt. Hij wordt aangeduid met een hoofdknik en een veelzeggende blik. Hij bestrooit zijn slachtoffers met as. Je begint zijn stigma te herkennen in de open doodskisten als je opgroeit en dodenwaken en begrafenissen niet langer uitsluitend als een gelegenheid ziet om met je neven en nichten te spelen en warme chocolademelk te drinken. Als je in de puberteit komt, begin je kanker te vrezen, angst te voelen voor zijn willekeur. Je herkent zijn geur; een verstikkende geur die blijft hangen. Hij respecteert leeftijd noch status. In een jaar tijd greep hij zowel don Alfonso Linares als de jongen die zijn stallen uitmestte.

Kanker speelt tikkertje in de stad en elke keer als iemand 'hem' is, zullen je kennissen het woord dood angstvallig uit hun roddelpraatjes weren. De kanker besluipt ons 's nachts, aan het ontbijt, in de douche of op de markt. Hij kan overal en op elk moment toeslaan en heeft geen aansporing nodig. Geen Magere Hein was ooit zo goed voorbereid. Dus komt kanker gelijk te staan met angst, meer dan wat ook, meer dan de dood zelf.

Dat was in elk geval wat de ziekte voor mij betekende: de ultieme angst.

Uiteraard wist ik dat er andere dingen bestaan die angst als handelsmerk gebruiken. Impotentie bijvoorbeeld. En ik zou liegen als ik foltering niet aan het lijstje toevoegde. Folteren is een goed voorbeeld. Het blijft in je gedachten. Het is anders dan de onzekerheid of je hem nog wel omhoog krijgt. Dat is iets vluchtigers. Foltering is een meer blijvende dreiging. Je zou denken dat het je vooral om de pijn gaat. Het rare is dat het niet daarom gaat, maar om de schaamte. Want als je het nog nooit hebt ondergaan, kun je je niets voorstellen bij de pijn; en als je het wel hebt ondergaan, moet je die weer vergeten om te overleven. De angst om gefolterd te worden is de angst om door te slaan, om lafheid te tonen; om minder dan mannelijk te blijken en anderen in de steek te laten. Het is de angst voor schaamte.

Later besef je uiteraard dat je wel móet praten als je wordt gefolterd. Als je maar genoeg elektroden aansluit op genoeg delen van het menselijk lichaam, zal iedereen op een gegeven moment gaan zingen als een kanarie. Na de eerste keer weet je dat; je weet dat het draait om wát je zegt, niet óf je het zegt. Als je een of twee namen achterhoudt, ben je een held. Als je ooit gefolterd bent, kijk je er voortaan anders tegenaan.

Als je een foltering hebt overleefd, bent genezen en met de nachtmerries hebt leren leven, ben je er zelfs niet meer zo bang voor. Je wordt bijna blasé. Wat angsten betreft, blijft dan alleen kanker over.

Tegen alle verwachtingen in ben ik nog in leven. Ik heb onwaarschijnlijk veel geluk gehad. Mijn geboorte, mijn babytijd, ziekte, mijn jongensjaren, oorlog en vrede heb ik overleefd. En wat revoluties betreft, ben ik net een hamster! Ik heb meer dan vijftig jaar in dat rad gelopen: Venezuela, Hongarije, Uruguay, Paraguay, Peru, Cuba, El Salvador, Algerije, Chili, Parijs, Italië, Iran en China. Ik heb aan meer revoluties meegedaan dan goed is voor een mens.

Beweringen dat de miljoenen die ik heb buitgemaakt bij mijn bankovervallen opgeborgen liggen in overzeese banken zijn absurd. Ik woon in een klein huisje, en op een paar kisten met boeken na bezit ik niets. Toen me in 1992 werd gevraagd om naar Parijs te komen en daar deel te nemen aan een denktank voor het Franse ministerie van Oorlog, kon ik mijn geluk niet op. Een paar verrukkelijke maanden lang was ik een topambtenaar met alle voordelen die daaraan verbonden waren. Ik woonde in Parijs en was niet meer illegaal: ik hoefde me niet te verbergen en had niet eens valse papieren! Ik had een belangrijke functie en mijn eigen chauffeur. Portiers die me altijd hadden veracht, wierpen me nu respectvolle zijdelingse blikken toe, en dat terwijl ik eruitzag als een Arabier. En het geldt in Frankrijk normaal gesproken niet als positief om eruit te zien als een Arabier.

Ik huurde een appartementje in het Quartier Latin en bezocht dezelfde cafés en bistro's als voorheen. Ik schafte heel symbolisch een nieuwe jas en een paar nette schoenen aan, en een das voor chique gelegenheden, en ik kocht tientallen boeken en ook een aantal flessen goede wijn en truffels voor bij het ontbijt. Verder was aan niets te merken dat mijn plotselinge voorspoed me naar het hoofd was gestegen, tot ik een hinderlijke kriebel in mijn keel begon te voelen. Als ik geen prater was geweest, waren er misschien maanden voorbijgegaan zonder dat ik veel meer actie had ondernomen dan over te stappen op een krachtiger variant van de honingpastilles waaraan ik verslaafd was. Maar ik ben een geboren prater en Parijs is een stad bij uitstek voor conversaties. En hoe meer ik praatte, hoe duidelijker ik de kriebel voelde.

Onder normale omstandigheden zou ik niet naar de dokter gaan voor een kriebel. In Venezuela houden we niet van ziekte. Artsen vormen een dure kostenpost, en een begrafenis (met alle pracht en praal en de kosten voor het eten tijdens de dodenwake) heeft menige familie armlastig gemaakt. Het is in mijn geboorteland heel normaal dat als mensen ziek worden, ze zich vermannen en er met geen woord over reppen. Maar ik was niet in mijn geboorteland: ik was een in de watten gelegde gast van de Franse regering en had niet alleen een chauffeur, maar ook een ziektekostenverzekering met complete dekking. Ik besloot mezelf eens te verwennen zoals mijn rijke tantes in Valera, die zich wentelden in hun vele kwaaltjes, en de grootste aandacht besteedden aan ingegroeide teennagels, wratten en minuscule littekens, om daarna de bloederige details van de luxebehandeling door te nemen met hun vriendinnen en buurvrouwen, waarbij speldenprikjes tot zware operaties werden opgeblazen. Voor een aantal tantes was hypochondrie een hobby. En het was een spel dat hun echtgenoten en bedienden meespeelden: het bood potentiële bemoeials een ongevaarlijke, zij het dure, afleiding. De regels waren duidelijk: zolang het drama over vlekjes, krasjes en eenvoudig te verhelpen kwaaltjes ging, speelde iedereen mee. Dat in de tussentijd echte tropische ziektes dood en verderf zaaiden in de stad stond er helemaal los van: daar had je het niet over.

Vanwege mijn nieuwe status, rijkdom en hoge positie in Parijs besloot ik eens net zo te handelen als mijn verwende tantes. Dus bezocht ik een keel-, neus- en oorarts in een privé-kliniek die veel weg had van een vijfsterrenhotel. Hij bekeek mijn keel, maakte een uitstrijkje en zei dat ik een vervolgafspraak moest maken.

Dat deed ik, en toen ik terugkwam voor de uitslag, stelde hij voor dat ik plaatsnam. Plaatsnemen? Het was toch allemaal maar aanstellerij geweest! Ik was niet echt een van mijn tantes. Dit was voor het eerst dat ik raad zocht vanwege een lichamelijk ongemak en het was nou ook weer niet de bedoeling dat er een drama van werd gemaakt. Ik heb momenten meegemaakt waarin ik bij gebrek aan medische hulp nachtenlang heb liggen creperen van de pijn, terwijl nu, vanwege een kriebeltje, een gerenommeerde Parijse arts me uitnodigde om zijn (en mijn) tijd te verspillen. Ik glimlachte om te laten zien dat ik hem doorhad: ik was geen rijke hypochonder die langs een heel scala aan denkbeeldige kwaaltjes moest worden geleid. Ik weigerde om te gaan zitten: ik moest nog naar een vergadering op het ministerie van Defensie en het verkeer in de stad was zoals altijd weer een ramp.

Op de kortaangebonden manier van de Parijse chic gebaarde de arts me om toch te gaan zitten. Na dit autoritaire gebaar bleven zijn ogen rusten op een diploma aan de muur naast zijn bureau. Ik volgde zijn ogen: hij was afgestudeerd aan de Sorbonne en had een specialisatie in Bologna gevolgd. Een serie andere getuigschriften hield zijn blik gevangen. Hij legde mijn initiatief om de bijeenkomst luchtig te houden naast zich neer en bleef naar een kastanjebruine leren stoel wijzen, waarin ik van hem moest plaatsnemen. Het leek of hij de tijd had stilgezet tot ik zijn bevel zou opvolgen. Zijn gedrag was een vreemde mengeling van 'de dokter weet het beter', een gemaskeerde militaire autoriteit en een amper in bedwang gehouden jovialiteit. Zijn onderdrukte glimlach had zich tot een grimas verbreed en deed hem op een roofzuchtig reptiel lijken. Maar meer nog dan aan een glimlachende krokodil deed hij me aan Maurice Chevalier denken. Net als de ster uit de jaren veertig wekte hij de indruk dat hij elk moment in zingen kon uitbarsten.

De boosaardige kaken en zijn hoffelijke gedrag hielpen de grote afstand overbruggen tussen zijn resolute maar joviale manier van doen en de woorden die werkelijk uit zijn mond kwamen. Wat hij te zeggen had, voelde evenwel als iets van minder groot belang aan dan de kleine overwinning die hij op me had geboekt toen hij me tot zitten dwong. Het was alsof het boeiende deel van mijn bezoek eindigde toen hij me zijn spierballen had getoond en het eventueel aanwezige restje leeuw in me had getemd. Toen ik eenmaal plaatsgenomen had, wachtte hij niet tot ik er goed voor was gaan zitten. Hij was kordaat: ik zat daar niet omdat dat comfortabeler was maar uit medische voorzorg. Hij verlegde zijn aandacht van zijn Bolognese diploma naar een punt achter me. Toen zei hij: 'U gaat dood.'

Was dat een grapje? Meende hij het echt? Ik keek naar hem en zag aan de manier waarop hij mijn blik ontweek dat hij het meende. Hij had het me onomwonden meegedeeld, maar wat dan nog? Ik ben niet bang om te sterven en ik was het toen ook niet. Ik had mezelf nooit als onsterfelijk beschouwd: iedereen gaat dood. Zelfs de arts zou op een dag naar de grote kliniek in de hemel moeten gaan. Hij herhaalde de zin met mijn naam erbij. Ik maakte aanstalten om op te staan, al in gedachten bij de vergadering straks op het ministerie: weer een verhit debat over de voors en tegens van supersonische vliegtuigen. Ik was al half overeind gekomen toen hij eraan toevoegde: 'U heeft kanker.'

Voor het eerst en laatst in mijn leven wist ik niet wat ik moest zeggen. Ik moest mijn uiterste best doen om niet mijn broek te bevuilen. Hij was gekomen, had zijn gezicht laten zien en mijn keel met een kruis gemerkt. Met één woord was mijn hele leven zinloos geworden. Maar toen het woord er eenmaal uit was, het onnoembare een naam had gekregen, werd de arts mijn redder.

Ik had kanker. Ik heb kanker gehad, maar nu is het weg. Mijn keel is van mij. Ik ben genezen. Ik ben mager en bleek en zwak en mijn haardos is uitgedund, maar de grauwe tint en de verstikkende walm hebben me verlaten. Ik ben genezen en het mooie ervan is dat mijn leven, die eindeloze en absurde warboel achter me, van me eist dat ik er de zin in ontdek. Zonder kanker had ik mijn leven nooit als één geheel bekeken en een poging hebben gedaan het te begrijpen, en evenmin had ik de moeite genomen om alle gebeurtenissen op een rij te zetten.

Ik denk dat ik mijn hele leven bang ben geweest. Ik ben niet bang meer.

Ik heb nooit iets gedaan wat ik van tevoren had gepland. Het toeval heeft mijn leven bepaald. Voor deze ene keer maak ik een keuze. Ik zal het vertellen zoals het was. Ik kan niet anders en ik doe het niet uit ijdelheid, zoals zal blijken. In de kleine dingen ben ik minder bijzonder dan de mythes rond mijn persoon doen geloven. Wat ik weet en nu duidelijk zal maken, is dat mijn hele leven een 'spel van vergissingen' is geweest. Ik moet begrijpen wat alle vergissingen betekenen, als ze al iets betekenen. Of misschien ontdekt iemand die lang na mij geboren is wat de zin van mijn leven is geweest.

Aangezien dit een oefening in waarheid is, moet ik vertellen en ontkennen. Ik moet beschrijven wat er in werkelijkheid is gebeurd tegen de achtergrond van wat mensen beweren dat er gebeurd is. Het is mijn woord tegen dat van vele anderen. Maar het is mijn leven. Ik ben misschien weer niet oordeelkundig als het om het leven van andere mensen gaat. Dat is iets waarover anderen mogen beslissen en waarvan de tijd zal uitmaken of ik gelijk had. Het enige waarvan ik zeker ben dat ik het beter kan dan wie ook, is mijn eigen verhaal vertellen en de waarheid scheiden van de zee van leugens.

Mijn moeder was geen 'prostituee in de Calle Vargas in Valera', en ik ben niet 'het gevolg van een mislukte abortus in een achterafstraatje'. Ik ben niet in een maïszak op een mesthoop gevonden, ik ben niet de onechte zoon van de dorpsgek van Jajó, en ook heb ik nergens op mijn lichaam hoefsporen. Het is waar dat ik uitzonderlijk behaard was toen ik werd geboren, maar niet 'dat Zara de Zottin twee bolivar betaald kreeg om seks te hebben met een orang-oetan in San Cristóbal de Torondoy' en dat ik het resultaat was van dat experiment. De regering en de media hebben sommige verhalen er zo in gestampt, of het nu mijn afkomst, mijn legers, mijn campagnes en plannen betrof, dat het velen moeite zal kosten om mijn versie te geloven.

Dus voor ik begin, wil ik nogmaals dit zeggen: wat nu volgt, is zoals het was. Het is wie ik ben. Ik heb het licht gezien, het daglicht, op elke dag dat ik wakker werd en nog zal worden, genezen van kanker. Mijn keel en mijn tong zijn gezuiverd door chemotherapie. Mijn geheimen zijn niet gestorven. Mijn hele leven is een mengeling geweest van toeval en noodzaak, waar ik meer uit het toeval had kunnen halen. Wat ik verder ook doe, ik moet nu mijn verhaal vertellen.

# 2

Om bij het begin te beginnen: ik ben in 1934 geboren in een dorpje in de buurt van Mérida, ten zuiden van het Maracaibomeer, waar mijn vader terechtkwam om te ontkomen aan een vervolging die deels politiek, deels persoonlijk van aard was. Hij had Jajó moeten ontvluchten, waar zijn ouders, zijn grootouders en zijn overgrootouders vandaan kwamen. Mijn moeder, Camila Araujo Miliani, kwam ook uit Jajó.

Ik kwam op 18 september ter wereld, maar het exacte moment waarop ik ben geboren is niet van belang; en daarom zal ik het over mijn wortels hebben, of liever gezegd, over de familie waaruit ik kom, en hoe ik ben geboren. Ik heb dat verhaal zo vaak gehoord; iedereen die toen in de buurt was, heeft me altijd hetzelfde verhaal verteld, zelfs de mensen uit San Cristóbal die indertijd onze buren waren.

Mijn moeder woonde in het grote huis van een haciënda die mijn vader beheerde. Ze kregen kort na elkaar twee dochters, en daarna viel er een leemte in de productielijn. In 1933 werd een zoon geboren die de grootste wens van mijn vader in vervulling deed gaan. Mijn vader kwam uit een eenvoudiger familie dan mijn moeder. Camila stamde van grandeur af: ze was een Araujo Miliani en dat vergat ze nooit. Mijn vader evenmin. De Araujo's waren van zuiver Spaanse afkomst; het waren landeigenaren met een illuster verleden. Maar mijn vader stamde uit een mestiezenfamilie met een duidelijke scheut Mayabloed, iets wat met name in de Andes een stigma is. Mijn vader droomde van een blanke, blauwogige zoon. Die droom kwam uit toen mijn oudere broer met een albasten huid en korenblauwe ogen ter wereld kwam.

Mijn vader had een obsessieve natuur, die op merkwaardige manieren tot uiting kwam. Hij bedacht kleine regels en klampte zich daaraan vast zonder ooit de moeite te nemen ze nader te verklaren. Zo wenste hij bijvoorbeeld dat zijn zoons de initialen O.A. of O.O. moesten hebben. Dus noemde hij zijn eerstgeboren zoon Ostilio Alfonso. En Ostilio was mijn vaders trots. Zijn twee dochters hadden er al voor gezorgd dat zijn familie met de Spaanse elite verbonden was geraakt, maar Ostilio was met zijn arische uiterlijk een zichtbaar bewijs van dit verbond.

Het was nog niet zo lang geleden dat mensen bij de geringste verwijzing naar een mogelijke rassenvermenging nog duels aangingen en elkaar vermoordden. Blank was goed, indiaans niet. Schoonheid werd in tinten wit gemeten. Het maakte niet uit of een meisje dik en lelijk was en onder de pukkels zat: als ze blank was, was ze mooi. En lichte ogen waren het neusje van de zalm. Dochters waren aardig, en ze hielpen in het huishouden, maar in feite waren ze er gewoon voor de versiering. In onze wereld telden alleen de zoons. Een jongen met blauwe ogen was praktisch een god.

Voor de familie van Camila was het huwelijk met mijn vader een geweldige mesalliance. Sociaal gezien is dat misschien ook zo gebleven, maar raciaal gesproken zorgde mijn blauwogige broer ervoor dat mijn vader in zijn eigen ogen en in die van de buitenwereld een waardig man was.

Ik werd elf maanden na mijn broer Ostilio geboren, en dus niet drie of vier maanden later, zoals vaak is beweerd. Ik werd elf maanden later geboren, en mijn geboorte werd in het register van San Cristóbal de Torondoy vastgelegd. In navolging van zijn eigen mysterieuze O.A.-wens noemde mijn vader me Oswaldo Antonio.

De rest is waar, de rest van de roddels rond mijn geboorte welteverstaan. In tegenstelling tot mijn oudere broer, die oogverblindend knap was, was ik oogverblindend lelijk. Ik was van top tot teen overdekt met zwart haar, als een aap. Om de een of andere reden, die niemand schijnt te kennen (maar niet omdat mijn vader me in mijn wieg heeft proberen te vermoorden), knapten een paar dagen na mijn geboorte mijn trommelvliezen. De dorpsarts, dokter Cesare, zei tegen mijn moeder: 'Deze kleine jongen zal het niet lang maken, en als hij dat wel doet, wordt hij mismaakt of dom, met die oren van hem. Maar hij gaat vast dood, en dat is maar goed ook.'

Mijn moeder had iets dwars over zich. Ze had haar ouders getrotseerd door met mijn vader te trouwen. Ze trotseerde de kwaadaardigheid van haar buren, de toenemende desinteresse van haar man en de schamele opbrengst van onze boerderijtjes. Haar tweede zoon zag er dan misschien uit als een harige spin, maar ik was wel háár harige spin en ze liet zich niet vertellen wat ze moest doen en wat ze moest verwachten. Toen dokter Cesare zo ongevoelig mijn doodvonnis uitsprak, besloot mijn moeder hem en dat doodvonnis te trotseren.

Dat was geen eenvoudige taak. En tot overmaat van ramp werd mijn oudere broer kort na mijn geboorte ernstig ziek. Elke dag dat mijn toestand als pasgeborene verslechterde, werd mijn mooie broer, die zelf nog een baby was, ook allengs zieker, tot mijn moeder, die de veertigdaagse quarantaine na de bevalling nog niet achter de rug had, op het punt stond haar beide zoons te verliezen. Tegen alle hoop van de familie in, en in weerwil van alle waarschijnlijkheid, omdat Ostilio ouder en sterker was, overleed mijn broer en bleef ik in leven.

Ik begon te groeien, en alles wees erop dat ik de voorspelling van de familiedokter in vervulling zou doen gaan, door zowel mismaakt als dom te worden. Mijn moeder loodste me door mijn vroege jeugd, al was dat vooral aan haar moederinstinct en koppigheid te danken. Ze beschermde me alsof ze wilde zeggen: 'Dit mormel is het enige wat me nog rest, dus ik kan hem net zo goed in bescherming nemen.' Maar ze treurde om het verlies van de schone Ostilio. Ze treurde lang en intens. Ze zou uiteindelijk tien kinderen grootbrengen, maar ze hield het meest van degene die als eerste was gestorven.

Mijn rol was duidelijk: ik was de levende herinnering aan de dood van haar lievelingskind, het zout in haar wonde. Ik was een gril van de natuur. Voor Camila, die meestal aan zichzelf werd overgelaten, moet ik de belichaming zijn geweest van alles wat er verkeerd aan haar huwelijk was. Ik vind dat het haar siert dat ze

20

nooit tegenover mij heeft uitgesproken wat ze zich soms moet hebben afgevraagd. Na die harde strijd om mijn leven te redden, heeft ze zich, voorzover ik weet, in mijn bijzijn nooit hardop afgevraagd waarom.

Maar desondanks heb ik nooit de kleren van de overleden Ostilio gedragen of met zijn speelgoed gespeeld. Ze werden bewaard als offergaven, samen met zijn foto's, waarvan de meeste na zijn dood zijn gemaakt en me de stuipen op het lijf joegen. Ik had in mijn jeugd meer foto's van de dode Ostilio om me heen dan van wie dan ook.

Ondanks die slechte start begon het er na verloop van tijd op te lijken dat ik in leven zou blijven en ook dat ik behoorlijk slim was. Tegen mijn derde had ik de woordenschat van een volwassene. Alleen mijn neiging om me aan mijn moeder vast te klampen was niet normaal. Zij sjouwde rond met een graatmagere vogelspin aan haar rokken hangend. Dat was ik. Ik wilde haar geen moment uit het oog verliezen. Buiten onze naaste familie werd alom aangenomen dat ik achterlijk en doof was. Mijn moeder en haar vriendinnen praatten met elkaar alsof ik er niet was. Ze fileerden de hele stad met woorden. Ze zetten hun tanden in seks, schandalen, liefde en dood. Ze ontleedden elkaars overdrijvingen en onwaarheden waar ik bij zat. Ik hoorde over rampen en teleurstellingen, over vetes en ruzies tussen geliefden, en over de pijntjes en pijnen van het vrouwelijk lichaam. Als een spons zoog ik alle lange woorden om me heen op, en langzaamaan begon ik ze terug te lispelen, tegen mezelf, tegen mijn moeder, en heel af en toe tegen iemand anders die de moeite nam om voorover te buigen en lang genoeg te luisteren om mijn eigenaardige spraak te ontcijferen. Ik slikte bepaalde letters midden in een woord in, vooral de d en de r, en het duurde nog zeker tot mijn tiende voor ik die kon uitspreken.

Voorzover ik me herinner, bestond mijn vroege jeugd uit twee dingen: woorden en angst. Ik was bang: ik was voor alles even doodsbang. Ik was bang voor mijn eigen schaduw. Ik was bang voor de regen, voor citrusvruchten, voor gekko's, voor graspluimen die in de wind wuifden. Ik was bang voor het patroon op de jurk van mijn moeder. Zij dacht dat het kwam doordat ik zo ondermaats en zwak was, maar mijn angst was meer dan lafheid. Ik deinsde niet terug voor uitdagingen. Ik deinsde terug voor het leven zelf.

Als het in San Cristóbal de Torondoy regende, was het altijd een ware zondvloed. Het leek of het nooit zou ophouden. Het regende zes maanden per jaar, dag in dag uit, tot de hele wereld beschimmeld was. Je zakte tot je enkels in de modder op straat weg, en elk stroompje was aangezwollen tot een woeste rivier. Als ik terugkijk, lijkt het of het onophoudelijk regende, maar er zullen heus tijden geweest zijn dat dat niet zo was.

Mijn zus Graciela zegt dat er toen ik nog een kleine jongen was eens een dame bij ons langskwam. Ze vond mij in mijn eentje schuilend op de veranda en knoopte een gesprek met me aan, en om de een of andere reden zette ik het nu eens niet krijsend op een lopen, maar voelde ik me bij haar veilig genoeg en voldoende op mijn gemak om te praten. Toen de rest van het gezin verscheen en er een eind aan ons gesprek kwam, schijnt de dame te hebben gezegd: 'Wat heeft dat kind een boeiende geest.'

Ik moet me vastklampen aan dat vlot van 'een boeiende geest' waarmee ik door een onbekende werd geprezen, om me in de woelige herinneringen aan mijn vroege jeugd drijvend te houden. Het klinkt misschien nogal onbetekenend, zo'n terloops zinnetje, maar voor mij was het een sprankje hoop, en hoop kan overal wortel schieten. Iemand had iets waardevols in me gezien, en ik heb vaak geprobeerd om het moeras van mijn fouten opzij te duwen en mezelf door de ogen van die onbekende te zien.

Toen ik nog een peuter was kwam ik er al achter hoe erg ik mijn ouders had teleurgesteld: mijn geboorte alleen al had ze treurig en beschaamd gestemd; een zonde die ik dubbel zo erg had gemaakt door te blijven leven, en nog eens drie, vier keer had verergerd door mijn weerzinwekkende uiterlijk. Dat ik dat als kind allemaal te horen kreeg, maakte me nog banger en onzekerder. Ik kan je

niet vertellen hoe vaak ik heb gehoord wat een zielig, angstig, on-
volgroeid hoopje mens ik was.

'Weet je nog hoe bang je voor dit of dat was? Hoe erg je moest
huilen?' Hoe had ik dat kunnen vergeten? En hoe had ik mijn
blauwogige broer kunnen vergeten? De schone Ostilio, de grote
broer wiens plaats ik had ingenomen. De belichaming van de
droom die zo onrechtvaardig was weggerukt; en tot overmaat van
ramp haalde het lot ook nog even een grap uit en fnuikte mijn vaders trots. Het duwde hem met zijn neus op zijn eigen afkomst.
Ostilio's plaats werd ingenomen door een verschrompeld, harig,
onooglijk wezentje; een kind dat ter wereld was gekomen om zijn
familie met schande te overladen. Vanaf mijn geboorte gaf ik
voedsel aan de roddelaars.

Gevoelens werden in mijn familie niet gespaard. Mijn moeder
ging op den duur van me houden, daarvan ben ik overtuigd, maar
ze hielp me voortdurend herinneren aan mijn overleden broer.
Bij elke gelegenheid begon ze over de dode Ostilio, die volgens
haar nooit bang zou zijn geweest voor het donker, de maan, kat-
ten, honden, insecten, vogels, warm en koud water, bezoekers of
wat dan ook. Camila wist zeker dat mijn broer nooit in bed zou
hebben geplast, nooit gegriend zou hebben als een meisje, en zich
nooit aan haar rokken zou hebben vastgeklampt. En Ostilio zou
niet net datgene zijn geweest waar mijn vader de grootste verachting voor koesterde: een lafaard. Als Camila mijn weerbarstige,
zwarte haar met de borstel probeerde te fatsoeneren en daarbij
mijn protesten en angstkreten negeerde, haalde ze vaak herinneringen op aan Ostilio's blonde, zijdezachte krullen, en weende ze
om de onrechtvaardigheden van het moederschap.

Toen onze gevechtsgroep jaren later eens in een van die oneindige
nachten tijdens de gewapende strijd in het oerwoud van de Sierra
verdwaald raakte, zonder eten of drinken, en met niets anders om
handen dan onze wapens schoon en gebruiksklaar te houden en
te praten, kwam dat hele gedoe met mijn dode broer weer boven
toen de groep in het donker eerste herinneringen zat uit te wisse-

len. Een vrouwelijk lid van mijn groep was voordat ze zich bij de revolutie aansloot psychiater geweest. Ze zette haar tanden in mijn verhaal alsof ik haar die hongerige avond een hotdog met patat had toegegooid.

Telkens als we de dagen erna veilig konden praten, zaagde ze me fluisterend door over mijn vermeende minderwaardigheidscomplex en mijn heimelijke gevoel dat ik tweede keus was en dat ik daarom behoefte aan competitie had. Ik probeerde haar de waarheid te vertellen, maar het drong niet door. Geen enkele vrouw staat erg open voor ideeën als ze met volle bepakking door de jungle ploetert, terwijl ze intussen verslonden wordt door muggen en bloedzuigers, worstelt met hitte, honger, vermoeidheid en frustratie omdat ze geen idee heeft waarheen ze op weg is. En daar komt dan nog de angst bij dat ze van het ene op het andere moment door een sluipschutter kan worden neergeschoten. Of, zoals in onze groep, door een van de jongens achter haar. Dat waren onze eigen jongens, maar helaas was het een stelletje schietgrage gekken die zich alleen voor een beetje actie bij de Beweging hadden aangesloten. Kameraad psychiater liep dus het risico om haar medestanders kwijt te raken of zelf het leven te laten. Ze hing de harde partijlijn aan, ze was een fantastische meid, een geweldige schutter, en ze had een prachtige kont.

Dag in dag uit liep ik vechtend tegen vermoeidheid en verveling achter haar aan, en had ik alle gelegenheid om haar kont tot in de details te bestuderen. De billen leken op twee grapefruits: rond, stevig en met putjes. Die kuiltjes zaten zo regelmatig verdeeld en waren zo gelijkvormig dat ze op een vreemde manier aantrekkelijk waren. Ik bespiedde haar weleens als ze baadde, dat deden we allemaal. Er is een enorme kloof tussen het ideaal om de wereld te redden en de blaren en het gekibbel van de alledaagse werkelijkheid terwijl je door het dichte struikgewas ploetert om zo'n ideaal te verwerkelijken. Je moet iets om handen hebben, iets om je gedachten af te leiden van je voeten en de wankele geestesgesteldheid van de knaap achter je met een granaat in zijn zak en een kalasjnikov min of meer op je rug gericht.

Ik zeg niet dat ik op een therapeutisch gesprek met kameraad psychiater zat te wachten, of dat ik verlangde naar een professionele relatie tussen arts en patiënt. Ik wilde alleen dat ze begreep dat er wat Ostilio en mij betreft nooit sprake was geweest van zoiets als 'de tweede plaats' of 'de op één na beste'. Mijn broer was mooi ter wereld gekomen en ik lelijk. Hij was sterk en ik zwak. Hij was blond en ik donker. Ik was kansloos. Ik was zo volkomen kansloos dat er nooit sprake van was dat ik zelfs maar met hem zou proberen te concurreren. Dat waren de regels, en die werden er bij mij van jongs af aan zo in geramd dat ik waarschijnlijk de minst prestatiegerichte jongen in de hele deelstaat Trujillo was. Wat zou dat voor zin hebben gehad? Je kunt niet meedingen in een race waarvan je uitgesloten bent. Ik was zo opvallend anders dat ik daarin mocht excelleren. Ik kon niet op andere jongens lijken, en jarenlang wilden andere jongens niet op mij lijken.

Op mijn derde leerde ik lezen. Op mijn vierde probeerde mijn moeder me naar school te sturen, maar daar hield ik het niet uit. Ik werd er doodsbang. Mijn moeder, of soms mijn oudere zus, moest me er letterlijk heen sleuren. De weg naar school was een hellevaart. Er was maar één pad bij ons huis vandaan waar ik me veilig voelde. Dat was het korte tuinpad van ons huis naar dat van onze buurvrouw, een oude dame die Genti heette. Het lange pad naar school was heel iets anders. Het dreigen met El Coco, waarmee al generaties lang kleine kinderen in het gareel werden gehouden, had bij mij veel te goed gewerkt. Het landweggetje dat naar de straatweg leidde en vandaar naar de school was naar mijn smaak veel te ruim voorzien van schuilplaatsen voor de slimme en alomtegenwoordige boeman om eroverheen te willen lopen.

Maar Genti's huis was heel wat anders. Haar tuin liep over in de onze. Het kleine paadje tussen die twee lag op open terrein. Ik had praktisch vanaf het eerste moment dat ik kon lopen over dat pad heen en weer gelopen. Weggedoken achter mijn moeders rokken en vastgeklampt aan haar hand, leerde ik elke graspol en elke kuil in de grond kennen. Genti deed haar meeste karweitjes op de veranda. Er waren andere mensen bij haar in huis, een stel snaterende vrouwen, maar die hielden zich in de keuken schuil en namen niet de moeite om voor zo'n onbetekenende gast als ik tevoorschijn te komen. Zelfs als mijn moeder Genti opzocht, moest dat stel kennelijk binnenshuis blijven. Ze luisterden door het raam naar het geroddel, maar ze mochten niet buiten komen. Alleen al van de gedachte dat ik meer dan één persoon gedag zou moeten zeggen, plaste ik in mijn broek. Maar bij Genti was ik veilig, daar was alleen zij, op haar veranda. Vandaar zag ik ons huis, en haar huis vanaf het onze.

Toen ik klein was, was het enige klusje dat ik beheerste naar de tuin van Genti rennen om chilipepers te plukken. Genti had een fantastische chilistruik. Het was de grootste van de hele omtrek, en mijn moeder stuurde me er vaak heen om chili's te plukken. Genti zei dat ik net zoveel chili's mocht plukken als ik kon tellen. Twee jaar lang kwam ik niet verder dan zeven. Ik moet tientallen van die tochtjes hebben gemaakt om chili's te plukken, tot Genti op een dag tegen me zei: 'Het is toch niet te geloven! Camila heeft zoveel chili's nodig, en jij komt hierheen en je plukt er maar zeven. Wat mankeert je toch?'

Ik was eraan gewend om op de vingers te worden getikt voor mijn lelijkheid en mijn bangelijkheid en mijn nutteloosheid, maar die tochtjes naar Genti waren het enige nuttige dat ik deed. Ik was diep getroffen toen ze dat zei. Ik voelde me zo vernederd dat ik besloot om tot tien te leren tellen, en liefst nog verder. En dus bedacht ik de eerste van een lange reeks plannen om mezelf te verbeteren.

Sommige buurkinderen kwamen naar ons huis om een boodschap of om met mijn oudere zussen te spelen, of gewoon om wat rond te hangen. We hadden heel veel fruitbomen in onze tuin: mango's, sinaasappels, papaja's, zuurzakken en avocado's. We hadden ook een lapje grond met pisangbomen en een welig tierende kruidentuin. Er was altijd meer dan we zelf nodig hadden. Daarom werden de jongens uit het dorp vaak door hun moeder gestuurd om fruit te vragen.

Een van die jongens viel me op omdat iedereen zei dat hij de intelligentste jongen van de stad was. Ik had hem al heel vaak voor de deur zien rondhangen, erop uitgestuurd voor fruit of een handvol moederkruid. Ik merkte dat hij in tegenstelling tot de andere jongens een beetje verlegen was. Hij verstopte zijn zakken vaak in een perk met canna's aan de rand van onze veranda, zodat hij binnen kon wandelen en net doen alsof hij alleen maar langskwam om naar onze kuikens te kijken of met Graciela te schommelen. Al had ik vaak naar hem staan kijken, we hadden nog nooit een woord gewisseld. Toen Genti mijn intelligentie omlaaghaalde, raapte ik de moed bijeen om dit wonderkind te vragen of hij kon tellen. 'Natuurlijk kan ik dat,' zei hij. 'Ik kan alles tellen.'

'Hoe doe je dat, alles tellen? Kun je me dat leren?' Ik moest meteen gaan zitten en hij begon me met zoveel geduld te leren tellen dat ik begreep dat ik niet zozeer zijn leerling was als wel een toekomstige medestander in de strijd om fruit. Ik denk dat hij terwijl hij me leerde tellen de kansen optelde om mij avocado's, citroenen en handenvol pisangs te ontfutselen, als Camila er af en toe niet was. Terwijl hij me door honderd-, duizend- en honderdduizendtallen loodste, verkleinde de gêne die hij voelde omdat hij uit naam van zijn moeder fruit moest lospraten.

Een paar dagen later vroeg mijn moeder: 'Wil je bij Genti wat chili's voor me gaan halen, jongen?'

Ik ging op pad met een kleine zak en plukte de chilistruik al tellend volkomen leeg. Zoals gewoonlijk zat er weer een heel stel vrouwen in Genti's huis verscholen. Er waren nooit mannen. Genti moet de vrouwen hebben geroepen terwijl ik aan het plukken was, want tegen het eind stonden ze allemaal te kijken naar die sukkel met zijn zeven chili's die nu tot in de honderden telde. Ze stonden verbijsterd naar elkaar te schreeuwen terwijl ik me met mijn zak vol geplunderde waar uit de voeten maakte. Toen kwamen ze met fladderende kleren achter me aangerend. Ze gingen in het zwart gekleed, en met hun magere nekken zagen ze eruit als aasgieren. Zwarte vogels waren de boodschappers van de duivel. Zwarte vogels bespiedden je om je op overtredingen te betrappen. En dan vlogen ze met dat nieuws terug naar hun meester Satan, die je in de nacht zou komen opeisen als nieuwe rekruut voor zijn duivelse leger.

Ze renden krassend en kraaiend achter me aan in een fladderende, zwarte formatie. Genti was de enige die ik aardig vond. De anderen had ik bij vele gelegenheden achter het raam zien staan; ze hadden barsten rond hun mond en hun gebit zat vol grijze vlekken en gaten. Ik hield ze onder het plukken van de chili's altijd vanuit mijn ooghoeken in de gaten, en hun hongerige kraaloogjes vervulden me met angst. Achter de tralies voor Genti's raam gaapten ze me grijnzend aan. Ik had hen nooit gegroet. Ik was bang om hun aanwezigheid te erkennen omdat ik vreesde dat ik hen daarmee uit hun kooi zou bevrijden. Zolang ze opgesloten zaten kon ik hen nog net verdragen. Maar de angst die ik altijd koesterde, verergerde op die dag dat Genti hen losliet en ze achter me aan kwamen rennen.

Ik had een voorsprong maar ze haalden me in. Ik had nog nooit echt gerend en ik kreeg het gevoel dat mijn longen zouden ontploffen. Toen ik ons huis had bereikt, verstopte ik me achter een enorm wasbord dat in onze keuken stond en ik smeekte mijn moeder: 'Zorg dat die vrouwen me niet zien. Laat ze niet binnenkomen.' Maar ze zaten vlak achter me, en de dikke vrouwen in het zwart kwamen hijgend en gillend binnen stormen. In aanmerking genomen dat ik dagelijks tientallen crises doormaakte, begrijp ik in retrospectie dat mijn moeder onmogelijk kon weten dat dit echt het ergste was wat me kon overkomen. Op dat moment ervoer ik het als puur verraad toen zij hen binnenliet. Ze stond toe dat die afgrijselijke vrouwen me te pakken kregen. Hoewel ze alleen achter me aangekomen waren om me te zoenen omdat ik zo slim was, raakte ik zo in paniek dat mijn moeder me uiteindelijk iets rustgevends moest geven. Jaren daarna bleven die vrouwen me in mijn dromen achtervolgen. En ze bezorgden me een levenslange angst voor vrouwen die me om mijn intelligentie begeren. Ik ben vaak bang voor vrouwen die jacht op me maken.

Hier moet ik even stoppen, want ik zie te veel besmuikt gegrijns vanwege die laatste opmerking. Op dit punt in mijn verhaal was ik vijf, zes jaar oud, en het voorval tekende me. Ik probeer niet te ontkennen dat ik me tegenover het schone geslacht als een schurk heb gedragen. Ik geef toe dat ik meer tijd en energie in liefde, lust en seks (en niet per se in die volgorde) heb gestoken dan de meeste intellectuelen. Maar het is niet waar dat ik evenveel kinderen heb als er dagen in een jaar gaan. Ik heb vier kinderen: twee zoons en twee dochters. En op mijn eigen manier probeer ik een goede vader voor hen te zijn.

Ik heb een paar keer een scheve schaats gereden, en ik heb menigmaal mijn best gedaan om vrouwen die toevallig mijn pad kruisten te verleiden. Maar ik heb niet persoonlijk alle vrouwen en meisjes van heel Oost-Venezuela ontmaagd. En al evenmin heb ik als guerrillero ooit dorpen bevrijd door er de maagdelijkheid van de pubermeisjes op te eisen. In tegenstelling tot de beweringen in de roddelbladen (de onbetrouwbaarste bron van informatie die je je maar kunt voorstellen: het ene moment verkracht ik nonnen en het volgende moment ben ik een geaffecteerde nicht) ben ik geen homo. Binnen de guerrillabeweging heerste diepe verachting voor geleerdheid. Dus een intellectueel als ik werd automatisch als een nicht beschouwd. Maar ik ben het niet. Evenmin heb ik ooit een bordeel gehad, ik heb er nooit een geleid of er gewerkt, al zijn sommige van mijn kennissen prostituee of zijn ze het geweest. Verder neuk ik geen lijken, en dat heb ik ook nooit gedaan. Nu ik het toch over mijn seksuele gevoelens heb, wil ik ook graag kwijt dat ik het altijd al eng heb gevonden om dieren zelfs maar aan te raken, en dat ik dus nooit geslachtsgemeenschap met een beest heb gehad.

Maar in mijn jeugd was ik bang voor de dikke vrouwen in het zwart die achter me aanzaten. Ik weet nog goed dat ik krijsend achter het wasbord vandaan werd gesleurd, terwijl mijn moeder lachend stond toe te kijken. Ik weet nog hoe er aan me getrokken werd en dat ze me omarmden en me kussen opdrongen, en dat ik dat gelebber over mezelf had afgeroepen door te tellen, door iets te leren. Tot op de dag van vandaag ben ik bang voor roofdierachtige vrouwen. En misschien is het vanwege deze gebeurtenis dat ik zo van de jacht houd, op voorwaarde dat ik degene ben die jaagt, op eindeloos onbereikbare vrouwen.

# 3

⌒

*U*iteindelijk is het mijn moeder gelukt me zover te krijgen dat ik naar school ging. Op de momenten dat ik niet huilde en in staat was om over mezelf na te denken, voelde ik me als een insect in een potje. Ik begon me ervan bewust te worden dat andere kinderen niet zo waren. Ik had tot nu toe vrijwel uitsluitend omgang gehad met mijn broertjes en zusjes (ons gezin had zich tegen die tijd behoorlijk uitgebreid). Thuis was het een stuk makkelijker om zwak en bang te zijn. Als de onderwijzer me even aan mezelf overliet, rende ik dan ook direct terug naar mijn moeder.

Naar algemene maatstaven zat ik op een piepklein schooltje in een piepklein dorpje, maar iedereen noemde het dorp een stad. In mijn ogen was deze stad een onveilige plek, een stedelijk mijnenveld waar ik doorheen moest. Ik was in fysiek en emotioneel opzicht zo anders dat ik zelfs de geringste verandering ondraaglijk vond. Ik kon me dagenlang zorgen maken over een minieme blauwe plek, splinter of vlek. Mijn moeder en ik waren aanvankelijk de twee veilige gebieden in mijn leven. Maar mijn moeders lichaam was al verscheidene keren op onrustbarende wijze opgezwollen en misvormd geraakt, wat betekende dat ik eigenlijk alleen op mezelf, mijn eigen harige vel en mijn botten, kon vertrouwen. Op school besteedde ik, immer op mijn hoede, een hoop tijd aan zelfonderzoek om mezelf gerust te stellen.

Toen ik een keer tijdens de les mijn handen bekeek, viel me op dat een botje in mijn pols nogal vreemd uitstak. Ik keek om me heen naar de polsen van de andere kinderen, maar die zagen er niet uit als de mijne. Geconfronteerd met deze plotselinge misvorming rende ik luid brullend het lokaal uit. Terwijl ik naar huis snelde, steeg met elke stap de walging die ik voor mijn gemuteerde handen voelde. Ik wierp mezelf op de veranda en liet mijn moeder weten: 'Kijk, kijk, ik ben misvormd! Kijk dan naar dit botje!'

Camila was eraan gewend dat ik vaak naar huis kwam rennen, en al helemaal dat ik een huilebalk was, maar dit keer was ik echt hysterisch aan het snikken. Dus keek ze naar haar eigen polsen en zag dat die anders dan de mijne waren. Ze deed haar best om me gerust te stellen, maar ik wilde er niets van weten. Ik was misvormd. Toen het haar niet lukte me stil te krijgen of te troosten, nam ze me uiteindelijk mee de stad in om net zo'n pols te vinden als ik had. Niemand had er een. Het tochtje, dat bedoeld was om me gerust te stellen, maakte het er alleen maar erger op. Toen ze alle winkels en huizen langs was geweest, ging ze de school binnen om daar een polsonderzoek te doen. Het bevestigde wat ik al wist: geen van de andere kinderen had knobbelige polsen zoals ik. Toen kwam ze aanzetten met mijn onderwijzer, Ruben. Hij had net zulke knobbels als ik. Ik voelde me enorm opgelucht: ik was misvormd, maar Ruben ook. Onze afwijking maakte ons tot verwante wezens en dus voelde ik me vanaf toen een stuk beter op school.

Toen ik rond de zes jaar oud was, in 1940, raakte mijn onderwijzer gefascineerd door de tegenstellingen in mij. Hij zag een kind dat voor heel veel dingen bang was, maar dat ook slimmer was dan de meeste andere leerlingen. Rond diezelfde tijd begon ik te beseffen dat ik anders was dan de andere jongens: een onvolmaakt kind dat een volmaakt kind had vervangen. Onbewust had ik het altijd al geweten, maar nu ik in staat was het te benoemen, had dat een kalmerend effect op me.

Ik begon minder tijd te besteden aan me zorgen maken over mezelf en meer tijd aan leren. Ik was een goede leerling. Het was mijn onderwijzer die me stimuleerde om uit te blinken. Er was een festival in onze stad en de schoolkinderen zouden een soort opvoering doen. Iedereen moest een gedicht reciteren en een voordracht houden. De beste voordracht op het festival was van mij. Uiteraard had mijn onderwijzer hem geschreven, maar ik had hem gehouden. En ik was ook degene die het beste een gedicht had gereciteerd. Het was een gedicht over een boom:

De gapende tombe
vroeg de zonnebadende roos,
waarheen uw glorie
deze ochtend…

Ik heb er nooit achter kunnen komen welk gedicht dat was. Maar die ogenschijnlijk nietszeggende strofe was belangrijk voor mij. Mijn passie voor literatuur en het houden van voordrachten begon ermee. Mijn eerste voordracht hield ik daar in San Cristóbal de Torondoy. En ja, het publiek was in vervoering, en nee, ik heb de stad niet gehypnotiseerd wat tot de dood leidde van een tachtigjarige vrouw die nooit meer wakker werd uit haar trance.

In de volgende vier jaar wist ik me geleidelijk aan te passen: normaal te worden en minder bang. Ik integreerde in ons stadje. Tot dat moment was ik een slachtoffer dat zijn angsten verzon. Daarna werd ik met echte problemen geconfronteerd, omdat mijn ouders hadden besloten naar Valera te verhuizen. Net toen ik het punt had bereikt dat ik me veilig voelde in San Cristóbal de Torondoy, verhuisden we naar een echte stad.

We reisden via Bobures. Dat was een vrij slaperige kleine havenstad aan het Maracaibomeer, maar in mijn ogen was zij gigantisch groot en hels druk.

Tot dan had ik nog nooit een auto gezien. Ik kende alleen lastdieren, en die konden goed of slecht zijn, wild of tam, paarden, ezels, muilezels of ossen, maar ze waren altijd viervoetig. Toen we per boot in Bobures aankwamen, sloeg ik steil achterover van de auto's, vrachtauto's en treinen en de honderden mensen. Bobures stelde in mijn ogen veel meer voor dan de grote havens die ik in mijn latere leven zou zien. Het is altijd indrukwekkender voor me gebleven dan Marseille, Hamburg, Algiers of Rotterdam. Binnen een etmaal hadden we niet alleen de veiligheid van ons bergdorp en de vertroosting van onze vertrouwde woning, buren en vrienden achter ons gelaten, maar werden wij kinderen ook meteen in de twintigste eeuw gelanceerd, met technologie geconfronteerd en in een voor ons volkomen vreemde omgeving geplaatst. Voor iedere jongen zou een dergelijke verhuizing al een schok zijn geweest. Gezien mijn bange aard was de schok zo enorm dat het me een paar jaar gekost heeft voor ik hem te boven was.

Bobures had me al verbaasd, maar de grootte van Valera vervulde me met ontzag. Het was ook werkelijk een grote stad: de grootste in de deelstaat Trujillo. Toen we erheen verhuisden, zal het zo'n dertigduizend inwoners hebben geteld. Mijn geboortedorp telde zestien huizen en er woonden honderddertig mensen. Ik kende alle families die er woonden, en iedereen kende mij. Tegen de tijd dat we er weggingen, was ik het meest opvallende kind in San Cristóbal. Ik was een stuk verder in mijn ontwikkeling en ik vocht zelfs met de andere jongens. Maar bovendien was ik hun leider. Ik besliste wat we buiten schooltijd deden, en op school. Ik was een uitmuntende leerling en stond daarom bekend. Ik schreef ook liedjes voor de kleintjes en ik hield voordrachten. Ik was daar een grote jongen.

In Valera stelde ik helemaal niets voor: ik was het neefje van het platteland. Mijn ouders waren in Valera opgegroeid, dus er bestonden familiebanden en herinneringen aan beide zijden. Ik had massa's neven en nichten van moeders kant. Via haar waren we verwant met alle Pacheco Araujo's. Deze twee patricische clans regeerden praktisch de stad. Als hun neef had ik bondgenoten moeten hebben, maar zij waren allemaal rijk en bij hen vergeleken waren wij arm, dus gingen ze me zo mogelijk nog meer uit de weg dan als ik een vreemdeling was geweest. De zoons van de leiders stoorden zich aan mijn versleten kleren en aan het feit dat we in het verkeerde deel van de stad woonden. We deden samen ons huiswerk, en ik wist me te redden omdat ik een goede leerling was, maar ik was alleen. Ik moest met alle andere jongens vechten: met de arme jongens vanwege mijn iele postuur en pretentieuze erfgoed, en met de rijkere jongens omdat mijn sjofelheid hen te schande maakte. De twee kampen die me op mijn huid zaten, gingen niet met elkaar om, maar ze waren wel verenigd in de opvatting dat het noodzakelijk was om me te straffen voor het feit dat ik een buitenstaander was, een provinciaaltje en een boerenkinkel met het verkeerde accent.

In Venezuela beschouwt men jongens niet alleen als belangrijker dan meisjes, maar de man drukt ook zijn stempel op het huishouden. Ik heb nog nooit zo de vader gemist die ik amper kende als toen. Ik miste zijn aanwezigheid als stabiliserende factor, als gids in die verbijsterende nieuwe wereld. Hij woonde niet bij ons omdat hij ver weg in een andere stad werkte. De ongewoonheid van deze situatie kreeg ik voor de voeten geworpen. 'Bastaard, bastaard, waar is je vader?' werd op de melodie van een oude Mexicaanse *ranchero* gezongen of gescandeerd, en soms alleen geneuried. Een paar maten waren genoeg. Ik kende de wrede tekst die de kinderen hadden verzonnen en ook als ze die niet zongen, hoorde ik hem in mijn hoofd.

Dat mijn vader geen deel meer uitmaakte van ons gezinsleven, was geen gevolg van onze verhuizing naar Valera: in San Cristóbal had hij ook niet bij ons gewoond. Hoewel hij de haciënda daar beheerde, was hij een kleine boer en het akkerland bracht niet genoeg op om in onze behoeften te voorzien. Hij had een opzichter aangesteld en kwam er zelf van tijd tot tijd kijken. Dan bracht mijn vader een paar dagen bij ons door, bezwangerde mijn moeder, en keerde vervolgens weer terug naar Bobures, waar hij bij de afdeling personeelszaken van de grote suikerfabriek werkte. Hij was een handelaar: hij handelde in mensen. Hij haalde mensen over om hun stad of dorp te verlaten en in de fabriek te komen werken. Tijdens onze laatste jaren in San Cristóbal deed hij hetzelfde werk voor de benzinemaatschappijen van Guachaquero, waarbij hij boeren zover bracht te verhuizen. In menig opzicht was het een baan zonder toekomst. Ik denk dat het bijna net zo'n grote teleurstelling voor hem moet zijn geweest als voor mijn moeder, maar hij had weinig keus. De dominante familie in San Cristóbal, de Schulers, zou nooit iets doen om hem te helpen met zijn haciënda, en terwijl de opbrengst afnam, stegen de prijzen. Er was geen ander werk in en om San Cristóbal en hij moest rekeningen betalen en zijn vrouw en kinderen voeden. Toen het gezin groeide en de koffieprijzen daalden, werd hij wat hij juist nooit had willen zijn: een keuterboer.

# 4

∿

*W*e verhuisden naar Valera omdat mijn vader besloten had om opnieuw te beginnen en in Trujillo te gaan werken. Het meest reactionaire, rechtse deel van onze familie zat in Trujillo. Een van onze naaste verwanten, Atilio Araujo, was gouverneur van de deelstaat Yaracuy, andere familieleden waren notabelen in Valera. Het waren machtige mensen die banen te vergeven hadden.

We kwamen in april 1946 in Valera aan. Mijn vader was ervan overtuigd dat zijn familie hem een goede baan zou bezorgen. Hij was ooit hoofd van de lijfwacht geweest bij Juan Batista Araujo en als zodanig kon hij aanspraak maken op zekere gunsten. Juan Batista Araujo was praktisch een god. Mijn vader had het nooit over die jaren, maar later hoorde ik van anderen dat Juan Batista bij diverse gelegenheden zijn leven aan hem te danken had gehad. Dat moest goed zijn voor een baan. En dat zou het ook ongetwijfeld zijn geweest als het lot niet ruw tussenbeide was gekomen.

Vijf maanden na onze aankomst pleegde de oppositiepartij Acción Democratica* een coup. Het gebeurde een maand na mijn elfde verjaardag. Die coup werd bij mij thuis als een reusachtige tragedie beschouwd. Nu had iedereen die door de Araujo's onder de duim was gehouden de kans om terug te slaan en de touwtjes in handen te nemen. Het was een grote dag voor de vijanden van de Araujo's, die indirect ook de vijanden van mijn ouders waren.

De aanhangers van Acción Democratica worden Adeco's genoemd, en deze Adeco's kregen het in Venezuela voor het zeggen. De Venezolaanse politiek is net een draaimolen: als er een nieuwe regering aan de macht komt, verandert alles. Alle banen gaan naar de aanhangers. De hele structuur van het land verandert, tot en met de posterijen. De Adeco's (die tegenwoordig achter hun progressieve, bijna linkse façade zo links zijn als senator McCarthy) stelden een hele horde halfgeletterde boeren aan om het land te regeren. Zo stond de kerel die met paraffine langs de deuren ging boven aan de lijst kandidaten voor de gemeenteraad. En Ippolito Peña, een landarbeider op de haciënda van Cesar Terán, werd gouverneur van Valera. Ippolito had op de haciënda de leiding gehad over een ploeg arbeiders, maar het was en bleef een analfabete landarbeider, een *peón*. Voordat hij het gouvernementsgebouw betrok, woonde hij in een lemen hut en scheet hij in de bosjes. Hij moest schoenen op maat laten maken want hij had nooit schoenen gedragen en daar had hij platvoeten aan overgehouden.

Ik ben een van de eersten om toe te geven dat sommige van de grootste geesten uit de stront afkomstig zijn. Ik ben geen snob, maar willen veranderingen slagen, dan moet de macht in handen komen van mensen die erop voorbereid zijn. Als het erom gaat wie het voor het zeggen heeft, geef ik geen bal om afkomst, maar ontwikkeling is belangrijk en vaardigheid is cruciaal, en het is absurd om die twee te negeren. De coup had veel absurde kanten.

---

* De Democratische-actiepartij.

Als ik terugkijk, kan ik erom lachen, maar indertijd was het niet grappig.

De coup was een catastrofe voor mijn familie. Alle familieleden die macht hadden, raakten die macht kwijt. Mijn vader moest in Bachaquero bij een bouwonderneming gaan werken. Samen met de opbrengst van onze kleine haciënda leverde dat net genoeg op om zijn gezin te onderhouden. In 1946 hadden mijn moeder en hij inmiddels negen kinderen. In vergelijking met onze chique neven en nichten waren we echt arm. Duizenden kinderen waren armer dan wij, maar dat waren geen Miliani Araujo's.

Ondanks onze relatieve armoede en het feit dat we met zijn negenen waren, ging ik elke dag naar school, en mijn broers en zussen ook. Het is niet waar dat we 'in de maanden na de coup van '46 op de Plaza Bolívar om eten en kleingeld bedelden en de nagedachtenis van onze grote bevrijder bezoedelden, onder aanvoering van een jongen die bij zijn geboorte had moeten worden gewurgd, en wiens twijfelachtige redenaarskwaliteiten in zijn jeugd werden aangewend om de brave burgers van Valera eten en geld voor zijn hongerende broers en zussen uit de zak te praten'.

We kregen het zwaar en iedereen wist dat. Het geroddel werd dubbel zo erg. Mijn zussen moesten een vakopleiding volgen, en dat terwijl het in die dagen voor een meisje van goede familie een schande was om te gaan werken. Intussen ging ik naar de middelbare school.

In het derde jaar van mijn opleiding viel de linkse Adeco-regering en nam rechts het weer over. De Araujo's waren door het dolle heen toen ze de touwtjes opnieuw in handen kregen. Drie inwoners van Valera dronken zich dood tijdens de feesten die ze gaven. Dankzij deze omslag naar rechts verbeterden de perspectieven van mijn vader aanzienlijk. Hij kwam terug uit Bachaquero en werd aangesteld als beheerder van de haciënda Las Cenizas, een staatscoöperatie van keuterboeren. Het was een modelhaciënda. Het project was het troetelkind van Atilio Araujo en een andere plaatselijke hoge pief. Atilio was een achterachterneef van mijn moeder en een vriend en drinkgezel van mijn vader. Hij deelde zijn werk met mijn vader door hem ter plekke aan te stellen. In feite had hij om hem te helpen een baan voor hem gecreëerd.

Wat ik over mijn vader weet, heb ik gereconstrueerd uit de fragmenten die anderen van hem wisten. Het was een gereserveerde man die nooit over zichzelf sprak. Hij was in Jajó geboren in een familie van keuterboeren. Hij heette Felipe (Felipito). Zijn achternaam luidde Barreto Briceño. Hij was een van de jongste zoons van zijn ouders. Toen hij nog klein was, verhuisden zijn ouders naar Valera. Als jongen viel hij op door zijn moed: hij was trots en hij was een vechter.

Ik weet dat hij als jongen naar Jajó terug is gevlucht. En toen hij twaalf was, werd hij voor het eerst neergeschoten. Dat weet ik omdat mijn vader mij eens in mijn eentje van Valera helemaal naar San Cristóbal wilde sturen om geld voor hem te innen. Mijn moeder (die zelden of nooit tegen hem opstond of voor onze belangen opkwam) gruwde bij de gedachte dat een twaalfjarige, laat staan haar eigen zoon, die zware tocht door de heuvels moest ondernemen. Ze zei: 'Het is nog maar een kind.'

En mijn vader zei: 'Het is geen kind meer, hij is bijna dertien. Toen ik twaalf was, had ik al een kogelwond in mijn been.' Ik vond het spannende informatie, maar haar angst werd er niet bepaald door gesust. Ze hadden een van hun zeldzame ruzies en tot mijn grote opluchting redde mijn moeder mij en hoefde ik niet op pad. Ik ben er nooit achter gekomen hoe of waarom mijn vader in zijn been werd geschoten, maar nog jaren daarna had ik nachtmerries waarin ik op mijn eentje de heuvels van Jajó in werd gestuurd en daar vervolgens met kogels werd doorzeefd. En zelfs in mijn dromen was ik een lafaard.

Als je Jajó ziet, zou je denken dat het gewoon het zoveelste slaperige dorpje in de Andes is, met zijn blauwgepleisterde huizen en over lege geplaveide straten hangende balkons. Maar Jajó was de wieg van de familie Araujo. In de dagen voordat er wegen waren, was het een van de wereld afgesloten oord. Toen mijn vader er allang weg was, was het de enige plaats in heel Venezuela waar ze zich gewapenderhand tegen de Adeco's verzetten, toen die partij haar coup pleegde. Jajó was de thuishaven van generaal Batista Araujo, zoon van 'de Leeuw van de Andes', en opperbevelhebber van al het extreem-rechtse verzet in de deelstaat Trujillo.

Deze generaal Araujo was de oom van mijn moeder. Hij was zelfs meer dan een oom, want drie Araujo's, alledrie kinderen van generaal Juan Araujo (indertijd was vrijwel iedereen generaal) trouwden met drie kinderen van een Italiaans gezin dat de republiek van de vooruitstrevende Garibaldi was ontvlucht. De drie Araujo's om wie het ging waren Juan, Victor en Rosa. Stel je die combinatie eens voor: de meest reactionaire mensen in de hele deelstaat Trujillo die met de meest rabiaat reactionaire kinderen van Italië trouwen. De Italianen kwamen van Elba. Het was de familie Miliano Balestrini, en ze vestigden zich als koffieplanters in Jajó. Rosa Araujo trouwde met mijn grootvader José Miliani. Uit dat huwelijk werd mijn moeder geboren.

Zoals je al uit die namen kunt aflezen is de *high society* van de Andes een minder goedaardige versie van het Schotse clansysteem. Familie is het allerbelangrijkste en iedereen kent elke naam binnen de familie. Een man ontleent in plaatsen als Valera en Jajó geen status aan wie hij is of wat hij heeft gedaan, maar aan zijn voorouders. Dit is iets wat alle Latijns-Amerikaanse landen met elkaar gemeen hebben. Het is alleen in de Venezolaanse Andes nog eens aangescherpt tot op het punt waarop iemand kan zeggen: 'Ik ben aan die en die verwant, dus ik besta.'

Toen mijn vader naar Jajó was terug gevlucht (vanwege wat het ook geweest mag zijn waaraan hij op zijn twaalfde een kogel in zijn been overhield), werd hij lijfwacht van Juan Batista Araujo. Indertijd had een lijfwacht heel weinig aanzien. Het was gewoon een dappere boer. Maar langzamerhand werd mijn vader de vertrouweling van zijn baas.

Mijn vader begon in Jajó mijn moeder het hof te maken. Hij werd door haar familie gewaarschuwd. Ondanks het respect dat zijn baas voor hem had, was en bleef mijn vader door zijn afkomst een boer. Het was ondenkbaar dat een dochter van Juan en Rosa, een Miliani Araujo en ook nog eens het mooiste meisje van het dorp, met een man als Felipe zou trouwen, die alleen op zijn moed kon bogen. De Araujo's hadden Jajó. Ze zaten verspreid tot aan Valera en Trujillo en over de heuvels in de omtrek, maar binnen hun citadel bezaten ze alles en iedereen. Het zou heel zacht uitgedrukt zijn om te zeggen dat mijn vader ambitieus was toen hij met mijn moeder besloot te trouwen. Het was een cocktail van ambitie, roekeloosheid, moed en een flinke scheut pure waanzin. Maar toch was dat precies wat mijn vader besloot te doen. Om dichter bij zijn toekomstige echtgenote te kunnen komen sloot hij vriendschap met twee van haar dubbele neven, Atilio Araujo en Miliano Miliani.

Toen hij begin twintig was, ging Felipe om met een meisje uit de omgeving, dat hij bij zich in huis haalde. Zoiets deed je indertijd niet, tenzij het meisje een hoer of boerenmeid was. Maar als een man van Felipes standing zijn oog durfde te laten vallen op Camila Miliani, kon je niet verwachten dat hij zich over zoiets druk zou maken. Toen de vader en de broer van het meisje hun beklag kwamen doen voor de schande die hij hun had aangedaan, verschenen ze met wapens. Het verhaal gaat dat mijn vader hen beiden ernstig verwondde. Het meisje in kwestie was hoer noch boerenmeid en de gewonde mannen hadden connecties. Dus daarmee was het nog niet afgelopen. Atilio Araujo smokkelde Felipe vervolgens Jajó uit, want de Araujo's waren wel machtig, maar ze konden niet voorkomen dat mijn vader de gevangenis in zou zijn gegaan of zou worden neergeschoten. Hij was al bij zoveel incidenten betrokken geweest dat ze hem eenvoudig niet meer konden beschermen.

Hij vluchtte naar een verborgen plek in de heuvels rond Mérida die erom bekendstond dat mensen erheen gingen als ze voor de wet op de vlucht waren. Dat is de oorsprong van San Cristóbal. Een Italiaanse familie had zich ook aangetrokken gevoeld tot die afgelegen vesting, maar dat waren koffieplanters en al het land rond San Cristóbal was ideaal voor koffie. Binnen een paar jaar kregen ze gezelschap van nog meer Italianen, allemaal koffieplanters. Dus er waren enerzijds die planters, en anderzijds mensen die voor de wet op de vlucht waren.

Mijn vader was een dappere, hardwerkende voortvluchtige die al snel op zijn pootjes terechtkwam. Hij werd deelpachter op de belangrijkste haciënda in San Cristóbal, Los Limones. Met het geld dat hij verdiende, kocht hij twee kleine boerderijen, El Charal en Romero. In San Cristóbal zag mijn vader kans om zijn positie te verbeteren. Van landarbeider werd hij ineens landeigenaar, en aldus werd hij een man met vooruitzichten.

Al was San Cristóbal nog zo klein, het was een kosmopolitisch plaatsje. Er was niet alleen een Italiaanse enclave, het trok ook Duitsers aan. Ik weet niet precies wanneer die verschenen. Ik weet dat ze er al voor mijn vader waren, en ik denk dat het kort na de Eerste Wereldoorlog was, in 1919. Ze vestigden zich in dat afgelegen dorpje en zetten een koffiebranderij op.

Als je indertijd naar San Cristóbal wilde, moest je de boot naar Bobures nemen, dan de trein naar Midden-Venezuela, dan een vrachtwagen naar Santa Cruz, en vervolgens nog eens minstens tien uur per muilezel de heuvels in. Juist omdat het zo moeilijk bereikbaar was, werd het een toevluchtsoord voor bandieten. Het was nu eenmaal niet het soort plek dat onbekenden konden vinden. Maar de Duitsers hadden gehoord over de eerste kwaliteit koffie die hier verbouwd werd en ze besloten naar die plek op zoek te gaan. En natuurlijk vonden ze die niet alleen, maar binnen een paar jaar hadden ze zelfs de hele boel overgenomen. Vóór hun komst waren de plaatselijke boeren niet veel verder gekomen dan het plaatsen van een cilinder om hun koffiebonen in te spoelen. Misschien kwam het wel doordat ze hun oorlog in Europa hadden verloren, dat die Duitsers zo vastbesloten waren nooit meer een gevecht te verliezen, dus ook niet het gevecht met de natuur. Ze wierpen één blik op de koffiecilinder en zetten zich aan de taak om de modernste fabriek in heel Venezuela te bouwen. Elk onderdeel van die fabriek, elke schroef en moer, moest die zware tocht door de heuvels maken.

Op een traditionele koffieplantage had je twee keuzes: je droogde de hele koffiebessen (een soort peultje waarin meestal twee bonen zitten) op een aarden vloer of je droogde ze op een betonnen vloer. In beide gevallen moest je lang wachten tot ze gedroogd waren. Het duurde altijd zo'n anderhalf à twee maanden voor je de koffie kon verkopen. Je kon niet elke dag op de zon rekenen, dus zijn droogkracht was niet altijd even groot. De bonen werden allemaal door elkaar verkocht, alleen de rotte werden eruitgehaald.

Daar brachten de Duitsers verandering in. Ze kwamen, bouwden een fabriek, en van toen af verliepen er acht dagen van de oogst tot het moment waarop hun koffie werd verpakt en kon worden verkocht. Of ze nu groot of klein waren, alle plaatselijke koffieplanters verkochten hun koffie via tussenhandelaren. De Duitsers maakten daar onmiddellijk een eind aan en brachten hun koffie zelf naar Maracay, vanwaar ze hem rechtstreeks naar Hamburg verscheepten. Ze kunnen al niet arm geweest zijn toen ze arriveerden, want die fabriek moet een aardige duit hebben gekost, maar het zal duidelijk zijn dat ze heel rijk werden met hun koffie.

De Duitsers heetten Schuler – Juan en Rodolfo Schuler. Stukje bij beetje namen ze het hele dorp over. Ik heb geen idee waarom, maar mijn vader was een vijand van Juan Schuler. En in San Cristóbal kon je eigenlijk geen ergere vijand hebben. Vanwege zijn vete met Juan Schuler zou het ons gezin nooit echt voor de wind kunnen gaan. En vanwege diezelfde vete kregen we ook nooit elektriciteit in ons huis. De elektriciteitscentrale was in handen van de Schulers en die weigerden ons elektrisch licht. Tot we naar Valera verhuisden, leefde ik bij het licht van paraffinelampen en kaarsen.

# 5

*E*r zijn sprankjes licht in de mythes die me omgeven, sprankjes waarheid. Laster slaat dood als die niet op een kern van waarheid is gebaseerd. Ergens in het geheugen van de toehoorder moet een verbinding worden gelegd. Een man die lasterpraat probeert te ontzenuwen, stuit vaak op een kern van waarheid zoals hij op een kilometerpaaltje langs de weg stuit, dan vindt hij er nog een, en dan breekt hij vaak zijn speurtocht af, geschokt maar tevredengesteld, in de overtuiging dat de leugen waarheid is.

Neem nou de Duitsers van San Cristóbal. Ze vestigden zich er nadat ze de oorlog in Europa hadden verloren. Maar het waren geen 'dermate verdorven nazi's dat zelfs Hitler voor hun methodes terugschrok en hen naar de andere kant van de wereld verbande'. Ze arriveerden lang voordat de Gestapo was uitgevonden. Ze arriveerden na de Eerste Wereldoorlog, niet de Tweede. Hun aanwezigheid had niets sinisters: het waren koffieplanters. Dat was geen façade. De Schulers verbouwden koffie en hun fabriek was het bewijs van hun bijna volkomen toewijding aan koffie. Het handjevol dorpelingen dat me nog kent van de tien jaar die ik in San Cristóbal heb gewoond, zal mijn naam misschien koppelen aan die van de Duitsers, omdat ik de zoon van Felipe en Camila ben en de vete tussen onze twee families de bron van veel gespeculeer en roddels moet zijn geweest. Die Duitsers hebben me niet 'geïndoctrineerd met hun filosofie over de wereldheerschappij'. Ze toonden ons land juist een filosofie van vooruitgang en verlichting, en sociaal en economisch gezien domineerden ze ons stadje als een respectabele familie.

Ja, ik was de slimste jongen van San Cristóbal toen ik daar op tienjarige leeftijd wegging. En ja, ik wist wie de Schulers waren, iedereen wist dat. Maar ze waren in een vete verwikkeld met mijn vader, dus ik sprak zelfs niet eens tegen de Schulers. Dus kan ik niet 'hun uitverkoren pupil, vanaf mijn vroegste jeugd onderwezen in de demonische praktijken van foltering' zijn geweest, noch hadden ze me 'tegen de natuur opgezet om het Venezolaanse ras te verachten en verafschuwen'. De gemengde erfenis van Spaans en indiaans bloed stroomde door mijn aderen zoals bij vrijwel iedereen.

Niet één keer is een onderneming van me gefinancierd met Duits geld, 'dunnetjes verborgen onder een laagje koffiepoeder, maar wreed verkregen (zoals we allemaal weten) uit de omgesmolten gouden vullingen van onze Europese voorvaderen'.

Vergeet dat maar. Het is klinkklare onzin en er zijn grenzen aan hoeveel één iemand kan ontkennen. Neem nou die flauwekul over de 'gouden vullingen'! Venezuela heeft nooit een moer gegeven om de Tweede Wereldoorlog. En dan 'onze Europese voorvaderen'. Sinds wanneer is Venezuela opeens joods? Er wonen maar zo'n elf joden in de hele Venezolaanse Andes. We hebben ze nooit binnengelaten! En wat het idee betreft dat er joden zouden zitten in San Cristóbal, of andere volbloed-Europeanen buiten de Schulers en de drie Italiaanse families die er een dynastie hebben gesticht – dat is echt volkomen absurd! Geen enkele immigrant had het dorp ooit kunnen vinden. Het was een wonder dat de Schulers het hadden gevonden. San Cristóbal was een nietig oord achter Gods rug.

De oude obsessies met huidskleur zijn niet diepgeworteld in Venezuela. De patricische families gaan prat op de zuiverheid van hun Spaanse bloed. Maar in elke deelstaat hebben leden van de ene familie ooit wel met leden van alle andere families de liefde bedreven. En nu heeft iedereen indiaanse voorouders.

Het maakt niet uit hoe ver sommige families gaan om hun vermeende arische afkomst te bewijzen: het is allemaal onzin. De vermenging van bloed begon al direct. Toen Cortez in Mexico aankwam, hielp het indiaanse meisje dat hij tot zijn concubine had gemaakt hem om de Azteken te onderwerpen. Aan de ene kant stond Montezuma, die alles bezat, en aan de andere kant stond Cortez met zijn concubine en zijn legertje bandieten. De

Spanjaarden waren in de minderheid en toch wonnen ze. Vanaf het begin was het geluk aan hun kant geweest. Bij een boek of een film had niemand het geslikt als er zo'n toevalstreffer in het verhaal zou zijn verwerkt. Cortez verscheen in het jaar waarin volgens een Azteekse profetie een god van de zee zou terugkeren met een 'krijtachtig gezicht' en Mexico zou terugeisen van Montezuma. Geweren, baarden en paarden (alle onbekend bij de Azteken) maakten het nog geloofwaardiger dat Cortez die god was. Het indiaanse meisje vertaalde zijn wensen en behoeften, en de rest is bekend.

De vijf elementen van die verovering zijn verweven met de Latijns-Amerikaanse samenleving: hebzucht, wellust, wreedheid, waarheid en poëzie. De conquistadores werden gedreven door hebzucht. Ze werden gevoed door wellust, waarbij ze het keer op keer van de indianen wonnen door hun vrouwen te verleiden en verraders van hen te maken. De wreedheid was altijd aanwezig, geïmporteerd uit Spanje, en in de hitte van de tropen nam zij extreme vormen aan. Waarheid en poëzie vermengden zich destijds, en doen dat vandaag de dag nog steeds. Ze bedekken het onverteerbare met een acceptabel laagje, en veranderen alledaagse dingen in iets wonderbaarlijks.

Cortez wilde goud, dat was eigenlijk het enige wat hij wilde. De Azteken, die dachten dat hij god was (ze waren er niet zeker van, maar namen toch liever het zekere voor het onzekere) brachten hem dat in grote hoeveelheden. Als Cortez destijds hebzucht had getoond, hadden de Azteken hem misschien wel doorzien. Ook als hij de waarheid had verzwegen, hadden ze hem wellicht doorzien. Maar Cortez zei tegen Montezuma: 'Mijn mannen en ik lijden aan een ziekte van het hart, die alleen met goud te genezen is.' Die ene zin raakte de Azteken en betekende hun ondergang.

Vijfhonderd jaar later wordt onze maatschappij nog steeds gedreven door tomeloze hebzucht. Het is gebruikelijk dat onze regering zoveel mogelijk geld achterover drukt. Het is volledig in onze samenleving ingeburgerd om met elke vrouw die je tegenkomt te neuken, of het in elk geval te proberen. Wreedheid hoort zo bij het dagelijks leven dat veel latino's het niet als zodanig herkennen. We leven in een gewelddadige en meedogenloze wereld waarin het vermogen om pijn toe te brengen en te verdragen als een verdienste wordt beschouwd. Wat elders ter wereld als een literair verzinsel wordt gezien, is de waarheid zoals die ontstaat in het brein van iedere latino: magisch realisme gaat niet over boeken, maar over het dagelijkse leven. Het is een tweesnijdend mes: het maakt het afschuwelijke ontroerend en het ontroerende afschuwelijk.

Zelfs de conquistadores viel het tegen dat het goud niet overal voor het opscheppen lag. Er zijn archieven bewaard gebleven vol klachten over de schaarsheid ervan. Ik herinner me niet dat er ergens over een gebrek aan seks werd gerept. Die twee dingen zijn bijna aan elkaar gelijk te stellen: als je niet rijk kunt worden, kun je altijd nog neuken en je eigen zaad zaaien, waardoor je toch een bepaalde vorm van rijkdom kunt oogsten. Kijk maar naar mijn eigen vader: tien kinderen in dertien jaar, en de goede man was er bijna nooit! Dan is er ook nog de symbolische Spaanse mantilla, een esthetisch element dat over alles heen is gedrapeerd. Het is een sluier van 'raszuiverheid'. Je zult niet snel een plek op aarde vinden met een sterkere rassenvermenging of racistischer inslag dan Latijns-Amerika. We zijn zulke huichelaars. En aan die huichelachtigheid moet je nooit voorbijgaan. Als we het in Valera hebben over wat het is om mensen echt te kennen, zeggen we: 'Je moet ze wegen met alle huichelachtigheid die er vanbinnen zit.'

Als je opgroeit in een maatschappij waarin zoveel raciale verwarring heerst, moet je een deel van de huichelachtigheid ontleden om te begrijpen wat er aan de hand is. Ik heb zelf heel wat zitten ontleden, ongetwijfeld mede vanwege het feit dat ik de donkere baby was die de blonde Ostilio verving. Waar anderen mijn verhaal naplozen, hebben de kern van waarheid en de dichterlijke vrijheid me aan de Schulers gekoppeld, die Duits waren, en de Duitsers hebben inderdaad de Endlösung bedacht. En ja, ik ben in Nueva Germania in Paraguay geweest, maar niet om Mengele te zoeken, de beruchte nazi die zich daar na de oorlog jaren schijnt te hebben schuilgehouden. Ik was op zoek naar Fatty Gomez en de Groep. God weet dat ik geen heilige ben, maar ik ben ook geen nazi. Daarvoor hoef je alleen maar naar me te kijken. Als ik tijdens de oorlogsjaren in Duitsland was geweest, hadden ze mij als eerste uit de rij gepikt om me in hun ovens te schuiven.

Aangezien een aantal mensen mij niettemin zo ontzettend graag met Duitsland in verband wil brengen, zal ik eraan toevoegen dat ik Nietzsche heb gelezen, die evenmin een nazi was, maar dat is weer een ander verhaal. En ik ben eens in een Duitse enclave in Latijns-Amerika beland vanwege mijn volledige gebrek aan richtinggevoel. Op een lentedag in 1966 zou ik zo'n vijftien kilometer ten zuiden van het stadje Elizabethville in Paraguay een treffen hebben met een guerrillagroep. Ik was op een speciale missie voor de Cubaanse president Fidel Castro. In plaats daarvan raakte ik de weg kwijt en doolde ruim een week rond in een malariamoeras met amper iets te eten en een zware tas vol Cubaanse dollars. Toen ik ten slotte een weg uit het moeras vond, op aanwijzing van een halfblinde indiaan met een ezel, kwam ik terecht in de voormalige Duitse kolonie Nueva Germania.

Ik was met name getroffen door de ironie van dit vergeten vaderland in Paraguay. Drie generaties nadat het was gesticht door Elizabeth Nietzsche, de zus van de filosoof, en haar antisemitische echtgenoot, waren raciaal 'superieure' kolonisten gedegenereerd tot een bende uitgemergelde boeren die in het oerwoud aan het verhongeren waren.

Onmenselijkheid is een handelsmerk van de Latijns-Amerikaanse geschiedenis, en de tirannieke leiders ervan hebben gewedijverd om elkaar te overtreffen in excentriciteit en wreedheid. Maar de geschiedenis van Paraguay is wel zeer bizar en onmenselijk. Door bijvoorbeeld een oorlog te beginnen tegen alledrie de buurlanden tegelijk is bijna de gehele mannelijke bevolking van Paraguay geofferd door de heersers.

In 1886 lokte de zuster van Nietzsche een aantal arische kolonisten naar een malariamoeras in Paraguay, dat ze in kavels verkocht als akkerland van de hoogste kwaliteit én als de locatie waar het ras zuiver zou kunnen blijven, ver van de verderfelijke invloeden van Europa. Zevenentwintig fel antisemitische gezinnen kochten de onvruchtbare percelen ongezien. Elizabeth liet haar kolonisten praktisch als slaven voor haar werken, waarbij ze vanuit het comfort van haar luxe villa geen gelegenheid liet voorbijgaan om te zeggen dat ze 'tot hun dood van hen zou houden'. Een dood die voor de meeste van haar volgelingen voortijdig kwam. Tegen het eind van de negentiende eeuw is ze ervandoor gegaan of verjaagd, waarna haar hongerende kolonie op zichzelf teruggeworpen was.

Tegen de tijd dat ik de restanten van dit 'superras' ontmoette, hadden ze ervoor gekozen hun genen te vermengen met een paar in hun ontwikkeling achtergebleven indianen. Degenen die dat niet hadden gedaan, waren te zwak om zelfs maar een gewas te planten. Het eindresultaat van het experiment was duidelijk. De blauwogige jongens waren zo verzwakt door de malaria, dat ze Gods water niet meer over Gods akker konden laten vloeien. Desondanks, toen ik hun gebied binnenwandelde, lieten ze me duidelijk weten dat ik niet aan hun rassenmaatstaven voldeed. Ik werd niet uitgenodigd om mee te planten.

Ik kwam slechts bij toeval in Nueva Germania terecht. Ik was verdwaald en zocht de guerrillagroep die door Fidel werd gesubsidieerd. Ik kwam tien dagen te laat aan op de afgesproken plek en er was geen opstandeling te zien. Ik gaf mijn Paraguayaanse kameraden twee weken, maar toen die om waren, waren alleen Fatty Gomez en zijn handlanger Fernando komen opdagen. Ik had een flink geldbedrag bij me om af te geven, dus gaf ik mijn tas vol dollars aan Fatty en ben weggegaan. Tot op de dag van vandaag weet ik niet wat er met de rest van die eenheid is gebeurd. Het oerwoud heeft de gewoonte mensen met huid en haar op te slokken.

Een aantal jaren geleden kwam ik Fatty Gomez op de Champs-Élysées in Parijs tegen. Hij zag er heel anders uit in een krijtstreeppak en zonder zijn rode bandana, zijn oerwoudkloffie en het mes dat hij altijd tussen zijn tanden droeg. Maar dat litteken over zijn voorhoofd, waar hij tegen een dwarsbalk was aangelopen toen we een avond in Montevideo stomdronken waren geworden, en zijn enorme buik gaven onmiskenbaar aan dat hij het was. Hij was met een bloedmooie jonge vrouw – zijn maîtresse of dochter, ik zal het nooit weten, want hij wierp me één blik toe en net toen ik mijn mond opende om hem te begroeten, keek hij dwars door me heen, trok het meisje dichter tegen zich aan en liep weg zonder zelfs maar gedag te zeggen.

Fatty Gomez: mijn vriend, mijn luitenant, mijn medestander in het woud. Hij was ook geen nazi.

# 6

Mijn vader was landeigenaar, en hij had een gefortuneerd koffieplanter kunnen worden. Dat was wat hij wilde, maar vanwege zijn vete met de Schulers was hij niet in staat om dat te bereiken. Uiteindelijk sloot hij vrede met Rodolfo Schuler, maar Juan was degene die het voor het zeggen had, en mijn vader kon of wilde de ruzie met hem eenvoudigweg niet bijleggen. Daarom moest hij altijd elders werk zoeken.

Mijn vader had twee haciënda's gekocht, maar hij hield er maar een over. De andere werd verkocht of overgenomen door een plaatselijke landeigenaar, en ik denk dat daarin de wortel ligt van zijn haat jegens Juan Schuler. Er is vast sprake geweest van een of andere snelle manoeuvre waar mijn vader het slachtoffer van werd, en hij is dat slimmigheidje nooit vergeten. God weet dat Felipe een trotse man was, maar zijn rancune jegens de Schulers was niet alleen een kwestie van trots. De overgebleven haciënda leverde niet genoeg op om ons te onderhouden en daarom groeide ik op zonder een man in huis.

Toen de Adeco's uit de gratie raakten en de rechtse junta van

Pérez Jiménez aan de macht kwam, voer mijn vader daar wel bij, omdat hij de coöperatie Las Cenizas in de schoot geworpen kreeg. Dat gebeurde in 1948. In die jaren werd ik een ware Valeraan. Er gebeurde iets belangrijks met me.

Voordat ik er echt voor ging zitten om me al die dingen te herinneren, zou ik hebben gezegd dat het in mijn leven om het woord had moeten gaan maar dat het in feite om actie heeft gedraaid. Maar nu ik de puzzelstukjes van mijn leven bij elkaar leg, zie ik dat het woord bij alles wat ik heb gedaan een belangrijke rol heeft gespeeld. Zo heeft het feit dat ik al jong oefende om in het openbaar te spreken een grotere invloed op mijn levensloop gehad dan enige andere factor. Ik werd een redenaar, maar ik begon met het voordragen van rijmelarij. Ik bedoel niet dat ik poëzie had leren voorlezen, het was iets heel anders: een theatrale manier van voordrachtskunst die tegenwoordig niet meer wordt beoefend. Er is een tijd geweest dat de mythen en de geschiedenis van de Andes in rijmende coupletten werden voorgedragen. Ze werden van dorp tot dorp aan de man gebracht, veranderd, uit het hoofd geleerd, en af en toe bijgewerkt. Deze archaïsche voordracht zat vol stijgingen en dalingen, vol zuchten en dramatische stiltes. Het was de eerste van mijn vele manieren om een menigte te bespelen.

In San Cristóbal leerden we op school verzen van Julio Flores. Soms leerden we gedichten van betere dichters, zoals de Colombiaanse José Asunción Silva, maar die bestonden nog steeds uit hevig rijmende regels vol ritme en drama. De bewoners van de Andes waren er gek op en stroomden toe voor voordrachtavonden. En ik was gek op de roem die het reciteren me verleende, en dus perfectioneerde ik mijn voordracht en mijn repertoire.

Toen ik twaalf was, bracht ik een jaar elders door, in Mendoza Fría, een bergdorpje op zo'n zeventien kilometer van Valera. Het was niet zo dat 'de ogen van mijn moeder waren geopend voor het bastaardmonster dat ze had grootgebracht'. Als jongen had ik last van astma, en het koele klimaat in Mendoza Fría was beter voor mijn longen. Valera was heet en stoffig. Mijn oudste zus, Graciela, was op haar zestiende getrouwd met een oudere schoolmeester die Guillermo heette, en ze woonden in Mendoza. Guillermo was hoofd van de Padre Rosario-school aldaar.

Onder leiding van mijn zwager Guillermo zat ik in de klas met de zoons van grote landeigenaren als de Valero's en de Briceño's, en met de kinderen uit het dorp. Ik kon goed overweg met de plaatselijke jongens, maar Guillermo zelf verafschuwde me. Hij kon het niet uitstaan dat ik zo'n eind op zijn andere leerlingen voorlag, terwijl ik maar zo weinig studeerde. Ik was jonger dan alle jongens in de klas, een heel stuk jonger. Guillermo herkende me als de opschepper die ik ongetwijfeld ook was. Maar mijn zus Graciela was een jonge vrouw met een formidabel temperament dat het in de discussie over mijn komst eenvoudig van het temperament van haar echtgenoot had gewonnen. En ik maakte het allemaal nog erger door weliswaar bij hen te wonen maar avond aan avond bij de buurvrouw in de encyclopedie te zitten lezen. Dus ik wist dingen die niet in zijn lesprogramma voorkwamen en het zat hem ontzettend dwars dat ik die dingen wist. Ik hoorde niets af te weten van uitheemse zaken als de kruistochten en Richard Leeuwenhart of het leven van Frederik Barbarossa of de gekke koning Ludwig van Beieren. Wat Guillermo nog het meest dwarszat was dat ik zo'n ontzettende betweter was, terwijl hij wist dat ik ternauwernood een blik in mijn schoolboeken wierp, in zíjn schoolboeken. Het was net alsof ik alle feiten die ik kende, had gestolen in plaats van geleerd.

De huiselijke strijd die volgde, was mijn eerste guerrillaoorlog. Die oorlog in de microwereld van Mendoza Fría duurde een jaar en in die tijd beroofde ik met mijn wederrechtelijk verkregen kennis mijn zwager van zijn gemoedsrust. Toen ik in de gaten kreeg wat een hekel hij had aan mijn speurtochten in de wereld van de wetenschap, leerde ik vaak dingen enkel en alleen om hem te treiteren, en ik liet geen kans voorbijgaan om in de klas met deze pareltjes te pronken. In plaats van zich tegen mij te keren, keerde mijn zuster zich tegen haar echtgenoot en dankzij hun luidruchtige ruzies weet ik dat zij hem als ze in bed lagen met zijn kwezel-achtigheid pestte. Tegen het eind van het schooljaar was de atmosfeer ten huize van Guillermo danig vergiftigd.

Om me terug te pakken besloot Guillermo aan het eind van het schooljaar me niet over te laten gaan. Het ontbijt is in de Andes van oudsher een belangrijke maaltijd, maar in het huishouden van Guillermo voltrok het zich in die dagen in ijzige stilte. Mijn tiran van een zwager zat me altijd aan te staren met een van giftigheid doortrokken blik die in zijn slapeloze nachten tot pure haat was gedestilleerd.

Zolang hij in de bedwelmende veronderstelling verkeerde dat hij me kon laten doubleren en daarmee mijn leven zou ruïneren, keek hij me aan met een glimlach die zijn snor in een kronkelende fret veranderde. Aangezien hij nu eenmaal een man van gewoontes was, kon hij zich er niet toe zetten om het woord tot me te richten, dus noemde hij voor zichzelf maar grinnikend de winkels en pakhuizen op waar de sukkels uit zijn klas zouden kunnen solliciteren. Hij deed erg zijn best om zijn vrouw in zijn vrolijkheid te betrekken, maar die moest er niets van hebben.

Zelf raakte ik in een shocktoestand. Het was nooit in me opgekomen dat zoiets mogelijk was en ik kon de verschrikkelijke consequenties ervan nauwelijks bevatten. Ik was op mijn dertiende net zomin eraantoe om van school te gaan en aan een leven lang ongeschoolde arbeid te beginnen als ik op mijn twaalfde eraantoe was geweest om de heuvels en de kogels van San Cristóbal te trotseren. Iedereen op school en in het dorp had het over mij en ik wist dat het nieuws binnen een dag of wat Valera zou bereiken, en dan zou mijn schande volkomen zijn. Ik verborg me in mijn kamer en bij de buurvrouw thuis, en al huilend overwoog ik zelfmoord te plegen.

Opnieuw speelde het lot een rol in mijn leven. De Adeco's, die net aan de macht waren gekomen, verlaagden officieel het cijfer dat je minimaal moest halen om over te gaan. Dus iedereen die vijftien of meer punten haalde, mocht over naar de middelbare school. En ik had vijftien punten. Guillermo was des duivels, hij liep door het huis te tieren, vervloekte de Adeco's en probeerde zijn ongenoegen op mijn zuster bot te vieren. Hij mocht dan door de overheid zijn gedwarsboomd, hij gaf het niet op. Hij zag kans mijn puntentotaal voor dat jaar tot veertien te verlagen.

Guillermo verkneukelde zich. Als je je als man in de Andes echt ergens in verlustigt, bespeel je triomfantelijk zo'n luchtgitaar. Welnu, Guillermo versleet al zijn vingers met het tokkelen op de denkbeeldige snaren. Ik haatte hem zo intens dat ik dacht dat mijn aderen zouden knappen. In die week van schande en mislukking deed zijn aanblik mijn bloed zo angstaanjagend hevig stromen dat mijn zus mijn spullen pakte en ik me opmaakte om naar Valera terug te keren.

Ik was in die tijd nog erg religieus. Ik kan me herinneren dat ik naar de kerk ging en daar bad dat Guillermo door de bliksem zou worden getroffen, of dat ik zou worden getroffen, en dat zijn tokkelende vingers eraf zouden vallen, of dat er een wonder zou gebeuren om mij te redden van de vernedering die in het verschiet lag. Welnu, Guillermo's dikke, zweterige vingers bleven heel, en hij noch ik werd door de bliksem getroffen, maar ik kreeg wel een reusachtige meevaller in de schoot geworpen. De Adeco's werden afgezet en Pérez Jiménez en zijn junta namen de macht weer over. De junta besliste dat iedereen met tien of meer punten door mocht. Guillermo zocht ziek zijn bed op, en ik ging schreeuwend van blijdschap de straat op.

Die nieuwe toelatingseis was voor het land als geheel niet zo goed als voor mij. Je moest wel zo stom als het achtereind van een varken zijn om maar tien punten te halen. De bepaling redde mijn academische loopbaan, maar bood die kans ook aan mensen die er niet geschikt voor waren. Als ik naar de tandarts ga, en die is min of meer van mijn leeftijd, dan moet ik daar altijd aan denken. Die kerel die met zijn hand in mijn strot zit en op het punt staat een levensgevaarlijke elektrische boor aan te zetten, heeft zijn graad waarschijnlijk onder Pérez Jiménez behaald en voor hetzelfde geld kan hij nog steeds niet lezen. Daarom ben ik ook erg voorzichtig met tandartsen: ik ga bijna nooit. Dus ik heb al mijn titels aan Pérez Jiménez te danken, maar ook mijn slechte tanden.

Mendoza Fría was slechts zeventien kilometer van Valera, maar het leek of het op een ander continent lag. De reis terug naar de stad duurde uren. Er was alleen die oude, bochtige weg naar beneden, en je maakte de tocht op een ezel of met een schuddende paardenkar. Ik had op die weg verschrikkelijk pijn aan mijn oren en ik werd misselijk van alle bochten. Het enige rechte stuk op die hele tocht was het deel dat ze 'Jaimes rechte stuk' noemen, voor het grote huis op de haciënda van don Cesar Terán. De rest was één en al bocht.

Toen ik me in Valera inschreef voor het eerste jaar van de middelbare school, was ik zichtbaar armer dan de andere kinderen. Alleen rijke kinderen bezochten de middelbare school. Arme kinderen gingen werken. Ik hoorde niet bij een van de bendes en ik kende de kinderen in Valera nog steeds niet echt. Al kwam ik als overwinnaar uit de strijd met Guillermo en keerde ik als held van zijn hele school in Valera terug, daar was ik een soort verschoppeling. Eenzaam en platzak als ik was, kon ik alleen naar de bibliotheek. De Carmen Sanchez de Jelandi-bibliotheek ging om zes uur 's avonds open. Ik zat er van zes tot negen met een paar andere jongens van de middelbare school. Wat een toevluchtsoord was voor buitengesloten jongens werd een plaats van samenkomst voor een broederschap van nieuwsgierige, ernstige geesten.

Dankzij de radio van onze moeders wisten we precies wanneer we de tocht naar de bibliotheek konden ondernemen. Uiteraard was er toen nog geen televisie in Venezuela. Het was 1947, en iedereen luisterde naar de radio. Je kon langs de hele straat hetzelfde programma uit bakelieten radio's horen schallen. Klokslag kwart voor zes hoorden we het begin van het muziekprogramma van Panchita Duarte. Dat ging altijd zo: 'En nu presenteren we Panchita Duarte, de Trujillaanse leeuwerik.' En ze zong altijd: 'El malvado cardinillo, que la flor se marchitó.' Als dat liedje afgelopen was, wisten we dat de bibliotheek bijna openging en renden we de deur uit. Dan gingen we Emilio Salgari zitten lezen, en Jules Verne, en prachtige encyclopedieën: *De sleutel tot de kennis* en *De wereld in plaatjes*. We deden onze leerboeken nauwelijks open. We waren daar niet voor school, maar voor de cultuur en de wetenschap en om samen te zijn.

Er was een afdeling die ik pas ontdekte toen ik me door alle avonturenverhalen en informatieve boeken had heen gewerkt. Die afdeling was altijd afgesloten. Maar ik bleef hopen dat de deur op een avond zou opengaan. De boeken die er stonden, zagen er van een afstand interessant en exotisch uit: Flaubert, France, Freud, Hardy, Hesse en Huidobro stonden allemaal op de plank op ooghoogte. Het waren stuk voor stuk vreemde, intrigerende namen. Hoe vaker ik die namen op die zwarte ruggen zag, hoe meer ik ernaar verlangde om de boeken die erachter schuilgingen te pakken te krijgen. Ik had geen idee wat voor geheimen erin besloten lagen, maar omdat ze achter slot en grendel zaten, leken ze onmetelijk veel interessanter dan alle andere boeken tezamen en ik raakte volkomen bezeten van het idee dat ik ze eenvoudig móest lezen. Toen ik señora Dubuc, de bibliothecaresse, vroeg of dat mocht, weigerde ze, en ze leek geschokt door mijn overmoed. 'Ze zijn gereserveerd voor speciale mensen, zoals schrijvers.' Ik probeerde het nog een keer, maar ze hield voet bij stuk. 'Dat zijn geen boeken voor types als jij. Die zijn voor mensen die poëzie echt begrijpen.' Een dromerige, tevreden glimlach verleende haar dunne lippen plotseling een meisjesachtige ronding en haar stijve schouders ontspanden zich toen ze zei: 'Die zijn voor mensen zoals Nene: dat is de dichter hier, hij begrijpt dat soort dingen.'

Daar liet ze het bij en ze wendde zich af. Maar ik ging achter haar aan en richtte me tot haar gedecideerd verdwijnende rug: 'Wie is die Nene?'

Ze vond het kennelijk zo'n monsterlijk idee dat iemand niet zou weten wie Nene was, dat ze zich met een ruk omdraaide en kribbig zei: 'Nene is natuurlijk Adriano. Die jongen daar.' Haar lange, benige wijsvinger met de gezwollen knokkel prikte in de lucht naar die ene jongen voor wie heel Valera beefde. Verbijsterd staarde ik in zijn richting.

# 7

*I*k kende dat koosnaampje voor hem nog niet, maar ik kende Adriano wel. Hij was geen jongen om naar te staren, en hoewel ik de boeken wilde zien, wilde ik toch echt niet dat Adriano mij zag. Hij zat een klas hoger dan ik en was een vreselijke bullebak. Hij was een van die mensen die echt alles kunnen. Hij was de beste stenenwerper in Valera en de beste vechter. Hij was steevast de beste van de klas en hij was eerste honkman in het honkbalteam. Eigenlijk was hij gewoon de beste in alles wat hij ondernam en de beste bij alle sporten. Het leven ging hem zo gemakkelijk af dat hij ertegen rebelleerde door zich te misdragen. En zelfs daar was hij goed in! Hij had het ongelooflijk hoog in zijn bol, en wat nog erger was, hij was het brein achter de meest gevreesde bende in Valera, 'De Dempers'. Zijn patricische bende bestond uit alle rijke kinderen in Valera die niet wilden deugen. Als ze op pad gingen, kon je je beter bergen. Ze stalen uit winkels, vernielden, terroriseerden en intimideerden. Ze lieten een spoor van ellende na, maar werden gedekt door de rijkdom en macht van hun ouders. Niemand bood het hoofd aan De Dempers. Niemand durfde dat.

Nu ik wist dat Adriano in de bibliotheek kwam, vond ik het er opeens veel minder leuk. Hoewel het de enige plek leek waar hij niemand zou intimideren, had hij het van een toevluchtsoord in een mijnenveld veranderd. Ik overwoog om er niet meer heen te gaan zodat ik hem niet hoefde te zien, maar aangezien hij nooit zijn bende bij zich had, en aangezien hij mijn vrienden en mij met rust liet om in onze encyclopedie te lezen, en aangezien ik van de bibliotheek hield, bleef ik erheen gaan. Als hij er was, las ik met één oog en hield ik met het andere steels de schrik van de stad in de gaten. Terwijl ik aan het lezen was, bedacht ik ontsnappingsroutes voor mezelf voor het geval dat Adriano toch opeens zou besluiten om me te grijpen. Van maandag tot en met vrijdag was ik veilig, Adriano was dan ergens anders. Hij kwam alleen op zaterdag, als de bibliotheek de hele middag open was. Er gingen weken voorbij zonder dat er wat gebeurde. Tot op een zaterdag iemand vanaf de andere kant van de leeszaal mij aanwees en tegen hem zei: 'Die knul kan reciteren.'

Ik keek angstig toe hoe Adriano op me af liep. Ondanks al mijn plannen was er maar één weg de bibliotheek in en maar één weg naar buiten toe en Adriano blokkeerde die. Hij keek me zoals gewoonlijk spottend aan en vroeg: 'Zo! En wat kun je dan reciteren?'

Tot onze wederzijdse verbazing reageerde mijn stem onafhankelijk van mijn gevoelens. Terwijl mijn hart als een gek klopte, reciteerde mijn mond een paar dingen op de oude manier van de Andes, de enige manier die ik kende. Het waren korte stukken. Bij de derde aangekomen, was mijn stem luider geworden, want ik had gezien dat Adriano me niet zou gaan slaan. Maar ik zag ook dat hij wilde lachen. Mijn handen zetten mijn woorden kracht bij terwijl ik naar Adriano keek, die zijn best deed niet in schateren uit te barsten. Ik had hem zich nooit eerder zien inhouden en ik vond dat bijna even beangstigend als zijn gewelddadigheid. Ik raakte er zo van in de war dat er opeens een golf van verzet en moed door me heen ging die me aanzette om mijn voordracht te verdedigen. Ik herinner me nog steeds zijn gezichtsuitdrukking: het was alsof hij medelijden met me had omdat ik die teksten als poëzie beschouwde. Hij zei: 'Dat is geen poëzie.'

'Wat is het dan?' vroeg ik, verbaasd dat ik überhaupt wat tegen hem durfde te zeggen, laat staan hem uit te dagen.

Bepaalde momenten in je leven bevriezen en steken boven alle andere uit. De herinnering eraan vervaagt niet met de jaren. Rond de gebeurtenis zelf hangt een nevel van ontzag en er zit een onuitwisbaar etiket op dat het belang ervan aankondigt. We begrijpen niet altijd wat dat belang is; we weten alleen dat het er is. We voelen de aanwezigheid ervan. Destijds in de bibliotheek wist ik dat er iets gedenkwaardigs gebeurde, omdat ik medelijden in Adriano's ogen las, die met niets of niemand medelijden had. Ik voelde dat er iets met poëzie aan de hand was wat ongelooflijk belangrijk was en op manieren die ik niet begreep. Ik was die middag niet alleen klaar om iets nieuws te leren, maar ook voor een openbaring.

Adriano (de twee jaar die ons van elkaar scheidden, vertaalden zich in een fysieke omvang die hem goddelijk deed lijken bij mijn miezerige postuur) torende boven me uit toen hij me opdroeg om de bibliothecaresse te vragen me Pablo Neruda's liefdesgedichten te geven. Hoeveel kans maakte ik dat zij me iets zou geven? Maar Adriano had het me opgedragen, dus ging ik gehoorzaam naar haar toe en zei tegen haar: 'Señora Dubuc, Nene zegt dat u de kast voor me moet openen.'

En toen zei ze: 'Goed.' En ze pakte de sleutel van de verboden planken. Ik hield mijn adem in en keek toe hoe ze de getraliede deurtjes opende en *Twintig liefdesgedichten en een wanhoopslied* pakte.

Ik ging zitten en begon het boek direct te lezen in de verwachting dat ik zou worden getransformeerd. Maar ik vond het vreselijk. Ik vond Pablo Neruda absurd, vooral in gedicht nummer twintig, dat Nene het beste gedicht had genoemd. 'Nene',* ik had zijn koosnaam tot nu toe niet eens durven dénken, maar toen ik Neruda las, nam ik de onnozele naam in gedachten in mijn mond. Voor een grote bullebak als Adriano sloeg de koosnaam nergens op, maar, zo zei ik tegen mezelf, als hij van deze troep hield, paste die toch wel bij hem. De twintig gedichten sloegen nergens op. En ze rijmden niet eens! Het was eentonige rare poëzie. Erger nog, de dichter sprak zichzelf ronduit tegen:

Ik houd niet meer van haar, dat is zeker,
maar misschien houd ik van haar…

Wat was dat voor onzin? Hield hij nou van haar of niet? Ik vergat volkomen dat Adriano de schrik van de stad was en ik ging direct

---

* Baby.

58

terug naar Nene, zijn alter ego, en vertelde hem dat hij er volkomen naast zat: het was waardeloze troep! Ik was niet langer bang: hij had me een dienst willen bewijzen en nu wilde ik die retourneren. 'Moet je horen,' zei ik, 'dat is geen poëzie!' We voerden een verhitte discussie. Ik had goede argumenten, maar hij week niet van zijn standpunt en mij kon hij ook niet op andere gedachten brengen. We discussieerden op het laatst zo luid dat señora Dubuc ons vroeg te vertrekken.

Señora Dubuc leefde opgesloten tussen de stoffige planken, in een constante strijd verwikkeld met boekenwurmen en de houtworm die zich geluidloos een weg knaagde door de dakspanten van haar kennismagazijn. Ze was broos en al een eind op weg richting haar oude dag, maar Adriano flirtte met haar en lokte koket gedrag in haar uit. Ze fladderde meisjesachtig om hem heen, dankbaar voor een blik van hem. Achteraf zie ik wat het haar gekost moet hebben om die middag te protesteren tegen het lawaai in haar bibliotheek. Ze had er alles voor over gehad om haar geliefde Nene niet te irriteren of beledigen, maar ons geschreeuw was hoorbaar geweest op straat en een kleine menigte sensatiezoekers had zich al in de leeszaal verzameld om van onze verhitte strijd te genieten.

Die dag, toen ik over straat paradeerde en triomfantelijk met mijn handjevol makkers op het Plaza Bolívar zat, was ik er trots op dat ik me zo goed staande had weten te houden en me niet door Nenes onzinpraat had laten overtuigen. Pas later, en geleidelijk aan, begon ik Neruda te begrijpen, zelfs te waarderen. Het concept 'houden van' en 'nog steeds houden van' en 'misschien houden van' werd me duidelijk ver voordat ik het gebrek aan rijm kon accepteren. Toen ik T.S. Eliot, Lorca, Herman Hesse, Borges, Unamuno en Machado las en begon te doorgronden, kreeg ik toegang tot de tot dusver onbereikbare groep rond Adriano. Ik kon nu de speciale boeken lenen zonder dat iemand anders me ermee hielp. In mijn eentje ging ik rug voor rug af tot ik deel van iets uitmaakte.

Zo werd Adriano mijn mentor. Hij opende niet alleen de deur

naar poëzie en vele andere terreinen van kennis en denken, hij leerde me ook alles over vrouwen. Op een zaterdag, toen mijn schoolvrienden en ik aan het lezen waren, betrad Adriano de bibliotheek. Hij kwam nog steeds alleen op zaterdag. Hij riep ons toe: 'Kom eens hier, jullie, en kijk wat Sigmund Freud te zeggen heeft.'

Niemand anders in Valera had zelfs maar van Freud gehoord, laat staan hem gelezen. Ik had zijn naam op de speciale planken zien staan, maar ik was er nog niet aan toe gekomen om hem te lezen. We snelden naar Adriano's tafel. Ik had dat al vaker alleen gedaan, maar mijn vrienden hadden hem nooit eerder mogen benaderen. Deze algemene uitnodiging was een grote eer. Adriano was in hun ogen iets minder eng door mijn ontluikende vriendschap met de delinquente leider. Dus ze waren niet bang om ontboden te worden, alleen maar dankbaar en opgetogen dat hun bestaan erkend werd. Hij sloeg het boek open en deed ons stomverbaasd staan. 'Kijk wat hij over seks zegt.'

We waren stil en wachtten op het moment dat het dak zou instorten en ons zou bedelven. Iedereen in de bibliotheek keek op. Señora Dubuc bloosde zo hevig dat haar gezicht en hals gelijkmatig knalrood kleurden. We bloosden allemaal. Allemaal behalve Adriano, die verderging alsof het heel normaal was om een hele zaal in zijn ban te houden, alsof het woord 'seks' ooit eerder in een wetenschappelijke context was genoemd in onze broeierige, verdorven stad. Hij zei: 'Sigmund Freud is de grootste psychiater aller tijden. Hij heeft de psychoanalyse uitgevonden, het enige gedoe dat de waarheid over mensen en seks vertelt.'

Alle jongens rond de tafel hingen aan Adriano's lippen. Toen las hij een stukje voor waarin Freud schrijft dat het niet alleen heel normaal is dat jongens masturberen, maar dat het zelfs noodzakelijk is. 'Het is een volledig normale lichaamsfunctie. Dat staat hier. Dus kom op! Laten we allemaal naar de Avenida Las Acacias gaan om te masturberen!'

De opwinding rond onze tafel was enorm. Adriano had het niet alleen in een openbare ruimte over seks, hij zei zelfs dat er niks mis mee was. Hij was één brok energie en hij was zo opgetogen over wat hij aan het doen was dat zijn lach er in een gorgel uit kwam. Ik was minder opgewonden over wat hij had voorgelezen of gezegd dan over het feit dat hij ons uitnodigde om samen ergens heen te gaan. Niemand van ons was ooit gevraagd om buiten de bibliotheek met hem op te trekken. We werden gevraagd om met zijn patricische bende mee te gaan, om met De Dempers ten strijde te trekken, op uitnodiging van hun leider. En we gingen niet zomaar ergens heen: we gingen naar Las Acacias, het Beverly Hills van Valera!

Alle jongens in de bibliotheek volgden hem naar buiten toe, en duwend en trekkend renden we door de stad naar de Avenida Las Acacias met zijn mooie villa's en keurig verzorgde gazons. En ik, Oswaldo het onderkruipsel, rende samen met De Dempers! Ik rende niet voor ze weg, ik rende samen met hen, en met Adriano zelf. En we gingen masturberen! Ik was er erg opgetogen over dat we op Las Acacias gingen masturberen, alleen wist ik niet wat masturberen was, en ik bleef de jongen naast me maar vragen om het me te vertellen. 'Je weet wel,' zei hij, 'rukken.' Maar ik wist het niet.

Er viel in ons huis niet veel seks te bespioneren, met een vader die maanden achtereen weg was. Ik had geen oudere broer of neven of vrienden met wie ik zo'n hechte band had dat ze me meenamen naar het hutje van Gekke Carmen. Ik snap niet waarom ik me daarvoor verontschuldig! Laat ik volstaan met te zeggen dat ik nog nooit eerder had gerukt en dat ik totaal geen idee had wat het nog meer kon zijn behalve een milde belediging. Op weg naar de Avenida bleef ik dus maar vragen: 'Wat is rukken dan?'

De jongen naast me weigerde verder nog wat te zeggen. Dus rende ik opgewonden maar in verwarring verder, tot Adriano ons beval om te stoppen en onze pik tevoorschijn te halen. Ik had geen idee wat de bedoeling was en probeerde het een laatste keer, de jongen naast me toefluisterend om me in te lichten. Hij siste tegen me dat ik mijn kop moest houden. Toen deed ik de andere jongens maar na – en drie minuten later wist ik het antwoord.

In die fase van mijn jeugd had Adriano met zijn ijzingwekkende reputatie en onbetwistbare eruditie me al ingelijfd als zijn pupil. De seks en de absolute macht maakten me tot zijn gewillige slaaf. Van toen af deed ik alles om maar bij hem in de buurt te zijn. Ik werd zijn discipel. Vanwege het verschil in leeftijd en sociale klasse werd er in de stad geroddeld dat ik zijn schandknaap was. Waarom zou Adriano anders interesse voor me hebben?

'Felipes zoon kent geen schaamte! Kun je het geloven: hij sluit zich uren op met Nene!'

'Ik acht hem tot alles in staat sinds ik hoorde dat hij een eigen sleutel heeft laten maken voor de planken waarop boeken staan met plaatjes van piemels en spleetjes, en boeken die door volgelingen van de duivel zijn geschreven. Ik heb gehoord dat er boeken bij zitten die niet in het Cristiano geschreven zijn, en die staan allemaal in die bibliotheek. Barretico heeft kennelijk iets raars uitgehaald met de bibliothecaresse en...'

'Wat voor raars?'

'Zo raar dat degene die het me vertelde het niet durft te zeggen.'

'Wie vertelde het je?'

'La Nena Blanca.'

'Jezus! Bid voor ons zondaars! Als la Nena Blanca het niet durft te zeggen, moet het wel iets afschuwelijks zijn. La Nena is zo'n vuilbek en ze is zo schaamteloos, ze zou een zwerfhond naaien en dan de kinderen er tijdens het ontbijt over vertellen. Ai ai ai! Dat die Barretico zulke walgelijke dingen uithaalt... Ik moet het mijn zusters vertellen – ze hebben er geen idee van hoe erg het allemaal is.'

'Deze stad loopt gevaar: ze zeggen dat Felipes zoon al die vuiligheid uit zijn hoofd leert zodat hij het tijdens de biecht allemaal aan de arme pastoor Gregorio kan vertellen om hem de dood in te jagen.'

De meeste mensen beseften niet dat we Spaans spraken in de Andes, ze noemden onze taal 'Cristiano': christelijk. Je kon erover twisten tot je een ons woog, maar Spanje, en dus Spaans, was een vreemd concept. Alle buitenlandse dingen waren taboe. De sociale strijd om de zuiverheid van het Spaanse bloed van een familie aan te geven, werd alleen als een strijd van blank tegen bruin gezien. Zelfs de afstammelingen van de meest Spaanse families zouden ontsteld zijn als ze beseften dat hun blanke huid er in wezen op duidde dat ze buitenlanders waren.

Deze xenofobie spaarde niets of niemand, zelfs de kerk niet. Vrouwen in het bijzonder gingen naar de kerk en waren rooms-katholiek in naam, maar het idee dat er een paus was, in Rome, een buitenlander die hun vertelde wat ze moesten doen, was zo onvoorstelbaar dat iedereen het gewoon negeerde. God zelf was naar alle waarschijnlijkheid een voorouder van een van onze patricische families. Het hele leven draaide rond onze stad met haar hiërarchie en haar omringende suiker- en koffieplantages. Wat er verderop gebeurde, in het verre Caracas, Maracaibo of het oosten van Venezuela, was amper van belang. Wat er in het buitenland gebeurde al helemaal niet. Wat er aan de overkant van de straat gebeurde, vond iedereen eindeloos veel fascinerender.

Mijn moeder, met wat mensen als haar koude kak beschouwden en haar overduidelijke armoede, was met name het mikpunt van kwaadsprekerij. Niemand leek bereid haar te vergeven dat ze de standsgrenzen had overschreden. Iedereen probeerde haar kinderen op de geringste misstap te betrappen, om haar ermee om de oren te slaan als daad van hemelse gerechtigheid. Misschien was het maar goed dat ze al wat oefening had gehad in het overleven van laster, gezien de lawine aan roddels die nog zou volgen. In Valera moest mijn moeder leven met de volgende spotternij: 'Arme doña Camila! Eén keer per jaar seks en niets dan rijst op tafel.' Dankzij mijn vriendschap met Adriano werd daar nog eens opgewekt aan toegevoegd: 'Ze zal een toontje lager moeten zingen als ze hoort dat die ondermaatse zoon van haar een mietje is.'

'Is Barretico er echt... zo een?'

'Ja hoor! Heb je niet gezien hoe hij altijd achter Adriano González León aan loopt?'

63

'Werkelijk? Wat gaan we nog meer beleven! Weet mijn familie in Carbajal het al?'

'Iedereen weet het.'

Er was niets zo teleurstellend als de laatste te zijn om een roddel te horen en niets zo geweldig als degene te zijn die het nieuwste schandaaltje onthulde. De stad beschikte over een overvloed aan zondebokken. De mensen vervolgden iedereen die anders was, en elke poging tot zelfverheffing werd bespot. Dat Adriano een dichter kon zijn en toch nog steeds gerespecteerd werd door de stad, was niets minder dan een wonder.

In de stoffige straten van de stad hielden de inwoners mijn moeder constant in de gaten. Ze was door het rijke gedeelte berecht en schuldig bevonden vanwege haar mesalliance en het armoedige voorkomen van haar kinderen. Het arme gedeelte van de stad had haar veroordeeld wegens haar diepgewortelde snobisme. Als straf moest ze lijden. Om het proces te bespoedigen volgde de stad al haar bewegingen. Ze werd 'doña Camila' genoemd. Haar eretitel, zogenaamd een teken van respect voor haar patricische erfgoed, werd altijd op zo'n manier benadrukt dat het een sneer werd.

'Doña Camila koopt grote hoeveelheden reuzel, om mee te bakken zegt ze, maar iedereen weet dat het een balsem is voor een gescheurd rectum. Doña Ana heeft aambeien, en het is niet moeilijk te raden hoe ze daaraan komt, met die ezel van een man van haar! Haar dienstmeisje zegt dat hij geschapen is als een baviaan, en zij kan het weten, en dat hij in alle gaten van zijn vrouw heeft gezeten behalve haar neusgaten. Doña Ana zweert bij reuzel. En doña Camila kocht woensdag een pot van vijf kilo. Vijf kilo! En je weet dat ze nog geen rooie cent hebben om de schoenen van hun kinderen te repareren.'

'Vijf kilo is een hoop! Barretico gaat waarschijnlijk op handen en knieën voor de hele stad.'

'Je ziet het aan zijn gezicht. Ik heb hem nooit gemogen… Je moet de verhalen over hen horen uit San Cristóbal! Wist je dat Oswaldo zijn eigen broertje heeft vermoord toen hij een baby was en…'

Ondanks de kwaadsprekerij hield mijn vriendschap met Adriano stand. Hij leerde me poëzie lezen en begrijpen. Hij leerde me lezen zoals het hoort en voor mezelf denken, en hij leerde me een hoop over hoe ik me in het leven moest gedragen. Hij liet me zien dat het grootste probleem in het leven de liefde is. Hij vertelde me dat ik verliefd moest worden op een meisje en dat ik me niet moest laten misleiden door alle machopraat. Hij vertelde me dat ik anders was omdat ik karakter had, en dat ik niet hoefde te doen wat iedereen deed. Als ze niet hun gewelddadige neigingen aan het uitleven waren, brachten hij en zijn bende hun tijd door met rolschaatsen en vliegeren. Ik liep ze weleens achterna, maar hij had liever dat ik wegbleef en moedigde me aan een echte interesse voor poëzie en schrijven te ontwikkelen. Ik zoog zijn woorden, adviezen en gedachten op, maar niets maakte zo'n onvergetelijke indruk op me als toen ik Adriano's eerste gedichten las.

Hij was toen al een held op afstand. Onze wegen kruisten zelfs niet op school: ik zat op het Colegio Federal en hij op het Salisiano. Hij zat ook een jaar hoger dan ik, maar toen de twee scholen het jaar daarop fuseerden, bevonden we ons in elk geval op hetzelfde terrein.

Ik bleef in het derde jaar van de middelbare school zitten. Meer dan eens is gezegd dat ik mijn lectoraat aan de universiteit van Caracas 'onder valse voorwaarden' heb gekregen; dat ik mijn diploma alleen maar heb behaald 'door chantage'. Het bewijs voor deze hypothese zouden mijn lage cijfers in Mendoza zijn, gekoppeld aan de verdachte omstandigheid dat de rector van de school mijn zwager was, en het onomstotelijke feit dat ik het derde jaar niet heb gehaald.

Terwijl ik bleef zitten, schitterde Adriano. Hij sloeg een jaar over, dus toen ik mijn derde jaar overdeed, had Adriano zijn diploma gehaald en was hij naar Caracas vertrokken. Ik stuurde hem brieven, maar het was niet hetzelfde. Toen hij voor een vakantie naar Valera terugkeerde, had hij Juan Sanchez ontmoet en een geheel nieuwe wereld ontdekt. Opeens bevond hij zich weer ver boven me, buiten mijn bereik. Hij dreef mee op de stroom van nieuwe ideeën, terwijl ik me nog wanhopig overeind hield in de verdorven atmosfeer van Valera.

Als ik zeg dat 'ons gezin naar Valera verhuisde' of dat 'in Valera dit of dat gebeurde', moet je eigenlijk het een en ander van Valera weten, want het was een vreemd oord. Het is waarschijnlijk de meest rancuneuze stad van de wereld, in elk geval van Venezuela. In veel steden heb je een onderstroom van rancune, van boosaardigheid. Valera is ervan doortrokken en heeft het tot een kunstvorm verheven. Voor de meeste Valeranen is het hun enige kunstvorm. Anderen tot op het bot afbreken is iets wat ze al bij hun moeder op schoot leren. Valeranen genieten van tegenspoed, wentelen zich in ongelukken en ziektes en zijn dol op schandalen. Meer dan negentig procent van de bevolking slaat na het verlaten van school nooit meer een boek open. Ze hebben geen boeken in huis en toch rollen de metaforen en giftige woorden, geslepen en aangescherpt, van hun tong.

Valera is een geïsoleerd gelegen stad met veel geld en een geschiedenis van macht. Als bastion van alcoholische excessen en broeinest van seksuele extravagantie is het geenszins uniek in Latijns-Amerika. Maar zoals wij van roddels genieten, heb ik het nergens anders meegemaakt. We verzamelen ze, koesteren ze, kloppen ze op en verfraaien ze, en geven ze met veel gevoel voor theater door. Het is daardoor een wrede stad; zelfs liefde wordt met wreedheid betuigd.

Dat is één kant van Valera. Draai de stad in gedachten om en de andere kant is al niet anders. Draai haar weer een slag om, als een piramide, en nog is er niets veranderd. Maar net als een piramide heeft zij een hoogste punt. Het handjevol inwoners dat het lukt om dat te bereiken, is volleerd in de woordenstrijd. Die Valeranen zijn met een natuurlijke veerkracht, scherpzinnigheid en subtiliteit gewapend. Ze beschikken over een scala aan verrassende metaforen en zijn meesters in het observeren van menselijk gedrag.

Ik heb vaak gedacht dat dat misschien de reden is dat Valera zoveel schrijvers, dichters en schilders heeft voortgebracht. Adriano

González León was een van hen. En dan heb je nog Mendoza Pimental, Alfonso Battista, Carlos Contramaestos, Rángibel…

# 8

~

*D*e dichter Ector Vierja Villa Lobo, een tegenstander van de Adeco's, werd na de coup naar Valera verbannen. Naar Valera gestuurd worden was het Venezolaanse equivalent van het voor de leeuwen gooien van christenen. Maar, zoals ik al heb uitgelegd, er waren een paar luchtbellen in deze beerput. Villa Lobo verzamelde die om zich heen en vormde zo een groep intellectuelen. Hij zette ook een krant op, die *Brecha* heette. De regering had geen oog voor het gevaar dat in de buitengewesten op de loer liggende dichters konden opleveren, want voor de gemiddelde macho is poëzie nichtentroep. Villa Lobo en zijn groep gebruikten *Brecha* als hun spreekbuis. Hun voornaamste nieuwe dichter was Adriano; hun grootste denker was Filadelfo Linares.

Linares woont tegenwoordig in Duitsland, waar hij in hoog aanzien staat. Alles wat hij ooit heeft geschreven is in het Duits vertaald. Maar toen ik jong was, woonde Linares in Valera. Samen met de anderen, Pimental en Battista, schreef hij voor *Brecha*. Ik droomde ervan dat een stuk van mijn hand gepubliceerd zou worden. Dat is me nooit gelukt; maar *Brecha* was een baken voor me.

Mijn mentor Adriano keerde kort na de militaire coup in 1948 naar Valera terug. De militaire junta had de macht overgenomen en was de hoofdstad aan het 'zuiveren'. Ik was veertien en Adriano ongeveer zeventien toen hij met de nieuwste literaire ideeën thuiskwam. In Caracas had hij belangrijke intellectuelen leren kennen. Hij had vriendschap gesloten met Juan Sanchez Pelares, die uit Chili kwam en daar lid was geweest van een groep surrealisten, de Grupo Mandrágula. Toen Adriano in de hoofdstad arriveerde, deed Juan Sanchez voor hem wat Adriano voor mij had gedaan. Hij vertelde hem: 'Vergeet Neruda nu maar, dat is achterhaald. Je moet verder kijken, Rimbaud lezen, Breton en Virginia Woolf. Lees *De golven* maar.'

En Adriano keerde vol van die nieuwe ideeën in Valera terug. Hij zei tegen me: 'Vergeet alles wat je weet, Oswaldo. Het zijn leugens. Je moet Hegel lezen, Rimbaud. Breton en Woolf. Je moet Sartre lezen. Verdiep je in het existentialisme.'

Ik volgde mijn leidsman. Een van de boeken die hij voorstelde was van de inmiddels beroemde Gomez de la Selva, *Ismos*, waarin hij alle -ismen behandelt: kubisme, surrealisme, nihilisme, existentialisme. Ik voelde me geïnspireerd. Op mijn vijftiende schreef ik een opstel over Kafka, met een analyse van al zijn in het Spaans vertaalde werk.

Kun je je voorstellen hoe het was om in Valera te wonen, omringd door neven die niets anders aan hun hoofd hadden dan in de auto rond te cruisen en van bil te gaan? Het waren toen playboys, en dat zijn ze nog. Ze zijn nooit veranderd, alleen ouder geworden.

Een paar van ons boden weerstand aan die sfeer van leeghoofdigheid. Zo had je de schilder Carlos Contramaestros, en een andere schilder, een neef van me, Marco Miliani. En verder Alfonso Montilla, die zo belachelijk erudiet was dat we niet begrepen hoe hij het voor elkaar kreeg om zoveel boeken te consumeren. Hoeveel nachten ik ook lezend doorwaakte, Alfonso Montilla bleef op me voorliggen. Het was maar een heel klein groepje: Rómulo Rángibel, een dichter die jong zou sterven, ik, en nog een half dozijn jongens.

Villa Lobo, de beroemde schrijver die verbannen was om onder de filistijnen van Valera te wonen, vertrok weer, door dictator Pérez Jiménez hoogstpersoonlijk teruggeroepen. Zijn plaats werd ingenomen door een professor Geografo-en-nog-wat. Ik weet zijn achternaam niet meer, dus laten we hem professor x noemen. Onder de nieuwe regering en bij afwezigheid van Villa Lobo hield de krant *Brecha* op te bestaan. De lagere echelons van de groep, dat wil zeggen mijn vrienden en ik, besloten in plaats daarvan een literair manifest uit te brengen. We konden het ons niet veroorloven om een echte krant te publiceren, en al hadden we het geld gehad, dan hadden we nog geen toegang tot een drukpers en ontbeerden we ervaring.

We omzeilden het distributieprobleem door te besluiten dat ons manifest een reeks aanplakbiljetten moest worden voor op het leerlingenplakbord. Als hommage aan de verhitte gemoederen om ons heen (dat wil zeggen de normale chaos van het alledaagse leven in de tropen, en dat verveelvoudigd en aangezet door de nieuwe dictatuur) doopten we het manifest *Termidor*. Ik kreeg de leiding, en ik weet nog dat ik nachten doorwerkte, achter medewerkers aanzat, en even ijverig als een redacteur van een landelijk dagblad op artikelen joeg.

Het is aan jou om te beslissen wat ik ben, het 'Rode Gevaar' van de landelijke pers, of 'de opgeblazen klootzak' van de provinciale sufferdjes, of iets heel anders, maar we moeten nog een heel eind. Ik ben op dit punt in mijn verhaal nog maar vijftien. Ik moet nog vier continenten bereizen, en er valt nog een halve eeuw te behandelen. Probeer het nog even met me uit te houden. Ik moet de voorbereidingen voor het gevecht van mijn leven beschrijven.

Tegen mijn zestiende, een jaar verder in mijn verhaal, begon ik te geloven dat ik de Redder van mijn volk zou worden. Vraag me niet waarom. Ik bedoel, ik was een tiener wiens kapsel zijn enige rebelse trekje was, en mijn hartstocht betrof poëzie en filosofie. Ik was een middelbare scholier en geen cadet, een boekenwurm en geen militair. Waarom ben ik dan vrijwel mijn hele volwassenheid betrokken geweest bij schermutselingen, gevechten, hinderlagen en invallen? Waar kwam dat in vredesnaam vandaan?

De oude Chinezen noemden oorlogsvoering 'de Tao van het

overleven of het uitsterven' en ze verhieven het tot een kunstvorm. In Venezuela zagen we alleen kans om roddelen en verhalen
vertellen tot een kunst te verheffen. Om te laten zien waar ik vandaan kwam en hoe ik daar terecht was gekomen en waar ik vandaar heen wilde, moet ik de cruciale elementen die mij hebben
gevormd reconstrueren. Net als de oorlog heeft het vertellen van
verhalen een eigen strategie: ik moet mijn bataljons met zorg
plaatsen, het terrein in ogenschouw nemen en laten zien waar de
vijand stond en wie dat was. Ik moet mijn spionnennetwerk ont-
hullen. Ik moet mijn sterke en zwakke kanten analyseren en ik
moet weten wat waar en wat onwaar is.

Vanaf dat manifest op school werd mijn leven een actief onderdeel van een gevecht. In weerwil van al mijn voorbereidingen en
mijn voorkeuren werd ik een soldaat.

Als ik niet laat zien hoe absurd mijn toetreding tot de strijd
was, kan ik niet laten zien waaruit die absurditeit bestond. Ik
moet de belachelijkheid van mijn debuut laten zien, omdat alles
wat ik in mijn volwassen leven ondernam, slag voor slag, land
voor land, begon en eindigde met belachelijkheid.

De jeugd van mijn vader kwam op zijn twaalfde ten einde toen
iemand hem in zijn been schoot. De mijne eindigde op mijn vijftiende, toen we met ons poëziemanifest in aanvaring kwamen
met de autoriteiten.

Mijn schriftelijke bijdrage aan de krant (zoals we het blaadje
per se wilden noemen) waarvan ik de uitgever was, bestond uit
een artikel waarvan me ontschoten is waar het eigenlijk over ging.
Het was een essay met de titel 'Evolutie of revolutie?'

Portillo, de leraar die ook directeur culturele activiteiten was,
greep in. Voor mijn essay op het leerlingenaanplakbord kon worden 'gepubliceerd' nam hij het in en censureerde het. Hij streepte
het regel voor regel met een rood potlood door, tot er niets meer
van over was. Toen nam hij de rest van de inhoud van *Termidor*
onder handen en censureerde alles weg, behalve een kort artikel-
tje.

Vergeet niet dat dit voor de dagen van de echte dictatuur in Venezuela was. Er was een dictator aan de macht, maar hij was er net en we waren nog niet aan hem gewend. We waren niet aan censuur gewend, laat staan dat we eraan gewend waren dat onze gedachten over poëzie gecensureerd werden. We vonden het schandalig dat een man als Portillo, die nog niet eens kon pissen zonder zijn mouwen nat te maken, het waagde om zich te vergrijpen aan onze gewijde gedachten. De meeste leerlingen gaven geen klap om poëzie, maar ons groepje wel, en we wisten dat het grootste deel van de school in elk geval ook een hekel aan Portillo had. We riepen diezelfde middag nog alle leerlingen bijeen, waarbij we ons eerder op die antipathie verlieten dan op ons eigen gekrenkte rechtsgevoel. Nu we die bijeenkomst hadden georganiseerd, moest een van ons de menigte ook toespreken. Omdat ik de uitgever van het manifest was en de enige die het leuk vond om in het openbaar te spreken werd ik uitgekozen.

Voor die gewichtige gelegenheid had ik niets anders om aan te trekken dan het overhemd en de broek die ik die dag naar school had aangetrokken. Ik had geen jasje bij me. Indertijd was een kerel zonder jasje in Valera een boerenkinkel. Ik moest beslist een jasje aan en de tijd drong. Dus rende ik de hele weg naar huis om er een te halen. Onderweg duizelde het me van de mooie woorden die gesproken moesten worden om de mooie woorden van ons literair manifest te beschermen.

Toen ik de leiding kreeg over het manifest, deed ik alsof het uitgeverschap me eigenlijk niet zoveel uitmaakte, maar het betekende juist heel wat voor me. Het leek me de opstap naar een glorieuze loopbaan als geleerde. Portillo haalde dus een streep door mijn persoonlijke toekomst. Ik wilde koste wat kost ons recht op vrije expressie van onze literaire standpunten beschermen. De hele situatie bezorgde me het gevoel dat ik voor de waarheid opkwam en in de ogen van mijn vrienden een held was. Alles wat tussen mij en die glorie stond was een jasje.

Ik ben nooit erg sportief geweest. Maar die dag rende ik als de wind. Ik rende voorbij de winkels met hun verschoten uitstallingen, de stalletjes waar beignets werden verkocht, de kar waar ze schaafijs met bloedrode grenadine verkochten en de kar waar je paraffine kon kopen. Ik schoot tussen het verkeer door, langs de ezels en de dronkaards in de goot. Ik rende voorbij de blinde man die in weer en wind als een standbeeld op de hoek van onze straat stond met zijn voor goede gaven uitgestrekte hand, met nagels die als uitgesneden hoorn opkrulden rond de lege leren lap van zijn handpalm. Ik rende voorbij de huizen van de buren, het afbladderende palet van rozes en blauwen en groenen, elk met zijn stevige, uitgebeten luiken die een al even magere inboedel beschermden als bij ons thuis. Ik rende voorbij de dikke, glurende vrouwen die op de gammele rieten stoelen bonen zaten te doppen terwijl ze intussen de straat scherp in het oog hielden. Tijdens de hele tocht door de buurt wierp ik wolken stof op en werd ik nagestaard tot ik ons huis bereikte.

Er was nog geen telefoon en ik had echt gerend alsof de duivel me op de hielen zat, maar in Valera verspreidt nieuws zich als een lopend vuurtje en mijn moeder wist dus al dat ik was uitverkoren om te spreken. Mijn moeder had me altijd verwend. Toen ik klein was had ze al mijn flauwekul geslikt. Later, toen ik opgroeide en een tikje wild en koppig werd en mezelf voortdurend in de nesten werkte, koos ze altijd mijn kant. Ze had me bij elke wending die mijn leven nam mijn zin gegeven, ook al begreep ze veel van die wendingen niet en kon ze ze zelden goedkeuren. Ik was haar oudste zoon en al aardig op weg om een filosoof te worden. In de armoedige omstandigheden waarin zij en mijn jongere broers en zussen verkeerden, kon dat nauwelijks een geruststellend vooruitzicht zijn. Ze wilde dat ik advocaat of arts werd – wat dan ook, als het maar vastigheid en een inkomen zou garanderen. Dat ik ervoor koos om een geleerde te worden in plaats van een kerel, betekende niet alleen een persoonlijke teleurstelling voor haar, maar ze deelde ook in de hoon en de schande die zo'n beslissing met zich meebracht. Maar ondanks dat alles had ze me nog nooit gedwarsboomd, tot het moment dat ze daar voor ons afgesloten huis stond en voor het oog van al onze toekijkende buren zei: 'Je komt er niet in, jongen.'

Ik smeekte: 'Je moet me binnenlaten, mama. Laat me nou een jasje pakken. Ik moet naar die bijeenkomst.' Ze wist dat ik niet zonder kon. Ik zou van het toneel af gehoond worden. Dit was haar manier om me tegen te houden.

'Ik laat je niet binnen, en als je langs me probeert te komen, geef ik je een aframmeling.' Ik was zo buiten adem dat ik tot dan nog niet had gemerkt dat ze de rijzweep van mijn vader vasthield. Ik dacht dat ze gek was geworden. Ik had geen idee waarom ze zo overstuur was. Ik interesseerde me namelijk niet alleen absoluut niet voor politiek, ik had ook geen flauw idee dat het zoiets gevaarlijks was. Mijn familie was zo rechts als je maar kunt zijn. Het was me wel opgevallen dat reactionairen als wij het op de arbeidsmarkt wel konden vergeten toen de Adeco's dankzij hun coup aan de macht kwamen, maar het ontbrak me aan enige kennis van de politiek.

Mijn moeder voelde echter intuïtief aan dat ik, als ik naar die bijeenkomst zou gaan, verdoemd zou zijn. Ze was ervan overtuigd dat mijn leven geruïneerd zou zijn als ik die bijeenkomst toesprak, en ze was bereid om me te slaan om me tegen te houden. Mijn moeder was een zachtaardige, lankmoedige vrouw die zich haar hele leven naar mannen had geschikt. Afgezien van het opmerkelijke feit dat ze met mijn vader was getrouwd, had ze haar leven lang confrontaties proberen te vermijden. En toch stond ze die dag voor het oog van alle buren als een helleveeg tegen me uit te varen.

We stonden op straat tegen elkaar te schreeuwen: we verdedigden allebei als bezetenen ons standpunt en allebei waren we doof voor het pleidooi van de ander. Deze enorme, en potentieel gewelddadige botsing tussen twee koppige geesten voltrok zich voor een groeiend publiek dat toen niet begreep waarom dat jasje zo belangrijk voor me was, en waarschijnlijk begrijpen ze dat tot op de dag van vandaag nog steeds niet.

Ondanks mijn moeders dreigementen weigerde ik te luisteren. Inmiddels neem ik die vrouwelijke intuïtie allang hoogst serieus. En dat heeft menigmaal de dag en niet zelden mijn leven gered.

Toen was ik helaas te koppig om er enige waarde aan te hechten. Ze had gezegd dat ik alleen over haar lijk naar de bijeenkomst zou gaan. En ik besefte dat ik, als ze neerviel en echt de laatste adem uitblies, er niet voor zou terugschrikken om over haar lijk heen te stappen en mijn jasje te pakken. Maar gezien haar gemoedstoestand deed ik even of ik aan haar wensen toegaf, waardoor ze haar waakzaamheid liet varen en me in huis toeliet. Daarop greep ik een jasje en klauterde door een achterraam naar buiten.

Op het podium was ik in mijn element. Ik wist dat de meeste leerlingen geen klap om ons manifest gaven, maar ik wilde ze zover krijgen. Ik wist dat ik dat kon. Ik wist dat ik die gave had. Mijn toespraak was die middag gepassioneerd, zelfs nog gepassioneerder dan ik hem op weg naar huis in mijn hoofd had gemaakt. Ik had een microfoon, en het hele dorp kon me horen, nou ja, niet het hele dorp, maar wel een groot deel ervan.

Ik had het over het vacuüm dat was ontstaan door het vertrek van Villa Lobo, en hoe alles zonder hem ineens dood was, hoe we ineens geen hoop en geen rol meer hadden. Ik zei dat we ons daartegen moesten verzetten: we moesten vechten om onze rechten te verdedigen en onze literaire normen te handhaven. Met 'vechten' bedoelde ik dat we ons moesten verzetten tegen het censureren van onze stukken in het manifest.

Mijn toespraak vond echter plaats op het moment dat de dictator zijn positie probeerde te verstevigen door hard uit te halen naar de opstandige Adeco's. Men vond dat ik met mijn toespraak stem gaf aan de Adeco's die tegen Pérez Jiménez in het geweer kwamen. Ik was vijftien jaar, dit was mijn moment op het podium, en ik had het op dat ogenblik uitsluitend over de literatuur. Geen haar op mijn hoofd die aan politiek dacht, om de eenvoudige reden dat ik daar nooit aan dacht. Maar als ik eerlijk ben, waren mijn persoonlijke motieven niet helemaal zo zuiver als ik weleens doe voorkomen. De toespraak ging absoluut niet over politiek. Hij ging over poëzie, maar ik legde er uit pure ijdelheid al mijn hartstocht in.

Ik was grootscheeps aan het dromen. Ik dacht dat mijn toespraak en het onvermijdelijke eerherstel van mijn manifest tot jaren van loftuitingen en erkenning zouden leiden. Ik zag al voor me hoe mijn rotzak van een natuurkundeleraar, die me had laten zitten, van spijt mijn hielen zou likken. Ik zag voor me hoe mijn vader, die er nooit was, spoorslags uit Las Cenizas zou terugkeren om me op mijn rug te kloppen en iets in me te zien waar hij trots op kon zijn. Denk je eens in wat een zoon die voor alles bang is, van zijn eigen schaduw tot lauw water, voor een man betekent. Als het hele dorp in bewondering aan mijn voeten lag, als zelfs de hoge omes me zouden prijzen, zou mijn diep teleurgestelde vader Felipe misschien een manier vinden om me te accepteren.

En dus gaf ik me helemaal, en dat was meer dan het onderwerp verdiende. Ik zei: 'We kunnen ons niet blijven onderwerpen aan de autoriteit van deze man' en ik bedoelde die slijmbal Portillo, 'die geen macht heeft en niet werkelijk iets over ons te zeggen heeft.' Ik sprak hartstochtelijk, zoals velen me daarna hebben horen spreken, maar ik had mezelf nog nooit zo horen praten. Mijn laatste zin was: 'Wie is hij? Wie heeft hem gestuurd? Waar komt hij vandaan?'

Dat was het einde. Er viel een verblufte stilte, vervolgens barstte een donderend applaus los. En toen en daar, terwijl ik me een weg door de aula baande, gooiden de autoriteiten me het lyceum uit. Mijn arme vader werd op school geroepen. Ze lieten hem weten dat ik niet alleen van school was gestuurd maar dat ik ook tot 'vijand van de regering' was verklaard.

Dat was het begin.

# 9

$\sim$

$\mathcal{D}$e officiële hoofdstad van de deelstaat Trujillo is de stad Trujillo. Die is maar een fractie van de grootte van Valera en wordt gedomineerd door een kazerne en een stenen gevangenis. Een achternicht van ons woonde in Trujillo. Ze was een oude vrouw met een pension dat op achterneven van me dreef, zonen van mijn omvangrijke familie in Escuque. Die achterneven waren onvoorstelbaar reactionair. Neem bijvoorbeeld de beruchte Nacho Hernandez, een notoire vechtersbaas die kort bij me op school had gezeten in Valera en die het op mij had gemunt. Na mijn toespraak moest ik bij hen gaan wonen en mijn opleiding volgen op het Liceo Cristóbal Mendoza. Al die achterneven haatten me. Dat deden ze daarvoor al, en ze haatten me nog meer toen ik bij hen kwam wonen.

Ze waren allemaal lid van de ultrarechtse partij COPEI.* Hun standpunten waren helder en simpel: de slavernij had nooit moeten worden afgeschaft, Dzjenghis Khan was een mietje en Hitler was gematigd. Iedereen die bij links, rechts of het centrum behoorde en minder onverdraagzaam was dan zij, verdiende het dat zijn kop eraf werd geschoten met een afgezaagd geweer. Mijn achterneven wilden dat vonnis maar al te graag ten uitvoer brengen. Ze waren ruig en opgefokt als een troep gekooide wolvinnen.

Ik verkeerde nog steeds in een staat van shock toen ik aankwam. Ik kon niet geloven wat er was gebeurd en waarom. Omdat ik niets van politiek af wist, begreep ik niet waarover iedereen zich zo druk maakte.

---

* Comité de Organización Política Electoral Independiente, een conservatief-christelijke partij.

Toen ik mijn moeder gedag had gezegd, voelde het alsof ik haar voorgoed had verlaten (wat op een bepaalde manier ook zo was). Toen ze mijn gezicht tussen haar handen nam om me een afscheidskus te geven, moest ik huilen, ook al keek mijn vader toe. Mijn moeder rook naar amandelzeep, verse koriander en de jasmijn die in onze enige bloembak wortelde. Dat zijn de drie geuren van thuis: genegenheid, schuldgevoel en veiligheid. Lasteraars zien dit moment als een bewijs van mijn onbetrouwbaarheid. Minstens een tiental journalisten heeft opgediept dat ik op mijn vijftiende van school ben gegaan, geschorst, en dat mijn moeder me eruit gegooid heeft, 'om nooit meer een schaduw over haar deur te werpen'. Ze schilderen me af als 'de universitair docent die er nooit een was' en de ondankbare zoon.

Een veel nobeler mens dan ik schreef over zichzelf: 'Ik koos er aanvankelijk niet voor om mijn volk boven mijn familie te stellen, maar als ik mijn volk probeerde te dienen, kon ik mijn verplichtingen als zoon, broer, vader en echtgenoot niet nakomen.' Nelson Mandela was een geboren leider die ervoor koos zijn volk te dienen. Ik ben een geboren leider die zijn volk per ongeluk diende.

Het gejen van mijn achterneven, het verlies van mijn directe familie en vrienden en het plotselinge schandaal maakten dat ik Trujillo in een staat van verdoving bereikte. Ik kreeg geen tijd om te wennen, maar moest meteen de volgende dag al naar school. Voor het eerst werd ik niet gepest. Niemand daagde me zelfs maar uit voor een gevecht. Ik was verbaasd en ongerust, en vroeg me af wat de anderen wisten dat ik niet wist. Ik kwam erachter dat mijn reputatie me was vooruitgesneld. Mijn medeleerlingen keken (soms met openlijke angst) naar deze puberende 'vijand van de regering'. Zelfs de achterneven hielden zich tijdelijk koest.

Op weg naar mijn eerste les kwam er iemand op me af en fluisterde me toe om 's middags naar die en die locatie te komen. Meestal duurt het weken, maanden en soms jaren om ergens voor te worden uitgenodigd op een nieuwe school. Nu zou er een bijeenkomst worden gehouden en ik was ervoor uitgenodigd door een volslagen onbekende. Ik ging direct uit school naar die bijeenkomst toe, omdat ik nieuw was en de jongen het me had opgedragen. Het handjevol jongeren dat ik ontmoette, bleek communist te zijn. Ze bombardeerden me tot lid van hun clandestiene groepje, zonder me ook maar één vraag te stellen, want ze hadden gehoord dat ook ik een communist was. Ik was een verklaarde 'vijand van de regering', wat me in hun ogen tot een held maakte.

De ironie was dat ik niet eens wist wat communisme was. Het was nog niet eerder op mijn pad gekomen. Toen het woord vrij vroeg tijdens die eerste bijeenkomst viel, ging er geen belletje rinkelen. Maar het beviel me wel om als held te worden behandeld en te worden beschouwd als 'hij die meer weet dan wij'.

Ik begreep niet veel van wat er op die eerste bijeenkomst werd gezegd, maar dat maakte me niet uit. Ik was eenzaam en verdoofd en ze hadden me gevraagd zich bij hen aan te sluiten. Die eerste avond werd ik een communist, compleet met pasje en al. Eigenlijk was het geen lidmaatschapskaart die me 'volwaardig lid van de communistische partij' zou maken, het leek meer op een pasje van de bibliotheek in Valera. Ik herinner me hoe kinderachtig ik het vond dat ze überhaupt pasjes hadden, maar ik ging erin mee met een soort superieur gevoel van 'dit is de rimboe vergeleken met Valera, dus doen ze dingen nou eenmaal op een wat achterlijke manier'. Deze jongeren leken weinig op te hebben met Hegel, Woolf en Rimbaud: 'Allemaal leugens, kameraad!' Voor hen was het 'Marx zegt dit' en 'Marx zegt dat'. Ik wilde niet elitair gaan doen, maar zij woonden in Trujillo (de pummels) en ik kwam net uit Valera (toevluchtsoord van Villa Lobo, geboorteplaats van Filadelfo Linares en Adriano González León). Die Trujillanos hadden misschien een paar boeken gelezen die ik niet had gelezen, maar ik had honderden boeken gelezen die zij niet hadden gelezen. Ik had verdorie een magistraal essay over Kafka geschreven, en een paar onstuimige weken lang was ik hoofdredacteur van het manifest geweest dat *Brecha* verving!

Ik was geenszins van plan om hun te bekennen dat ik niet alleen Karl Marx niet had gelezen, maar dat ik zelfs nog nooit van hem had gehoord! Omdat 'mijn' krant verboden werd, had niemand hem ooit gelezen buiten degenen die er een bijdrage aan hadden geleverd. Omdat hij verboden was, namen ze in Trujillo aan dat het een politiek krantje was geweest. Omdat hij verboden was, namen ze aan dat het een communistisch manifest was geweest. En omdat mijn artikel 'Evolutie of revolutie?' heette, zagen ze me als een doorknede communist. Sleutelzinnen uit mijn toespraak waren woord voor woord aan hen overgebracht. 'We kunnen ons niet blijven onderwerpen aan de autoriteit van deze man, die geen macht heeft en niet werkelijk iets over ons te zeggen heeft... Wie is hij? Wie heeft hem gestuurd? Waar komt hij vandaan?' Ze herhaalden die zinnen uit mijn toespraak en gaven me porren en rugklopjes omdat ik ze had durven uitspreken. Buiten hun context vond ik ze onrustbarend roekeloos klinken, maar ze maakten ook dat ik over mezelf ging nadenken: wie was ik? Wie had me gestuurd? En waar kwam ik vandaan?

Bijna iedere jongen wil geheim agent worden. Het was voor de tijd van James Bond, maar niet voor het verlangen om zoals hij te zijn. De kameraden waren trots op me, en in mijn ijdelheid begon ik ook trots te worden op mezelf. Ik zwol op als een doffer in de paartijd en paradeerde rond, gesterkt door de sfeer van dreiging die me omgaf. En ik was gevleid dat die jongens en meisjes (die ik nooit eerder had ontmoet) zo pal achter me stonden.

Ik pauzeer hier even om uit te leggen dat ik er niet aan gewend was om met meisjes om te gaan. In Valera had ik ze bespioneerd, achtervolgd, geplaagd en vastgegrepen. Had ik mijn best gedaan om indruk op ze te maken? Absoluut! En had ik me afgetrokken boven hun foto's? Nou en of! Maar ik had me nog nooit in een kleine ruimte bevonden, heup aan heup op een bank, met meisjes die niet alleen aantrekkelijk waren, maar ook dweepten met die buitenlandse schrijvers en met mij.

Op mijn vijftiende was ik nog steeds geen plaatje. Ik was mager, donker en harig. En mijn haar had zelfs onder een dikke laag vaseline nog een eigen wil. Hunkerend naar de erkenning van mijn bestaan liet ik me de aandacht, rugklopjes en handdrukken van die ontluikende schoonheden uit Trujillo welgevallen. 'We zijn niet alleen zondaars omdat we van de boom der kennis hebben gegeten, maar ook omdat we niet van de boom des levens hebben gegeten.' Nadat ik deze stelregel had geponeerd, leunde ik achterover en genoot van hun bewondering. Ik herinner me nog steeds hoe nagenoeg perfect dat moment was. Ik stelde me mijn foto op de voorpagina van de krant voor met de volgende kop erboven: 'Valeraanse beroemdheid luistert bijeenkomst in de provincie op'.

Als mensen in Valera al nadachten over Trujillo (wat niet vaak gebeurde), zagen ze het als een troosteloos vestingstadje diep weggestopt in de heuvels aan de oude Koningsweg door de Andes. Daar gingen de mensen heen als ze tot een gevangenisstraf waren veroordeeld. Het was geen stad waar je uit vrije wil heen zou gaan. Het had een oude kathedraal en werd eervol vermeld in de geschiedenisboeken, maar het was een desolaat oord en een achtergebleven gebied. Mijn eerste indruk van Trujillo sloot aan op die verhalen. De hele hobbelige geplaveide weg lang zag ik er als een berg tegenop om bij mijn achterneven te moeten wonen. Ze waren afschuwelijk en ze haatten me. Ik had al genoeg van ze te lijden gehad als ze op de dodenwaken, begrafenissen en grimmige gedenkdiensten voor gemeenschappelijke familieleden verschenen. Aangezien er met flink veel ijver in onze stamboom werd gesnoeid door zowel een natuurlijke als onnatuurlijke dood, hadden mijn fanatieke achterneven altijd ruimschoots de gelegenheid gehad om me een staaltje van hún verbale manifest te tonen.

Mijn tweede indruk van Trujillo, na de literaire bijeenkomst, was heel anders. Sommige Trujillanos waren helemaal niet zo achterlijk! Het leek heel vanzelfsprekend dat zo'n bijeenkomst geheim was: boekenliefhebbers zouden in Trujillo natuurlijk aan de schandpaal worden genageld. Kijk maar naar wat mij in Valera overkwam, de geboorteplaats van dichters!

Ondanks het enthousiasme van mijn kameraden voor hun ontdekkingen – Marx, Engels, Trotski en Lenin – heb ik nooit hun exclusieve voorkeur voor deze schrijvers overgenomen. Ik las ze (stiekem – ik wilde niet dat anderen dat zagen en me dan voor een onwetende zouden uitmaken omdat ik ze niet eerder had gelezen) en ik nam hun ideeën in me op, verwierp er een aantal en bleef de dichters en filosofen lezen die ik in Valera al vereerde. Desondanks, zij het per abuis, werd ik wel degelijk de allereerste communist in een omvangrijke familie van ultraconservatieven.

Geen enkele andere familie was zo fanatiek rechts als de mijne. Mijn vader en moeder, mijn ooms en neven – iedereen was zo reactionair als de pest. En ik woonde in een huishouden van extremisten. In mijn tijd daar begon ik geleidelijk deel uit te maken van extreem-links. Als mijn achterneven het hadden geweten, hadden ze me afgeschoten als een hond. Zelfs zonder die informatie maakten we al dag en nacht ruzie in het huis van mijn achternicht.

Het was net een gekkengesticht. We ruzieden tijdens het ontbijt, de lunch en het avondeten. De op schreeuwtoon gevoerde ruzies gingen tot 's avonds laat door. Hoewel het duidelijk iets was wat al ver voor mijn tijd was begonnen, was mijn aanwezigheid een katalysator voor hun scheldpartijen. Het hoofd van het huishouden, de oude vrouw die het pension dreef, bracht het grootste deel van haar tijd op haar knieën in de kathedraal door. Als ze niet aan het bidden was, speelde ze gin rummy met haar zus, een weduwe die aan het kathedraalplein woonde. Als ze naar de kerk gingen, droegen beide zusters mantilla's van de fijnste Sevillaanse kant. Mijn hospita droeg ook een leren buidel om haar middel. 's Ochtends zat die vol munten en 's avonds was hij meestal leeg. De twee zusters bleken gin rummy om geld te spelen, en de onze, zo werd beweerd, verloor doorgaans. Ze hield haar pension aan om het spel te kunnen blijven spelen. Ik denk dat ze ons als een belediging van haar trots zag en een herinnering aan haar niet-aflatende pech. Maar als ze thuis was, had ze overal een antwoord op. Het was altijd hetzelfde antwoord voor alles en iedereen die niet even rechts was als zij: 'Zet ze tegen de muur en schiet ze dood.' Ze had doffe, geelbruine ogen als repen gedroogde mango. Ze lichtten op als ze die denkbeeldige doodvonnissen uitsprak, en ze lichtten vast ook op als de kaarten werden gedeeld. Het leek haar niet te kunnen schelen dat haar huis bijna uit zijn voegen barstte van de geschreeuwde verwensingen. Wat haar betreft konden we elkaar vermoorden zolang de huur op tijd werd betaald om haar spelletje te financieren.

De woordenwisselingen waren eindeloos en zinloos. Niet dat dat mij ervan weerhield om ook te redetwisten: ik schreeuwde even hard mee en schold mijn achterneven uit. Hoewel ik ervan overtuigd was dat ik mijn tijd en energie verspilde, was hun hemeltergende onverdraagzaamheid het aas waar ik elke dag weer in beet.

Ik bevond me in een ambigue situatie. Het was dezelfde ambiguïteit die mijn hele leven kenmerkt. Het is waar dat ik intelligent was en dat ik van poëzie hield, maar wat had dat met extreemlinks te maken? Ik was niet echt geïnteresseerd in politiek. Diep vanbinnen lieten zowel de fanatieke overtuigingen van mijn achterneven als die van mijn eigen communistische kameraden me onverschillig. Ik geloofde toen al in het individuele denken, in het creatief vermogen, in de vrije geest. Het communisme staat lijnrecht tegenover deze geloofsprincipes.

# 10

In 1950 was Francisco de Miranda een eeuw geleden geboren. Zijn naam is net zo heilig als die van Simón Bolívar, degene die Venezuela van het koloniale juk van de Spanjaarden bevrijd heeft. Francisco de Miranda is onze nationale held en grondlegger van onze staat. In de tijd dat ik in Trujillo verbleef, beklemd tussen mijn clandestiene ontmoetingen met de communisten en de eindeloze scheldpartijen met mijn achterneven, zorgde ik dat ik uit de problemen bleef. Goed, het was een gemene zet om communist te worden, maar aangezien niemand buiten de cel ervan af wist, leek ik nog steeds een modelscholier. Mijn docenten beschouwden me als een welgemanierde, slimme jongen die zijn best deed op school. Ter ere van het eeuwfeest van De Miranda zouden er in de aula gedichten worden voorgedragen, in aanwezigheid van de gouverneur van de deelstaat Trujillo, majoor Santiago Ochoa Briceño, en de bisschop van Trujillo. We waren op school om de beurt klassenspreker, en toevallig was het op de sterfdag van De Miranda mijn beurt.

Gegeven het belang van de gebeurtenis was het niet vanzelfsprekend dat ik de toespraak mocht afsteken. De keuze moest worden goedgekeurd door het schoolbestuur. Maar omdat ik beleefd, welbespraakt en serieus was, en omdat ik de zoon van Camila Miliani was, kreeg ik toestemming. Als ik nu terugkijk, verbaast het me dat niemand tijdens die bestuursvergadering zich nog mijn beruchte eerdere toespraak herinnerde.

De hele stad liep over van de adrenaline. De straten waren één wuivende massa vlaggen. Iedereen was opgetogen. De beignetverkopers hadden een heel konvooi muilezels met extra meel, olie, uien en zoete aardappels laten aanrukken, en links en rechts werden koeien en varkens geslacht. Overal hing de zware geur van bloed en ingewanden, vermengd met een zweem kaneel en nootmuskaat. Het zoemde letterlijk in Trujillo, en niet in de laatste plaats vanwege zwermen dikke vliegen die als golvende zwarte matten op de troep in de riolen zaten.

In het familiepension trof de kokkin van mijn achternicht haar eigen voorbereidingen; ze mopperde hardop dat het een hele opgave was om zulke belachelijke hoeveelheden lekkers en gekonfijte vruchten klaar te maken, maar heimelijk genoot ze van de drukte en van het feit dat haar primitieve, duistere keuken even in het middelpunt van de belangstelling stond. 's Avonds na de ceremonies en de toespraken zou er in elk huis feest zijn, en zoals gebruikelijk zouden er gasten van huis tot huis gaan om de hapjes van elke kokkin te proeven. Alleen bij zulke gelegenheden kon een getergde keukenbediende de onzichtbaarheid ontstijgen voor een ogenblik in de schijnwerpers.

Al die drukte en opwinding maakten het onmogelijk om niet te zien hoe belangrijk deze dag der dagen was. Mijn achterneven ruzieden zelfs minder en concentreerden zich heel even op de prachtige kleren die ze voor de gelegenheid zouden aantrekken. Maar vanzelfsprekend werd er nog wel gekibbeld over wie een bepaald overhemd had verstopt of de speciale pommade van een ander had gebruikt of vergeten was de dop weer op de fles pimentawater te doen en zo die geurige maar vluchtige substantie lichtzinnig had laten verdwijnen.

Eindelijk gebeurde er eens wat in de stad. Net als iedereen was ik opgegroeid met een grote verering voor Francisco de Miranda: hij was de vader van de Latijns-Amerikaanse democratie en de grootste staatsman uit onze geschiedenis. Hij was de enige die groter was dan Simón Bolívar, onze bevrijder, en onze bevrijder werd heviger aanbeden dan welke god ook. Bolívar was in onze ogen minder groots, minder Europees en menselijker. Hij hield van zijn hond en liet hem in de Andes achter, hij leed net als iedereen aan paranoia. Hij had koortsaanvallen en was aan de schijterij en omringd door vijanden: hij was en bleef een mens, waardoor wij vat op hem hadden. Maar De Miranda was iemand die met een sfeer van onsterfelijkheid was omgeven. En dus was ik me ten volle bewust van de eer die mij ten deel viel, al was die dan doodeenvoudig te danken aan de plaats van mijn naam op de klassenlijst.

Als ik de volgende episode uit mijn verhaal wegliet, zou het voor mij en voor ieder ander een stuk makkelijker zijn om mijn leven enigszins begrijpelijk te maken. Maar als je de geschiedenis bestudeert, of meer in het bijzonder de krijgsgeschiedenis, kom je tot het inzicht dat er cruciale momenten zijn waarop de uitkomst van een slag, een veldtocht, of zelfs het lot van een heel land wordt beslist door een onverklaarbare handeling. Ik moet proberen die irrationele beslissingen te begrijpen. Ik denk dat we allemaal van die momenten hebben waarop we de boel doelbewust verpesten maar niet begrijpen waarom we dat doen. Ik beklom het podium en verpestte de boel ten overstaan van twee rijen hoogwaardigheidsbekleders.

Met mijn toespraak in Valera had ik onbewust de machthebbers beledigd, terwijl ik alleen mijn schoolvrienden had willen aanspreken, maar in Trujillo was ik er willens en wetens op uit om alle hoogwaardigheidsbekleders die in de aula aanwezig waren tegen de haren in te strijken. Ik sloeg ze om de oren met de kwaadaardigste adjectieven die ik maar kon bedenken. Ik keek de gouverneur recht aan en zei: 'Moet u nou zien waartoe u zich verlaagd hebt. Kijk nou toch hoe diep u gezonken bent. We hebben een man met ballen nodig, iemand die ons onze vrijheid kan teruggeven.'

Iedereen, ikzelf incluis, verwachtte dat ik zou worden gearresteerd en meteen achter de tralies zou verdwijnen. Niemand kwam in beweging. Het hele publiek bleef met open mond zitten. Mijn klassenleraar zat waarachtig te kwijlen. Na een hele tijd stond de gouverneur op en zei: 'Je woorden hebben me geraakt.' Toen vertrok hij met een glimlach op zijn gezicht, met in zijn kielzog een hele stoet verdwaasde ambtenaren en geestelijken. Omdat de gouverneur glimlachte en niet kwaad op me leek, durfde niemand mij terecht te wijzen voor hij het pand veilig had verlaten.

Als ik nu echt politiek betrokken was geweest, had ik nog kunnen denken dat ik de gouverneur had beledigd omdat het me wat uitmaakte wat hij deed en dat ik bereid was mijn vrijheid en desnoods mijn leven in de waagschaal te stellen om zijn wangedrag aan de kaak te stellen. Maar ik had niet alleen niets tegen hem, ik had ook geen flauw idee wat zijn politieke opvattingen waren en het maakte me ook geen bal uit. Was ik depressief of suïcidaal? Nee. Wilde ik indruk maken op het jeugdcomité? Dat had ik al gedaan. Waar was ik op uit? In Valera had ik mijn moeder een hoop ellende bezorgd, maar ze wist tenminste dat het geen opzet was. Wat ik in Trujillo deed, bracht mijn hele familie in gevaar. In de Andes noemen we zoiets een *labastida*, of kortweg een *laba*. De aristocratische Spaanse familie Labastida had zich in Venezuela gevestigd nadat ze op de tweede reis van Cristoffel Columbus via Santo Domingo in Venezuela terecht waren gekomen. Ze waren zo trots op hun afstamming dat ze alleen met andere Labastida's wensten te trouwen. Dat hielden ze eeuwenlang vol, waardoor ze fysiek en geestelijk getekend raakten. Halverwege de negentiende eeuw waren ze beroemd om de onverklaarbaar stomme dingen die ze deden. Ze trouwden dan wellicht niet buiten hun eigen familie, maar ze neukten er verder in heel Trujillo flink op los, waardoor hun gedegenereerde genen in zoveel families verspreid raakten dat absurde, zinloze daden een normaal verschijnsel werden.

Wat ik deed, deed ik uit vrije wil, maar als ik terugkijk, zie ik ook overeenkomsten tussen mijn neiging om me op school in de nesten te werken en het roekeloze gedrag dat mijn vader in zijn jeugd vertoonde. Maar in tegenstelling tot mijn vader werd ik niet moedig van mijn eigen roekeloosheid. Ik werd er de rest van mijn leven juist erg voorzichtig van. Ter plekke wist niemand waarom ik het had gedaan, maar ze hadden er wel een naam voor: het was een labastida.

Uiteraard wilden ze me daarna niet meer op school hebben, maar dankzij de welwillendheid van de gouverneur werd ik niet vervolgd. Ik werd uit Trujillo verbannen en in ongenade naar Valera teruggestuurd. Inmiddels liep ik in Valera al aanzienlijk minder risico: ze hadden bij de geheime politie van de nieuwe dictator wel belangrijkere dingen aan hun hoofd, maar het was toch niet echt helemaal veilig om thuis te wonen. Mijn moeders vreugde om onze hereniging werd dan ook door angst getemperd. Ik bofte dat mijn ouders te erg geschokt waren om me halfdood te slaan. Maar al kwam ik er zonder kleerscheuren vanaf, ze stonden bij mijn thuiskomst niet direct te juichen. Daar staat tegenover dat er in het huishouden van mijn achterneven na mijn vertrek drie dagen feest werd gevierd.

En ik had ook nog eens het geluk dat de school in Trujillo waarvan ik de goede naam zo ernstig had geschaad, me toestond bij afwezigheid naar de vijfde klas over te gaan. De soepelheid van het schoolbestuur werd niet weerspiegeld in de houding van de gemeenteraad: men liet me weten dat ik nooit meer een voet in Trujillo mocht zetten. Ik had de stad onteerd. En schande is besmettelijk, hij verspreidt zich door aanraking en via familiebanden. Toen ik als de verloren zoon in Valera terugkeerde, besmette mijn schande mijn hele familie.

Mijn ouders wisten niet wat ze met me aan moesten. Maar het litteken op mijn borst is geen aandenken aan een kogelwond uit die tijd. En mijn vader heeft me niet 'mee naar achter het huis genomen' om me daar 'als een ziek dier' af te maken. Hij gaf me zelfs niet eens een aframmeling met zijn riem. Het leek wel of hij me liever niet aanraakte. Ik zag hem af en toe een blik op me werpen waaruit onbegrip sprak en een zweem van iets wat bezorgdheid om zijn eigen mannelijkheid moet zijn geweest. Aangezien hij zijn tijd niet aan me wilde verspillen, verliet hij de stad en trok hij zich in zijn werk terug. En dus was het zoals altijd aan mijn moeder om te beslissen wat ik moest doen. Ik was nog minderjarig, en toch had ik al kans gezien de twee grootste plaatsen in de Andes tegen me in het harnas te jagen.

In de omgeving kon ik nergens meer terecht, dus regelde ze dat ik de vijfde klas in Caracas kon doen, zo'n zeshonderd kilometer verderop. In die tijd was naar school gaan nog een luxe. Je kon je niet zomaar bij een school inschrijven: je moest officieel worden aangenomen. Er waren maar drie goede scholen. Mensen konkelden en vochten om hun kinderen op een van die scholen te krijgen. De namen van kinderen kwamen bij hun geboorte al op de lange wachtlijsten te staan. Die beste scholen werden voortdurend van alle kanten overladen met giften. En een van de hoekstenen van deze academische driehoek was het Liceo Fermín Toro. Het was zo'n instelling waar je niet eens echt iets hoefde te presteren: de school had zo'n glorieuze naam dat alle ex-leerlingen daarvan profiteerden, ongeacht hun prestaties.

Veel zoons van de rijken en machtigen bezochten het Fermín Toro. Diverse leiders hadden erop gezeten. En ook ik werd op die prestigieuze school ingeschreven. Ik ril als ik eraan denk op hoeveel bloedbanden en andere connecties mijn ouders een beroep hebben moeten doen om dat voor elkaar te krijgen.

Opnieuw kreeg ik de gelegenheid om iets goed te maken. Aan het eind van de zomer zou ik een kans krijgen om mijn opleiding af te ronden. Opnieuw was het met een sisser afgelopen en had ik eerder beloning dan straf gekregen voor wat ik had gedaan. Die hele zomer tussen de ene school en de volgende bleef mijn moeder vragen: 'Waarom heb je jezelf tot doelwit gemaakt, jongen, vertel me dat eens.' Dat kon ik haar niet vertellen, want ik had geen idee. In mijn zachtmoedige, beleefde, studieuze persoontje ging gewoon een goed van de tongriem gesneden heethoofd met een grote bek schuil.

Ook op mijn nieuwe school in Caracas was mijn reputatie me vooruitgesneld. De bal was gaan rollen: het was een grote, oncontroleerbare bal van elkaar tegensprekende verhalen. Ik was openlijk gebrandmerkt als een communist, maar aan de andere kant was ik een goede, hardwerkende leerling, vooral in de filosofie. Als aanhanger van links was ik absoluut onbetrouwbaar, maar aangezien ik me in de kaart had laten kijken, kon ik toch nog wel handig zijn, al was iemand die zonder toestemming zo uit de school klapte natuurlijk wel een probleem.

Ik wilde iets met mijn leven doen en ik wist ook wat. Ik wilde filosoof worden. Ik droomde ervan om naar de universiteit van Freiburg te gaan. Ik stak daar bijna al mijn energie in, en met de rest van die energie was ik een voorvechter van de communistische zaak. Dus als ik niet met Hegel en Kant aan het worstelen was, deelde ik illegale blaadjes uit en schilderde ik illegale slogans op het schoolaanplakbord en politieke kreten op de muur van de binnenplaats. En daarom werd ik van het Liceo Fermín Toro gestuurd.

Dat ik van school gestuurd zou worden stond van tevoren al vast. De dictatuur voerde de repressie op en mijn politieke activiteiten voltrokken zich in alle openheid. Achteraf is het een wonder dat ik ooit mijn school heb afgemaakt. Ik kreeg keer op keer nieuwe kansen, maar ik zat mezelf in de weg. De schande om mijn moeders verdriet te moeten aanzien werd me bespaard omdat Caracas te ver weg was om naar de Andes terug te keren. En dus bleef ik in Caracas, een held in de ogen van een paar van mijn kameraden en een nagel aan de doodkist van mijn hele familie.

Aangezien ik mijn hele verhaal wil vertellen, lijkt het me niet meer dan redelijk dat ik waar mogelijk mijn motieven uitleg. En omdat de rest van mijn leven aan links gewijd zou zijn, zou je mogen aannemen dat ik inmiddels een overtuigd aanhanger was van de politieke zaak die ik zo openlijk steunde. Maar merkwaardig genoeg was dat niet zo. Ik denk dat ik werd aangetrokken door het risico, door de mogelijkheid om op te scheppen. Diverse kameraden sloten zich bij de beweging aan omdat het spannender was dan eindeloos bier zuipen. Bij mij had het niets met verveling te maken maar met de behoefte om dapper te zijn: ik was die laffe zoon van Felipe die publiekelijk zijn nek uitstak.

Pas na de derde keer dat ik van school werd gestuurd, drong het tot me door dat ik nooit in Freiburg terecht zou komen als ik geen kans zag eindexamen te doen; en in heel Venezuela was er nog maar één optie om dat voor elkaar te krijgen. Dus toen mijn moeder me in een brief smeekte om mijn school af te maken en de politiek met rust te laten, deed ik dat met alle liefde. Datgene wat me vanbinnen tot rebelleren had aangezet, kalmeerde en liet me vervolgens met rust. Ik werd in alle opzichten een modelleerling. Ik nam afstand van links en concentreerde me volledig op de komende examens. Er volgde een vreedzaam intermezzo waarin ik me eindelijk naar mijn leeftijd gedroeg. Ik was zestien en deed wat elke zestienjarige doet die academische aspiraties heeft.

Ik bracht vele uren per dag in de bibliotheek door en studeerde tot diep in de nacht. Hoe meer ik leerde, hoe vaker ik moest denken aan de woorden van Miguel de Unamuno: 'De ware wetenschap leert je bovenal te twijfelen en onwetend te zijn.' Ik stortte me op Hegel en Heidegger, de Griekse filosofen, Kafka en Sartre. Ik zag de lijn tussen de filosofie van de Verlichting en de Franse Revolutie en die van Hegel en Marx, waardoor ik enig inzicht kreeg in de sociaal-historische context van het socialisme. Ik verlangde er ineens naar om naar Parijs te gaan en ik beschouwde de lichtstad als een aards paradijs waar Gods woord via Duitsland werd doorgegeven bij monde van zijn aartsengelen de filosofen, onder wie Heidegger, die nog leefde en in Freiburg doceerde.

In mijn jeugdige fantasie zag ik mezelf de toorts van het Vernieuwende Denken opnemen en de toekomst in dragen. Ik stelde me voor hoe ik, een jongen uit de Andes met indiaans bloed in de aderen en modder onder de nagels, met de kracht van mijn geest alle barrières zou doorbreken. Terwijl de koperen ventilator in de drukkend hete middag ronddraaide, sukkelde ik soms uitgeput van maandenlang slaapgebrek boven mijn boeken in slaap en sloeg ik aan het dromen.

Ik droomde eens dat ik op een podium stond in een grote gewelfde zaal van de universiteit van Freiburg, omgeven door eerbiedwaardige doctors in de filosofie. Ik stond op het punt om een toespraak te houden vanwege het eredoctoraat dat men me op aandringen van Heidegger had toegekend. Ik was de jongste aan wie ooit zo'n eer ten deel was gevallen, en mijn ouders waren met me meegekomen uit Venezuela om dit glorieuze ogenblik mee te maken. Ik keek in de volle zaal rond en werd getroffen door de gedachte dat het publiek met zijn toga's en baretten veel weg had van een verzameling bejaarde pinguïns. Ik weet nog dat ik erg met mezelf was ingenomen, want sommige van de pinguïns waren de grootste filosofen ter wereld en ze zaten allemaal op mijn toespraak te wachten. Ik herkende Thomas Hobbes en John Stuart Mill, José Ortega y Gasset, Pascal en Plato, David Hume en Socrates, Jean-Paul Sartre en Hegel, Ludwig Wittgenstein en Arthur Schopenhauer, Voltaire en Paul Tillich. Karl Marx stond achteraan tegen de eikenhouten lambrisering geleund met Heidegger te fluisteren. Ze maakten een Chinees van wie ik veronderstelde dat het Lao-Tsé was op mij opmerkzaam. Heideggers baret was een in leer gebonden exemplaar van *Zijn en tijd*.

Ik wist precies wat ik ging zeggen, maar ik wilde beginnen met een hommage aan mijn eminente publiek. Toen ik me voorover boog om mijn aantekeningen te verzamelen, zag ik dat de zwarte toga die ik aanhad zo erg door de kakkerlakken was aangevreten dat hij tot stof verviel. Mijn moeder zat op de eerste rij, samen met mijn vader, die in een wit *liquiliqui*-pak gestoken was en een panamahoed droeg, waardoor hij te midden van de verzamelde geleerden erg uit de toon viel. Camila was vlokken van mijn uiteenvallende toga aan het bijeenrapen om ze vervolgens met een kwast en een grote pot lijm in ons familiealbum te plakken. Ik probeerde haar met gebaren duidelijk te maken dat ze daarmee moest ophouden. Ik werd afgeleid doordat ze voortdurend vooroverboog. Maar ze negeerde me angstvallig. En Felipito volgde met afkeuring de omlaag dwarrelende grijze vlokken.

Adriano González León zat dubbelgeklapt op de stenen vensterbank van een gotisch raam hoog boven me aan de rechterkant. Hij leek net een vleermuis. Ik knipoogde naar hem alsof ik wilde zeggen: 'Let op. Dat zal ze een lesje leren.' Maar ineens voelde ik mijn stem opdrogen en ik werd vervuld van een plotselinge wanhoop omdat ik wist dat ik niet alleen móest spreken, maar dat ik het ook graag wilde.

De tijd vertraagde en een diepe stilte vulde de zaal. Achterin begon Heidegger op de lambrisering te trommelen en het ritme leek een uitdrukking van een algemeen ongeduld. Ik schraapte mijn keel zo zachtjes als ik kon, maar het geluid weerkaatste door de zaal als een schorre blafhoest.

Ik had een toespraak voorbereid over wat Heidegger 'het zijn tegenover de dood' noemde en over de meditaties van de heilige Augustinus en Tolstoj. Ik was van plan om te openen met het citaat: 'Het is de nadering van de dood en ons besef daarvan die een "authentiek" leven mogelijk maken.' Ik zou het hebben over je ware ik vinden door het leven ten volle te leven en je sterfelijkheid onder ogen te zien.

Iedereen zat te wachten. Alleen Felipito was zachtjes aan het snurken. Heideggers getrommel werd steeds luider. Ik pakte mijn aantekeningen en begon met een reusachtig zelfvertrouwen te spreken. 'Eruditie verhult de riekende wonde van de morele lafheid die onze collectieve ziel heeft vergiftigd. Bij velen dient zij als een soort opium om verlangen en angst te verdoven; anderen wenden haar aan om zich te kunnen onttrekken aan de noodzaak om voor zichzelf te denken, en beperken zich daarmee tot het vertolken van andermans gedachten. Zij kiezen hier en daar een boek, en halen er zinnen en stellingen uit waar ze een brouwsel van stoven…'

Ik zag dat diverse eminenties aandachtig zaten te luisteren. De laatste flarden van mijn toga vielen van mijn schouders en ik bleef in een soort hawaïshirt met korte mouwen achter. Heidegger haalde zijn baret van zijn hoofd en gooide hem naar de mijne, die wankel op mijn wilde kroeshaar stond, dat zoals gewoonlijk elke poging om het met pommade tot onderwerping te dwingen had weerstaan. Heidegger en de Chinees slopen de zaal uit terwijl ik met luide, heldere stem voortging: '… of ze rommelen twee of twintig jaar lang door mappen of stapels papieren in een of ander archief zodat ze uiteindelijk kunnen verkondigen dat ze een ontdekking hebben gedaan. En dat allemaal om niet in hun hart te hoeven kijken om het te doorgronden, om niet te hoeven denken, en vooral niet te hoeven voelen.'

Ik boog en stond op het punt het podium te verlaten. Net toen ik naar beneden stapte, werd Felipito wakker en vroeg op die net even te luide toon van mensen die hebben geslapen maar net doen alsof dat niet zo is: 'Wie zei dat?'

Ik zei: 'Unamuno.'

Hij keek me woest aan en schreeuwde: 'Wie?'

Iedereen staarde naar ons. Felipito klikte zijn hielen tegen elkaar op die manier die mannen uit de Andes van de Pruisen hebben afgekeken en draaide zich naar mijn moeder. Ik zei: 'Miguel de Unamuno.'

'Ik dacht dat je zei dat Oswaldo iets had geschreven,' zei hij beschuldigend. Camila haalde haar rechterschouder op zoals ze vaak deed als haar iets werd gevraagd, ongeacht wat haar werd gevraagd.

'Het is maar een jongen, Felipe.'

Mijn vader stond langzaam van zijn gotische stoel op en draaide zich om naar de verzamelde hoogwaardigheidsbekleders. Er had wat gemompel onder de geachte doctors en professors geklonken maar dat werd door Felipito de kop ingedrukt. Hij kreeg bijna vanzelf ieders aandacht, in het besef dat hij hen kon dwingen naar hem te kijken en te luisteren, en vervolgens denderde zijn bariton door de zaal: 'Toen ik jong was, waren de dood en ik dikke vrienden.'

Die droom ontnam me elke jeugdige hoop op roem die ik had gekoesterd. Ik heb nooit meer in de schijnwerpers willen staan. Ik hield ermee op onder de douche toespraken te bedenken om mijn Nobelprijs in ontvangst te nemen. Ik besefte dat ik de scherpe geest die ik had hoorde te gebruiken. Ik zag in dat ik in bepaalde opzichten geen haar beter was dan Trinidad, de papegaai van mijn ouders. Ik was degene die niet in zijn hart wilde kijken om het te doorgronden, en wat ik ook dacht dat ik aan het doen was geweest, ik had niet willen denken en vooral niet willen voelen. Langzamerhand begon ik in te zien dat het mijn rol was om te observeren en te denken, om te zien en te rationaliseren. Er was geen ruimte voor ijdelheid.

Een ander effect van die droom was dat hij me bevrijdde van de behoefte om mijn vader tevreden te stellen, een behoefte waar ik tot dan toe mee had rondgesjouwd als met een gewonde albatros. Eindelijk accepteerde ik niet alleen dat ik mijn vader nooit tevreden zou stellen maar ook dat hij een individu was en geen ondoorgrondelijk aanhangsel van mezelf. Van toen af aan kreeg ik respect voor hem. Aangezien we het jaar daarna zo met elkaar in conflict zouden raken, kon niemand dat uit mijn gedrag afleiden; en toch was het er, zij het dat het voorlopig nog in me zat weggestopt.

De media en mijn vijanden hebben me vaak belachelijk gemaakt. Bijna even vaak hoefden ze dat niet te doen, omdat ik het zelf al deed. Voltaire heeft eens gezegd dat hij van zijn leven maar één kort gebedje tot God had gericht: ' "O Heer, maak mijn vijanden belachelijk." En God verhoorde dat gebed.' Soms probeerde ik te geloven dat de gelovigen onder mijn vijanden wel erg hard moesten bidden.

Toen ik op mijn volgende en laatste middelbare school begon, was ik ervan overtuigd dat ik nog een lange weg te gaan had. Vijftig jaar later is dat gevoel niet minder geworden. Ondanks alle afstanden die ik fysiek, intellectueel, spiritueel en emotioneel heb afgelegd, is de weg alleen maar langer geworden.


# 11

*M*ijn nieuwe middelbare school was de meest prestigieuze particuliere school in Venezuela, de Santa Maria. Ik slaagde met fantastische cijfers voor mijn eindexamen. De diploma-uitreiking zou in het stadstheater plaatsvinden. Wederom zou er een hele vertoning omheen zijn. Wederom zou de gouverneur (dit keer van het federale district) aanwezig zijn. En wederom werd ik uitgekozen om te spreken.

Ik weet dat dat vreemd klinkt. Met mijn staat van dienst hadden ze me in de coulissen vastgebonden moeten houden met een prop in mijn mond tot het hele gedoe voorbij was. In plaats daarvan speelde het labastida-element weer op. De coördinator van de 'vertoning' was een Ecuadoriaanse docent literatuur en filosofie, die tegen me zei dat ik de beste spreker was en daarom de toespraak namens de leerlingen moest houden. Wel tien keer zei hij tegen me: 'Oswaldo, onder geen beding mag je het in je toespraak over politiek hebben. Geen woord erover, is dat duidelijk?'

Toen moesten we lachen. De hoofdstad had na die tijd zoveel opschudding meegemaakt op politiek gebied, dat mijn eigen misdragingen in de hoek van de kinderlijke escapades waren geplaatst. Nu was ik een jongen die zijn dwalingen had ingezien. Door me openlijk tegen mijn vorige school te keren, had ik bijna mijn kans op een carrière de bodem in geslagen. Zoals mijn moeder zei, had ik 'doelwit' op mijn eigen voorhoofd geschreven. Sindsdien was ik niet alleen tot inkeer gekomen, ik had zelfs mijn best gedaan om dat woord van mijn voorhoofd te schrobben.

Ondertussen was het politieke klimaat in rap tempo verslechterd. Pérez Jiménez had zich tot een rasechte dictator ontpopt. Het concentratiekamp Guasina (het ergste kamp in Venezuela) was al opgericht. Er waren al mensen vermoord. Er werden mensen gemarteld. En de universiteit van Caracas was gesloten.

Hoe meer de politieke situatie in de hoofdstad verslechterde, hoe kalmer ik werd en hoe dieper ik doordrong in de wereld van de kennis. Politiek was een vreemd land dat ik per ongeluk had bezocht, nooit had begrepen, dat me niet had kunnen bekoren en waar ik nooit meer heen wilde. Mijn leven was nog doortrokken van passie, maar het was een passie voor het negentiende-eeuwse Duitse filosofische denken. Mijn passie was echt, zo echt dat mijn leraren er volledig in geloofden (mijn passie voor kennis althans, want ik hoop dat ze niets wisten van mijn seksuele verlangens) en ze geloofden volledig in mij.

Door alle revoluties die zich in Latijns-Amerikaanse landen hebben voltrokken, behielden presidenten en gouverneurs hun baantje nooit erg lang. Misschien dat we daarom onze publieke evenementen met zoveel meer ceremonieel omgeven dan de meeste andere landen. Publieke gebeurtenissen, hoe onbelangrijk ook, zijn doortrokken van kortstondige pracht en praal. Lokale bezoekjes wordt de luister bij gezet van een staatsbezoek. Zulke vieringen zijn vluchtig, en terwijl het rad van fortuin ronddraait als een kermisattractie proberen de machthebbers eruit te halen wat erin zit. Het volk klampt zich in de politieke chaos met zoveel hartstocht vast aan de symbolen van veiligheid en orde dat zelfs een scheet aanleiding vormt voor een volksfeest en elke beweging van iemand in uniform met veel ceremonieel wordt omringd.

De diploma-uitreiking was al niet anders. Het was een bijzondere gebeurtenis en alles werd uit de kast gehaald om er iets onvergetelijks van te maken. Onze school zou met hoog bezoek worden vereerd en ik zou een belangrijke rol spelen.

Na al die keren dat me gratie was verleend, was het die dag nooit mijn bedoeling geweest om een politieke rede af te steken. Sterker nog, ik was zo vastbesloten om geen woord over mijn lippen te laten komen dat met politiek te maken had, dat ik mijn tekst nog eens was doorgelopen om alle dubbelzinnigheden eruit te halen. Om het zekere voor het onzekere te nemen had ik mijn korte toespraak in zijn geheel uitgeschreven. Het enige wat ik hoefde te doen, was opstaan en hem voorlezen.

Dat had niet al te moeilijk moeten zijn, ware het niet dat ik een groot gedeelte van mijn jeugdjaren het slachtoffer was van die onberekenbare labastida, die als een dolle hond in bedwang moest worden gehouden. Met de jaren leerde ik hem te onderdrukken, te negeren en zelfs te overmeesteren. Ik leerde te beseffen dat hij er was, die gestoorde en onlogische Andesiaanse trek. In mijn tienerjaren was dat helaas nog niet het geval. Als een fel schoothondje wist de labastida steeds weer op de meest rampzalige momenten tevoorschijn te springen.

Toen ik op mijn beurt wachtte om het podium te betreden, was ik niet nerveus. Het was me zelfs gelukt mijn springerige haar met vaseline tegen mijn hoofdhuid gelijmd te houden. Ik voelde me goed en kalm en zelfverzekerd. Plots merkte ik een manke jongen op die zich in de coulissen ophield. Ik registreerde dat hij van de communistische jeugdbeweging was. Ik had hem een keer eerder gezien, maar nooit met hem gepraat. En de indruk die hij bij me wekte (toen en ook de eerste keer dat ik hem had gezien), was dat hij een sinistere figuur was en dat ik hem instinctief niet mocht. Hij bewoog zich steels naar me toe en begon te praten alsof hij een aankondiging op de radio deed, snel en ademloos, maar op zachte toon: 'We zijn er erg trots op dat je hier vanavond spreekt en we willen dat je drie onderwerpen aanroert. Eén: begin erover dat de universiteit is gesloten; twee: begin over het concentratiekamp

Guasina; en drie: zeg dat geen enkele Venezolaan mee zal doen aan de oorlog in Korea. De Partij verwacht dit van je, dit is jouw kans. Eén: begin erover dat de universiteit is gesloten; twee: begin over het concentratiekamp Guasina; en drie…'

Ik liep naar het podium, mezelf verbazend over wat er gebeurde, maar ik maakte me nog niet erg druk, want ik was beslist niet van plan om te doen wat hij van me vroeg. Ik wilde geen scène schoppen, of de organisatoren in verlegenheid brengen, dus schudde ik hem van me af door tussen mijn tanden te zeggen: 'Geen probleem, dat lukt wel.' Ik zei het om van hem af te zijn. Ik zweer dat het niet mijn bedoeling was het echt te doen. Ik had mijn toespraak klaar en ik had dat haantjesgevoel, omdat de toespraak die ik had geschreven werkelijk fenomenaal was, een toonbeeld van eruditie.

Ik begon te spreken en het ging heel goed, heel natuurlijk. Ik had het over schrijvers die als een pure, onbedorven kracht vastlegden wat er in de maatschappij gebeurde. Om mijn betoog te verhelderen, nam ik onze eigen literatuurdocent, Cueste Cuesta, die Ecuadoriaan was, als voorbeeld. 'Kijk,' zei ik, 'Cueste Cuesta maakt deel uit van een generatie die genocide heeft gepleegd op de indianen in Ecuador. Hij maakte deel uit van de elite die ophield een elite te zijn door haar acties. Diezelfde generatie bracht een groot schrijver voort om dit vast te leggen, om de executie van de indianen te hekelen nadat ze een standbeeld van Jezus hadden proberen te vernielen.'

Terwijl ik pauzeerde, keek ik uit over een zee van gezichten, en ik was verbaasd dat ik niet de onverdeelde aandacht van het publiek had. Ik bespeurde een lichte rusteloosheid achter in de zaal. Misschien werkte mijn microfoon niet goed. Misschien konden ze me niet horen. Misschien moest ik zorgen dat mijn stem verder droeg. Dus sprak ik op luidere toon: 'Beschouw dit…' Die stemverheffing leek te werken. Vanaf dat punt, voorlezend vanaf mijn aantekeningen, hoefde ik alleen maar een handjevol andere schrijvers af te gaan, hun stijl en hun werk te vergelijken, die voortkwam uit hun eigen achtergrond, onafhankelijk van wat die achtergrond was. Ik had het publiek net gekregen waar ik het hebben wilde: verlangend om meer te horen, klaar om zich te laten inpakken door mijn stem, manier van spreken en spitsheid, toen ik opeens onderbroken werd.

Het was de hoge en opgewonden stem van een vrouw die me iets toeriep. Een jonge vrouw was opgesprongen, zodat ze uitstak boven het zittende publiek. Haar ogen schitterden. En haar stem vroeg niet, hij drong aan. 'Zeg het allemaal! Vertel ze alles!' Ze zei het op de manier waarop een vrouw je in bed dingen toefluistert, waarmee ze je aanspoort om je in haar leeg te storten. Geen enkel meisje had dat ooit tegen me gezegd, maar ik had er wel van gedroomd. Ze had me ermee in haar macht. Iets aan haar daar in die zaal maakte iets los in me waardoor niet alleen mijn pik een eigen leven leidde in mijn nieuwe broek maar ik ook een tirade begon af te steken als een suïcidale maniak. Opgehitst door de gloeiende ogen van het meisje schoof ik mijn stapel aantekeningen terzijde en vroeg in plaats daarvan: 'Maar wie zal erover schrijven wat we in Venezuela doen? Navarete kan dat niet, omdat hij in het concentratiekamp Guasina zit. En de dictator, Pérez Jiménez, staat het niet toe dat iemand anders wat schrijft, of wat zegt, dus wie legt onze gruweldaden vast?'

De rectrix van de school sprong op en neer in haar stoel op de eerste rij. Ze was als een krekel op een springveer, en maakte zelfs een klikkend geluid tussen haar woorden in. Ze kwetterde met haar snobistische stemmetje: 'Dat is niet wat je zou zeggen, klik, zo gaat je toespraak niet! Klik. Dat weet je zelf ook! Klik.'

Ik ging door. De rectrix ratelde ergens aan mijn voeten, maar ik stond op het podium. Ik stond in de schijnwerpers en ik kon niet stoppen. Als je een begaafd redenaar bent en op het punt bent aanbeland dat je het publiek in je zak hebt, half gehypnotiseerd door je stem, kan iemand je slechts met de grootste moeite onderbreken. Je voelt dat de hele zaal in vervoering is, aan je lippen hangt. En ik wil niet zweverig klinken, maar het is net of je uit je lichaam treedt – je ziet jezelf en hebt die zee van gezichten in je macht.

98

De rectrix was dus aan het klikken om me tot zwijgen te brengen en de vrouwelijke ordeverstoorder spoorde me aan om verder te gaan, en ik zei: 'Niemand van ons wil naar Korea. We willen dat de universiteit weer opengaat. We laten ons niet de mond snoeren.' Ik zag alleen de glanzende ogen van het meisje en was me alleen bewust van mijn eigen krachtige stem die de rectrix overstemde, wier half hysterische gekwetter overging in gesmoorde kreten.

'Dat is niet wat je zou zeggen! Dat is niet wat je zou zeggen!' Het was haar stem die ik hoorde terwijl mijn vrienden me van het podium trokken en me door de artiesteningang van het theater naar buiten sleurden. Ze duwden me achter in een vrachtwagen en ik werd in het donker weggevoerd, de stad uit. Hoe of waarom er achter het theater een vrachtwagen stond, weet ik niet. Ook weet ik niet hoe of waarom hij door de Andes reed. Maar het was in elk geval wel zo en hij bracht me, verborgen, helemaal terug naar Valera. Het was een nacht en een dag rijden vanuit de hoofdstad. Een vriend reed het eerste gedeelte van de reis mee en praatte me bij over wat ik had gedaan en wat er was gebeurd. Achteraf bleek het theater stampvol regeringsambtenaren te hebben gezeten. Terwijl ik via de artiesteningang naar buiten werd gesleurd, werd de voordeur gebarricadeerd om iedereen binnen te houden. Een minuut langer en ik had in het concentratiekamp gezeten dat ik gehekeld had. En dan zou ik nog geluk hebben gehad. Volgens mijn vriend was het waarschijnlijker dat ik een kogel door mijn hoofd had gekregen.

Vlak voor de eerste wegversperring stapte mijn vriend uit de vrachtwagen en liet me in mijn eentje de lange reis terug naar de Andes maken. Net als ik was hij nog een jongen. Hij was een goede vriend, maar hij wilde liever niet bij me in de buurt zijn. Ten eerste was dat niet veilig. Maar er speelde nog iets mee, iets wat met mij te maken had. Hij voelde zich niet op zijn gemak bij me, zoals mensen zich niet op hun gemak voelen in het gezelschap van een krankzinnige.

Ik sliep het grootste deel van de vijfentwintig uur durende reis.

Ik moest me min of meer verscholen houden achter in de vracht-wagen. We stopten bij wegversperringen en om te eten, drinken en te plassen. Ik weet dat de vrachtwagen niet doorzocht is, maar ik herinner me niet veel meer van de reis; het was alsof ik in trance was. Ik weet ook niet wat er was afgesproken met de chauffeur, ik weet alleen dat hij me terug naar huis smokkelde.

# 12

*H*et lijkt nu misschien ongelofelijk dat ik de meest gezochte man in de hoofdstad was en toch in een andere deelstaat een toevluchtsoord kon vinden, maar zo lag dat indertijd in Vene-zuela. Valera was een soort stadstaat. Het was een andere wereld, waar de neef van mijn vader regeerde. Sommige steden waren nauwelijks meer dan dorpen, maar ze werden bestuurd door gou-verneurs die om hun partijpolitieke standpunten waren uitgeko-zen en verder aan hun lot werden overgelaten. Je kon in de ene deelstaat in je broodtrommeltje schijten en dan nog altijd ergens anders een plek hebben om een nieuw trommeltje met boterham-men te maken.

Toen ik Caracas verliet was ik in een trance, en de urenlange rit over een bochtige weg versterkte dat nog. Toen ik aankwam, was ik nog zo verdoofd dat ik me niet veel meer van mijn thuiskomst kan herinneren behalve dat ik niet echt naar huis ging. Er moet van tevoren iets zijn geregeld, want mijn vaders neef, de gouver-neur Atilio Araujo, nam me onmiddellijk onder zijn hoede. Hij stuurde me naar mijn oom don Emiliano Araujo, om bij hem in zijn grote, veilige huis te wonen.

Vanaf dat moment werd alles in mijn leven opnieuw helemaal

anders. Zoals ik me in dat huis gedroeg, moet voldoende bewijs zijn dat ik geen ambitie had om bij die klasse te horen waar zoveel mensen in opgenomen willen worden, en waar ik, naar men zegt, me altijd naar binnen heb proberen te vechten: de klasse van de zogenaamde 'luie rijken'. Bij mijn oom Emiliano kon ik in weelde baden – of in elk geval in de grootste weelde die Valera te bieden had. Als ik ook maar enigszins mijn best had gedaan om me te conformeren aan wat er van een jonge patriciër werd verwacht, had ik daar de kans om er een te worden.

In twee opzichten maakte het huishouden van mijn oom diepe indruk op me: de toiletten en het eten. Er was geen spoorweg in de Venezolaanse Andes, en dus kon je technisch gesproken ook niet aan de verkeerde kant van het spoor wonen. Dat nam allemaal niet weg dat mijn moeder en mijn broers en zussen en ik aan het Valeraanse equivalent van de verkeerde kant van het spoor woonden. En aan onze kant bofte je als je in je huis stromend water had, en je was een hele pief als je een smerig gat in een plaat beton had waarboven je kon hurken om je behoefte te doen als een van de andere veertien leden van het huishouden je niet voor was geweest. Er is heel wat geschreven over zindelijkheidstraining en controle over je darmen en het effect daarvan op het karakter, en misschien zit er iets in. Maar ik kan alleen maar zeggen dat zulke theorieën niet voor de derde wereld opgaan. Zindelijkheid en buikgriep zijn even moeilijk met elkaar te verenigen als controle over je darmen en amoebiasis. Tel daar nog eens het fikse aantal mensen bij op dat aanspraak maakt op één enkele wc, en je begrijpt hoe diep ik onder de indruk was van de vijf wc's bij mijn oom Emiliano in huis.

Ronduit verbijsterd was ik door de kwaliteit en de kwantiteit van het voedsel dat bij hem op tafel kwam. Ik was vroeger natuurlijk wel bij waken en condoleances in het huis van mijn oom geweest, maar toen dacht ik nog dat het voedsel dat dan werd geserveerd, alleen bij speciale gelegenheden werd bereid. De zeldzame momenten waarop wij thuis mensen moesten ontvangen, was mijn moeder maanden aan het beknibbelen geweest om onze familieleden en buren te eten te kunnen geven. Maar ten huize van don Emiliano Araujo boog de eettafel elke dag door onder de last van allerlei heerlijkheden.

Ik wist in mijn jonge jaren wel dat er in de rijke buurt van de stad, aan de Avenida Las Acacias, biefstukken ter grootte van een panamahoed werden geserveerd. Maar in de heuvels en de arme straten rond ons huis werden zwarte bonen gegeten. Het hoofd-voedsel van Venezuela wordt gevormd door een zwart boontje dat op een brokje basalt lijkt dat een hele nacht moet weken en ver-volgens op zijn minst vier uur moet koken om eetbaar te worden. In elk huishouden bevonden zich zwarte bonen in diverse stadia van bereiding. Het ontbijt bestond bijvoorbeeld uit in varkensvet gebakken zwarte bonen; de lunch kon een soep van zwarte bonen zijn; en het diner, de hoofdmaaltijd, was weer iets drogers, bij-voorbeeld bonen met rijst.

Wie je waar ook in Venezuela tegenkomt, je weet zeker dat hij ergens zwarte bonen in zijn binnenste heeft rammelen. Dus bij mijn oom Emiliano in huis waren er zeker zwarte bonen, maar ook biefstuk en kip, gebakken kaas, eieren en grote hoeveelheden varkensvlees. Er waren pisangs en yams en tropische vruchten. Er waren beignets en chili's die zo heet waren dat je er sterretjes van zag. En dan waren er de in siroop gekookte vruchten en verschil-lende soorten toffee en ander snoepgoed. We aten als koningen. We aten als varkens. Ik at als een bezetene, alsof er geen morgen zou zijn.

In feite deed ik in Valera alles als een bezetene. Ik stortte me met name op de politiek. Nu ik Caracas en de klauwen van de dood was ontvlucht, wilde ik wanhopig graag bewijzen dat ik leef-de. Ik merkte dat ik niet meer rustig in de bibliotheek kon zitten lezen; ik moest gewoon op pad, iets ondernemen, wat dan ook, een spoor nalaten, het handjevol zwarteboneneters opjutten die net als ik dachten dat ze anders waren, dat ze leefden. Ik werd een kruisvaarder die vastbesloten was om de ongelovigen te bekeren.

Ik zette de 'communistische jeugdgroep van de deelstaat Trujil-lo' op. We hadden niet veel leden, en we hadden geen flauw idee wat we hadden moeten doen als men aan onze gezwollen eisen had voldaan en we van de weeromstuit aan de macht waren gekomen, maar we hielden clandestiene bijeenkomsten en stemden over het plan om op de muren van Valera slogans te gaan schilderen. We waren bij de bijeenkomsten meestal met zijn vieren, maar ik gaf leiding alsof we met zijn vieren in feite een omvangrijk en gevaarlijk proletarisch leger vormden. We behandelden onze opdracht – die voor negenennegentig procent uit het schilderen van slogans, het uitkiezen van geschikte muren en het bespreken van het wereldschokkende effect van deze slogans bestond – alsof elk woord een brandende staaf dynamiet was. We haalden ingewikkelde toeren uit om de verf te kopen of te stelen en bij onze ontmoetingsplaats naar binnen en naar buiten te smokkelen. En we deden net of niemand kon weten wie die slogans schilderde. Maar in feite wist de hele stad dat ik het deed. Zelfs de politie wist dat ik de slogans op de muren schilderde, maar ze lieten me mijn gang gaan omdat ik door mijn achterneef de gouverneur werd beschermd en in het huis van mijn oom don Emiliano woonde.

In zalige onwetendheid omtrent de diepe ellende waarin ons land verkeerde, speelden mijn vrienden en ik een spelletje met de politie en de autoriteiten. De politieagenten, een slaperig, halfgeletterd stelletje mislukte militairen, hadden een schop onder hun luie kont gekregen om deel te nemen aan de gewelddadige beroering van de samenleving. De trillingen van deze beroering begonnen ook in de Andes voelbaar te worden; de agenten werden in een bijna voortdurende staat van verwarring gehouden door de constante stroom van edicten waarmee ze door de centrale regering in dat verbijsterende verre oord Caracas om de oren werden geslagen. Als elke rechtgeaarde Andesiaan hadden ze er een hekel aan om van daaruit gecommandeerd te worden. Een Andesiaan laat zich niet vertellen wat hij moet doen. In de Andes weet een man instinctief hoe hij een man moet zijn. Daarom was het werk van de militaire politie in de tijd voor de dictatuur ook zo ontspannen en aangenaam geweest: in een uniform rondstappen en afwisselend stoom afblazen en de privileges van de macht uitbuiten. De tijd dat een politieman nog eens wat leuks deed, zoals af en toe een dronkelap in elkaar tremmen of een hysterische prostituee inrekenen en verkrachten, was bijna voorbij.

Ik speelde een spelletje en de politie speelde dat spelletje mee. Ik sloop gewapend met een kwast rond en deed alsof ik uiterst geheime missies uitvoerde. Ik was de stoute achterneef van de gouverneur en dus genoot ik bescherming. Hoeveel slogans ik ook op de muren kalkte, de politie liet me met rust. Gouverneur don Atilio Araujo had hun in hoogsteigen persoon opdracht gegeven om me te negeren, en dat deden ze dan ook. Ik was zo vol van mezelf en mijn durf dat het nooit in me opkwam dat ik er ongestraft mee wegkwam omdat mijn oom me beschermde. Ik was ervan overtuigd dat ik slimmer was dan iedereen; en in elk geval stukken slimmer dan die stomme agenten die geen van allen snel genoeg waren om me te pakken te krijgen.

Mijn oom Atilio zag de dingen veel duidelijker. Af en toe riep hij me bij zich en las hij me de les. Hij zei dan dingen als: 'Bedenk nou toch eens waar je mee bezig bent. Besef je wel wat de consequenties van je gedrag zijn? Kom nou eens bij je positieven, jongen. Je kunt je zo gedragen omdat wij er zijn, omdat ik je kan beschermen. Maar wat zou er zonder ons van je worden, idioot?'

Ik ging nooit met hem in discussie. Ik was tenslotte het wonderkind. Ik was degene die de dood, de gevangenis en marteling had getart. Ik was degene die de gouverneur de huid had vol gescholden en een lange neus naar de dictator had gemaakt. Ik voelde me onkwetsbaar. Ik kon met alles wegkomen. Ik wist dat ik opruiende woorden op muren kon schrijven. Ik was blind voor het feit dat ze niemand opruiden en een hele hoop mensen ergerden, en ik was blind én doof voor het feit dat men me liet begaan.

Later heb ik heel veel van de adviezen van mijn oom Atilio Araujo opgestoken. Indertijd weigerde ik echter naar hem te luisteren. Maar al trok ik me dan niets van hem aan, hij liet mij niet vallen. Hij bleef proberen me tot rede te brengen. Als politicus zag hij lang voordat ik dat deed welke kant het met me opging. Ondanks zijn gepreek denk ik dat hij diep vanbinnen trots op me was. De meeste Andesianen kunnen een heethoofd wel waarderen.

Ik ben niet lang in Valera gebleven, maar de maanden dat ik er zat waren hectisch. Ik had het gevoel dat de lethargie die in de stad hing iets besmettelijks had en dat ik me daartegen moest verzetten om er niet door gesmoord te worden.

Wat zich verder in de uitgestrekte buitenwijken ook mocht afspelen, in het centrum veranderde er niets. Mensen verkochten met vliegen overdekte beignets; mensen werkten, dronken en stierven. Mensen ontworstelden zich af en toe aan de overweldigende apathie die als een parasiet in ons bestaan leefde. Rijke jongens reden rond en vernielden dingen, en arme jongens ploeterden. En de hitte die elke dag, jaar in jaar uit, heerste, lag als een verstikkende deken over iedereen heen.

De kerk had een paar families in haar greep en hield vrouwen in de biechtstoel om ze hun zonden te laten fluisteren. Maar zelfs de kerk maakte zich niet druk om de indianen op de velden, of de ketters en de heidenen die in de buitenwijken woonden. Het katholicisme had er moeite mee om vat op Venezuela te krijgen. Wat had je nou aan een geloof dat zonden vergaf? Onze cultuur was niet vergevensgezind.

Sommige plaatselijke families, zoals de Teráns, waren al generaties atheïst. Ze dekten zich een beetje in doordat de vrouwen lippendienst aan de kerk verrichtten, maar intussen lachten de mannen hen uit. Hun zoons verloren tegelijkertijd hun maagdelijkheid en hun geloof, zo omstreeks hun twaalfde. Viriliteit, roddel, eer, domino en het gezin waren (ongeveer in die volgorde) de dingen die je serieus moest nemen. Maar geen zichzelf respecterende kerel uit de Andes nam het geloof serieus.

Links koesterde een diepe afkeer voor het katholicisme, en dus had ik dat militante atheïsme moeten verwelkomen. Maar nu ik toch paradox op paradox stapel, kan ik ook wel meteen bekennen dat ik in tegenstelling tot de meeste van mijn landgenoten een vroom katholiek was. Als ik geen slogans aan het kalken was of apathisch winkelpubliek lastigviel, zat ik een deel van de dag te bidden. Ik werd door twijfels verscheurd. Ik bad om hulp en om vergiffenis voor mijn vele zonden, waarvan bepaald niet de minste was dat mijn gedrag mijn moeder zoveel ellende bezorgde. Ik bracht aanzienlijk meer tijd door met berouw hebben om het verdriet dat ik haar bezorgde dan ik met haarzelf doorbracht.

Mijn religieuze trekje was tot het moment dat ik bij mijn oom Emiliano introk altijd tamelijk goed verborgen geweest. Maar om de een of andere reden werd het het brandpunt van mijn verblijf daar, en we kibbelden dagelijks over het christendom en de bijbel. Ik had inmiddels de gewoonte om tegelijkertijd te eten en ruzie te maken. Dat was een van de twee erfenissen die ik aan mijn jaar in Trujillo had overgehouden: ik was lid geworden van een politieke partij die ik begreep noch waardeerde, en ik had geleerd om aan tafel onvergeeflijk lomp te zijn.

Het gezin van oom Emiliano beschouwde mijn hartstocht als een lachwekkende circusact. Ze geloofden nooit een woord van wat ik zei, maar keken met plezier toe hoe ik al pratend steeds opgewondener raakte. Ze zetten me aan als een dagelijkse soapserie op de televisie (alleen was er toen in Valera natuurlijk nog geen televisie). Ze wisten gewoon dat ze me om etenstijd aan de gang konden krijgen.

Eten was een serieuze aangelegenheid. Het was nog tot daar aan toe om de dictator tegen je in het harnas te jagen, maar een maaltijd laten lopen was heel iets anders. Wat ik ook aan het doen was, en ongeacht hoe belangrijk of rebels ik dacht dat het was, ik waagde het niet om een maaltijd over te slaan. Elke avond zat ik op mijn plaats aan tafel. Ik was maar wat graag ten strijde getrokken voor hun in mijn ogen noodzakelijke bekering tot links, maar niemand wilde met me over politiek praten, omdat ze hun spijsvertering niet in gevaar wilden brengen als ik weer eens aan een van mijn eindeloze toespraken begon. Voor oraties geldt hetzelfde als voor doedelzakconcerten: je kunt ze beter op enige afstand en voor een grote menigte ten beste geven.

Wat ze leuk vonden had wel iets weg van het jennen van een getergd, gekooid dier: ze jutten me een paar minuten op en vervolgens konden ze op hun gemak van het schouwspel genieten. Ze hoefden maar iets (het deed er niet toe wat) over de bijbel te zeggen en ik ging als een uitgehongerde hond achter een bot aan. 'Godallejezus. "Gij zult de naam van God de Heer niet ijdel gebruiken." Wat moet je dan? Jezelf knevelen? Je mond nooit opendoen? Zeg eens eerlijk, Oswaldo, vind je dat nou niet belachelijk?'

Ik had het natuurlijk kunnen laten passeren, maar ik was zeventien. En dat was voor mij een rode-lappenjaar. We hadden zo'n beetje elke dag dezelfde discussie: zij namen alle tien de geboden door en kraakten ze stuk voor stuk volkomen af. Terwijl het vlees en de gezouten vis rondgingen, verdedigde ik de stenen tafelen, onder luid gejuich en applaus van mijn neven. Ik was geen rebel maar hun lievelingskomiek. Ze bespeelden mij en mijn beperkte repertoire als een viersnarige gitaar, waarvan ze wisten dat drie snaren kapot waren en hoopten dat ze de laatste ook nog zouden zien knappen.

Nu zie ik alle kluchtige kanten van die avondmaaltijden. De afsluitende toespraak van mijn oom was altijd dezelfde en destijds vond ik het maar ijdel en dwaas van hem om de verzamelde menigte zo ter wille te zijn. Maar in retrospectief zie ik dat die paar zinnen van hem een vast ritueel waren dat alleen bedoeld was om iedereen tot de orde te roepen.

Hij kondigde zijn analyse van de tien geboden altijd aan alsof hij het wiel opnieuw had uitgevonden, alsof nog nooit iemand aan zulke dingen had gedacht, en alsof hij het zelf al niet dag in dag uit, en Joost mag weten hoeveel jaar, gezegd had. Zijn pseudotheologische commentaar werd door de rest van het gezin altijd met goedkeuring en lachsalvo's begroet. Alleen mijn tante (het lankmoedige slachtoffer van zijn talloze slippertjes) gaf subtiel uiting aan haar eigen rebellie door een blik van verstandhouding met mij te wisselen.

'"Gij zult niet doden." Je kunt net zo goed zeggen: "Gij zult niet ademhalen." En wat dat niet begeren van de vrouw van je naaste aangaat: wat denken ze dan dat je als man bent, een mietje? Vergeet het maar.' Dat was altijd het teken om op de zoetigheid over te schakelen. Ik kon mijn kordaat onderbroken monoloog vaak moeilijk uit mijn hoofd zetten, maar er zat niets anders op dan mijn mond te houden. Oom Emiliano's huishouden was patricisch, om niet te zeggen feodaal. Zijn wil was wet. Als ik was doorgegaan met mijn schreeuwende verdediging van het christelijke geloof, had dat waarschijnlijk de onchristelijke maar uitgesproken Andesiaanse reactie losgemaakt dat een van de vele gewapende kerels rond de tafel me een ongevaarlijke schotwond had toegebracht. In de Andes golden sociale wetten die een heel wat onlosmakelijker deel van onze samenleving waren dan alles wat de federale regering ons kon opleggen: maaltijden waren verplicht, de wil van het gezinshoofd was wet, en alle zoetigheid was heilig.

De reusachtige indiaanse kokkin, die met haar mismaakte vetrollen in haar enorme schort gesnoerd bij de tafel rondhing, kende het sein. Naast haar waren vier, vijf piepjonge dienstmeisjes in stilte druk bezig. Niet een van hen was ouder dan twaalf, maar niet een had nog een vonk van kinderlijke hoop in haar doffe, neergeslagen ogen. Het leven had hun al snel geleerd om hun plaats te kennen en zich neer te leggen bij een niet-aflatende regen van slagen die hen veertien uur per dag op hun plaats hield zonder er iets anders voor terug te krijgen dan de kruimels van onze tafel. Als de meisjes oud genoeg waren, dat wil zeggen boven de dertien, werd er door een van de mannelijke gezinsleden, en soms door allemaal, met of zonder hun toestemming een jonge patriciër in hun buik geplant, zoals dat in elk 'fatsoenlijk' huishouden de gewoonte was, en soms nog steeds is.

Toen ik in dat weelderige herenhuis logeerde, was ik blind en vrijwel doof voor de mishandelingen die er plaatsvonden. Ik maakte me veel te druk om mijn intellectuele, socialistische bevlogenheid om ze op te merken. Ik hield me bezig met teksten en slogans, met politieke discussies en belangrijke marxistische eisen. Ik mocht dan ten strijde trekken tegen sociale onrechtvaardigheid, mijn puberale bevlogenheid verblindde me zo erg dat ik de onrechtvaardigheid die zich daar dagelijks afspeelde niet herkende.

Ik neukte niet met de jonge dienstmeisjes over wie mijn oom en neven de vrije beschikking hadden, maar tot mijn spijt moet ik bekennen dat mijn onthouding niets met een zuivere ziel te maken had. Ik was niet in een patriciërshuis opgegroeid en wist dus niet dat ik er recht op had om met de dienstmeisjes te vozen. Ik dacht dat het een extraatje was dat aan mannen van middelbare leeftijd was voorbehouden. Als ik had geweten dat ik er recht op had om te neuken, weet ik zeker dat ik die indiaanse meisjes net zo achteloos misbruikt zou hebben als de anderen...

Net als alle patriarchen had oom Emiliano wat ze wel présence noemen. En net als alle gezinshoofden in de Andes was hij ook een volleerd acteur. Macht is iets wat moet worden gevoed en onderhouden. En timing is van het allergrootste belang. Mijn oom had zijn teksten en hun timing voor het dinerritueel duidelijk bijgeschaafd en de reacties georkestreerd, want het opdienen van het dessert was altijd net een klein toneelstuk. Zodra hij verkondigde: 'Gij zult de vrouw van uw naaste niet begeren,' kwamen kokkin en dienstmeisjes in het midden van het toneel in actie en overlaadden de tafel met fruit in siroop, *quesillo's*, puddingen, en waar ze die dag al zo meer op hadden gezwoegd. Daarna trokken zij en haar troep dienstmeisjes zich terug als hovelingen van een koninklijk banket. En dat was het teken dat het gesprek smerig en persoonlijk kon worden.

Venezolanen eten veel zoete dingen (en dan ook écht zoet) die met diverse glazen water moeten worden weggespoeld, want anders blijven ze in je mond plakken en is je gezicht voor je het weet zo stijf als een gipsen afgietsel. Een van de leuke bijkomstigheden van mijn verblijf bij oom Emiliano was dat er altijd een berg zoet eten was. Bij mijn moeder aan tafel was het eten schaars geweest. Er waren zwarte bonen en rijst, maar al het andere werd tot op de gram tussen ons kinderen verdeeld. Een tiende van een taartje of een tiende van een donut was eerder een kwelling dan een genot voor ons verhemelte, want net als de meeste Venezolanen waren we verslaafd aan suiker en snakten we naar grote hoeveelheden daarvan.

In San Cristóbal de Torondoy hadden we het niet alleen financieel beter gehad, we waren ook door de ingrediënten voor pudding omgeven geweest. Onze achtertuin leverde een eindeloze voorraad heerlijke tropische vruchten op, en in onze provisiekast stonden zakken met elk vierentwintig kilo suiker rechtstreeks uit de fabriek. Mijn moeder was een begaafd fruitinmaakster en produceerde enorme potten vijgen, guaves, mango's en papaja's, waar wij kinderen ons bijna ongelimiteerd te goed aan konden doen. En in San Cristóbal hadden we onze eigen geiten en kippen, dus melk en eieren lagen voor het grijpen.

Op zaterdag maakte mijn moeder heerlijke quesillo's en Andesiaanse toffee, *dulce de leche*, dat zo zoet en geconcentreerd is dat het de mathematica lijkt te tarten: liters melk, kilo's suiker en dozijnen eieren worden ingekookt tot één miniem beetje pasta. Van deze dulce de leche kreeg iedereen niet meer dan een likje, maar dat was al genoeg om in je ingewanden een soort kernfusie te laten plaatsvinden, die enerzijds zo verwarrend en vervolgens ook zo bevredigend was dat kinderen overal in de Andes op manieren zonnen om dat magische plakspul te stelen.

Mijn broers en zussen en ik waren dus allemaal gewend aan een dagelijkse dosis zoetigheid. Binnen een paar maanden na de verhuizing van San Cristóbal naar Valera raakte onze provisiekast ten gevolge van de staatsgreep allengs leger en zonder onze boomgaard en de zakken suiker snakten we allemaal naar snoep en koek. Als er in San Cristóbal eens geen pudding of toffee was om je ziek aan te eten, en bij die uitzonderlijke gelegenheid dat mijn moeder de vruchten in siroop achter slot en grendel stopte, aten we brokken bruine suiker. In Valera verlangden we er meestal alleen maar naar en koesterden we de herinnering aan de goede oude tijd op onze boerderij.

'Zeg mij wat u eet en ik zeg u wie u bent.' Ik denk dat er een verband is tussen wreedheid en suiker. Het was net of zulke mierzoete momenten in die harde samenleving nodig waren. Voedsel was een soort afspiegeling van ons leven, het leven van iedereen daar, gepeperd met opruiende chili's en verzacht met honingzoete intermezzo's. Bij elke maaltijd hield je even op met vernielen en ontmantelen, met gekibbel en giftige woorden, en dan maakte je je mond zoet. Zodra je alles had doorgeslikt, kon je natuurlijk weer met hernieuwde kracht de verbale aanval inzetten; maar zolang de zoetigheid in je mond was, legde die je een wapenstilstand op.

De meeste Venezolanen zijn aan suiker verslaafd. Ons favoriete drankje is *guarapo*, in water gekookte donkerbruine suiker. We groeien op met dat drankje en met vers geperst, schuimig grijs suikerrietsap. Ik had geen flauw idee hoe ongebruikelijk dat was, tot ik in het buitenland kwam en bijvoorbeeld merkte dat mensen in andere landen geen vijf klontjes suiker in een klein kopje koffie deden en dan de rest van de suiker in de suikerpot zo opaten. Als het op tafel stond, kon ik bij het ontbijt met gemak een half pond jam opeten, net als elke andere Andesiaan die geen suikerziekte had.

Toen mijn politieke wangedrag me drie keer per dag bij mijn oom Emiliano aan tafel had doen belanden, verkeerde ik in het suikerparadijs. In een deel van zijn keuken werd continu allerlei ouderwets lekkers geproduceerd waaraan ik me in zo'n hoog tempo te goed deed dat ik mijn opgelopen achterstand rap inhaalde. Mijn eetlust was een van de weinige dingen die het chiquere deel van mijn familie kon goedkeuren. Echte kerels hadden een enorme eetlust. De waarde van een echte kerel werd afgemeten aan zijn vermogen om te eten en te drinken, te neuken en te vechten. In alle andere opzichten schoot ik tekort, maar ik at als een jongen met een reusachtige lintworm, en mijn rijke ooms en neven waren blij met mijn vraatzucht.

Als ik terugkijk, kan ik niet trots zijn op die maanden in Valera. Ik begreep niet wat voor risico ik liep en ik was te stijfhoofdig en rebels om naar advies te luisteren. Mijn familie begreep wel wat voor risico ik liep, niet alleen voor mezelf maar ook voor hen, dus voor hen moet het een nachtmerrie zijn geweest. Het leek wel of ik mijn verstand kwijt was. Ik was net een voortdurend te stijf opgedraaid opwindspeeltje. Vijftig jaar later zou iedereen van een jongen die deed wat ik had gedaan denken dat hij aan de drugs was. Onze drugs waren alcohol en suiker en adrenaline. Ik draafde rond en liet een spoor van vernieling en verwarring achter, tot ik het lesje leerde dat iedere boerenpummel je kan vertellen: problemen komen van buitenaf.

# 13

In 1952, toen ik zeventien was, besloot de dictator om zich democratisch te laten verkiezen. De tijd van de stadstaten liep op zijn einde, en daarmee mijn eigen bemoeienissen met politiek.

Mijn jeugdige misdragingen hielden op geen enkele wijze verband met een aantal incidenten, ongelukken en misdrijven die plaatsvonden tijdens mijn korte bezoek aan Valera. De brand in Pacheco's graanopslag had dus niets met ons te maken. Evenmin was ik degene die suiker in de tank van alle schoolbussen deed 'en zo de motoren in de soep draaide waardoor een hele generatie de kans werd ontzegd om te leren lezen en schrijven'. Ik heb die hondendrol niet op de treden voor de kathedraal gelegd, of het kussen van het biechthokje met sperma bevlekt. Ik heb ook de babytweeling niet gewurgd die dood werd gevonden in hun wiegje voor het nonnenweeshuis, en voorzover ik weet, stonden mijn initialen niet in hun dode wangetjes gebrand.

Ik heb domme, onvolwassen dingen gedaan. Sommige deed ik omdat ik iets duidelijk wilde maken, en sommige omdat ik me opstandig voelde. Zo speelde ik recht in de kaart van mijn lasteraars en gaf ik mijn vijanden munitie. Maar de dingen die ik deed, waren nooit ronduit wreed. Ik heb geen prostituee neergestoken in de Calle Vargas en haar linkertepel eraf gesneden toen ze weigerde zich bij mijn groepje aan te sluiten. (Jaren later, in Montmartre, beet een prostituee mij in mijn tepel en ik ben toen bijna gestorven aan de daaruit voortvloeiende infectie, maar dat is een ander verhaal.) Ik heb wel de doelstellingen en grondbeginselen van het communisme aan een zeer onwillig publiek verkondigd, maar ik heb nooit fysiek geweld gebruikt toen mijn weerspannige publiek weg wilde. Ik heb dus niet Gekke Carmen vastgebonden en aan haar voeten opgehangen aan een mangoboom. Noch heb ik 'het arme zwakzinnige meisje afgetuigd tot ze, om deze barbaarse marteling te laten stoppen, gedwongen was het communistisch manifest voor te dragen'.

Dat is geschreven door iemand die me niet kende, en die ook Gekke Carmen niet kende. Gekke Carmen was doofstom. Jarenlang deed ze niets anders dan grommen en haar benen spreiden. Als Fellini destijds in Valera had gezeten, had hij haar misschien wel een rol gegeven in *Satyricon*. Ze was een natuurtalent: een groteske nymfomane. Ik heb haar nooit geneukt, wat me onderscheidde van bijna alle andere mannen in Valera. Adriano had me geïndoctrineerd met het 'vinden van een meisje en verliefd worden', en je pik in Gekke Carmen stoppen stond daar zo ver vanaf dat ik het niet kon. Ik zat behoorlijk vast aan het idee van 'seks is een zonde' van de kerk, en ik was op zoek naar romantiek en poëzie. De kerk zei overigens ook dat masturbatie een zonde was en dat je er harige handen van kreeg en er blind en uiteindelijk gek van zou worden. Mijn religieuze vuur weerhield mijn harige handen er niet van de roede vele keren per dag ter hand te nemen.

Je hoefde maar een blik op Gekke Carmen te werpen om te weten dat ze niet de Julia van Romeo was, maar desondanks ben ik toch een paar keer naar haar hutje gegaan, en niet om haar het communistisch manifest voor te lezen. Niets van wat de kranten schreven, heb ik met haar gedaan. Maar ik bleef wel naar haar hut gaan met het voornemen haar te neuken – iedereen deed dat. Het was gratis en makkelijk en bijna een verplichte overgangsrite. Ik was zeventien en blut en de testosteron gierde door mijn lijf. Ik was een aantal keer naar de prostituees in de Calle Vargas geweest, waar ik steeds had betaald voor een bezoek van tien minuten. Eén keer, op mijn zeventiende verjaardag, hadden mijn vrienden zelfs geld bij elkaar gelegd om me een dubbele sessie te geven. Maar ik had een leeftijd bereikt waarop ik veel meer dan dat wilde, verscheidene keren per dag, en toch had ik niet genoeg geld om meer dan eenmaal in de zes weken te gaan. We zaten met meer jongens in hetzelfde schuitje, vandaar de populariteit van Gekke Carmen. Als ik haar dan daadwerkelijk zag, draaide mijn maag zich om en verdwenen mijn lustgevoelens. Maar verscheidene keren, in mijn bed in het huis van oom Emiliano, terwijl ik daar lag te zweten en rukken, besloot ik dat seks met om het even wie beter moest zijn dan helemaal geen seks en nam ik me voor om naar haar terug te gaan.

Dus ging ik terug, en toch heb ik Gekke Carmen nooit geneukt. Ik heb haar zelfs nooit aangeraakt. Mijn vrienden hadden allemaal verteld hoe wild ze in bed was. Ze zeiden: 'Je moet gewoon je ogen sluiten of een papieren zak over haar hoofd doen en dan is ze echt heet. Als je eenmaal daarbinnen bent,' vervolgden ze, 'maakt het niet meer uit.' Maar zodra ik in de buurt van haar optrekje kwam, deed de stank mijn pik verschrompelen tot een slap en zielig geval. Lust leidde me naar haar toe en afkeer en schaamte deden me weer omkeren. Bij elk bezoek sloop ik terug naar mijn ooms huis en voelde me vreselijk als ik me een weg zocht over het puin van de sloppenwijk. Ik schaamde me voor mijn begeerte, ik schaamde me ervoor dat mensen in zulke vuiligheid moesten leven, maar bovenal schaamde ik me ervoor dat ik zelfs maar kon hebben overwogen om misbruik te maken van iemand die in zulke armoedige omstandigheden moest leven als Gekke Carmen.

Ik ben opgevoed om spijt te voelen dat mijn eigen familie arm was vergeleken met de bovenste regionen van de Araujo-clan. We werden niet opgevoed om de schrijnende armoede om ons heen te zien. Die was er wel, maar onzichtbaar. Ik moest ervoor naar Trujillo gaan, waar veel minder armoede was, om voor het eerst na te denken over de benarde situatie van de meerderheid van mijn landgenoten: hun geestdodende werk en hun honger. Maar zelfs in Trujillo was de communistische theorie niet meer dan een theorie, een overtuiging, een idee. Het internationale communisme ging over de massa's. Individuen kwamen er nooit aan te pas, tenzij het natuurlijk de aanbeden Marx, Engels, Lenin en Stalin waren. We maakten allemaal deel uit van een massa, een rijzende massa als een enorme kom met deeg. We hadden het over hele landen en over regeringen en politieke partijen en hun behoeften. We hadden het nooit over mensen. We hadden het nooit over het helpen van de daklozen in onze straten.

Het was in Trujillo dat mijn denkwereld zich verbreedde van het geluk van mijn familie naar het collectieve lot van de mensheid en de wens dat te verbeteren. Het socialisme alleen kon mijn ogen niet openen. Ik las over de erbarmelijke situatie van de arbeiders en hun onrechtvaardige onderdrukking, maar pas toen ik naar Valera terugkeerde, begon ik die situatie werkelijk te zien. Toen ik werd geconfronteerd met het schrille contrast van de overvloed in het huishouden van mijn oom Emiliano en het schokkende gebrek eraan in de uitdijende sloppenwijk, begon ik te zien wat armoede echt betekende. Mijn ogen gingen open in het donker. Ze gingen open toen ik me een weg zocht over het afvalveldje op weg naar Gekke Carmen. Ik begon mijn wereld te zien, hem écht te zien. Het schokte me. Het schokte me zo erg dat ik niet meer wist wie ik was. Ik moest iets doen. Ik moest de ogen van andere mensen openen.

Als ik terugsloop van mijn vruchteloze uitstapjes naar Gekke Carmen, zag ik families zo groot als de mijne samengescholen zitten onder één enkele golfplaat. Ik zag naakte kinderen die zich om hun moeder krulden als pasgeboren ratjes in een nest, liggend in stof en modder. Ik zag bedelaars die in greppels lagen te slapen met een bijna lege zak tegen zich aangeklemd, en ik besefte dat zo'n man in dat ene stuk gescheurde jute alles bewaarde wat hij bezat. Ik zag straatkinderen die in een afgedankte afvoerbuis woonden. Met hun grote starende ogen in hun vieze gezichtjes leken ze van een afstand op een groepje *galago's*. In het donker kon ik niet zien wie het waren, maar ik besefte dat ik ze honderden keren eerder moet hebben gezien op weg naar en van school, en op mijn weg naar en van de bibliotheek, en ze moeten me om geld gevraagd hebben, zoals ze bij iedereen bedelden, en ik moet ze genegeerd hebben zoals iedereen dat deed, zonder me ooit af te vragen hoe hun leven zonder vader en moeder eruitzag, of waar ze sliepen of wat ze aten. Als ze me al waren opgevallen, was het om hun vuiligheid en schurft te zien en om ze uit de weg te gaan zoals mijn moeder ons had opgedragen.

Terwijl ik op een avond over het braakland sloop om mijn verachtelijke verlangens te bevredigen, zag ik een verliefd stelletje dat naar buiten was geglipt en onder een boom zat. Ze hielden elkaar beschermend vast en spraken op een verrukte fluistertoon. Ze hadden hun eigen kosmos om zich heen gecreëerd en waren zich van niets en niemand bewust. Hun toekomst lag bij elkaar en hun liefde. Tussen de stront en de kadavers van dode honden en het rondkruipende ongedierte hadden ze elkaar gevonden en hun zielen met elkaar verbonden, precies zoals Adriano me had verteld. Het straatarme stel had gedaan wat mij, met al mijn geleerdheid en verlangens, niet was gelukt. Ze waren puur en waarachtig. Ze gingen gekleed in vodden en hun huid was vlekkerig van de ringworm, die in het donker oplichtte, in perfecte groene rondjes. Die oplichtende groene rondjes zijn me bijgebleven, als geleidesterren: het leven gaat over mensen en mensen worden geleid door de liefde.

In de sloppenwijk van Valera werd ik me voor het eerst bewust van dat idee van broederschap, van verwantschap. Toen het eenmaal mijn bloed was binnengedrongen, gedroeg het zich als een virusinfectie en nam het mijn systeem over. Bijna iedereen die ik kende, kon of wilde de armoede om ons heen niet zien. Het was er altijd al geweest, zeiden ze schouderophalend. Het maakte deel uit van het leven en ik mocht het lot danken dat ik een patriciër was en geen boer.

Ik wist dat het nooit genoeg voor me zou zijn om alleen mijn

lot te danken. Ik wist ook dat het niet genoeg was om me te onthouden van seks met een arm, gek meisje. Ik moest meer doen. Ik
moest dingen veranderen. Het was bijna alsof een deel van Car-
mens waanzin zich in mijn brein had geplant als een besmetting
met hoofdluis. En net als hoofdluis beten en staken mijn ideeën
me. Het waren de meest idiote maanden van mijn leven.

Tot mijn zeventiende was ik degene die de zaak in handen had.
Daarna veranderde alles, en het startschot daartoe werd gegeven
met de verkiezingscampagne van Pérez Jiménez, de dictator van
Venezuela, die gevoelig was geworden voor de kritiek van de wereld en had besloten om zich democratisch te laten verkiezen. Zo
kon hij zijn repressieve bewind voortzetten en het toch goed lijken te doen in de ogen van het Westen.

# 14

*T*egen 1952 was het makkelijke deel van mijn leven voorbij.
Niet dat het altijd zo makkelijk had geleken, en ik had het
me ook niet altijd makkelijk gemaakt, maar die jaren waren het
trage, simpele deel.

Mijn leven kwam vanaf de algemene verkiezingen pas echt op
gang. Er waren twee clandestiene politieke partijen: de Adeco's en
de communisten. Onder de legale partijen was ook de linkse partij URD*, waarvoor de communisten campagne voerden, in de
hoop op een coalitie.

---

* Unión Republicana Democrática, de republikeins-democratische unie.

De universiteit van Caracas was nog steeds gesloten, dus mijn eerste mentor, Adriano, was weer in de stad. Hij was absoluut niet geïnteresseerd in politiek of in de aanstaande verkiezingen. Als gefortuneerde jongeman van twintig had hij alles wat hij wilde hebben: poëzie en een sociaal leven. Voor het eerst sinds hij me bekeerd had tot de waarheid via de literatuur was ik het niet met hem eens. Hij had mijn hartstocht aangejaagd en nu was ik er hartstochtelijk van overtuigd dat ik gelijk had en hij ongelijk: iemand moest stelling nemen, campagne voeren, zijn gezicht laten zien, en natuurlijk was ik de aangewezen persoon.

Adriano verkeerde nog steeds in die etherische, intellectuele wereld van de poëzie, terwijl ik inmiddels de ellende van de mensen in onze stad zag. Mijn sociale bewogenheid was nog maar pril, en ik zag alleen daar onrechtvaardigheid waar het mij uitkwam. Ik had natuurlijk persoonlijk heel wat misstanden in en om het huishouden van mijn oom op een praktische, pragmatische manier kunnen rechtzetten, maar daar was ik nog niet klaar voor. En in al mijn fanatisme was ik ook blind voor de kleine maar constante stroom goede daden die mijn tante verrichtte. Terwijl ik haar als een verachtelijk bastion van het kapitalisme beschouwde, en dat was ze óók, ontging het me hoe ze achter de rug van haar man tegelijkertijd niet één, maar tientallen huishoudens van kleine boeren onderhield door ze heimelijk voedsel, materialen, geld en medische spullen toe te stoppen. Pas toen ik tijd kreeg om na te denken – en als je lange periodes in een isoleercel zit opgesloten, heb je die tijd – zag ik mijn eigen tekortkomingen en de verdiensten van de mensen om me heen.

Terwijl ik in Valera campagne voerde, was ik nog steeds niet in staat om mijn vrienden, medestanders of vijanden als individuen te zien. Ik had de aanloop tot de verkiezingen al slogans schrijvend doorgebracht. Ik was verslingerd aan slogans en in mijn hoofd reduceerde ik iedereen en alles tot een slogan. Op die manier was mijn tante een oligarchische kapitaliste en ik een militante socialist.

Onder de URD schoven wij (mijn langzaam groeiende groep

jonge linkse volgelingen en ik) Leonelli als onze kandidaat naar voren. Leonelli was een echte nitwit, maar hij was alles wat we hadden. Sommigen van ons waren communist, de meesten hoorden bij de URD, en sommigen wilden alleen maar dat Pérez Jiménez gewipt werd. Algauw waren we met hele groepen aan het campagne voeren. Ik nam het voortouw.

Voor mij was het een zuiver politieke aangelegenheid, maar voor mijn familie was het een familiekwestie. Ik heb al uitgelegd dat mijn familie zo reactionair was als je je maar kunt voorstellen. Velen hadden posities in de regering van dictator Pérez Jiménez. En degenen voor wie dat niet gold, waren zo verslingerd aan zijn dictatuur en likten zijn hielen zo enthousiast dat je ze voortdurend plat op hun buik zag liggen. De gouverneur, don Atilio Araujo, vertegenwoordigde in de Andes het toppunt van de macht. Hij was een *grand seigneur*. En hij gedroeg zich ook als een echte heer. Hij deed niets om mijn campagne te dwarsbomen, ook al zette ik alles op alles om hem uit het zadel te wippen. Hij protesteerde zelfs niet eens. Ik logeerde in het huis van een Araujo, omgeven door ambtenaren en campagnevoerders van het regime, en ik zat als een verrader met hen aan tafel. Maar ook zij probeerden me niet tegen te houden.

Voor mijn vader lag het anders. Hij werd verteerd door woede en verontwaardiging dat zijn zoon zijn nek uitstak om de hand die hem voedde te bijten. Ik heb tijdens die verkiezingscampagne waarschijnlijk meer contact met mijn vader gehad dan tijdens enige andere periode in mijn leven. We hadden slaande ruzies waarin hij mij ondankbaarheid, waanzin, misdadigheid en weerzinwekkende ideeën verweet. En ik gooide eruit dat de familie Araujo het niet nodig had om een ordinair dictatortje te steunen. Dat ze daarvoor te veel waard waren. Ze hadden twee eeuwen lang niet slechts de geschiedenis van Venezuela maar die van heel Latijns-Amerika helpen vormgeven, en dat konden ze nog steeds. Mijn vader geloofde alle lasterpraat die in Valera over mij de ronde deed niet. Hij geloofde niet dat ik de kerk ontwijdde en baby's wurgde. Hij vond alleen dat ik een klier was en gewoon een paar maanden gekneveld en vastgebonden moest worden.

Wij Venezolanen laten ons niet graag zeggen wat we moeten doen. Over het geheel genomen laten we ons al helemaal niet door iemand buiten de familie zeggen wat we moeten doen. Omdat de Adeco's al aan de macht waren geweest en de underdogs de ruimte hadden gegeven, waren er een heleboel stemmers die hen weer aan de macht wilden helpen zodat de underdogs de ruimte zouden krijgen. De dictator had zich in het afgelopen jaar in het hele land behoorlijk impopulair gemaakt: vandaar al die represailles en de noodzaak met deze vrije verkiezingen zijn imago op te poetsen.

Toen de verkiezingen op 2 december 1952 achter de rug waren, verkondigde Pérez Jiménez dat hij had gewonnen. De stembureaus verklaarden echter dat dat niet zo was. Deze stembureaus hielden niet alleen vol dat hij niet had gewonnen, maar ook dat zijn partij met de uitslagen had gesjoemeld. In het hele land werd om hertelling van de stemmen geroepen. Pérez Jiménez was geen politicus die gekozen wenste te worden maar een gewetenloze dictator. Dus toen er een formeel verzoek werd ingediend voor een democratische hertelling, maakte hij een eind aan het hele verkiezingsspel en verordonneerde hij een staatsgreep. Dat was makkelijk genoeg, hij had de macht immers al, hij moest zich er alleen nog even van verzekeren. En dat deed hij op een beproefde Latijns-Amerikaanse manier.

Absolute macht moet per definitie een flinke dosis terreur bevatten. Pérez Jiménez reorganiseerde de Seguridad Nacional tot het Venezolaanse equivalent van de Gestapo. In opzet had deze veiligheidsdienst veel weg van het Duitse voorbeeld, en men imiteerde de tactiek van wreedheid, meedogenloosheid en willekeurige terreur van de Gestapo. Maar godzijdank ontbrak, in tegenstelling tot bij het hitleriaanse prototype, niet alleen enige organisatorische efficiëntie maar zelfs elke vorm van organisatie. Het was een stel autonoom opererende woestelingen, en Atilio Araujo, die in naam nog steeds gouverneur van Valera was, zei tegen mijn vader dat hij me niet langer kon beschermen. Volgens hem ging de Seguridad Nacional me absoluut vermoorden. Er was geen tijd te verliezen. Ik moest het land uit worden gesmokkeld.

Mijn vader regelde dat ik naar Spanje kon. Ondanks de geïsoleerdheid van Valera en de weigering van de meeste bewoners van de Andes om het bestaan van de buitenwereld zelfs maar te erkennen, had iedereen die in Valera iets voorstelde familie in het buitenland. Wijzelf hadden in heel Spanje familie zitten. Dat klinkt wellicht paradoxaal, maar ik heb al gezegd dat Venezolanen op konijnen lijken. Het gevolg is dat we allemaal honderden neven en nichten hebben. De meesten daarvan kwamen nooit verder dan Caracas, laat staan in het buitenland, maar een paar waren de Atlantische Oceaan overgestoken en hadden in Spanje kleine enclaves gesticht. Door wat ik erover had gehoord en gelezen, wilde ik helemaal niet naar Spanje. Wat mij betreft waren de enige goede dingen die daarvandaan kwamen de schrijvers en de schilders en de schrijver-filosoof Miguel de Unamuno. Ik wilde niet van de regen in de drup komen door onze nieuwe dictatuur te verwisselen voor de oudere dictatuur van generaal Franco. Ik wilde naar Parijs. Ik had ontzettend veel over Parijs gelezen en het was het reisdoel van mijn dromen geworden. Ik vertelde mijn vader onomwonden dat ik niet naar Spanje en wel naar Parijs wilde. Ik had 'Frankrijk' kunnen zeggen, maar alles afgezien van de hoofdstad was dermate oninteressant voor me dat ik het bestaan ervan eenvoudig niet wenste te erkennen.

Aangezien het idee om mijn gedrag rationeel te benaderen me indertijd volkomen vreemd was, beschouwde ik mijn ontsnapping niet als zodanig. Ik zag het als een voortzetting van mijn studie en een stap in de richting van de glorieuze toekomst als bewonderd en gerespecteerd filosoof die me naar mijn stellige overtuiging te wachten stond. Mijn vader vocht voor mijn leven, en ik werkte hem tegen waar ik maar kon. Hij zei Spanje, ik zei Parijs. Hij was buiten zichzelf van woede en beschuldigde me ervan dat ik alweer niet onder ogen zag in wat voor gevaar ik verkeerde. 'Je moet weg, anders vermoorden ze je.' Dat was mij ook wel duidelijk, maar hij had gelijk: ik was gespeend van enige realiteitszin. Ik moest weg, maar wel naar Parijs. Ik verlangde naar Parijs: ik verlangde ernaar om aan de Sorbonne te studeren, om over de boulevards te lopen waar Rimbaud had gelopen, en om de Seine te zien. Mijn vader beschuldigde me er ook nog eens van dat ik een dilettant was die in Parijs wilde flierefluiten terwijl mijn familie thuis voor mijn zonden moest boeten. Ik weigerde naar hem te luisteren. Ik werd door twee impulsen gedreven: ik wilde de wereld veranderen met vlammende toespraken en ik wilde de wereld veranderen met filosofische gedachten. God weet dat mijn vader niet veel in me zag, maar er was één ding waar hij op kon rekenen en dat was dat ik een stijfkop was. En dus won Parijs.

Voor de goede orde wil ik daar nog aan toevoegen dat we de dag na de staatsgreep van 1952 veel tegen elkaar hebben staan schreeuwen, maar we gebruikten alleen woorden en niet meer dan dat. Ik heb hem niet 'met een mes bewerkt'. De littekens op zijn lichaam dateerden uit zijn schietgrage tijd.

Ik was een activist, een communist en een roekeloze heethoofd. Ik was een dromer en denker die ernaar hunkerde om in Europa filosofie te studeren. Ik was een opschepper met een grote mond. En ik was nog maar achttien. Ik was een paar weken voor mijn vertrek jarig. Dat jaar viel er zo weinig te vieren dat die dag zonder enige speciale aandacht verstreek. In de Andes werd sowieso nooit veel aandacht aan verjaardagen besteed. Dat we dat tegenwoordig wel doen, geeft alleen maar aan hoe veramerikaniseerd ons deel van de wereld is. Toen ik jong was, werden sterfdagen gevierd; de levenden werden niet geëerd voor het simpele feit dat ze weer een jaar hadden overleefd. Toch kreeg ik op mijn verjaardag van mijn moeder een jas die ze had laten maken, om in het buitenland te dragen. En mijn zussen hadden vanilletoffee voor me gemaakt, die ze samen met de nieuwe jas bij oom Emiliano kwamen afleveren.

In de periode dat ik zat te wachten tot ik zou worden afgevoerd, wist ik de helft van de tijd van voren niet dat ik van achteren leefde. En ik was de laatste om dat onder ogen te zien. Mijn vader en

Atilio Araujo troffen met elkaar alle ingewikkelde voorbereidingen om me uit Venezuela naar Frankrijk te smokkelen. Ik heb tot op de dag van vandaag geen idee hoe ze die ontsnapping hebben geregeld. Ik wist alleen dat er de voorwaarde aan verbonden was dat ik via Spanje moest reizen. Mijn vader was er immers de man niet naar om de strijd zonder slag of stoot op te geven. Het was hem niet gelukt om me voor zijn Spaanse plan te winnen, maar zonder gezichtsverlies kon hij me niet rechtstreeks naar Parijs laten gaan.

Er is een Franse biochemicus, Jacques Monod, die ergens in de jaren zestig de Nobelprijs won. Monod, die ooit zelf marxist was geweest, schreef een boeiend boek over de biologische en evolutionaire fouten die het marxisme heeft gemaakt. Het boek maakt een eind aan alle twijfels over de gruwelen van het marxisme die een mens nog zou kunnen hebben. Hij behandelt de evolutie en de bijbehorende problemen. Het boek heet *Toeval en onvermijdelijkheid*.

Er is in mijn leven altijd een balans tussen toeval en onvermijdelijkheid geweest, en alles wat ik heb gedaan is dat ik een soort gave heb geaccepteerd. Ik was bijvoorbeeld niet de zoon die mijn vader wilde; ik was die andere zoon. Maar ik werd geboren, en mijn broer stierf, dus het heeft zo moeten zijn. En ik zou nooit politicus worden. Ik was niet in politiek geïnteresseerd. Ik was in filosofie geïnteresseerd. Maar die politiek overkwam me en ik maakte er het beste van. En dat heb ik goed gedaan omdat het nu eenmaal op mijn weg kwam.

Voor Monod is de uitzonderlijke sprong die de natuur van anorganisch naar organisch maakte iets heel fundamenteels. Zonder reden groepeerden levenloze elementen zich om levende materie te worden. En toen dat eenmaal bij toeval was gebeurd, werd het iets onvermijdelijks; dat levende organisme moest zich eindeloos blijven reproduceren.

Hoe had de natuur dat voor elkaar gekregen? Ik weet het niet. En om de lijn door te trekken: ik weet ook niet of al die dingen me overkwamen omdat ik op dat moment ophield kind te zijn en een jongvolwassene werd. Ik weet niet of de wedloop op die manier begon omdat ik nog maar achttien was toen ik mijn land verliet. Ik had geen keus, ik moest weg. Ik moest Venezuela ontvluchten omdat ik communist was, en dat wilde ik niet eens zijn. Natuurlijk had ik mijn lot in bepaalde opzichten over mezelf afgeroepen. Maar ik weet dat ik anders de pen boven het zwaard zou hebben verkozen.

Ik kan met Wittgenstein zeggen: 'Ik zit schrijlings op het leven als een slecht ruiter te paard.' En ik kan het alleen maar met hem eens zijn dat ik het aan de welwillendheid van het paard te danken heb dat ik er niet ogenblikkelijk vanaf word gegooid. Zo is het altijd geweest, eerst met het ene paard, dan met het andere, en af en toe met een ezel. Dingen overkwamen me gewoon. Soms weet ik niet of dat mijn persoonlijke lot is, of het lot van de twintigste-eeuwse mens.

II

# 15

Ik kwam op nieuwjaarsdag 1953 in Spanje aan en ik bleef er tot juli. Mijn bezoek was het compromis dat ik met mijn vader had gesloten: een tussenstop op weg naar Frankrijk. Die maanden in Spanje waren beslissende maanden in mijn leven.

De reis naar Europa was mijn allereerste zeereis, het was mijn eerste verblijf op een schip en mijn eerste nadere kennismaking met meer water dan er in een emmer paste. De deelstaat Trujillo, waar ik ben opgegroeid, is geheel door land omsloten. Ik was al volwassen toen ik leerde zwemmen. Evenmin was ik ooit naar het strand geweest. Ik had gelezen en gehoord over golven, jachten en schepen en ik was als jongetje door de havenstad Bobures gekomen en had van veraf een glimp van de kade opgevangen, maar de zee had ik nog nooit gezien.

Als jonge hond van achttien keek ik er erg naar uit om naar Europa te gaan. Ik was zo overtuigd van mezelf en mijn superieure kennis van alles wat kosmopolitisch was, dat ik niet had verwacht dat ik al geïntimideerd zou zijn nog voor mijn reis begon. Het was mijn bedoeling om Parijs stormenderhand te veroveren met mijn eruditie en scherpzinnigheid, ongeveer op de manier waarop de jonge Rimbaud het had gedaan. Ik wist niet precies hoe ik dat ging doen, alleen dát ik het ging doen. Ik had weinig nagedacht over hoe ik daar zou komen of over de reis zelf. Toch was het de reis die mijn grote hoofd deed krimpen tot het formaat van een pygmeeëntrofee. Ten eerste was het schip in mijn ogen kolossaal. Ik had niet verwacht dat ik in zoiets groots zou reizen en met mijn gebrek aan kennis van scheepsbouw of drijvend vermogen volstond één blik op het ijzeren gevaarte om te concluderen dat iets van die omvang beslist zou zinken. Daarnaast wist ik voor ik aan boord ging weliswaar dat de reis ruim twee weken zou duren, maar ik had niet begrepen dat ik die twee weken zou doorbrengen in een bedompte hut met een dikke man die snurkte als een gemuilkorfd varken, en dat ik regelmatig over de reling hangen zou om mijn ingewanden uit te kotsen. Geen van beide scenario's stond beschreven in de boeken over zeereizen die ik had gelezen. Daar kwam nog bij dat de zee angstaanjagend groot was. Dus met het gewicht van ons schip, de onmetelijkheid van de oceaan, de onnatuurlijke vorm van mijn kussen (die me de hele nacht wakker hield om het onnatuurlijke lawaai van mijn hutgenoot aan te horen) en mijn ernstige vorm van zeeziekte, was ik volslagen in de war lang voordat we Spanje bereikten.

Na een emotioneel afscheid van de familie uit Caracas die me naar het schip had gebracht en mijn semi-clandestiene inscheping met de stilzwijgende medewerking van de purser (die mijn naam pas op de passagierslijst zette nadat we de Venezolaanse territoriale wateren hadden verlaten) zag ik vanaf het dek de kustlijn smaller worden met een mengeling van verrukking en een akelig voorgevoel. Tussen La Guaira en Port of Spain (het kortste stuk van de reis) krulde ik me op in mijn kooi en bewoog ik me alleen om over te geven. Aangezien ik weinig ervaring had in dat laatste, kon ik nog niet goed richten en speelde ik het diverse keren klaar om de kooi van de dikke man onder te spetteren of anders wel de dikke man zelf, waarmee ik mijn reisgenoot al vanaf het eerste moment tot mijn vijand had gemaakt.

Bij aankomst in Trinidad bewoog ik me over de loopplank als een dronkeman, me aan de leuning vasthoudend terwijl ik met mijn dagpasje naar de wal wankelde. Toen hij zag in wat voor ellendige toestand ik verkeerde, verzekerde de aardige purser me dat ik snel mijn zeebenen zou vinden. Dat had hij mis, want vijftig jaar later zoek ik ze nog steeds.

Port of Spain zette me stevig op mijn nummer. Ik verstond geen woord van wat er werd gezegd, aangezien ik nooit eerder Engels had gehoord. Zelfs kleine dingen, zoals het brood, brachten me van mijn stuk. In Venezuela aten we geen brood, we aten platte maïskoeken die *arepas* worden genoemd. En de 'koffie' in Port of Spain was een merkwaardig waterig brouwsel. Ik had totaal geen idee van het leven op dat eiland en dat vond ik erg verontrustend. Ik kroop terug als een slak met een huisje van onwetendheid op zijn rug voor nog eens tien oneindige dagen en nachten lang zonder tussenstop. Het feit dat ik niet van het schip af kon, de wetenschap dat ik niet kon zwemmen, al dat ijzer om me heen te voelen en de natuurwet dat ijzer niet kon drijven, maakten dat ik in een voortdurende staat van paniek verkeerde. Emotioneel maakte ik tijdens die reis een terugval van arrogante tiener naar doodsbang kind.

Toen ik eindelijk in Spanje aan land ging, vond ik niet onmiddellijk het zelfvertrouwen terug dat ik aan boord was kwijtgeraakt. Het gevolg was dat alles wat deel had moeten uitmaken van de uitdaging die een jonge reiziger ervaart een vreselijke opgave voor me was. Ik had de instructie gekregen om 'met de trein naar Madrid te gaan en me dan onder de hoede te stellen van een neef'. In Venezuela, waar geen spoorwegen waren, had dat nog prima geklonken. Maar als je tot dusver alleen een plaatje van een trein hebt gezien, zijn het lawaai en de stoom en de grootte echt alarmerend! Vervolgens heb ik vijf dagen lang vergeefs in Madrid lopen zoeken naar mijn neef uit Valera. Ik voelde me verloren zonder hem, en ik bleef rondhangen voor het opgegeven adres en vreemden aanklampen tot iemand me zou kunnen vertellen waar hij was. De grote aantallen mensen en auto's intimideerden me dermate dat ik amper de straat durfde over te steken.

Wat taal betreft, was het niet hetzelfde als aanmeren in Trinidad en tot je verbazing een hele stad aantreffen die geen Cristiano sprak. In Spanje sprak iedereen in elk geval Spaans, alleen sprak niemand tegen míj. Erger nog: niemand kende me of wist zelfs maar wie mijn familie was. En afgezien van de bokkige conciërge van het gebouw waarin mijn neef woonde, leek evenmin iemand hem te kennen. Dat vond ik schokkend. Hoe kon mijn neef hier wonen terwijl niemand hem kende? Hoe kon hij 'vertrokken zijn' terwijl niemand wist waar hij heen was gegaan? Wat was dit voor stad? En wat voor mensen woonden hier? Ik had nog nooit mensen ontmoet die niet een bovenmatige nieuwsgierigheid aan de dag legden ten aanzien van wat hun omgeving aan het doen was. En ik was nooit ergens geweest waar vreemdelingen leefden. Madrid was vol vreemdelingen en voor het eerst was ik me ervan bewust hoe het voelde om er zelf een te zijn, om een buitenstaander te zijn. Ondanks mijn achttien jaren voelde het opeens of ik weer drie was en het contact met mijn moeders rokken was kwijtgeraakt. Rondhangend voor het appartement van mijn ongrijpbare familielid voelde ik een stekende heimwee. Een smal traliewerk in een enorme, bewerkte deur klapte dicht als een celdeur die me buitensloot in de ijskoude straat.

Over de winter lezen en hem te voelen bijten zijn twee verschillende dingen. Ik was niet gekleed op de kou en ik was er niet op voorbereid. Ik had niet gerekend op de snijdende wind en ik had er niet op gerekend dat het zo moeilijk zou zijn om het adres te vinden dat ik zocht. Toen ik aanbelde om vervolgens van een sadistisch triomfantelijke conciërge te horen te krijgen dat mijn neef er niet was, voelde het alsof die rimpelige oude vent me een trap in mijn maag gaf. Mijn koffer was afschuwelijk zwaar en mijn armen waren bepaald niet opgewassen tegen de taak om hem te dragen.

In Valera maakt het weinig uit of iemand thuis is of niet: een bezoeker wordt sowieso binnengelaten en door de bedienden uitgenodigd om uit te rusten en water en koffie te drinken en bij te komen van de vermoeienissen van de reis. Een familielid zou niet op straat hoeven wachten omdat degene die hij wilde bezoeken er niet was. En ik had gereisd! Ik was de Atlantische Oceaan overgestoken! Verbijsterd, beledigd en met stijgende angst zat ik in een café en dronk koffie. Maar zelfs cafés, zo leek het, hielden niet van buitenstaanders. De vijandige blikken van ontelbare Spaanse arbeiders gaven me zo'n ongemakkelijk gevoel dat ik uiteindelijk weer de straat op ging.

Toen de koude dag eindigde en de snijdende wind in kracht toenam, sloeg mijn stijgende angst om in paniek. Wat moest ik doen? Waar moest ik slapen? Ik ervoer alles als vreemd en sinister en, wat bijna nog verontrustender was, iedereen die naar mij keek, ervoer mij duidelijk ook als vreemd en sinister. Voorbijgangers keken naar me alsof ik een weerzinwekkend insect was.

Alles en iedereen trof me als grijs en onvriendelijk, en doortrokken van een geniepige, kruipende lethargie. Het was niet de zinnelijke lethargie van de tropen, het was meer een strenge ketening van het leven. Zelfs de duisternis kroop. De zon gaat niet onder zoals in de tropen, met een snelle overgang van licht naar donker. Er was een niemandsland in de lucht, een schemerzone die dreigend bleef hangen. De laatste restjes licht vloeiden tergend langzaam weg.

Ik leunde tegen een koude muur aan de overkant van mijn beoogde rustplaats en dacht erover na hoe ik een nacht in de openlucht zou kunnen overleven. Het was drukker op straat dan het die hele dag was geweest. Ik nam aan dat de mensen terugkeerden van hun werk. Ik benijdde hen – al die langzame, vijandige mensen die een huis hadden om naartoe te gaan. Ik begon me te schamen voor mijn dwaasheid: dit was niet de triomfantelijke intocht in Europa waarover ik tegen mijn vrienden had opgeschept. Mijn aanwezigheid trok een massa onvriendelijke blikken. Hoe meer voetgangers er waren, des te vijandiger die blikken werden. Verscheidene mensen hadden me al aangesproken en gezegd dat ik moest doorlopen. Toen het donker was geworden, wist ik dat ik ergens anders heen moest, maar waar?

Om niet te gaan huilen, begon ik te fluiten. Deuntjes zijn nooit mijn sterke punt geweest, maar mijn stijgende wanhoop zal iets merkwaardigs met de kracht van mijn fluittoon hebben gedaan, want de conciërge van mijn neef kwam het gebouw aan de overkant van de straat uit gerend en dreigde de politie erbij te halen. Er ontstond een opstootje toen diverse vrouwen uit hun deuropening tevoorschijn kwamen als houtwormen uit hun gaatjes. Een grote, loensende man liep naar me toe. Ondanks zijn enorme postuur en zijn intimiderend ruige gezicht vroeg hij me niet onvriendelijk: 'Waar ga je naartoe, jongen?' Ik had het liedje van Augostín Lara over de Bar Chicote gefloten. Omdat ik niet wist wat ik anders moest zeggen, flapte ik de naam van die bar eruit. De man grinnikte veelbetekenend terwijl hij een paar vrouwen wegjoeg. 'Dan zit je in het verkeerde deel van de stad,' zei hij tegen me. Toen legde hij de route naar de Bar Chicote uit en stuurde me met zo'n harde klap tegen mijn rug op weg dat ik er bijna in stikte.

Na een straffe wandeling bereikte ik de enige plek in Madrid die ik kende, al was het dan uit een Mexicaans liedje. In die tijd was de Chicote een bar voor prostituees die voornamelijk door arbeiders van middelbare leeftijd werd bezocht. Vanaf het moment dat ik kwam binnenwandelen besteedden de hoeren veel aandacht aan me. Mijn jeugdige leeftijd en de rondjes whisky waarop ik trakteerde, maakten dat ik een warm onthaal kreeg en uiteindelijk de nacht bij een van de meisjes doorbracht. Zelden zullen ze een klant hebben gehad die blijer was dan ik. Het was ook de eerste keer in mijn leven dat ik een hele nacht naast een vrouw lag. Daarvoor was het nooit langer geweest dan tien minuten in de Calle Vargas, twintig als je het dubbele betaalde.

Op mijn eerste ochtend in Europa werd ik wakker naast de Madrileense. Het was zeven uur 's ochtends. Ik vertrok, me erover verbazend hoe mijn leven was veranderd, en ging de straat op, in de veronderstelling dat de zon al op zou zijn, zoals dat mijn hele leven lang in Venezuela het geval was geweest. Maar het was donker buiten: aardedonker. Ik ervoer dat als volkomen desoriënterend. Niemand had me ervoor gewaarschuwd.

# 16

*T*oen ik eindelijk iemand had opgespoord die mijn neef kende, kreeg ik te horen dat hij naar Salamanca was vertrokken. Mijn hele plan draaide rond het vinden van die neef. Als de eerste dominosteen in een lange rij zou hij me naar mijn andere familieleden leiden die voor onderdak en voedsel zouden zorgen en mijn leven op de rails zouden zetten voordat fase twee in Parijs zou beginnen. Er leek niet veel anders op te zitten dan naar Salamanca te gaan om daar de sleutel tot mijn verblijf op te zoeken.

Ik vond mezelf in Venezuela behoorlijk door de wol geverfd, maar in Spanje wist ik van toeten noch blazen. In Venezuela kon je in een stad aankomen en gewoon naar iemand vragen, onder vermelding van zijn of haar voorouderlijke namen, en dan werd zo iemand onverwijld gevonden. Maar zo ging dat niet in Salamanca, waar niemand ook maar een hout om de Miliani's of de Briceño's gaf en geen mens ooit van de Araujo's had gehoord. En dus vond ik mijn neef niet. Tegen de tijd dat ik besefte dat hij echt weg was en ik hem nooit zou vinden, kon ik het niet meer opbrengen om te vertrekken. En dus bleef ik daar, in de greep van een depressie, de angst en de eenzaamheid, en, zoals ik gewend was, omhelsde ik die drie-eenheid.

Ik heb mijn neef niet in Salamanca teruggevonden, maar ik ontdekte er wel een duistere zijde van mezelf en van de Spanjaarden. De gehoorzaamheid aan de kerk was er volkomen en intens griezelig. Overal waar je keek zag je weduwen in het zwart, nonnen in het zwart, en grote somberheid. In Salamanca luidden de klokken voor iedereen. En de klokken luidden dag en nacht. De kerken waren tot de nok gevuld met zingende, fluisterende mannen en vrouwen. In Valera was een kerk alleen bij een begrafenis vol, maar in Salamanca leken ze van de vroege ochtend tot de late avond afgeladen, en het hele leven draaide rond de zonde. Het was een tijd waarin iedereen in Spanje elkaar bespioneerde op zoek naar schuld.

Spanje had een ogenblik van de vrijheid kunnen proeven maar na de Burgeroorlog was het weer onder het juk van het fascisme en in de wurggreep van de kerk teruggedreven. Salamanca leefde in grote angst voor de Roden en het communisme. Mensen hadden het alleen over God en de dood, over zonde en eeuwig lijden. Voorzichtigheid was tot die tijd nooit een van mijn sterkste kanten geweest, maar van toen af ontwikkelde ik een vrijwel paranoïde neiging daartoe. Gegeven het klimaat onder Franco was dat waarschijnlijk maar goed ook.

Ik had mijn vader beloofd dat ik een halfjaar in Spanje zou blijven. Hij verkeerde natuurlijk in de veronderstelling dat ik in de schoot van onze verre familie verkeerde en niet dat ik in mijn eentje in een ijzig koud pension in Salamanca zat weggedoken. In die tijd beschikte Valera nog niet over een fatsoenlijk postaal systeem of over telefoons, en dus wist mijn familie niets van wat ik allemaal doormaakte. Er werden brieven verstuurd als iemand naar Caracas ging, en dat kwam niet al te vaak voor. Al kon mijn vader dus niet weten wat ik uitspookte, ik besloot hem toch tevreden te stellen en ons beiden te bewijzen dat ik niet ging 'flierefluiten' zoals hij dat noemde: ik schreef me in aan de rechtenfaculteit. Ik studeerde als een monnik in zijn cel. Wat ik van de bouwkunst of zelfs maar het silhouet van Salamanca weet, heb ik later in boeken gelezen. Toen ik er woonde, was het een stad die ik zelden zag.

Drie maanden na mijn aankomst maakte ik in Salamanca Pasen mee. In Valera ging Pasen over eten en dronken worden. Toen ik jong was, ging je naar de kerk en dan was er een kleine processie door die ene, stoffige straat van San Cristóbal met de opzichtige tinnen blaadjes rond het kruisbeeld die in de zon glinsterden, onder luid gejuich van een stel boeren die vervolgens hun vliegers gingen oplaten. Toen ik ouder werd, lieten we de processie voor wat die was en gingen alleen vliegeren. Pasen was immers een vrije dag, en vrije dagen hoorden leuk te zijn. Maar het paasfeest in Salamanca schokte me diep. Het was de eerste rechtstreekse confrontatie tussen de godsdienst waarmee ik was opgegroeid en de godsdienst die ik in Spanje beleefde. Hun Pasen was doortrokken van onbeheerst fanatisme en een religieuze vurigheid die al het andere wegvaagde. Monniken geselden zich op straat tot bloedens toe. Sinistere figuren met over hun hoofd getrokken kappen weeklaagden in de stegen. Mensen kropen letterlijk in de processie mee en lieten een donker spoor op de straatstenen na als het slijm van een bruine slak. Oude mensen met kapotte knieën kropen voor Christus over de grond.

Een van de weinige mensen die ik dagelijks zag, was het kamermeisje in het pension waar ik verbleef. In al die drie maanden had ze nog nooit andere kleren aangetrokken of ze gewassen en ze stonk een uur in de wind. Ze werkte met een woordeloze gedienstigheid die ik nog nooit had meegemaakt. Ik had het opgegeven om haar goedemorgen te wensen, want dat joeg haar zo'n angst aan dat mijn kamer vervolgens minstens een week niet werd schoongemaakt. In die drie maanden hadden we niet één woord gewisseld en evenmin had ik haar ooit een woord horen zeggen tegen het kreng dat het pension bestierde, maar ze keerde half hysterisch van de paasprocessie terug en schreeuwde dat ze de zeven wereldwonderen had aanschouwd.

Ik kan nauwelijks uitleggen hoe depressief ik van Pasen in Salamanca werd. Het was een zwarte deken die alles smoorde. Ik probeerde dat Spaanse fanatisme te verenigen met de God, het katholicisme en de kerk zoals ik ze kende. Dat lukte me niet. Ze vielen niet met elkaar te rijmen.

Uiteindelijk raakte ik mijn geloof kwijt en werd ik de antikatholieke en antiklerikale kerel die ik nu ben. Maar mijn geloof was diepgeworteld en toen ik het kwijt dreigde te raken, voelde ik de behoefte om naar die wortels terug te keren. Ik herlas een aantal fundamentele filosofische teksten en daarnaast marxistische beschouwingen. Aangezien het communisme onwettig was verklaard, viel dat laatste niet mee. In de openbare bibliotheek waren helemaal geen marxistische boeken, en in de bibliotheek van de rechtenfaculteit maar twee. Dat waren *Das Kapital* en het *Communistisch manifest*. Ik werd er niet door geroerd en ik vroeg me af hoe ik ooit had kunnen denken dat dat wel zo was. Als dat communisme was, dan was ik geen communist, en dat besef stemde me treuriger dan ooit. Daarom las ik vooral religieuze boeken, die overigens geen van alle een eind aan mijn dilemma maakten. Af en toe las ik ook wel andere dingen, maar ik was op een missie om mijn ziel te redden en ik liet maar zelden een straaltje licht in de duisternis toe. De meest gedenkwaardige van die andere boeken was Rainer Maria Rilkes *Drie requiems*.

Geen plaats ter wereld heeft me ooit zo bijna van de aardbodem doen verdwijnen als Salamanca. Geen gevangeniscel, hoe smerig, klein en donker ook, heeft mijn geestkracht ooit zo ondermijnd als die stad. Ik had het gevoel of ik omgeven was door het menselijke afval van diegenen die al waren weggevaagd. Het leek wel of die stad letterlijk aan ons knaagde. Gangreen was een normaal verschijnsel in Valera, en ik had dus al vaker mensen gezien met een ontbrekend been. Maar in Salamanca wemelde het van de mensen die als gevolg van de Burgeroorlog ledematen misten. Met al die dichte ramen en stille, doffe burgers was het een stad in de rouw.

Uit verscholen, halflege cafés walmde de stank van zure wijn en houtskool het grijze trottoir op. Die cafés waren alleen voor mannen. Ik ging nooit naar dat andere soort cafés, zoals de Chicote in Madrid, waar prostituees kwamen. Ik neem aan dat die wel ergens waren, maar mijn pik was een van de eerste onderdelen van mijn lichaam die in Salamanca gevoelloos werden. 'Nette' vrouwen sloegen hun ogen neer, tenzij ze naar schuldbewustheid speurden. Ik was een vreemdeling, en vreemdelingen betekenden problemen. En ik was ook nog eens een donkere, harige vreemdeling – misschien wel een Moor – dus ik kon alleen maar een bedreiging vormen. In Valera was ik me bewust geweest van de lethargie die er hing: die door de hitte opgeroepen, amoebische verdoving waar ik voortdurend voor op mijn hoede was. In Spanje hing een nog zuurdere lethargie: een collectief gebrek aan wilskracht. Het was de kanker van de ziel.

Het hoefgeklepper, de gedempte kreten van boodschappenjongens en kooplui, het geratel van het verkeer over de kinderhoofdjes, de gefluisterde gebeden, en het aanhoudende gebeier van de kerkklokken drongen mijn hoofd binnen. Ik sliep onrustig, als ik al sliep, en ik probeerde het Spanje zoals ik dat had aangetroffen te verzoenen met het Spanje waarover ik had gelezen. Waar waren de Verlichting, het leven, de vrijheid, de kleur en de uitgelatenheid van Lorca en Machado? Bij Pío Baroja had ik over halfverhongerde boeren gelezen die de uitgedroogde aarde openkrabben om er hun uien in te stoppen, en dan urenlang naar hun hutje terugsjokken om op een oudbakken broodkorst te sabbelen. Met gezwoeg had ik nog wel kunnen omgaan; maar waar ik niet tegen kon was die overweldigende alomtegenwoordigheid van de dood. En ik zat niet rond de eeuwwisseling op een onvruchtbaar veld vol hongerige boeren. Ik bevond me anno 1953 in een belangrijke universiteitsstad. Ik vond de stad zelf al zo geestdodend dat ik me niet één keer buiten de stadsgrenzen heb gewaagd uit angst dat ik onmiddellijk in een afgrond zou vallen. Ik kwam zelfs nauwelijks in de buitenwijken. Waar waren die vurige zigeunermuziek, de geestdrift en de waardigheid, de diepte en de subtiliteit, de sensualiteit, en zelfs de wreedheid van dit fameuze volk? Waar was hun leven? En waar was het mijne?

Ik kan mijn tijd daar beschrijven, maar ik mag het geen leven noemen, want ik leefde in die tijd niet echt. Ik dronk koffie en nog eens koffie. Ik at haast niets en sliep nog minder. Tweemaal daags vulde het stinkende kamermeisje de lemen pot onder mijn tafeltje met houtskool en gloeiende as bij. Het mocht niet baten. De kou vrat aan me terwijl ik met mijn godsdienst en met mijn God worstelde.

Als ik in die periode tussen januari en juni al buiten kwam, dan was het om de mensen om me heen te kwellen. Ik gooide stenen naar priesters, ik vloekte in het openbaar, en dan rende ik heel hard weg. Dat soort dingen komen me nu kinderachtig voor, maar ik weet dat ik het toen deed om niet gek te worden. Ik moest iets van de last van mijn wegebbende geloof op anderen afwentelen. Een schim van mezelf sloop naar de rechtenfaculteit, en een schim studeerde in mijn plaats. Een schim zat in de faculteitsbibliotheek weggedoken. Elke middag las de jongen die ik was kwijtgeraakt in het boekwinkeltje om de hoek bij de universiteitsbibliotheek Rilkes *Requiem voor een vriendin*, voor hij opnieuw in een nacht vol wanhoop verzonk.

Bijna tegen mijn zin voelde ik me minder angstig worden toen het in Salamanca zomer werd. Ik herinner me dat ik eens op de dageraad lag te wachten. Ik had al uren liggen wachten om bij het café op de hoek van mijn straat koffie te kunnen gaan drinken. Ik had zonder veel succes Unamuno regel voor regel proberen te lezen, maar het lukte gewoon niet. 'Ik ben een man en ik beschouw niemand als een vreemde...' Ik was geen man, ik was niets, en iedereen was een vreemde. Toen ik eindelijk de deur uit ging om koffie te drinken, was ik vooral bedroefd om mijn eenzaamheid. De zomer naderde en de lucht had een zoelheid die me aan thuis deed denken.

Een paar werklui passeerden mijn deur. Ik was in die tijd niet erg opmerkzaam, maar om de een of andere reden vielen zij me op, in hun versleten blauwe overalls. Het waren er vier: drie waren begin veertig en een was jonger. Ze straalden een geweldige energie uit, alsof ze de dag wilden omarmen. Ze gingen het café binnen waarheen ik ook op weg was. Ik werd getroffen door de kameraadschappelijke, open manier waarop ze met elkaar praatten. Een van hen zei iets en de anderen glimlachten. Ze hadden een band met elkaar die ze met hun glimlach erkenden. Een bijna tastbare energie verbond hen. Ze voelden zich op hun gemak: ze vormden een groep en hoorden ergens bij.

Hun glimlach maakte iets in me los, zoals ik daar aan mijn kant van de bar ineengedoken zat. Ik bekeek mezelf in de verweerde spiegel achter de bar, en zag een trieste buitenstaander. Bij het zien van die werklui wist ik ineens: dat is het leven, daar gaat het in het leven om, om wat er in hen omgaat. Het gaat om wat er met anderen gebeurt. En ik besefte dat ik geen zielig stuk ongeluk meer hoefde te zijn. Ik kon via anderen leven. Ik besefte dat mens zijn iets was wat zich buiten mij afspeelde. Dankzij die ontdekking leerde ik een nieuwe dimensie van de politiek kennen: een kant die ik kon accepteren, en niet die ideologische, intellectuele kant waar ik me voortdurend in verslikte. In dat slechtverlichte café met zaagsel op de vloer voelde ik mezelf ineens deel van het menselijk ras, en mijn gekweldheid nam evenveel af als mijn interesse in de mensheid toenam.

Eind juni rondde ik het eerste jaar van mijn rechtenstudie af met voor alle vakken eervolle vermeldingen. Ik wist inmiddels wel dat het makkelijker is om in een vissenkom te schitteren dan in de zee. Ik was vastbesloten uit Salamanca te vertrekken zodra ik mijn laatste tentamen achter de rug had. Ik had mijn tijd uitgezeten, mijn vader tevredengesteld, en ik ging eindelijk naar Frankrijk. Daarvoor had ik al naar een landgenoot geschreven, ene Rodolfo Izaguirre, die ik tijdens mijn buitenschoolse bezigheden als activist in Caracas had leren kennen. Hij was een van de weinige Venezolanen in het buitenland met wie ik niet verwant was (zelfs niet als je diverse generaties terugging), maar ik had hem een paar keer ontmoet en hij had verteld dat hij naar Parijs ging en me zijn adres daar gegeven, dat ik wonderbaarlijk genoeg nog steeds had. Ik schreef hem en regelde een kamer in zijn appartement in Parijs. Nu ik onderdak had, had ik alleen nog een visum nodig. Vanwege de dictatuur in ons land hadden Venezolanen overal een visum voor nodig.

Op 11 juli 1953 vertrok ik uit Spanje naar Parijs. Ik reisde per trein, in de derde klas, en ik ontdekte tijdens die reis meer over Spanje dan in het halfjaar dat ik er had gewoond. Zodra de trein het station uit reed, trok iedereen, of het nu een man of een vrouw was, zijn schoenen uit, en de stank was onbeschrijfelijk. De combinatie van die kwalijke geur, de hitte en het geschok van de trein was bijna verdovend. De hele coupé raakte bedekt onder het stof van het verschroeide platteland. De Spanjaarden hadden allemaal etenswaren meegenomen, die ze plechtig uitpakten en vervolgens met elkaar deelden. Het stof knarste in de koude, vettige omeletten en zware salami's en in elke hap brood. Desondanks waren die zanderige maaltijden in de trein de heerlijkste die ik sinds mijn vertrek van huis had gegeten.

Toen we eenmaal de grens bij Hendaye waren gepasseerd, werd er dankzij de zakken slechte rode wijn en het feit dat we het domein van generaal Franco hadden verlaten in onze smerige coupé veel gelachen. Op het Gare du Nord drukten drie overgebleven Salamancanen me bijna dood in hun armen. Het waren stuk voor stuk in het geheim socialisten die gedwongen waren om zich op hun schaarse bezoeken aan Spanje achter een vroom masker te verbergen. 'Wij zijn degenen die geboft hebben,' zeiden ze tegen me. 'Wij zijn ontkomen.' Ik heb ze niet naar het hoe en waarom gevraagd.

Na vijf maanden zonder alcohol was ik in de trein behoorlijk dronken geworden. Dankzij de vrijgevigheid van reizigers die me als een vriend hadden behandeld arriveerde ik hoopvol en met mijn buik vol Spaanse omelet in Parijs. Mijn nieuwe metgezellen waren niet bijzonder briljant of begaafd geweest, het waren gewoon fatsoenlijke mensen die beter verdienden.

Ik waggelde worstelend met mijn bagage en mijn draaierige hoofd door de stationshal, en intussen ademde ik de uitbundigheid van het vrije Frankrijk in. Al was ik er nooit eerder geweest, na de stijfheid van Salamanca was het alsof ik thuiskwam. Ik moest aan mijn vader denken en ik wist dat hij in bepaalde opzichten gelijk had gehad. Al mijn geduvel tot op dat moment was flauwekul geweest. En ik had echt de dilettant uitgehangen. Maar alles zou veranderen. Ik was vastbesloten om mijn leven voortaan aan anderen te wijden: aan de arbeidersbeweging, aan de revolutie.

Aangezien dit voor mij het moment van de waarheid is, moest ik mijn Spaanse episode wel vermelden, inclusief mijn godsdienstige kwellingen. Tot nu toe zijn dat goed bewaarde geheimen geweest. Volgens mij bestaat er geen marteling waarmee ze die bekentenis vroeger uit me hadden kunnen krijgen. Als ik de ingekorte versie van mijn levensverhaal vertel, ga ik altijd rechtstreeks van Valera naar Parijs. De langere versie doet me wel in Spanje terechtkomen, verwijlt dan even bij de universiteit van Salamanca, knikt richting architectuur en kwezelachtigheid en maakt een paar weken later alweer dat ik wegkom, naar de Sorbonne. Mijn instorting en het zelfinzicht zijn allebei zorgvuldig weggewerkt.

Ik was een oprecht katholiek, diepgelovig kind. In San Cristóbal stond ik bij het altaar met het wierookvat te zwaaien en in het Latijn te blaten. Moet je mij zien. Ik heb mijn hele jeugd in San Cristóbal beschreven en over die flauwekul heb ik niets gezegd, alsof het nooit is gebeurd. Ik realiseer mij nu dat ik mijn best heb gedaan om daarover te liegen. Waarom? Die gewoonte om dingen te verhullen is zo ingesleten dat ik wel een vrouw lijk die de minnaars die haar hebben teleurgesteld uit haar geheugen bant. Als mensen mij vroegen: 'En hoe zit dat met jou? Wanneer ben jij van je geloof gevallen?', haalde ik mijn schouders op en zei ik: 'Venezuela is het enige katholieke land ter wereld dat officieel is erkend als een land zonder roeping. Al onze priesters komen uit Spanje. In Valera stelde het geloof gewoon niet zoveel voor. We hadden wel wat anders aan ons hoofd.' Ik heb nooit kunnen toegeven dat ik niet zomaar een beetje van mijn geloof viel: ik viel van grote hoogte en ik spatte op de grond in scherven uiteen.

De pers heeft er een neus voor om de waarheid slechts gedeeltelijk te reconstrueren. Ze weten niets van mijn maanden in Spanje of van mijn devotie van weleer, maar ze weten dat ik iets met kerken heb. En zoals gewoonlijk zien ze het helemaal verkeerd. De waarheid is niet dat ik ooit kloosters heb platgebrand en nonnen heb verkracht, maar dat 'die aartsschurk Barreto' als een angstig kind in een verduisterde kamer weggedoken heeft gezeten en op straat in Salamanca stenen naar priesters heeft gegooid.

# 17

Nu ik zo open ben geweest over mijn jeugdige hartstocht, vertel ik er ook maar meteen bij dat openbaringen me fascineerden. Ik wilde enorm graag verrast worden. Als kind deed ik allerlei dingen, zoals in het weekend mijn deel van de toffeepudding aan me voorbij laten gaan, in de hoop dat God me zou belonen met een speciaal teken. Of ik stond een uur lang op één been in ruil voor een openbaring. Mijn offers bleven op alle niveaus onopgemerkt.

In Valera werd weinig aan verschijningen en maagden gedaan. Toen ging ik naar Frankrijk, en terwijl die woorden zich in mijn mond vormen, heb ik het gevoel dat ik meer moet zeggen. Ik kan niet alleen 'toen ging ik naar Frankrijk' zeggen zonder de openbaring te beschrijven, het visioen dat Frankrijk voor me was. Voor een jongen die van poëzie en filosoferen hield, was Frankrijk het paradijs. Ik had ervan gedroomd en me er een voorstelling van gemaakt, gravures van de Notre-Dame, het Louvre en de Sacré-Coeur bestudeerd. Dat waren dingen die ik had onthouden en waarnaar ik had verlangd.

In juli 1953, toen de trein de Spaanse grens bij Hendaye naar Frankrijk overstak, zag ik, voor het eerst in mijn leven, vrouwen in korte broek. Het was een warme zomerdag en de Franse vrouwen lieten bijna alles zien wat ze hadden. Ik kwam net uit Spanje, waar alle vrouwen lange mouwen en dikke zwarte kousen droegen, en stond versteld. Ik was verbijsterd over die blote armen en benen en schouders. Ik kreeg het warm en koud tegelijk van deze vrijmoedigheid. Dit vlees was het levende bewijs van de grootheid van Frankrijk. Ik schreef die halfnaaktheid toe aan alle ideeën die ik over 'La Grande Francia' had gelezen: het land van vrijdenkers, van de Franse Revolutie, van dichtkunst, van alles wat het tegenovergestelde van het donkere, van priesters vergeven Spanje was.

Zo dacht ik terwijl de trein langs de kust reed. Tegen de tijd dat ik erachter kwam dat meisjes in de meeste westerse landen een t-shirt en korte broek dragen, was ik al zo sterk met Frankrijk verbonden dat ik er slechts operatief van gescheiden had kunnen worden. Halleluja.

Parijs zelf was schitterend in al zijn pracht en praal, een zee van licht na de zwakke peertjes van Salamanca. Parijs was een stad van eten en lachen en vlees. Blote huid stroomde vanuit de cafés de straat op. Er waren schalen met oesters, en oesters, zoals mijn vriend Izaguirre me later vertelde, zijn een afrodisiacum. Dus waren er karrenvrachten oesters, die glinsterden in de lichten die op elke straathoek reclame maakten voor ruige seks. Mensen hielden elkaars hand vast. Ze raakten elkaar in het openbaar aan. Ze hadden wilde haren en een blote rug.

Ik kwam op de avond van 12 juli aan. Mijn vriend Izaguirre – die eigenlijk meer een kennis was, aangezien we vorig jaar niet meer dan tweemaal twintig minuten samen hadden doorgebracht op een jeugdbijeenkomst in Caracas – begroette me als een lang verloren broer. Hij was uitermate enthousiast en blij om me te zien.

De volgende dag leidde Izaguirre me door die stad van licht. Ik zag boekwinkels zoals ik ze me niet had kunnen dromen. De planken kraakten onder het gewicht dat ze torsten, en strekten zich verdieping na verdieping uit, helemaal tot aan de straat. Ik at warme croissants en dronk koud bier aan de Seine. Ik zag de Sorbonne: een kermis van uitgelaten studenten. Deze studenten slopen niet, zoals wij in Salamanca deden, ze waren aan het lachen en schreeuwen en bruisten van de energie. Ik zag de Jardins du Luxembourg. Ik at Vietnamees eten met taugé – die eruitzag als de wormen die de honden in Valera in de goot uitbraakten, maar die knapperig was en lekker smaakte – en noedels in sojasaus, die weigerden aan mijn vork te blijven zitten. Ik dronk pastis zoals Rimbaud had gedaan, en stikte bijna in mijn eerste Gitane. Ik staarde naar de meisjes en zij staarden terug tot ik wegkeek.

De hele stad was één groot feest, zo verleidelijk als een courtisane die een dienblad met juwelen in haar handen hield. De straten waren een boeket van geuren en een mengeling van uitnodigingen die 'eet me', 'proef me', 'neem me' zeiden. De stad straalde zelfvertrouwen uit. Parijs had het esthetische met het intellectuele en sensuele in overeenstemming gebracht. Elke tweede winkel was een eettempel. Het fruit was opgepoetst en prachtig uitgestald. Izaguirre vertelde me dat ik een kaaswinkel moest bezoeken. In Venezuela aten we wel kaas maar niet elke dag. Er viel zoveel te zien dat ik niet begreep waarom we nu per se een kaaswinkel moesten bekijken, maar Izaguirre stond erop. Toen we er eenmaal waren, was ik erg onder de indruk van die riekende waar en had ik het gevoel alsof ik me in een kerk bevond. De winkel was geheel aan kaas gewijd, met meer dan honderd soorten die namen hadden om uit mijn hoofd te leren. Toen we weer de zonovergoten straat op gingen, was het net alsof ik langs de kloppende aderen van de beschaving liep en ik voelde de levenskracht. Ik was betoverd, en kwam boven voor lucht in die golf van energie, omgeven door felle kleuren en geheel nieuwe sensaties.

De dag erna was het 14 juli, de herdenking van de bestorming van de Bastille. Heel Parijs had vrij en vierde de verjaardag van de republiek. Overal zag je driekleurige vlaggetjes en kinderen liepen met rode, witte en blauwe ballonnen. Izaguirre nam me mee voor een ontbijt in zijn stamcafé. We aten knapperig Frans brood met boter en aardbeienjam en dronken koffie terwijl hij me vertelde dat hij me zou meenemen naar een demonstratie: een protestmars van Bastille naar La Nation. We hielden geen protestmarsen in Venezuela, daarvoor waren we te weinig georganiseerd. We kenden alleen protesten en relletjes. Ik was dus overdonderd door het gevoel dat ik me nu in een superieure cultuur bevond, dat ik omgeven was door een distillaat van de beschaving. Izaguirre had geprobeerd me bij te praten over de achtergrond van de protestmars toen we op weg gingen naar Bastille in die miraculeuze onderwereld van de metro. Natuurlijk probeerde ik zo goed mogelijk naar hem te luisteren, maar door het geratel van de trein en de andere gesprekken om me heen en mijn euforische toestand, was het me niet duidelijk waar alle heisa nou om te doen was. Tussen twee stations door vertelde Izaguirre me dat er ergens in de Verenigde Staten een proces was geweest. 'Het vonnis was een belediging voor de democratie. De slachtoffers waren Ethel en Julius, en de beschaafde wereld was verontwaardigd over deze parodie op de rechtspraak. Heel Frankrijk liep ertegen te hoop.'

De trein bereikte Voltaire en nog steeds stapten er mensen in. Een meisje met een enorme voorgevel perste zich tussen Izaguirre en mij in. Ik ben niet lang, zij was dat wel. Mijn gezicht werd letterlijk in de afgrond boven haar gele katoenen bloes geduwd. Mijn aandacht ging in ongelijke mate uit naar Izaguirres samenvatting, de borsten van het meisje en mijn eigen onstuimige lichaam.

'Vorig jaar verwierven de Fransen het recht om buiten de oorlog in Korea te blijven. Je had het moeten zien, Oswaldo: overal in het land werd gedemonstreerd! Het is een reactie op de staat van onderwerping waarin het grootste deel van Europa onder de nazi's leefde. Dit is ons moment. Dit is een tijd van een maximale onafhankelijkheid van de geest.' Het meisje verwijderde zich en ik slaagde erin een deel van de onafhankelijkheid te onderdrukken die zich in mijn broek kenbaar had gemaakt. Izaguirre kwam dichter bij me staan. 'We lopen naast de Algerijnen,' zei hij. 'Het zijn onze buren en ze hebben me uitgenodigd om met hen mee te gaan.'

Tot die dag had ik nooit van Algerije gehoord, laat staan een Algerijn gezien. Er was een Turk die een paar keer per jaar Valera aandeed en tapijten en lampen verkocht. Maar de Algerijnen, met hun gedeeltelijke Berberafkomst, leken verrassend veel op mij, en terwijl ik me door Izaguirres wijk liep te verwonderen, trof de gedachte me dat als ik mijn onmodieuze kleren uittrok en mijn haar een beetje liet groeien, ik daar helemaal niet zou opvallen.

In Bastille verliet bijna iedereen de trein. De vrijheid van geest was zo goed als tastbaar. Die complete vrijheid was wat ik wilde, en wat ik voelde. Ik had nog nooit zo'n menigte bijeengezien, of zulke kleuren, of zoveel vlees. Er werden pamfletten uitgedeeld die Jean-Paul Sartre had geschreven. Ik omklemde het mijne alsof het een bijbeltje was, en het voelde alsof mijn eigen carrière vleugels had gekregen door deze indirecte nabijheid van de meester. Het was een traktaat tegen de Amerikanen getiteld *Les Américains sont malades de la rage!* Ik kende ongeveer twintig woorden Frans, maar ik begreep de titel en ik herinner me dat ik me dankbaar voelde dat ik die dubbele betekenis had begrepen. Stel je mij voor, een jongen uit San Cristóbal de Torondoy, die begreep wat door Sartre zelf in het Frans was geschreven! En hij had het speciaal geschreven voor deze protestmars in Parijs waarin ik zou meelopen!

Ik liep met Izaguirre naast de Algerijnen. Ze waren met een grote afvaardiging en ik manoeuvreerde me tussen hen in. Ik was er trots op te leven: dit was Bastilledag en die bracht ik in Frankrijk door. Dit was niet alleen mijn eerste demonstratie, maar ik, Oswaldo Barreto, liep ook nog met een traktaat van Sartre in mijn hand. Het voelde alsof niets het zou kunnen bederven. Die dag in Parijs kwam de regen echt met bakken uit de hemel, maar het was zo'n prachtige mars dat het ons niets kon schelen.

Onderweg kwam ik iets meer te weten over voor wie en waarom we aan het demonstreren waren. Ethel en Julius Rosenberg, twee joods-Amerikaanse intellectuelen, waren een maand eerder in de Verenigde Staten wegens spionage geëxecuteerd. Ze waren er ingeluisd door de FBI en het Amerikaanse rechtssysteem. De hele democratische wereld had tevergeefs geprobeerd hun executie tegen te houden.

Izaguirre had mij onder zijn vleugels genomen. Hij bleef het eerste uur van de protestmars aan mijn zijde, en deelde zijn kauwgom en zijn kennis met me. 'De enige echte misdaad van de Rosenbergs is dat ze communist waren, en dat heeft ze het leven gekost. Kijk naar die mensenmassa! Het is er maar een van de honderden protestmarsen over de hele wereld. Je bent op een belangrijk moment aangekomen, Oswaldo! Nu kun je zeggen dat je erbij was.'

En de mars ging maar door, evenals de regen. Langs de route stonden politieagenten op regelmatige afstand van elkaar, als een menselijk hek tussen de demonstranten en de mensen op de stoep, van wie velen met driekleurige vlaggetjes zwaaiden en ook naar ons. Ondanks de regen waren er tienduizenden toeschouwers. Vaak stonden de politieagenten met die mensen te praten. Ze droegen hun Franse politie-uniformen en zagen er tam uit vergeleken bij onze eigen paramilitaire nationale garde. Ze legden de demonstranten geen strobreed in de weg en sommige agenten glimlachten zelfs en wisselden grapjes met hen uit.

Izaguirre maakte kennis met een meisje uit Lyon dat speciaal hierheen was gekomen voor de protestmars. Ze had kort bruin haar en gespikkelde, grijsbruine ogen zoals de buik van een forel, en ongeveer halverwege de mars begonnen ze hand in hand te lopen. Ik ving iets op wat klonk alsof ze een afspraakje maakten voor die avond. Mijn Frans was niet goed genoeg om te volgen waar en wanneer, maar hun lichaamstaal sprak boekdelen, en bovendien gaf Izaguirre me wellustige knipoogjes als om aan te geven dat het op meer zou uitdraaien dan alleen koffie en dat ook ik om me heen moest kijken en een meisje voor de avond moest vinden.

Izaguirre woonde veel langer in Parijs dan ik en hij maakte waarschijnlijk niet de naweeën van een geloofscrisis mee, en misschien had de protestmars voor hem niet de neospirituele kwaliteit die hij voor mij had. Ik had oog voor het seksuele potentieel van de mars (doordat iedereen doorweekt was, zag ik meer harde tepels dan ooit tevoren) maar ik had noch de neiging noch de kennis om daar iets mee te doen. Ik was bijna orgastisch gelukkig om alleen al mee te lopen. Izaguirre was, denk ik, zowel geamuseerd als lichtelijk teleurgesteld toen hij ontdekte wat een boerenkinkel ik was, en hij en zijn meisje uit Lyon raakten achterop en verdwenen in de menigte demonstranten achter me.

Nu ik hem niet meer had om mee te praten, verliep de rest van mijn mars voornamelijk in stilte. Sommige Algerijnen om me heen probeerden kameraadschappelijke gesprekken met me aan te knopen, maar ze gaven het op toen ze erachter kwamen dat ik geen Frans sprak. Toch deden ze hun best om aardig tegen me te zijn, en een van hen, een jongen die niet veel ouder was dan ik, bleef maar proberen de taalbarrière te overwinnen. Hij heette Reski en zijn werk had iets met scheppen te maken, maar ondanks zijn mimespel kon ik er niet achter komen wat precies.

Toen we La Nation naderden, keerde de opgewonden sfeer terug die enigszins aan kracht had ingeboet terwijl de demonstranten manmoedig door de regen ploeterden. Het tempo versnelde en de stuwkracht van de menigte achter ons was als een golf die ons voortdreef. De gesprekken namen in volume toe en klonken weer even oorverdovend als in het begin. Reski bleef maar proberen contact te leggen. Als ik wegkeek, verzonken in mijn glorieuze sartriaanse gemijmer, maakte hij een gekke sprong voor mijn neus en kneep hij in mijn arm als uitnodiging om met hem mee te lachen, wat ik deed.

Vlak voor we La Nation bereikten, begonnen diverse Algerijnse groepjes om te keren. Ik weet nog dat ik dacht: 'Wat een stelletje stomkoppen! De hele weg hierheen hebben ze de regen getrotseerd en net nu we er zijn, keren ze om!' De regen, de gesprekken, het scanderen en het gelach leidden samen tot een oorverdovend kabaal. Door het rumoer heen drong pas laat een vaag geluid tot me door. Ik hoorde voor me iets wat op gedempt vuurwerk leek. Het droeg bij aan de opwinding en ik keek omhoog waar ik een lucht vol kleurige vonken verwachtte, maar de lucht was grijs en dik, bijna zonder licht. Toen ik weer voor me keek, zag ik dat er een enorme politiemacht stond. De gedempte knallen hielden aan en toen werd het opeens duidelijk: het waren geweerschoten, en de politie schoot op de menigte.

Overal om me heen vielen mensen neer. Reski, die nog steeds naast me liep, klapte dubbel als een turner en sloeg met zijn hoofd tegen de grond. Een aantal seconden lang keek ik verbijsterd naar het dubbelgevouwen lichaam dat aan mijn voeten lag. Ik stond vastgenageld aan de grond, niet beseffend wat er aan de hand was. Ik was er zeker van dat Reski een toneelstukje opvoerde. Straks zou hij weer opspringen met dezelfde verbazende souplesse als waarmee hij in elkaar was gezakt.

Ik ontwaakte uit mijn trance toen de Algerijnen om me heen begonnen te schreeuwen en gillen. Een meisje liep naar Reski toe en terwijl ze omlaag staarde naar zijn levenloze lichaam, slaakte ze een ijselijke, bloedstollende kreet. Het was als een signaal voor de menigte om te reageren. Andere vrouwen begonnen te jammeren. En toen iedereen begon te rennen zag ik pas dat er nog veel meer lichamen verspreid op de grond lagen. De straatstenen waren bespat met rode vlekken die uitvloeiden in de regen.

De stemming sloeg om van euforie in paniek en de laatste demonstranten in de voorhoede trokken zich in totale wanorde terug. Overal waar ik keek, renden Algerijnen voor hun leven. Er zakte nog een man voor me in elkaar, neergeschoten. Ik weet nog dat ik besefte dat dit de dood was, maar dat die voor andere mensen was bestemd, niet voor mij. Ik was niet bang, ik was geschokt. De vluchtende demonstranten renden over het lichaam van de man, zijn geblokte groene overhemd vertrappend terwijl hij op de natte grond lag te stuiptrekken. Ik werd letterlijk meegetrokken door de stuwkracht van de menigte. Ik wist niet of ook ik geraakt was door een kogel. Ik wist niet wat er gebeurde, ik wist alleen dat ik niet mocht sterven.

Veertien Algerijnen uit de groep met wie ik liep, waren dood. Ik kende alleen de naam van een van hen, Reski, die veel glimlachte en iets met een schep deed, maar wat hij schepte, zou ik nooit te weten komen.

Tot die dag kon het me niets schelen wat er in Noord-Afrika gebeurde. Evenmin had ik de exacte ligging van Algerije op een kaart kunnen aanwijzen. Maar ik had naast Algerijnen gelopen, en een jongen genaamd Reski had gek gedaan en was toen aan mijn voeten gestorven, en zijn vriendinnetje had haar onaardse weeklacht in mijn oor gejammerd, waarbij ze onrecht en onverschilligheid de handschoen had toegeworpen. Ik was erbij geweest. Ik zag wat anderen niet hadden gezien en ik voelde het als mijn ereplicht om die handschoen op te rapen.

Vanaf die dag, en de volgende zes jaar, maakte ik deel uit van de Algerijnse Beweging. Samen met een groep buitenlanders voerde ik campagne voor onafhankelijkheid van de koloniale Fransen, van de Pieds Noirs, die over hen heersten en hen misbruikten.

Ik heb er vaak aan gedacht hoe anders mijn leven eruit had gezien als ik een dag later in Parijs was aangekomen. Ik zou vrijwel zeker een meer academische koers hebben gevolgd. Ik zou naar de Sorbonne zijn gegaan als denker en in die hoedanigheid mijn bul hebben gehaald: iemand die het leven van mensen stuurt door de overredingskracht van ideeën. Maar dat ik koers zette naar Algiers, was door toeval en nodeloos geweld bepaald. De gewapenden en sterken stonden tegenover de ongewapenden en zwakken. Het was een strijd die zijn eigen grenzen trok en die de getuigen uitdaagde om stelling te nemen.

Die avond, in de Algerijnse wijk, vulde het geweeklaag de lucht en prentte een nieuwe cultuur zich in mijn hersenen. Het Parijs van mijn dromen kwam en verdween in vierentwintig uur. Mijn tijd als toerist duurde een dag, en zoals mijn kindertijd eindigde toen ik mijn eerste toespraak op school hield, eindigde mijn jeugd tijdens mijn eerste protestmars. Vanaf dat moment zou ik geen spelletjes meer spelen. Wat daarna gebeurde, was echt.

Om me heen waren mensen gestorven en ze zouden de rest van mijn leven bij bosjes omkomen. Mijn vader was bang geweest dat ik naar Parijs wilde om een dilettant te worden. Dat zou niet gebeuren: ik was juist eerder een dilettant geweest in de Andes en ik was een dilettant geweest in Caracas. Parijs was een ander verhaal: de inzet was verhoogd van onvrede naar het begin van een burgeroorlog.

Door mijn ervaringen in Spanje wist ik dat ik niet langer katholiek was, en dat ik niet langer geïnteresseerd was in God. Ik was nog steeds bang voor de dood, maar ondanks mijn recente contact ermee tijdens de demonstratie voelde ik dat ik voorlopig nog niet zou doodgaan, niet nu ik deel uitmaakte van zo'n grote groep, een groep waarmee ik me volkomen vereenzelvigde. Er waren dissidenten uit Spanje, de Algerijnen zelf, Latijns-Amerikanen zoals ik en Fransen van alle rangen en standen, van fabrieksarbeiders tot intellectuelen. Ik stond te trappelen en de tijd was rijp.

# 18

*D*oor het verlies van mijn geloof kwam ik terug op mijn besluit om filosofie te gaan studeren. Ik besefte dat ik een denker was en altijd zou blijven, maar ik moest me op andere terreinen bekwamen om ooit iets concreets aan de wereld te kunnen bijdragen. Ik wilde sociologie studeren, maar het toeval wilde dat je in 1953 in Parijs alleen in sociologie kon afstuderen met een graad in de rechten of de filosofie. Dus schreef ik me in voor een rechtenstudie en gaf ik me op als activist binnen de communistische partij.

Bij de rechtenfaculteit werd ik aangenomen, maar de partij wees me af. Van bovenaf was gedecreteerd dat buitenlanders in Frankrijk geen activist mochten zijn. Als de communistische partij in Frankrijk een beweging was geweest met strikte dictaten zoals het communisme in andere landen was, als zij van nature mijn vrijheid van denken en expressie had belemmerd of onmogelijk gemaakt zoals in het Oostblok het geval was, dan had ik haar niet zo kunnen omarmen als ik heb gedaan. Maar zo lag het nu eenmaal niet, in elk geval niet in Parijs. Ik wilde activist worden, de partij sprak haar veto uit, en ik zag kans om dat veto te omzeilen. De communistische partij stond vrijheid van denken en actie toe, en dat maakte het mij mogelijk om op mijn eigen voorwaarden denker en activist te worden en om een volwaardig lid te worden van een machtige groep.

Ik had het gevoel dat ik de partij van nut kon zijn vanwege mijn ervaringen in Venezuela. Elke buurt in Parijs had een communistische groep, en elke groep had een kleine kern van activisten. Mijn buurt zat tjokvol Algerijnen en Vietnamezen die, omdat ze uit de Franse koloniën kwamen, technisch gesproken Fransen waren. Toen ik een keer *L'humanité* kocht, vroeg de verkoper waar ik vandaan kwam. Ik vertelde dat ik Venezolaan was. De onnozele hals dacht dat Venezuela een deel van een Franse kolonie was en vroeg waarom ik niet net als iedereen activist voor de communistische partij van Frankrijk was. En hij stak er een hele redevoering over af. 'En, doe je het?' vroeg hij na afloop.

'Natuurlijk doe ik het,' zei ik. Hij kneep me in mijn wang alsof ik vijf was, en vervolgens regelde hij het lidmaatschap voor me. Hij bezorgde me mijn kaart en alles. Dat was november 1953. Ik zat inmiddels vijf maanden in Parijs en kon me net een beetje in het Frans redden, maar wel met het duidelijke Algerijnse accent dat ik nu nog steeds heb.

Binnen de partij kon je van de ene naar de andere groep overstappen, zolang je daar maar toestemming voor had. Aangezien ik rechtenstudent was, vroeg ik acht maanden later binnen de partij om overplaatsing naar de afdeling van de rechtenfaculteit. En natuurlijk moesten de mensen die me eerder hadden afgewezen me nu wel toelaten: ze hadden geen keus, ik was tenslotte een legitieme buurtactivist, een legitieme rechtenstudent, en al mijn papieren waren in orde. En zo werd ik de enige niet-Franse activist binnen de Franse communistische partij.

Ik werd activist voor de meest prestigieuze groep binnen de partij. Het waren juristen en dus zaten ze een beetje krap in de theoretici. Ze waren graag actief, maar ze maakten zich voor de partij op dezelfde manier sterk als ze voor een vakbond of een club zouden hebben gedaan. Voor mij lag het anders. We moesten contacten met het buitenland onderhouden. Ik was de enige die de buitenlandse pers las en, wat het allerbelangrijkste was, ik verdiepte me in de theorie achter het communisme, de idee achter de beweging. Een reden waarom zoveel communisten gewoon doen wat hun wordt opgedragen, is dat ze niet kunnen discussiëren, zelfs niet op de hoogste niveaus, omdat ze niet weten waar het eigenlijk over gaat. De orders zijn simpel, maar de theorie is complex. Ik kan die onwetendheid eigenlijk niet veroordelen, want ik ben tenslotte in Trujillo partijlid geworden zonder zelfs maar te weten wat communisme was, laat staan wat eraan ten grondslag lag. Maar vanaf het moment dat ik besefte dat het een politieke en sociale beweging was en geen literair clubje, probeerde ik de complexe theorie te bestuderen. En al had het dan wel iets weg van het dempen van de put als het kalf al verdronken is, ik had er na mijn tijd in Spanje behoefte aan om precies te weten waarmee ik me inliet. Ik wilde erachter komen of het leven dat ik aan het internationale communisme wijdde, niet ergens onderweg zou kunnen ontsporen, zoals me eerder met het katholicisme was overkomen.

En dat brengt me opnieuw bij de 'alsen'. Want als ik toen van Stalins werkkampen had af geweten, of van zijn etnische zuiveringen, of zijn martelkamers, had ik een ander leven geleid. Als ik had geweten wat er in de Sovjet-Unie, in Polen, China, Roemenië, Bulgarije en Albanië zou gebeuren, had ik me nooit geleend voor iets wat onderdrukking bleek te zijn. Maar ik wist het niet, het waren de jaren vijftig, en de wereld was nog zonder massamedia. Het was negen jaar na de Tweede Wereldoorlog. Het was nog maar negen jaar geleden dat er een einde was gekomen aan de uitroeiing van joden, maar ook van communisten. Elk land dat door de Duitsers bezet was geweest kon getuigen van de wreedheden van de nazi's. Iedere buschauffeur in Parijs kon getuigen van het heldendom van het verzet, waar veel communisten bij hadden gezeten.

Ik was in Frankrijk omringd door Spaanse socialistische vluchtelingen. De Spaanse communistische ballingen hadden allemaal met eigen ogen fascistische wreedheden aanschouwd. Ik had er gewoond en zelf gezien wat het fascisme met de menselijke geest doet. Daardoor kostte het me ruim tien jaar om te ontdekken wat zich in de Sovjet-Unie afspeelde. Het kostte de meeste van mijn kameraden heel wat meer tijd, maar die keken ook niet verder dan onze orders, zoals ik wel deed.

Ik had me met passie tot het communisme bekeerd, en toen ik me ervan afwendde, deed ik dat met dezelfde hartstocht. En zoals de partij mij omarmde toen ik haar omarmde, zo keerde dat machtige apparaat zich met al zijn kracht tegen me toen ik haar verliet. Al meer dan dertig jaar wordt mijn naam in communistische kringen met minachting uitgesproken. Ik ben 'een vijand van de partij'. In de ogen van alle horizontalen ben ik een verrader. Er zijn tijden geweest dat ik, als ik ergens over straat liep, niet wist of ik die dag gedood zou worden door een kogel, en of die kogel dan door rechts of door links zou worden afgevuurd. Ik raakte mijn meeste vrienden kwijt doordat ik communist werd, en vervolgens verloor ik de overige vrienden doordat ik ophield er een te zijn. Ik ben altijd socialist gebleven, maar ik ben een diepe afkeer jegens het communisme gaan koesteren.

Feit blijft dat ik in de jaren vijftig met hart en ziel het communisme was toegedaan. Sociaal gezien was dat in het Parijs van die tijd helemaal in orde. Niemand vergat dat Frankrijk binnen zes dagen in handen van de Duitsers was gevallen, terwijl de Sovjet-Unie voortdurend door de Amerikanen werd belasterd. Maar iedereen wist dat de Sovjet-Unie het Duitse zesde leger heroïsch had verslagen. De Sovjet-Unie had in zijn eentje die schijnbaar onoverwinnelijke Duitsers uitgeput en moreel verpletterd. De sovjets hadden er de prijs van ruim zes miljoen doden voor betaald. Dat getal was bijna niet te bevatten. In Frankrijk lieten sommige van de grootste geesten van het land zich lovend over de Sovjet-Unie uit en waren openlijk of stilzwijgend pro-communistisch.

Mijn vader had er erg op aangedrongen dat ik mijn tijd in Parijs niet zou verspillen. Dat heb ik ook niet gedaan, maar terwijl ik actief en productief was, werd in Valera een heel web van leugens rond mij gesponnen. Venezolanen kwamen en gingen en lieten kleine stukjes waarheid in een perk vol roddels vallen. Tegen mijn twintigste had ik alle mythes en misdragingen geërfd van iedere kunstenaar en iedere klootzak die van Panama tot Patagonië in ballingschap was gegaan, en in een merkwaardige bijbelse omkering werd de vader gestraft voor de zonden van de zoon. Ik was er niet om het effect daarvan te zien, maar ik kan me voorstellen hoe diep het hem gekwetst moet hebben. Ik kan drie hoofdstukken vullen met de sprookjes die aan mijn Parijse jaren zijn ontsproten, maar een paar moeten volstaan om een indruk te geven.

Zo zou ik syfilis hebben opgelopen van de prostituees op Pigalle, en woonde ik samen met een pikzwarte negerin wier mond zo groot was dat ik eens dronken in de goot was aangetroffen met mijn hele voet erin. 'Als ze niet buiten westen was geraakt, had die reuzin hem met huid en haar verzwolgen, net als een boa constrictor,' aldus het verhaal. En naar het schijnt krulden de haren op mijn enkel rond de bovenlip van deze negerin waardoor er een bijna volmaakt snorretje ontstond.

Verder werd er 'uit betrouwbare bron' rondverteld dat ik mijn achterste verkocht voor glazen pastis en dat ik het, als niemand me op een drankje wilde trakteren, gratis weggaf. Er werd beweerd dat mijn ontbijt uit lange, dunne broden bestond die ik met een scalpel in de lengte doormidden sneed met de sinistere precisie die ik van de 'wrede Schulers' had geleerd. En vervolgens zou ik die broden met levende slakken beleggen, omdat ik weigerde iets christelijks te eten. Tussen de seks en de stokbroden door zou ik mijn dagen in een opiumkit doorbrengen.

Zo gingen de verhalen van deur tot deur, van stad naar stad, en ze kregen steeds meer gewicht.

Intussen was ik in werkelijkheid rechten en sociologie aan het studeren en werkte ik elke dag voor de partij. Ik las Baudelaire en honderden andere schrijvers. De kleine stukjes waarheid waren de volgende. Ik ben meer dan eens lazarus geworden van de pastis. Ik kon me zelfs de meest opgeverfde prostituees van Pigalle niet veroorloven, en dus neukte ik alleen als ik geluk had, wat lang niet zo vaak voorkwam als ik wilde. Ik kocht elke dag een baguette voor mijn ontbijt. Af en toe at ik escargots (met een sausje met peterselie en knoflook), en ik vond ze heerlijk. Verder hield ik van kikkerbilletjes en zeeslakken, en allerlei soorten groenten en salades (dat we in Venezuela 'konijnenvoer' noemen).

En welgeteld één keer zijn een paar van mijn Colombiaanse vrienden en ik inderdaad stomdronken in de goot in slaap gevallen. Alle andere keren zag ik kans om naar huis te kruipen, wat een wonder mag heten als je in aanmerking neemt dat ik er absoluut niet aan gewend was om dingen door elkaar te drinken en dat het voor een Venezolaan heel moeilijk is om aan de Franse manier van drinken te wennen. In Frankrijk drinken mensen om de wijn, de cognac, de champagne en een scala aan likeuren te proeven, terwijl wij Venezolanen enkel en alleen bier, whisky en rum drinken om dronken te worden. In Venezuela duurt een feestje tot de laatste man niet meer kan staan. Nippen en proeven, wijn uitkiezen en rustig aan doen met je drankje was compleet nieuw voor me. Het heeft me jaren gekost voordat ik een echt goede wijn kon proeven en niet alleen maar op het alcoholpercentage lette. En al is een goede rode wijn een van mijn grootste geneugten, ik ben nog steeds gek op zo'n ouderwetse Latijns-Amerikaanse fuif waar je uiteindelijk om zes uur 's ochtends boven de wc-pot hangt.

Om terug te keren naar de rest van de dingen die op het lijstje van de roddelaars stonden: ik heb nooit opium gerookt en heb dat ook nooit gewild, maar ik had wel een aantal Vietnamese en andere oosterse vrienden. Ook ben ik nooit een schandknaap geweest, ook al weet ik dat niemand het zal geloven als ik dat blijf ontkennen.

# 19

$\mathcal{H}$et ergste wat ik in Parijs heb gedaan, gebeurde in mijn eerste week, met het Algerijnse bloedbad nog vers in het geheugen.

Op de ochtend na de Bastillemars, ging ik van kamer naar kamer met Izaguirre en betoonde ik mijn solidariteit met de Partij en de Algerijnse hiërarchie daarbinnen. Ik maakte mijn opwachting bij de families van de slachtoffers en ook bij talloze gewonden. Ik kon niet begrijpen waarom die onschuldige mensen neergeschoten waren en bood de organisatie mijn diensten aan.

Mijn lange, donkere dagen in Salamanca lagen niet ver achter me. Mijn geest was nog kwetsbaar en een verstikkende depressie maakte zich na de protestmars van me meester. Het toeval wilde dat een paar rijke familieleden van mijn moeder in Parijs waren en ze had hun zoon strikte instructies gegeven om me te bezoeken en te kijken hoe het met me ging. Dus werd ik in mijn shocktoestand op een uitgebreid diner getrakteerd door mijn gefortuneerde achterneef. Hoewel zijn ouders zich er niet toe konden zetten om hun 'gedegenereerde rode familielid' te bezoeken, betaalden ze wel de rekening.

Mijn achterneef nam me mee naar een kleine, monsterlijk dure bistro. We dronken champagne en een aantal kwaliteitswijnen, die grotendeels aan ons verspild waren. Ik kreeg de roddels en het nieuws uit Caracas en een paar van de laatste schandaaltjes uit Valera te horen, maar het verbleekte allemaal bij de dood van de Algerijnen. Na het eten vertelde mijn achterneef me dat ik beroerd gezelschap was, en hij stond erop me op te vrolijken. Hij nam mij en het grote pak bankbiljetten dat hij in zijn portefeuille had zitten mee op een wandeling door Pigalle. Hij wilde de Moulin Rouge en de prostituees zien, hij wilde flink zijn gang gaan en er iedereen in Caracas over vertellen, maar hij durfde niet in zijn eentje te gaan, aangezien hij geen woord Frans sprak. Ik vertelde hem dat ik het ook amper sprak, en dat ik, zoals hij al had gemerkt, me zo gedeprimeerd voelde dat hij weinig aan me zou hebben bij zo'n escapade. Maar hij stond erop dat we samen gingen.

Eerst ging ik met tegenzin mee. Maar ik had sinds mijn eerste nacht in Madrid geen vrouw meer gehad en hoewel ik in Spanje in een seksuele winterslaap had geleefd, was mijn libido door de overvloed aan naakt vlees in Parijs met dubbele kracht opgebloeid. Dus tegen middernacht begon zijn plan me wel te bevallen en keek ik er genoeg naar uit om mijn depressie even opzij te zetten.

Er waren enorm veel vrouwen op straat, in elke deuropening stonden er wel een paar en ze waren klein, lang, mager, dik, blond, donker, knap en soms ronduit lelijk. Hoe meer meisjes we passeerden, hoe kieskeuriger ik werd. Aangezien het een cadeau van mijn achterneef was, wilde ik iemand kiezen die ik aantrekkelijk vond. Na ongeveer een halfuur te hebben rondgekeken, waarbij ik op iedereen wel wat aan te merken had, werd mijn achterneef boos. Hij was het type dat een geit zou hebben genaaid als er geen meisje in de buurt was, en hij begreep niet waar al die heisa om te doen was. We bevonden ons op de Rue de Clichy, net voorbij een theatertje, en er stonden twee vrouwen op een geplaveide binnenplaats. Mijn achterneef gaf me een duw in hun richting en zei dat ik iets moest regelen. Het bleek dat we één vrouw voor ons beiden kregen.

Omdat ik had onderhandeld, mocht ik eerst. Ze was een knap hoertje, maar ze had een hard gezicht en ze fingeerde niet eens interesse voor mij of voor wat ze aan het doen was. In Valera gedragen hoeren zich altijd alsof elke klant het hoogste geschenk van God aan de vrouw is, ongeacht hoe je eruitziet. Dus ik was er niet aan gewend om op zo'n achteloze manier te worden behandeld. Ze had er totaal geen idee van hoezeer ik me tot dit avontuur had moeten zetten. Als iemand ook maar in de verste verte onverschillig mocht doen, was ik dat wel. Boven in haar kale kamertje ging ze op het ijzeren bed zitten en trok niet eens haar kleren uit. Ik kleedde me uit en zij verordonneerde me om op te schieten.

Het was zo armoedig dat mijn lustgevoelens met de seconde zwakker werden. In een mengeling van Spaans en Frans gaf ik haar te kennen dat ze wat beter haar best moest doen. Daarop kwam ze van het bed af, liep naar me toe en beet in mijn tepel. Ze beet zo hard dat ik er misselijk van werd. In een reflex sloeg ik haar van me af. Het was geen speels hapje geweest: ze had haar tanden in mijn vlees gezet. Het was zo pijnlijk dat ik een paar seconden lang niet kon zien, denken of bewegen. Daarna zag ik dat er bloed over mijn borst liep. De hoer lag op de grond met haar benen onder zich gevouwen.

Mijn hersenen begonnen nu heel vlug te werken. Ik liet de hele scène nog eens de revue passeren: ik had haar geslagen, maar niet heel hard, dus moest ze met haar hoofd ergens tegenaan zijn gestoten toen ze achterover viel. Ik dacht dat ze dood was. Mijn eerste reactie was om mijn kleren te pakken en te maken dat ik wegkwam. Daarna vroeg ik me af wat er met buitenlanders gebeurde die in Parijs een vrouw vermoordden. Ik had gezien wat er met mensen gebeurde die het alleen maar ergens mee oneens waren geweest en aan een vreedzame protestmars hadden deelgenomen. Het kostte me weinig moeite om me voor te stellen wat de politie met een moordenaar zou doen.

Ik holde de straat op en trok mijn achterneef weg bij de plek des onheils. Toen we door Pigalle vluchtten, deed ik hem verward verslag van het gebeurde. Het duurde wel even om het uit te leggen, want hij was niet echt geïnteresseerd in mijn verhaal en wilde alleen maar terug voor het bezoek waarvoor hij had betaald. Er viel ook geen touw aan mijn verhaal vast te knopen. Maar mijn borst zwol op alarmerende wijze op en mijn shirt zat onder het bloed. Dit laatste deed hem eindelijk beseffen dat we met een 'probleempje' zaten.

Mijn achterneef smokkelde me zijn chique hotelkamer binnen en ik liet hem de beet zien. De zwelling was helemaal hard geworden. De wond zelf leek geïnfecteerd, de randen waren open en rood. Mijn achterneef raakte in toenemende mate in paniek, maar ik had zoveel pijn dat zijn zorgen grotendeels aan me voorbijgingen en ik negeerde zijn smeekbedes om te vertrekken en hem erbuiten te laten. De pijn werd alleen maar erger. Ik had een arts nodig, maar we beseften allebei dat dat de snelste route naar de gevangenis en de guillotine zou zijn. Tegen de ochtend was ik aan het ijlen. Hoeveel daarvan aan de koorts te wijten was en hoeveel aan angst zou ik niet kunnen vertellen.

Later op de dag kwam Izaguirre, en hij smokkelde me naar buiten in een grote overjas. De week daarop bracht hij ook penicilline van de zwarte markt voor me mee en hij liet me van het ene onderduikadres naar het andere overbrengen. Ondertussen keek hij of er iets over het dode hoertje in de kranten stond. Dag na dag was er niets over te lezen. Dag na dag zat ik angstig in een kamer en wachtte tot de politie bij me zou aankloppen om me te arresteren. Ik vroeg me af hoe het zou voelen om mijn hoofd op het guillotineblok te leggen. Ik vroeg me niet af of ik dapper zou zijn om tenminste op dat punt mijn vader de voldoening te schenken dat ik als een man was gestorven. Ik wist dat ik niet dapper zou zijn. Ik wist dat ik zou huilen. Alleen als ik eraan dacht, moest ik al huilen. En ik dacht er veel aan, want het duurde drie weken voor de beet genezen was.

Omdat er nooit iets over in de kranten heeft gestaan, is er geen aanwijzing dat de prostituee destijds echt is gestorven of ernstig gewond geraakt. Waarschijnlijk is ze die avond gewoon buiten westen geraakt – maar het heeft jaren geduurd voordat dat tot me doordrong.

De dag na het incident verlieten mijn achterneef en zijn ouders Parijs. Ik keerde niet alleen niet terug naar de Rue de Clichy, ik ben in Frankrijk ook nooit meer naar een prostituee gegaan.

# 20

*B*innen de rechtenfaculteit, en eigenlijk ook bij de studenten uit het Quartier Latin, was ik meestal degene die bij communistische vergaderingen en bijeenkomsten het woord deed. Dankzij mijn kleutercarrière in het voordragen van rijmpjes was ik in staat om opruiende toespraken te houden die de verzamelde menigte diep troffen, ondanks mijn afgrijselijke accent en mijn nog steeds magere, met zelfbedachte woorden doorspekte Frans. Als je op een platform of een podium staat, of al is het maar op een stoel, en je houdt tientallen en soms honderden mensen met je stem in je ban, dan kun je je woordenstroom niet onderbreken om naar een woord te zoeken dat je niet weet. Redenaarskunst gaat niet over grammatica maar over emotie. Die stop je in de menigte en vervolgens trek je die er weer uit, je wuift ermee en je kanaliseert haar in de richting van jouw keuze. Het is een machtig wapen, een dubbel snijdend zwaard.

Luister maar eens naar Hitlers toespraken: de helft van de tijd sloeg hij wartaal uit, maar het kon niemand iets schelen, de mensen waren eenvoudigweg gebiologeerd door zijn stem. En moet je D'Annunzio zien: een kalend Italiaans mannetje met een verschrikkelijk slechte adem en een geweldige grootheidswaan. Hij wilde niets liever dan in een militair uniform rondstappen. Hij kon maar niet kiezen, want hij wilde generaal, admiraal en piloot tegelijk zijn. Hij was een redelijk goede dramaturg en een middelmatig dichter, maar hij was een waarachtig groot redenaar. Hij heeft Italië de Eerste Wereldoorlog in gepraat, en kreeg uiteindelijk zijn drie uniformen.

Redenaarsschap was een gave waar ik me helemaal aan overgaf. Als ik het Franse woord niet wist, gooide ik er gewoon een Spaans woord tegenaan, of ik bedacht iets. Neem *militance*, van het werkwoord *militer*. Ik had het over militance, en achteraf vertelde iemand dat dat woord in het Frans niet bestaat. Maar ik bleef het gebruiken, en vervolgens hadden we het allemaal over *la militance*. Aanvankelijk staken veel van mijn kameraden de draak met mij en mijn rare accent, maar op den duur sloeg ook dat aan. Het raakte bij links in de mode om net zo te praten als ik.

Indertijd waren deze wapenfeiten een bron van troost en trots voor me. Het waren vaak de kleine dingen die me op de been hielden. Het kostte me wel even om aan Parijs te wennen: zowel aan de uitgestrekte metropolis als aan het feit dat ik daar te midden van al die fantastische bibliotheken en honderden boekwinkels woonde. Ik kom dan wel uit de tropen en van dat zogenaamd exotische zuidelijk halfrond, maar ik heb nog nooit iets zo exotisch gevonden als Parijs. Ik was er nog maar een paar dagen of mijn hoge cijfers van de universiteit van Salamanca en mijn ideeën over mijn wereldwijsheid en geleerdheid waren verworden tot de sjofele bagage van een plattelandsjongen met een gebutste kartonnen koffer. Ik had nog een hoop te leren en een lange weg te gaan. Elke trend die ik in gang wist te zetten hielp me over dat minderwaardigheidsgevoel heen te komen.

Tijdens mijn Franse jaren leefde ik zoals elke linkse Fransman leefde die intellectueel en denker wilde worden. Behalve dan dat ik niet alleen alle linkse geschriften, maar ook alles van rechts las. Ik was een gretige lezer. Ik las de partijkranten en tijdschriften van voor tot achter, maar ook *Le Monde*, *Le tableau vert* en *Prève*, de intellectuele krant voor niet-communisten. Ik las over de sovjets in de Sovjet-Unie en het Oostblok, over Mao Ze Dong en de Chinezen. En ik las over Tito in Joegoslavië en zijn bende partizanen, die kans had gezien om niet door een van de grootmachten te worden verzwolgen door ze als een behendig jongleur tegen elkaar uit te spelen. Ik wilde weten wat er in de hele wereld speelde en omdat ik zowel de linkse als de rechtse pers las, had ik het gevoel dat ik tot al het nieuws toegang had. Toch vormden de Sorbonne, de Partij en het caféleven streng gescheiden facties. Ik stelde er een eer in om deze grenzen te tarten en bij diverse groepen betrokken te zijn. Zo hield ik me bijvoorbeeld bezig met de Algerijnen en de Latijns-Amerikanen, de Fransen en de Spanjaarden, studenten in de rechten, sociologie en literatuur, en met de Perzen. Veel later ontdekte ik echter dat ik op de universiteit had gezeten met mensen die ik nooit heb ontmoet, en sommige daarvan, zoals Ho Chi Min en Pol Pot, zouden over het lot van hele naties beschikken.

Ondanks het feit dat ik me helemaal in de Franse cultuur en het Franse leven onderdompelde, had ik toch altijd het gevoel dat de vriendschappen die ik daar sloot van voorbijgaande aard zouden zijn. Ik wist dat ik een trekvogel was, dat ik nooit in Frankrijk zou blijven. Zelfs in de liefde hield ik het bij affaires; ik probeerde bewust niet verliefd te worden, om de vrijheid te houden naar huis terug te keren. Niet dat ik niet hartstochtelijk was. Ik was gek op vrouwen – de Perzische vond ik het leukst –, maar ik wist dat ik nooit met iemand in Frankrijk samen zou blijven.

Ondanks mijn nauwe band met Frankrijk heb ik nooit een organische, blijvende, constante band met de Franse cultuur gekregen. In tegenstelling tot bijvoorbeeld Adriano, die altijd compleet in de Franse poëzie ondergedompeld was en zich voor het surrealisme interesseerde, ben ikzelf, na een korte kalverliefde, nooit zo erg geboeid geweest door de Franse literatuur. Toen ik in Frankrijk arriveerde, was ik ontzettend trots dat ik daar was en heel even voelde ik me een echte man van de wereld. Ik had toen nog maar een paar Franse schrijvers gelezen, *Le grand Meaulnes* van Alain-Fournier, een paar romans van Balzac, twee bloemlezingen met surrealistische gedichten van onder anderen Rimbaud, Verlaine en Baudelaire en een heel stel communistische dichters. En dat was het.

Aan de andere kant had ik vanaf mijn kindertijd veel van de Duitse cultuur meegekregen. Ik hield van Bach en Brahms en Mozart – en vooral van Bach. Naar de *Matthäus Passion* luisteren is een van de grote geneugten in mijn leven. De meeste van de eerste serieuze boeken die ik las waren van Duitse oorsprong: Goethe, Kafka en Thomas Mann. Toen ik Mann eenmaal gelezen had, werd ik een discipel van de Duitse filosofie. Dat is me met de Fransen nooit overkomen. Ik verslond Sartre, maar dat was Sartre en niet zijn cultuur. Het waren zijn ideeën, bijna los van zijn omgeving, die me boeiden. Ik koos een paar andere Franse schrijvers uit en bestudeerde die ook los van hun omgeving. Terwijl ik de héle Duitse filosofie en het héle Duitse denken bestudeerde: Glissen, Marx, Hegel, Heidegger, de hele handel. Ik ontwikkelde een grote voorliefde voor de Duitse cultuur. Die voorliefde begon in Valera, op mijn dagelijkse speurtochten langs de planken met klassieken in de bibliotheek.

Ik heb al verteld dat ik van Freiburg en Tübingen droomde. Ondanks het feit dat ik in Parijs goed terechtkwam en me er op alle niveaus betrokken voelde, kon ik die Duitse droom niet geheel uit mijn hoofd zetten. Het bleef onderdeel uitmaken van mijn plannen voor de toekomst. Ik weet niet of ik mezelf of de hele wereld iets wilde bewijzen, maar aan de rechtenfaculteit studeerde ik keihard en zo grondig dat ik ver op het curriculum voor kwam liggen. Daardoor was ik in de gelegenheid om even vrijaf te nemen, en ik besloot een bezoek aan Duitsland te brengen.

# 21

*F*iladelfo Linares, mijn held en de mentor uit mijn schooltijd, woonde in Tübingen, en eind 1953 besloot ik een tijdje bij hem in te trekken. Ik zou niet echt bij hem te gast zijn. We waren overeengekomen dat ik zou koken en hij de was zou doen. Filadelfo verwachtte van me dat ik mijn taak als kok uiterst serieus zou opvatten, en aangezien mijn kost en inwoning ervan afhingen, deed ik dat ook. Ik ging elke dag op pad om eten te kopen. Het was een traag en omslachtig proces dat onderbroken werd door vele gesprekjes. Binnen twee weken na mijn aankomst kon ik me al aardig in het Duits redden, dankzij de dagelijkse oefening op de markt.

Ik wilde Duits leren om de filosofen in de oorspronkelijke taal te kunnen lezen. Door mijn verblijf in Tübingen heb ik dat ook kunnen doen, maar mijn gesproken Duits is altijd merkwaardig gebleven. Ik kreeg een woordenschat aan voedingsmiddelen onder de knie. Ik weet nog de namen van alle vruchten. Ik spreek culinair Duits en beheers het schrijven van boodschappenlijstjes tot in de finesses. Ik leerde de tientallen soorten *Wurst* onderscheiden: ik kende na verloop van tijd niet alleen de namen maar ook de kwaliteiten van elke stevig gestopte worst. En ik leerde wat het is om in de rij te staan.

Niets komt een Valeraan vreemder voor dan in de rij staan voor zijn dagelijkse boodschappen. De eerste paar keer drong ik zonder het te weten voor. Later, moet ik bekennen, deed ik het steeds opnieuw, om de verbijsterende reactie te kunnen observeren die mijn daad bij de Duitsers losmaakte. De rituele begroetingen en honingzoete welwillendheid van winkels vol mensen verdwenen als sneeuw voor de zon en maakten plaats voor de woede van een bloeddorstige menigte.

Vlak achter het kalme uiterlijk van mijn nieuwe landgenoten ging bovendien een ingebakken xenofobie schuil. Maar de ene respons had niets met de andere te maken. Ik werd niet uit een bakkerij verdreven omdat ik er joods uitzag, ik werd eruit gegooid omdat ik een misdaad tegen de orde had gepleegd. Ik weet zeker dat zo'n Tübinger *Hausfrau* net zo goed zou zijn aangevallen als ze in een vlaag van verstandsverbijstering had voorgedrongen. Ik observeerde dus iets wat heel diep in de Duitse ziel verankerd zat. Het voordringen wierp op een uiterst praktische manier enig licht op wat ik als de nationale paradox beschouw.

Oppervlakkig gezien was Tübingen het vriendelijkste stadje waar ik ooit was geweest. Je werd er letterlijk in de begroetingen gesmoord. Je kon nog geen wortel kopen zonder de beste wensen

uit te wisselen met de onbekende die je net de wortel had verkocht. Maar als de omstandige *Grüssen* eenmaal waren uitgewisseld, werd er een koude onderstroom van racisme voelbaar. In
Frankrijk werd ik voor een Algerijn aangezien omdat er daar zoveel van waren en ik op hen leek. In Duitsland, waar je maar sporadisch Algerijnen tegenkwam, betekenden mijn harige, donkere
uiterlijk en mijn haakneus dat ik voor een jood werd aangezien.
Bij het berouwvolle deel van de bevolking was dit een aanbeve-
ling. Maar soms ook, bij de burgers die eerder wrok dan spijt
koesterden, was het dat niet.

In de loop van die maanden sloot ik vriendschap met een aantal Tübingers en werd ik de stereotiepe figuur in het Duitse bestaan: de fatsoenlijke jood. Ik was de buitenstaander zonder de
onacceptabele smetten van andere buitenstaanders. Ik was die
persoon uit een lagere kaste die eigenlijk best aardig en slim was
en die zonder problemen voor een schnaps of zelfs voor een bord
Wurst met gebakken aardappelen kon worden genood. Zelfs verstokte antisemieten werden milder jegens mij en doorstonden
niet alleen mijn gezelschap, maar zochten het soms zelfs op.

Omdat ik zo kort na de oorlog in Duitsland was, kon ik met eigen
ogen de ravage in dorpen en steden aanschouwen. De begraaf-
plaatsen waren overvol en hele straten lagen in puin. Ik zag op
straat kinderen met rachitis, net als thuis, met dat verschil dat rachitis in Venezuela slechts het lot van arme boeren is. Kromge-
trokken benen zijn de halve schakels in een keten van honger en
onwetendheid. Maar in de steden van het Rijnland was rachitis
klasseloos: de kinderen van de rijken en de armen droegen zonder
onderscheid het brandmerk van de ondervoeding.

Niemand nam het woord 'oorlog' in de mond. De holocaust en
al zijn verschrikkingen werden in een epidemie van massaal ge-
heugenverlies onder het tapijt geveegd. Alles wat er nog aan die
helse decade herinnerde, waren een voortsudderend antisemitisme en een obsessie voor eten. Maar over het algemeen vond men
dat het van slechte smaak getuigde om over zware tijden te pra-

ten: ze weerspiegelden het *Unglück*, oftewel de tegenslag die de oorlog voor Duitsland was geweest. Veel mensen waren bijgelovig over dat Unglück. Het leek wel of ze dachten dat als je het daar te vaak over had of als je je er te veel in verdiepte, het misschien weer een residu van tegenslag zou nalaten. En daarom werd erover gezwegen.

Ik was getuige van de bezeten opwaartse sprong van een volk dat het verleden hevig ontkende. Ik ben niet lang genoeg gebleven om West-Duitsland de felbegeerde plaats van industrieel leider te zien veroveren, maar ik zag wel de opmaat tot die verovering. Men achtte de ontkenning van essentieel belang voor het overleven van het volk.

Intussen begon de Duitse paradox een centrale rol in mijn gedachten te spelen. Ik ging alles over de oorlog lezen wat ik maar te pakken kon krijgen. Ik deed dat op mijn eigen manier: ik probeerde alle strijdige standpunten te leren kennen.

Als we willen voorkomen dat we steeds opnieuw dezelfde fouten maken, moeten we evalueren wat er is gebeurd en hoe en waarom het is gebeurd. Met Hitler is dat erg lastig, omdat het verlangen om zijn beleid te veroordelen zo sterk is dat het onze normale kritische vermogen vervormt. We weten dus wel wat er tijdens de oorlog is gebeurd, maar we begrijpen nog steeds niet helemaal hoe en waarom. We zien allemaal de Duitse paradox, maar we vinden dat het van slechte smaak getuigt en politiek incorrect is om die paradox al te diepgaand te onderzoeken. En toch, zolang we Hitlers zachte kant en zijn charisma niet volledig doorgronden, kunnen we niet weten hoe hij aan de macht is gekomen, en hoe we moeten voorkomen dat een andere gek ergens anders hetzelfde uithaalt.

Hitler heeft het Derde Rijk niet helemaal alleen uitgevonden. Hij had de steun van zijn volk. Het valt niet te ontkennen dat hij niet de steun van het hele volk had, maar ik vraag me af hoeveel van zijn tegenstanders dat nog waren geweest als de kleine Führer van goede komaf en geen 'omhooggevallen huisschilder' was geweest. Waarschijnlijk was er dan ook verzet gekomen, maar vast van aanzienlijk bescheidener omvang. Hoe het ook zij, de steun die hij kreeg, was reusachtig. Hitler verwierf die steun niet met wreedheid en slachtingen, maar behield hem desondanks. Zulke toewijding put meestal uit diepe bronnen van fundamentele waarheid en is zelden alleen met leugens of hebzucht in stand te houden. Hitler moet oprecht om in de grond fatsoenlijke dingen hebben gegeven, anders had hij nooit de toewijding van een in de grond fatsoenlijk volk kunnen winnen, voordat hij iedereen de stuipen op het lijf begon te jagen.

En daar heb je weer zo'n paradox, want in de aanloop tot het Derde Rijk was Duitsland fatsoenlijker dan menig ander land ter wereld. En toen Hitler eenmaal hun toewijding had verworven, bestookte hij de Duitsers met het ene na het andere geweldige idee. Tussen die schitterende ideeën frummelde hij ook nog wat ideetjes die misdadig waren tegen de menselijkheid. En het lukte hem om die ertussen te frummelen omdat sommige van zijn andere ideeën eenvoudigweg echt briljant waren. Hij beschouwde zichzelf als de redder van Duitsland, als een held in dienst van het goede. Hij zag kans om mensen in hem te laten blijven geloven doordat hij zo volledig in zichzelf geloofde.

Paradoxaal genoeg is de Duitse filosofie wellicht meer dan andere geobsedeerd door wat fatsoen is. Zij heeft naar het goede en het goddelijke gezocht. Daardoor was Duitsland ontvankelijk voor schitterende ideeën. Het was een land waar op veel scholen aandacht aan filosofie werd besteed, de cultuur was doortrokken van rationaliteit. Het was een land waar men echt probeerde dichter bij God te komen.

Hitler overtuigde de Duitsers ervan dat zijn ideeën schitterend waren. Hij zei dat dat zo was, en zijn redenaarsgaven waren zo groot dat ze hem naar de hel zijn gevolgd. Degenen die aan zijn geweldige ideeën twijfelden, werden door het nationale beleid van de nationaal-socialisten overgehaald. Degenen die zich niet lieten overhalen, werden systematisch uitgeroeid. Binnen een paar jaar had het volk niet alleen 'brood en spelen', maar ook een behoorlijk huis, een doorbetaalde vakantie en een Volkswagen op de koop toe. Toen de tijd gekomen was om met de Führer ten strijde te trekken, stond de meerderheid te trappelen.

Wat ik nog het eigenaardigste element vind in het gedrag van de leiders van het Derde Rijk, is hun loyaliteit aan een idee. Tijdens de Grote Hongersnood in China, in de goelags in Rusland en de concentratiekampen in Duitsland bleek de pen machtiger dan het zwaard, machtiger dan menselijke emoties, machtiger dan ons aangeboren besef van goed en kwaad, en machtiger dan doodgewoon gezond verstand. In al die gevallen ging er een decreet uit, en dat decreet werd zoiets als de wil van God. En net als de wrake Gods in bijbelse tijden werden de consequenties ervan als een rechtvaardige noodzaak ondergaan.

Toen de wereld was teruggebracht tot een hoop puin, de glorieuze dromen aan scherven lagen en de bittere smaak van de nederlaag dagelijks moest worden geproefd, was Hitlers idee voor velen nog steeds onaangetast. Ik besefte dat ik als door het Duitse gedachtegoed gevormde intellectueel en aspirant-filosoof maar één enkele stap van de scheefgroei verwijderd was. Misschien zijn we allemaal maar één stap van de scheefgroei verwijderd, maar in al mijn fascinatie voor ideeën voelde ik me kwetsbaarder dan iemand die door impulsen en emoties wordt gedreven. Wat was die stap? Hoe groot was hij? Was het een sprong of een bijna onwaarneembaar stapje? Had Heidegger, een van mijn lichtende voorbeelden, een halve stap gezet? Er gingen geruchten dat dat zo was. En als dat waar was, hoe stond het dan met zijn werk en waar leidde dat toe? Dat waren vragen die ik mezelf stelde maar niet kon beantwoorden.

In het begin van de zomer van 1954 keerde ik naar Frankrijk terug met de Duitse paradox vastgehecht in mijn gedachten als een kippenbotje dat in mijn keel was blijven steken. Duitsland, had ik ervaren, is het land waar mensen het hardst hun best hebben gedaan om God te begrijpen en op de een of andere manier het sublieme te doorgronden. En sinds de Grieken heeft Duitsland de grootste bijdrage geleverd aan het filosofische denken. Het is het land waar men zich het meest heeft ingezet om een antwoord te vinden op de theologie van het judaïsme en het christendom. En toch is het ook het land waar God een tijdlang het duidelijkst afwezig is geweest.

# 22

Wat kan ik over mijn tweede verblijf in Frankrijk zeggen? Ik haalde mijn doctoraal rechten en mijn sociologie-diploma. Ik kreeg tuberculose en bracht enige maanden in een sanatorium buiten Parijs door, in een soort uitgestelde puberteit. Samen met andere TB-lijders hield ik de verpleegsters voor de gek, had ik hooglopende ruzies over politiek en kunst, roddelde ik schaamteloos. We hielden kussengevechten en nachtelijke feestjes, en sloten bekentenisvriendschappen als jongens op een kostschool. We spijbelden ook wel, wat streng verboden was omdat we een besmettelijke ziekte hadden, en we zwierven 's nachts met zaklantaarns en meegesmokkelde flessen wijn buiten rond. Overal ter wereld hebben TB-lijders wel iets van vrijmetselaars weg: ze vormen een hechte groep.

Voor, tijdens en na mijn ziekte bleef ik actief binnen de partij. Ik werd gekozen als een van de vertegenwoordigers van Frankrijk bij de jeugdbijeenkomst van het internationale communisme in 1955 in Boekarest. Naast de serieuze doelstellingen van de jeugdbijeenkomst en alle toespraken van de afgevaardigden – en het feit dat ze allemaal behoorlijk hoog moesten zijn in hun nationale partij, want anders waren ze nooit afgevaardigd – was er ook nog het feit dat de honderden gedelegeerden onder de vijfentwintig waren, dat jongens en meisjes bij elkaar zaten, dat het zomer was en dat menigeen dronken was. Het maakte niet uit dat diezelfde honderden afgevaardigden tientallen uiteenlopende talen spraken: het communisme ging over samen delen. Naast een samenkomst met een politiek doel werd het er daardoor een van de vrije liefde. In mijn stoutste dromen had ik me dit niet kunnen voorstellen. Ik heb nog nooit zoveel gevreeën. Tegen de derde dag kon ik nauwelijks meer staan.

Het was een bezeten intermezzo waarin ik toch nog kans zag om het podium op te strompelen om daar een bezielende toespraak af te steken. Ik keerde naar Parijs terug met het gevoel dat het internationale communisme de prachtigste beweging ter wereld was.

En dan was er in Frankrijk nog Vida. Vida is het Spaanse woord voor leven. Vida was de enige vrouw met wie ik ooit trouwde. Ze was mijn vrouw en de grote liefde van mijn leven, en ze is de moeder van onze zoon, Ramín. Vida behoorde tot de harde kern van het verzet tegen de sjah. Door haar raakte ik niet alleen betrokken bij de Iraanse politiek, maar bij het hele Midden-Oosten. Ze zou later jarenlang als politiek gevangene achter de tralies doorbrengen. Toen ze bij zijn machtsovername uiteindelijk door ayatollah Khomeiny werd bevrijd, ging ze in het Koerdische verzet.

Al heeft ze mijn hele bestaan getransformeerd en was onze liefde gepassioneerd, uiteindelijk is en blijft Vida een Perzische dame die mij nu niet zo erg ziet zitten. En om eerlijk te zijn, ze vond me toen eigenlijk ook al niet zo aardig. De passie is altijd van één kant gekomen. Ik zag haar voor het eerst in een café in het Quartier Latin, en ik werd meteen verliefd zoals ik nooit op iemand verliefd was geweest.

Ze was oogverblindend mooi. Hoe vaak zeggen we dat niet over vrouwen? Als ik in de stemming ben, zeg ik het van iedere vrouw die er maar een beetje appetijtelijk uitziet. Maar met Vida lag dat anders. Na één blik op haar was ik verkocht. Ik wilde haar nooit meer uit het oog verliezen. Ze was in het gezelschap van een belachelijk knappe, lange man. Toen ik op hun tafel afliep, dacht ik: ze zal me zien. Ze keek enigszins verveeld op, meteen geïrriteerd omdat ze werden gestoord, maar ondanks dat dacht ik: ze moet weten dat mijn liefde voor haar me de adem beneemt.

Ik was naar dat café meegenomen om haar te ontmoeten. Mijn vroegere vriendin Charachu was Perzisch, en een vriendin van Charachu was op bezoek bij haar zus die architectuur studeerde aan een particuliere universiteit in Parijs. Die zus was Vida. Vida kon heel hooghartig doen, wat ze die avond ook liet zien toen ze ons met niet meer dan een knikje ter begroeting wegwuifde. Charachu en haar vriendin vertrokken, maar ik bleef aan een ander tafeltje zitten en deed zo lang mogelijk over één kopje koffie, terwijl ik in volle adoratie naar Vida's mooie gezicht, hals en handen keek.

Vida had een serene houding waardoor ze overal opviel, en ze was lang. Toen ze mijn tafel passeerden, waren zij en haar vriend in gesprek en ze zag me volkomen over het hoofd. Ik begreep niet hoe ze mijn leven zo ingrijpend kon veranderen, mij zo volkomen anders kon maken, en toch niet die verandering of zelfs maar mijn aanwezigheid opmerkte. Ze liepen de deur uit, en ik stond op en volgde hen.

Als ik aan mijn eerste pogingen om haar het hof te maken terugdenk, ben ik altijd verbijsterd over mijn vasthoudendheid. Want ik maakte Vida niet het hof, ik zat achter haar aan. Na die eerste avond volgde ik haar maandenlang over straat, naar de universiteit waar ze studeerde, naar haar flat, naar restaurants, cafés, bioscopen, theaters, concerten, modeontwerpers, parfumerieën, juweliers en parken. We gingen naar al die plekken waar geliefden heen gaan; maar zij was samen met haar vriendinnen, en onverdraaglijk vaak met die knappe vriend, terwijl ik erachteraan sjokte als een uitgesproken onwelkome schaduw. Ik had zwakke longen en de schriele lichaamsbouw van een intellectueel. Sport was me wezensvreemd. Ik was klein en spichtig. Toen Vida me uiteindelijk in de gaten kreeg, noemde ze me een dwerg. Verliefdheid is zoiets krachtigs dat het me zelfs een heerlijk gevoel van succes bezorgde toen Vida zich eens met een ruk op haar prachtige naaldhakken omdraaide en zei: 'Loop me niet de hele tijd achterna, akelige dwerg.' Eindelijk zag ze me. Ze had iets gezegd, niet tegen haar chique vrienden of haar geliefde, maar tegen mij. En ze was mooi als ze kwaad was.

Een van de dingen die mensen zich altijd van Vida herinneren is dat de kleur van haar ogen veranderde al naar gelang haar stemming. Ze had groene ogen. Als ze moe was, veranderde dat groen in het troebele, doffe mosgroen van de plassen rond de kleine fontein op de binnenplaats van haar flat. Als ze gelukkig of uitgelaten was, werd het een helder, stralend groen. Als ze kwaad was, flitsten haar ogen en werden ze uitgesproken grijs. Als ze humeurig of gedeprimeerd was – ze was vaak humeurig maar zelden gedeprimeerd –, werden haar ogen antracietgrijs. Ze waren betoverend, Perzische ovalen omgeven door een bleke, volmaakte huid over hoge jukbeenderen en een hoog voorhoofd. Ze had een vorstelijk gezicht. In de tijd dat ik achter haar aan zat, en zelfs toen ik met haar trouwde, wist ik nog niet dat ze van koninklijken bloede was.

Ze had de energie van een ocelot. Onder het lopen nam ze grote passen met haar welgevormde benen. En met elke dag dat ik haar volgde, herstelde ik verder van mijn tuberculeuze aandoening, al moest ik nog steeds alles op alles zetten om haar bij te houden.

Het deel van Vida's anatomie dat ik het beste ken is haar nek, de wrong zwaar, zwart haar die op haar hoofd bijeen werd gehouden, de lichte schuinte van haar schouders, hun breedte, de ronding waar ze in haar armen overgingen. Haar rug was recht en gracieus. Haar kont was niet groot en niet klein, maar stevig, en hij zwaaide vanuit haar heupen heen en weer op een manier waarvan ik dronken van begeerte werd. Ik ken de achterkant van Vida op mijn duimpje, omdat dat acht maanden lang zo ongeveer het enige was wat ik van haar zag. Het was een sensatie die alle elementen van mijn leven tot dan toe belichaamde: opwinding, nieuwsgierigheid, begeerte, angst, liefde, bewondering, religie, een gevoel van lotsbestemming, verdriet, geluk, plezier en pijn.

Vida kwam uit een andere wereld en dat zag ik binnen een paar seconden nadat ik die eerste avond achter haar aan was gegaan. Ze droeg dure schoenen met hoge hakken. Ze droeg ruwe zijde. Haar strakke rok moest wel door een modeontwerper zijn gesneden. Ze had kleine oorknopjes met echte smaragden. Ook van de kerel met wie ze was droop de ingehouden chic af. Als ik dicht genoeg bij hen was om ze te verstaan, kon ik horen dat ze volmaakt Académie Française-Frans spraken.

Uiteindelijk – en dat moet na een lange tijd geweest zijn, want mijn voeten zaten onder de blaren – vertraagden ze hun pas en die vent fluisterde haar iets toe. Hij draaide zich om en wierp me een vernietigende blik toe. De rotzak. Ik had meteen al een gloeiende hekel aan hem. Het maakte me niet uit wat hij deed, zei of hoe hij keek: ik zou hem verdrijven van de zijde van de schoonheid met wie hij samen was. Vida draaide zich niet om toen ze te horen kreeg dat iemand hen volgde. Ze probeerden me wel kwijt te raken door sneller te gaan lopen, en omdat mijn conditie beroerd was, betekende dat dat die avond voor mij in een nederlaag eindigde. Koortsig van de afwisselende aanvallen van opgetogenheid en wanhoop nam ik de bus naar huis.

De hoop zegevierde. Ik wist mezelf ervan te overtuigen dat de mysterieuze godin mijn pad opnieuw zou kruisen. Dat moest gewoon. We waren voor elkaar bestemd. Menigeen heeft me op de fundamentele fout in deze hypothese gewezen: Vida was wel voor mij gemaakt, maar ik niet voor haar.

De waarheid lijkt op kwik, bij de geringste aanraking valt ze in talrijke balletjes uiteen, maar die vormen niet per se opnieuw dezelfde massa. Het was waar dat ik van Vida hield. Ik probeerde haar van mij te laten houden. Ik maakte haar het hof op een manier die aan waanzin grensde. Uiteindelijk dwong ik haar met me samen te wonen, met me te trouwen en onze zoon te baren. Maar de waarheid is, zoals anderen zo duidelijk zagen terwijl ik verblind van liefde was, dat Vida mij met dezelfde diepgewortelde intensiteit verafschuwde als waarmee ik van haar hield.

Heel af en toe was ik gedurende een kort moment van helderheid in staat om haar harde kern te zien, een bijna angstaanjagende ondoordringbaarheid. Zij zag af en toe een flits van genialiteit, esprit of aantrekkelijkheid in mij, degene die ze normaal gesproken verachtte.

Ik kwam er pas achter wie Vida echt was toen ik een paar jaar later met haar meeging naar Perzië. Ik werd verliefd op haar, ongeacht wie of wat ze was. Haar flatgenote – die me nog tien keer zo hevig verachtte als Vida zelf deed, als dat al mogelijk was – was wat mij betreft niet meer dan haar flatgenote. Later werd ze bekend als Farah Diba, de mooie, hooghartige modepop die met de sjah van Perzië trouwde. Dat waren de kringen waarin Vida zich bewoog, maar daar was ik me niet van bewust.

Als ik het had geweten, zou ik misschien geïntimideerd zijn geweest. Of wellicht had ik mijn queeste als onmogelijk gezien. Voor een Venezolaan is het moeilijk om de subtiliteiten van klassenverschillen in andere landen te begrijpen of zelfs maar waar te nemen. In Venezuela ben je rijk of arm, en je bent lid van een gedistingeerde oude familie of je bent dat niet. Met alle olie die sinds de vorige eeuwwisseling ons land uit stroomt, kan een eenvoudige boer steenrijk worden. En dankzij de seksuele mores van die oude families hebben de meeste eenvoudige boeren wel een spoortje voornaam bloed in de aderen. Vida was rijker dan ik, veel rijker, maar ik koesterde bewondering noch afgunst voor rijkdom. De meeste van mijn familieleden waren rijk en er was er niet één met wie ik zou willen ruilen.

Vida, daarentegen, was zich sterk bewust van de manier waarop de wereld tegen haar en anderen aankeek. Al was ze dan naar Parijs gestuurd om haar opvoeding bij te schaven en haar garderobe aan te vullen, ze was wel een vrouw met een eigen wil. Zonder dat haar ouders, haar flatgenote en haar vrienden het wisten, had Vida affiniteit met het communisme. Je zou denken dat de pakjes van Dior en alle bedenksels van Chanel niet echt met het communisme stroken, maar je kijkt ervan op hoeveel communisten vanuit hun luxe jachten en villa's de koers van die partij volgen. Ik ken zelfs communisten die erop staan dat hun bedienden in livrei lopen. Hoe het ook zij, Vida was indertijd een sympathisante van de communistische partij en bewoog zich aan de rand van alle intellectuele opwinding in Parijs. Al beschouwde ze mij in die begintijd als een onderontwikkeld reptiel, ze kon niet anders dan onder de indruk zijn van mijn betrokkenheid en leiderschap binnen de partij.

Ik volgde haar naar dure restaurants en wachtte uren buiten terwijl zij dineerde. Ze zag me dan wel, maar deed net of dat niet zo was. Op weg naar buiten zei ze nooit een woord tegen me. Maar ze bezocht wel sommige van onze bijeenkomsten en vaak genoeg was ik degene die de vergadering dan toesprak. Langzaamaan drong tot haar door dat ik populair was op een manier waarop zij nooit populair zou zijn, dat ik geaccepteerd werd zoals zij nooit geaccepteerd zou worden. Haar reactionaire flatgenote zou een toeval hebben gekregen als ze had geweten hoe Vida haar tijd doorbracht. Een enkele keer zei Vida me zelfs gedag waar alle kameraden bij waren. Dan stelde ik haar aan een paar mensen voor, en ik kon zien dat ze het leuk vond dat er aandacht aan haar besteed werd, zelfs al moest ze daarvoor net doen alsof ze met mij bevriend was.

Na de eerste twee maanden was ik niet meer zo van ontzag vervuld als eerst. Ik vond de moed om iets persoonlijks te zeggen. Dat deed mijn zaak absoluut geen goed, behalve dan dat ik een paar keer uit haar eigen mond kon vernemen dat ze me 'weerzinwekkend, verachtelijk, ondermaats, zielig, belachelijk, absurd, idioot en lastig' vond, zodat we tenminste een soort dialoog totstandbrachten.

Ik bleef haar achternalopen, maar het was onmogelijk om mijn aanval vierentwintig uur per dag vol te houden. Ik moest immers ook nog studeren en activist zijn, en tijd besteden aan de twee meisjes die wel met me naar bed wilden. Ook moest ik af en toe wat meer afstand houden van de knappe monsieur die haar escorteerde – en inmiddels tongzoende en streelde. De eerste keer dat hij me aansprak, keerde hij zich met een ruk om en liet me onomwonden weten dat ik moest 'oprotten'. De volgende keer verwees hij naar de eerste keer. De derde keer duwde hij me ruw tegen de etalage van een horlogerie. De vierde keer duwde hij me omver en viel ik in de goot. Hij wilde me net met zijn in bruine brogue gestoken voet een schop geven, toen Vida waarachtig tussenbeide kwam. Ze zei dat hij me met rust moest laten en niet zo idioot moest doen.

Misschien overdreef ik de betekenis van haar reactie een tikje door haar op te vatten als een uitnodiging om met haar naar bed te gaan. Maar vanuit de stoffige goot leek het alsof Vida eindelijk voor mijn belegering was gezwicht. Ik werd overeind geholpen door een paar bejaarde dames die me verzekerden dat ze alles hadden gezien en het afgrijselijke gedrag van monsieur veroordeelden.

Ik was een paar keer bij het flatgebouw geweest waar Vida woonde. Vanaf mijn eerste bezoek – toen ik een bos rozen voor Vida meenam – dacht iedereen die iets met het gebouw te maken had dat ik een bezorger was. Ik merkte dat Vida mijn rozen onuitgepakt in de vuilnisbak gooide. Dus kocht ik de volgende keer een prachtig verpakte doos chocola bij een chique patisserie. Die ging ook rechtstreeks de vuilnisbak in, waar ik hem weer uit haalde om de inhoud dan maar zelf op te eten. De keer daarna ging ik met lege handen; ik werd tweemaal aangesproken omdat men dat niet vertrouwde en moest de hele route door het gebouw argwanende blikken trotseren. Mijn derde presentje was een prachtig verpakte doos badzout. Er zaten gouden linten en strikken om. Dit cadeau duwde Vida met kracht naar me terug, alsof het geitenkeutels waren. Opnieuw gooide ze de deur voor mijn neus dicht, mij achterlatend als een idioot. Vanaf dat moment gebruikte ik de doos om haar gebouw in en uit te komen zonder gemolesteerd te worden. Dag in dag uit hield ik bij binnenkomst het pakketje omhoog en mompelde ik 'bezorging' tegen de portier. En als ik naar buiten sloop, hield ik het badzout onder mijn jas verborgen.

Een man die verliefd is, heeft niet veel aanmoediging nodig. Ik voelde me bemoedigd door het feit dat Vida me niet het gebouw uit liet gooien. Ze dreigde een paar keer met de beveiliging maar ze haalde die er nooit echt bij. Als haar flatgenote verscheen, moest ik me in de bezemkast op de gang verstoppen, maar Vida zelf liet toe dat ik voor haar deur stond of zat en haar obsceniteiten toefluisterde als ze haar flat in of uit ging.

Ik ben niet iemand die vrouwen het hof maakt. Dat ben ik nooit geweest. Mijn veroveringen waren altijd het resultaat van begeerte, vasthoudendheid en geluk. Ik maakte Vida zo goed als in mijn vermogen lag het hof. Toen ze mijn geschenken afwees, sloeg ik een paar stadia over en koos voor een openlijk seksuele aanval. Die tactiek heb ik nog nooit op een andere vrouw toegepast. Mijn vrienden, die deelgenoot waren van mijn achtervolgingen, namen me vaak terzijde om me te vragen: 'In vredesnaam, Oswaldo, wat heb je toch? Zie je dan niet dat die vrouw je verafschuwt? En moet je haar nou zien. Het is een dame. Die ga je toch geen smeerlapperij toefluisteren? Je moet ermee ophouden. Er zit een steekje aan je los. Hoe kun je jezelf zo vernederen?'

Nou ja, dat was enkel en alleen voor haar, voor mijn Perzische prinses. Ik zou het voor niemand anders gedaan hebben. Hoe meer ze me verachtte, hoe meer ik haar wilde hebben. En ik had een vaag vermoeden dat mijn enige hoop was als ik kans zou zien haar seksuele fantasie in gang te zetten. Ik wist dat Vida het gevoel had dat ze zich met het klootjesvolk inliet als ze in één ruimte met mij verkeerde. En dus gaf ik mijn hardnekkige pogingen om haar te veroveren een vleugje Zola: seks, seks, seks.

# 23

*D*e roddelaars in Valera zeggen dat ik geen schaamte ken. Ik zeg niet dat mijn leven geen schandelijke momenten heeft gekend, maar als het op relaties met vrouwen aankomt, kan ik met een zuiver geweten zeggen dat ik me nooit bewust als een klootzak heb opgesteld en dat ik soms echt mijn best heb gedaan om me netjes te gedragen. Behalve tegenover Vida. Ook mijn carrière heeft schandelijke momenten gekend – vele zelfs – die van het verhevene naar het belachelijke afgleden, maar er is een fundamenteel verschil tussen de schande die je verdient en de schande die je niet verdient, de schande die jij opzoekt en de pseudoschande die jou vindt en zich als een hoofdluis aan je vasthecht, zich voortplant en je vrienden en familie besmet.

Ik denk dat iedereen wel schaamte kent. Niemand gedraagt zich voortdurend perfect en die paar vrouwen en mannen die dat wel lijken te doen, die een voorbeeld voor de mensheid zijn, hebben gewoon geleerd zich goed te gedragen terwijl ze zich langs de glibberige ladder van het leven omhoog werkten. Zelfs Gandhi, die zich bijna elke seconde van zijn volwassen leven wijdde aan het welzijn van zijn volk, herinnerde zich een schandelijk voorval dat plaatsvond toen zijn vader op sterven lag.

Als jonge adolescent woonde Gandhi bij zijn ouders thuis, maar hij was al getrouwd met een door zijn ouders uitgekozen vrouw. Naar eigen zeggen consumeerde hij het huwelijk met de geestdrift van een hitsige bok. Hij was niet veel meer dan een jongen, maar zijn gedachten draaiden voornamelijk om de volkomen legale uitoefening van zijn echtelijke rechten. Tijdens de laatste momenten van zijn vaders leven, toen zijn plicht en diepere gevoelens van hem verlangden om aan zijn vaders bed te blijven zitten, viel de wake hem zwaar en verlangde hij ernaar om zijn puberale lustgevoelens te bevredigen. Hij stond te trappelen om de ziekenkamer te verlaten en naar zijn eigen slaapkamer te snellen en weer in bed te klimmen met zijn kindbruidje. De jonge Gandhi voegde zelfs de daad bij de gedachte, en zijn vader stierf terwijl hij, de zoon, de liefde lag te bedrijven. Toch was Mahatma Gandhi praktisch een heilige. Zijn leven was doortrokken van vroomheid. Hij leefde op bladeren en water, linzen en thee. Later heeft hij seks en alle andere aardse geneugten afgezworen om zich volledig te kunnen richten op het redden van zijn volk. Maar hij was zich ervan bewust dat hij schandelijke dingen had gedaan.

Je hebt de waarlijk grote figuren als Gandhi, de vader van India, en Nelson Mandela en Marie Curie. Daarnaast zijn er de mindere goden die naar grootheid streven, en dat op een lager niveau bereiken. Zelfs als hun prestaties spectaculair en gedenkwaardig zijn en ons bestaan veranderen, hoeven zijzelf niet noodzakelijkerwijs die wezenlijke kwaliteit te bezitten die hun doet schitteren. Hun verrichtingen, uitvindingen en maatschappelijke bijdragen kunnen dan misschien wel bijzonder zijn, zijzelf, het brein erachter, de mannen en vrouwen, zijn niet door de goden aangeraakt. Iemand kan zelfs op maatschappelijk vlak iets briljants hebben bereikt en toch een ongelooflijke klootzak zijn. Ik denk, zonder namen te noemen, dat we allemaal wel een paar van zulke mensen kennen.

Nog verder omlaag langs de ladder heb je de mensen die zich ver onder de heiligen en sociale hervormers bevinden, maar nog altijd een stuk boven de uitvreters en de massa van volgelingen. Zij zijn als een koraalrif in een ruige zee. Ze breken de kracht van de golven voor die de kust bereiken. Ze zijn niet krachtig of machtig genoeg om deze buffer alleen te creëren. Een rif ontstaat in de loop van duizenden jaren uit de gezamenlijke inspanning van miljoenen organismen. Elke millimeter koraal is het levenswerk van een individuele bouwer. Samen construeren ze een muur.

Mijn lasteraars houden vol dat ik een uitvreter ben. Dat ben ik niet. Maar ik ben ook bij lange na geen heilige. Ik heb er slechts naar gestreefd een sport op de levensladder te bereiken waar ik met mijn gerichte en nijvere denkwerk mijn eigen korreltje aan het koraalrif kon toevoegen om de bevolking op het land te beschermen. En omdat ik gezegend was met een zekere helderheid van geest, heb ik me ingespannen om die gave aan te scherpen zodat ik een overzicht zou krijgen van het rif in zijn geheel, van de zee en van de kust. Ik heb het geprobeerd, maar het is me tot nu toe niet gelukt. Dit is mijn laatste poging.

Ik probeer mijn schaamte niet te ontkennen. Sterker nog, ik kom er nu aan toe, omdat ik weet dat ik me schandelijk heb gedragen in de onorthodoxe manier waarop ik Vida het hof maakte. En ik schaam me ervoor hoe ik me aan haar heb opgedrongen. Ik hield van haar en wilde dat zij van mij hield. Men zegt wel dat het in de liefde je eerste plicht is om te luisteren. Ik luisterde wel, maar naar mezelf en niet naar haar. Ik kon niet accepteren dat zo'n onmetelijke liefde als de mijne onbeantwoord zou blijven. Ik was ervan overtuigd dat ze zou zwichten als ik maar kon zorgen dat haar ogen voor me opengingen.

Mettertijd zou ze inderdaad zwichten, maar ik heb het geforceerd. En ik weet dat dat verkeerd was. De manier waarop het gebeurde, was even vreemd als de rest van de affaire. Ik had Vida belegerd. Ik sliep soms letterlijk voor de deur van haar appartement. Als Vida naar binnen of buiten ging, stapte ze over me heen met een koninklijke laatdunkendheid die soms omsloeg in een intense irritatie. Haar huisgenote wilde de bewaking bellen en me uit het gebouw laten gooien, maar Vida stond dat niet toe. Vida verafschuwde me, maar beschermde me dus tegelijkertijd. Uiteraard beschouwde ik dit als het equivalent van een verklaring van haar eeuwige liefde. Lang voordat we ons verloofden, had ik al het gevoel dat we verloofd waren, omdat Vida het voor me opnam tegenover haar hardvochtige vriendin.

In de loop van de zomer (de tweede zomer dat ik Vida achtervolgde) kreeg ze steeds meer genoeg van mijn gestalk. Haar aanvankelijke fascinatie voor mijn schunnige praatjes was weggeëbd. Ik was als een pornovideo die aan het vervagen was en steeds dezelfde scène herhaalde, die daardoor geen verrassingen meer inhield.

Op een avond kwam ze laat thuis. Ze was alleen en in een slechte bui. Haar huisgenoot zat in Biarritz of een ander chic oord. Vida kwam binnen en doorbrak ditmaal haar normale patroon van me negeren door me te kennen te geven dat ik uit haar leven moest verdwijnen en haar met rust moest laten. 'Je bent niet goed snik, Oswaldo,' zei ze tegen me. 'Moet je jou nou zien. Je lijkt wel een hond. Wat moet ik doen om tot je door te laten dringen dat ik van je walg?' Toen pakte ze haar sleutel en verdween in haar appartement. Ze probeerde de deur achter zich dicht te slaan, maar ik zette mijn voet ertussen.

Zodra ik in de kamer was, deed ik mijn jasje uit en begon ik mijn overhemd open te knopen. Ondertussen vertelde ik haar dat ik haar naar plekken zou voeren die haar wildste dromen te boven gingen. Ik vertelde haar dat ze ziek was vanwege haar remmingen en dat ik, een *Latin lover*, verborgen passies in haar naar boven kon halen. Het was beslist niet de eerste keer dat ik haar een levendige beschrijving had gegeven van wat mijn pik en ik allemaal met haar zouden doen, maar die avond zei ik het op een dringende toon die aan het krankzinnige grensde.

Het was een avond vol verrassingen. Ik had bijna een jaar lang schunnige praatjes afgestoken zonder ook maar enig resultaat. Ik was dan ook volledig overdonderd toen Vida me met een blik van diepe minachting aankeek en naar de deur van haar slaapkamer wees. Ze zag er oogverblindend en woedend uit en zei: 'Erin.' Ik was er zeker van dat ik hallucineerde. 'Erin!' herhaalde ze echter, en voerde me naar haar bed. 'Schiet op, onderkruipsel, je hebt er lang genoeg om gesmeekt en het is de enige manier waarop ik je kan bewijzen dat ik nooit om je zal geven zoals jij dat wilt. Ga erin en neem me en VERDWIJN DAN UIT MIJN LEVEN!'

Zoals zoveel revolutionaire plannen werd mijn voorgenomen coup nooit ten uitvoer gebracht. Ik had Vida gesmeekt om met me naar bed te gaan. Ik had haar, ik weet niet hoe vaak, aangeboden om haar helemaal suf te neuken, maar toen ze me opdroeg om in bed te kruipen en dat ook echt te doen, stond ik met mijn mond vol tanden. Dit was beslist niet hoe het had moeten gaan.

Ik had vaker een glimp opgevangen van Vida's appartement, maar pas tot ik er echt naar binnen ging, had ik nooit beseft hoe paleisachtig het was. Het marmer liep door in grote mozaïekstroken. De woonkamer was ingericht met een exotische en intimiderende mengeling van zijden weefsels en zilver en kristal. Vida's hakken, die over de vloer naar haar slaapkamer klikten, waren onverzoenlijk geweest. Ze hadden me gedwongen om haar te volgen en Vida zelf had me gecommandeerd om op te schieten, haar te volgen, me uit te kleden, voort te maken en vervolgens te vertrekken.

Ondanks alles wat ik had gezegd en gevraagd en gedaan, was ik verontwaardigd over haar gedrag. Ik had het misschien wel over neuken gehad, maar ik bedoelde dat ik haar mijn eeuwige liefde had willen geven. En ik had misschien geprobeerd haar op te hitsen met geile praatjes, maar het was nooit de bedoeling geweest dat ze zich vervolgens als een schaamteloze meesteres zou ontpoppen.

In mijn fantasie had ik elke centimeter van Vida's lichaam bekeken. Toen ze zich uitkleedde, klinisch, alsof ze zich voorbereidde op een onaangenaam maar noodzakelijk medisch onderzoek, zag ik dat ze nog mooier was dan in mijn dromen. Het was zomer, dus ze droeg slechts een simpel hemdje met een beha en een slipje, die ze een voor een met geïrriteerde, minachtende gebaren uittrok. Bij elke beweging staarde ze naar me met een uitdagende en spottende blik. 'Schiet op, trek je kleren uit, ik heb niet de hele avond,' zei ze tegen me en ze kroop in bed. Ze lag daar verveeld en naakt op een laken zo groot als mijn kamer. Ik slaagde erin me uit te kleden en ik weet nog dat ik naast haar ging liggen en me ervan bewust was dat dit een cruciaal moment in mijn leven was. Ik moest haar veroveren. Ik moest echt indruk op haar maken.

Maar toen viel ik, heel ongalant, in slaap.

Mijn laatste herinnering die avond betrof Horemheb, generaal van de Egyptische strijdkrachten, die zichzelf belachelijk maakte voor de liefde, en die uiteindelijk kreeg wat hij verlangde, maar tegen een gruwelijke prijs. Hij was zijn leven begonnen als arme boer en werd verliefd op de vrouw van koning Toetanchamon. Iemand had me dat verhaal verteld. Ik weet niet meer wie of wanneer. Toen ik het ooit aan Izaguirre vertelde, hield hij vol dat het niet de generaal, maar een oude vizier was die verliefd was geworden op de koningin. Het bleek dat Izaguirre een neef had die egyptoloog was, waardoor hij met gezag mijn hoofdfiguur probeerde te degraderen. We discussieerden erover en aangezien een deskundige neef je nog geen academische superioriteit geeft en aangezien het de pest voor het verhaal zou zijn om de krijger een mindere rol toe te bedelen, heb ik Izaguirres bewering nooit willen verifiëren. Bovendien, als een liefdesverhaal meer dan drieduizend jaar oud is, wie weet dan of het waar is? Het gaat er gewoon om dat het een goed verhaal is.

In dertienhonderd-en-nog-wat voor Christus, toen Akhnaton stierf, werd zijn jongste broer, Toetanchamon, koning. Hij trouwde met Anchesenpaämon, maar omdat de twee nog kinderen waren, bestierden Akhnatons voormalige adviseurs, een vizier en een generaal, het rijk. Van deze twee was generaal Horemheb het machtigst. Hij had zijn leven aan oorlog en veldslagen gewijd in zijn jacht op rijkdom en macht. Maar in de herfst van zijn leven, als regent van de kindkoning, kwam hij bijna dagelijks in contact met koningin Anchesenpaämon, en de man die nooit eerder zijn hart had verloren, werd verliefd op haar.

Horemheb werd verteerd door afgunst en lust. Hij probeerde op allerlei manieren in het gevlij te komen bij de koningin, maar zij zag hem als een boer en verachtte hem.

Toen de kindkoning na een regeringsperiode van slechts een paar jaar op mysterieuze wijze stierf, trok zijn jonge weduwe zich terug in haar paleis om hem te bewenen. De regent Horemheb probeerde haar opnieuw het hof te maken, maar ze negeerde hem. Dus trok hij ten strijde en won nog meer veldslagen om in de gunst te komen bij de hooghartige koningin.

Zonder een farao was Egypte kwetsbaar en werd het belegerd

door vijanden. Op zeker moment werd het land dankzij de moed van generaal Horemheb van plundering gered. De koningin was toen gedwongen de oude krijger te ontvangen. De zegevierende krijger kroonde zichzelf vervolgens tot koning en hij beval Anchesenpaämon om met hem te trouwen. Weer weigerde ze. Toen zei hij: 'Je kunt me niet weigeren, je moet met me trouwen of ik breng je hele familie met mijn zwaard om en ik vernietig je land en je volk.'

Ze wist dat ze geen keus had, maar zei hem dat het alleen een huwelijk in naam zou zijn, omdat ze 'nooit van hem zou houden en hem nooit zou toestaan haar aan te raken'.

Ze trouwden en leefden gescheiden levens, maar Horemhebs onbeantwoorde liefde vrat aan hem. Hij deed wat hij kon om haar voor zich te winnen en zij deed wat ze kon om hem uit de weg te gaan.

Op een dag, aan de vooravond van een grote veldslag, kon Horemheb niet langer wachten. Aangespoord door wijn en in de wetenschap dat hij de komende slag misschien niet zou overleven, verkrachtte Horemheb koningin Anchesenpaämon.

De volgende dag, vol wroeging, trok hij ten strijde. Maand na maand zond hij koeriers terug naar het hof met liefdesbetuigingen en geschenken voor zijn koningin. En maand na maand antwoordde ze dat ook zij een geschenk voor haar echtgenoot had, maar dat hij pas bij terugkomst mocht zien wat het was.

Niemand durfde te zeggen dat elke avond, als de zon boven de Nijl onderging, de koningin de kleren van haar bediende aantrok en naar de arme wijken van de stad ging. Ze ging naar de sjouwers en bedelaars, de roeiers en de marktkraampjes, en elke avond gaf ze zichzelf aan verschillende mannen. Voor elke man met wie ze geslachtsgemeenschap had, nam ze een stukje gekleurd glas. Daarna, terug in de tuinen van haar paleis, liet ze haar bedienden een paviljoen bouwen dat geheel uit die glasverzameling bestond.

Naarmate de maanden verstreken, groeide het paviljoen uit tot een glinsterend bouwwerk. Het schitterde in de woestijnzon en was hét onderwerp van gesprek. Uiteindelijk hoorde zelfs

Horemheb ervan en zijn hart vulde zich met vreugde over het geschenk.

Ten slotte, zegevierend en vervuld met liefde, keerde Horemheb de krijgerkoning terug. Hij bracht zijn vrouw geschenken die trofeeën waren van al zijn veldslagen. Ze bedankte hem en zei: 'Nu moet je met mij meekomen om te zien wat ik voor jou heb gemaakt.' Vol verrukking volgde hij haar de tuinen in. In zijn ijdelheid geloofde hij dat zijn koningin eindelijk zijn grote liefde voor haar was gaan waarderen. Toen vertelde ze hem hoe het was gebouwd, en waar elk glanzend mozaïeksteentje voor stond. Daarmee vernederde ze hem dieper dan een brandschattend leger ooit zou kunnen doen.

Ik herinner me dat ik aan het paviljoen dacht dat in de Egyptische zon stond te schitteren, aan de Nijl met zijn boomkano's en zandige oevers. Ik weet nog dat ik wegzakte en toen…

En toen werd ik wakker en was het ochtend en was Vida bezig zich aan te kleden om naar de universiteit te gaan en had ik de hele nacht in een diepe, bijna bewusteloze slaap gelegen. Maar wonderlijk genoeg had Vida een genegenheid voor me ontwikkeld terwijl ik sliep. Ze vond het intrigerend dat ik in slaap was gevallen. Ze vond het ontroerend, en vanaf die dag liet ze me in haar leven toe. Ironisch genoeg had ik, als ik de liefde met haar had bedreven, nooit de indruk op haar kunnen maken die ik wilde. Casanova zelf had haar hart nog niet kunnen veroveren, zo vertelde ze me later. Door in slaap te vallen had ik onopzettelijk een wapenstilstand gesloten. Nu ze me onschuldig in haar bed had zien liggen, was het alsof ze me niet langer als een fysieke bedreiging zag en de gewillige prooi werd voor mijn redenaarskunsten. Ik sprak een bezwering over haar uit. Ik gebruikte de macht die ik had, de macht van het woord. Zelfs de minimale lustgevoelens die ik in haar opwekte, waren niet meer dan een reflex. Het was de perverse reflex van een aanbeden vrouw die een sprankje begeerte voelde voor de enige man die haar charmes had weerstaan toen die hem werden aangeboden.

Als ik erop terugkijk, zie ik dat het verhaal van de krijgerkoning zich niet zonder reden aan me opdrong. Het drong zich aan me op zodat ik gewaarschuwd was. Hij had met heel zijn hart van zijn prinses gehouden en haar gedwongen om zijn koningin te worden. Toen verkrachtte hij haar en bedacht zij een grootse wraak. Ook ik hield met heel mijn hart van mijn prinses en ook ik wilde haar dwingen mijn vrouw te worden. Ik verkrachtte haar met mijn woorden, strikte haar met mijn ideeën, en toen ze uiteindelijk ontsnapte, zou ook zij met berekenende wreedheid reageren. Zowel in de liefde als in de politiek is het onvergeeflijk en onverstandig om je wil aan anderen op te dringen. Uiteindelijk neemt het slachtoffer wraak.

Ik weet dat nu. Destijds wist ik dat nog niet. Ik kende ook de achtergrond nog niet waardoor Vida met me trouwde.

Het bleek dat Vida klaar was om verliefd te worden op het communisme, ze was ook klaar om datgene te omarmen wat haar familie het meest zou hebben afgekeurd. Ze zou de familiebanden niet voor een man alleen verbreken – zeker niet voor zo'n miezerige figuur als ik – maar voor een ideaal wilde ze wel rebelleren. Ik was slechts de sleutel, de combinatie tot haar eigen geheime kluis. Ze bezat een soort fanatisme dat haar zeer geschikt maakte om de dictaten van de communistische partij op te volgen. Ze was klaar om te leven en sterven voor haar ideeën als het nodig was.

Later bewees ze dat door vele jaren als politieke gevangene tijdens het bewind van de sjah van Perzië door te brengen. Dat ze in Parijs de huisgenote was geweest van de vrouw van de sjah, hield Vida niet uit de gevangenis, maar misschien hield het haar in leven terwijl zoveel anderen omkwamen. Ik weet het niet. Wat ik wel weet, is dat toen ayatollah Khomeiny aan de macht kwam, Vida werd vrijgelaten. En ik weet dat ze later de woestijn met een groep vluchtende rebellen te voet heeft doorkruist en dat ze als een van de weinigen de gruwelijke tocht heeft overleefd. Ze had stalen zenuwen en een onwankelbare vastberadenheid.

Op een bepaald moment, in Parijs, had ze besloten communist te worden, en ergens tijdens die nacht die ik slapend in haar appartement doorbracht, besloot ze dat ik haar toegangskaartje tot de partij was.

Vida stortte zich in het partijleven met een energie die me verbaasde en verrukte. Zij aan zij streden we voor de goede zaak. Zij aan zij gedroegen we ons als een verliefd stel, en de mensen die ons zagen, vroegen zich onwillekeurig af wat we in godsnaam gemeen hadden buiten de partij. In de beschermende omarming van die partij waarin alle mensen gelijk zijn, ging Orwells snedige opmerking dat sommige mensen meer gelijk zijn dan anderen voor niemand zo sterk op als voor Vida en mij.

Vida ging met me uit, verloofde zich met me, trouwde met me en schonk me een zoon, en op haar eigen manier hield ze zelfs van me. Maar ze hield altijd met tegenzin van me. Ik geloof niet dat het haar wat uitmaakte dat zij mooi was en ik niet. En ik weet zeker dat het haar niet uitmaakte dat zij rijk was en ik arm. Evenmin, om recht te doen aan haar intense communistische sympathieën, maakte het haar wat uit dat mijn sociale status en de hare zo ver uiteenlagen. Wat haar wel uitmaakte, was de culturele kloof tussen haar land en het mijne. Vida was een vreselijke snob.

Maar achteraf is het gemakkelijk om aanmerkingen te hebben op mijn enige echtgenote. Zo was het in die tijd niet: ruim tien jaar lang is ze mijn geleidester geweest.

# 24

*V*ida en ik woonden in Parijs samen. Zij studeerde architectuur, terwijl ik inmiddels mijn graad in de rechten en de sociologie had behaald.

In 1958 viel dictator Pérez Jiménez, en we wilden allebei graag naar Caracas om ons steentje bij te dragen aan de nieuwe democratie. Venezuela verkeerde in euforie. Na bijna tien jaar repressie genoot het hele land met volle teugen van zijn verworven vrijheid. Het schreeuwde om kundige geesten en willige handen om het weer op te bouwen. Er stonden algemene verkiezingen voor de deur. Een wantrouwig, lethargisch volk moest worden gemotiveerd. Wilden de linkse partijen bij de verkiezingen echt een kans maken, dan was er geen minuut te verliezen.

Ik had het gevoel dat ik persoonlijk werd opgeroepen: er was grote behoefte aan mijn jarenlange ervaring van toespraken houden, menigten opruien en strijden voor de zaak van het internationale communisme. Mijn land had me nodig. Het was zoet en opwindend. Ik moest naar huis.

Ik zou graag zeggen dat Vida uiteindelijk straalverliefd op me werd, en dat we voor altijd gelukkig werden. Maar Vida werd nooit echt verliefd op me, ze was verliefd op het communisme en alleen daarom stond ze te trappelen om zelf ook op de boot te stappen. Maar als Perzisch staatsburger met een Perzisch paspoort moest ze op een inreisvisum voor Venezuela wachten. Vanwege de grote verwarring na de val van de dictatuur lag de hele procedure overhoop. Vida had geen schijn van kans om binnen korte tijd een inreisvisum te krijgen, maar ze zou me als mijn toekomstige vrouw wel binnen vijf, zes maanden kunnen volgen. Dus besloten we gezamenlijk dat ik alvast zonder haar zou vertrekken. We hadden eigenlijk geen keus: we waren geen mensen maar radertjes in een machine. De rechtse dictatuur van Marco Pérez Jiménez had een land achtergelaten dat rijp was voor bekering tot de goede zaak.

Later heb ik keer op keer moeten kiezen tussen mijn liefdesleven, mijn persoonlijke leven en de verplichtingen aan mijn politieke loopbaan, of dat nu om de dictaten van de communistische partij ging of de dictaten van de strijd waar ik op dat moment in verwikkeld was. In de toekomst zouden mijn relaties en mijn persoonlijke leven verpletterd worden door de eisen van mijn politieke agenda. Dus ik ben nooit in staat geweest om mijn vermogen een persoonlijk leven te leiden ten volle te testen. Nu ik mijn leven aan het overwegen ben, kan ik niet zeggen of de liefde die ik heb verspild en het verdriet dat ik de vrouwen die ik in de steek heb gelaten heb bezorgd gerechtvaardigd zijn. Ik begin steeds meer te vrezen dat dat niet zo is.

Het is moeilijker om met mezelf in het reine te komen over mijn kinderen. Zij hebben geen andere vader gevonden. Op zijn best kregen ze stiefvaders. Maar zij zijn mijn bloedverwanten, en ik weet dat ze me nodig hadden, met al mijn neurosen en onvolmaaktheden. Ik weet wat het is om zonder vader op te groeien. De afwezigheid van de mijne was mijn hele jeugd door een open wond. Als jongen had ik mezelf bezworen dat ik nooit zou doen wat mijn eigen vader mij had aangedaan: me als kind aan mijn lot overlaten.

Mijn eerste kind, mijn zoon Ramín, werd in 1959 geboren, in het turbulente jaar na de staatsgreep waarbij de dictatuur in Venezuela ten val kwam. Hij was een openbaring voor me. Het eerste halfjaar van zijn leven waren wij drieën onafscheidelijk, en in tegenstelling tot wat gebruikelijk was, reisde Ramín als een Europees kind vastgegespt aan een van zijn ouders rond, en bezocht zo bijeenkomsten en vergaderingen van de partij. Het vaderschap ging me goed af en ik ontleende veel plezier aan het voorzien in de dagelijkse noden van een baby.

De band was zo sterk en trok met zo'n kracht aan me dat ik die navelstreng nooit zelf had kunnen doorsnijden. Hij werd voor me doorgesneden. Toen Vida me drie jaar na haar aankomst in Venezuela verliet, nam ze onze zoon mee. Haar familie, die adellijke, rijke clan van invloedrijke Perzen nam mij kwalijk dat ik niet het vermogen had haar voor een islamitische echtgenote onorthodoxe en onacceptabele gedrag onder controle te houden, meer nog dan haar bekering tot het marxisme en haar uiteindelijke ondergang.

Dat ik Vida en Ramín kwijtraakte, bezorgt me het gevoel dat ik op huiselijk gebied een mislukking ben. Dat het geluk me toen is ontrukt heb ik de rest van mijn leven als excuus gebruikt. Ik ben niet geschikt als echtgenoot. Ik ben niet geschikt als vader.

Wanneer ik terugkijk, zie ik dat negentig procent van mijn politieke gevechten voor niets is geweest. De tijd die ik mijn kinderen voor een hoger doel heb ontstolen, was voor het grootste deel verspilde tijd. Dat belast mijn geweten. Mijn kinderen zijn zo grootmoedig geweest om me mijn afwezigheid, mijn missers en mijn gebrek aan aandacht te vergeven en de liefde die ik voor ze koester te accepteren. Zij zien me als een oude man, maar ikzelf weiger me zo te bekijken: ik weiger om op mijn zeventigste oud te zijn en ook op mijn tachtigste of negentigste.

Als ouderdom wordt afgemeten aan de nabijheid van de dood, dan was ik op mijn vijftiende al oud en ben ik mijn hele leven oud geweest. De dood en ik onderhouden een vriendschappelijke relatie. We hebben het door dik en dun met elkaar uitgehouden. We hebben nooit voor lang afscheid van elkaar genomen, noch hebben we elkaar ooit verwaarloosd. Dankzij de geavanceerde methodes van CIA-instructeurs over de hele wereld is er met elke vierkante centimeter van mijn vlees gesold, waardoor ik voor mijn tijd oud ben geworden.

# 25

*A*ls ik er zo op terugkijk, beleefde ik de meest vreugdevolle dagen van mijn leven met Parijs als mijn basis. Wij, van uiterst links, waren een macht om rekening mee te houden. Als we een hechte gemeenschap waren geweest die net zo eensgezind over dingen dacht als in onze talloze manifesten, hadden we misschien de wereld kunnen veroveren. Dat ging aan ons voorbij, voornamelijk vanwege de eindeloze ruzies en kibbelpartijen, die altijd de vloek zijn geweest van de politiek in het algemeen, maar die het socialisme de das om hebben gedaan. Maar wat puur en fris bleef, was onze passie voor de zaak.

Geen van ons wist al dat het communisme gedoemd was te mislukken. Niemand van ons wist van de Russische en Chinese genocide. In Parijs en Lyon, Tübingen en Algiers bereikten ons slechts beelden van euforische boeren die onder luid gejuich grote ladingen voedsel in vrolijk gekleurde wagens schepten. Achteraf is het makkelijk om het citaat aan te halen dat 'macht corrumpeert en absolute macht absoluut corrumpeert'. Destijds zag niemand communisme als een vehikel voor absolute macht.

We voerden campagne en later vochten we zoals ik me voorstelde dat de geallieerden in de Tweede Wereldoorlog hadden gevochten: ervan overtuigd dat ze tegen het kwaad streden en dat ze moreel en ethisch onrecht rechtzetten. De meeste legers denken dat God aan hun zijde staat, maar de voors en tegens en goed en kwaad hebben in bijna elke oorlog uiteindelijk meestal een economische basis. Ongeacht het beweerde oogmerk lijken hebzucht, verlies en profijt nog altijd de essentie van de menselijke geschiedenis.

Een socialist te zijn in de dagen voor het communisme zijn heilige glans verloor, was een beetje als verliefd worden. Het maakte ons onzelfzuchtig en haalde het beste in ons naar boven. We leefden in een roes van zelfachting, blij om anderen van dienst te zijn.

In dit idealistische licht begon ik me in Algerije te verdiepen. Toen ik was hersteld van de giftige beet op mijn borst, bevond ik me in de pijnlijke situatie dat ik deel uitmaakte van een groep waar ik niets van af wist. Ik moest allereerst Algerije op een kaart zien te lokaliseren. Vervolgens moest ik me in het onderwerp inlezen.

De strijd voor een onafhankelijk Algerije was de eerste zaak waarvoor ik echt passie voelde. De benarde situatie van het land betekende zelfs mijn echte inwijding in de politiek. Alles wat ik tot dan toe in Venezuela met betrekking tot politiek had gedaan, was door een element van 'doen alsof' gekenmerkt geweest. Terwijl mijn kameraden en ik in een kleine opslagkamer in Valera over Lenins toespraken discussieerden, saboteerde het Front de Libération Nationale (FLN) systematisch het Franse koloniale bewind in Algerije, organiseerde massaopstanden en bracht het landsbestuur zware slagen toe. De FLN had brede steun verkregen in de afgelegen dorpjes en werd massaal gesteund in de steden. Al in 1956 meldde *The New York Times* dat negenennegentig procent van de Algerijnse moslims het idee aanhing dat Algerije als Franse kolonie plaats moest maken voor een onafhankelijke Algerijnse staat.

Als kind geloofde ik nooit echt wat ik als linkse opruier zei of deed. Of misschien begreep ik gewoon niet echt wat er speelde. Bovendien hadden mijn politieke activiteiten in mijn geboorteland altijd een surreëel element, omdat ik, wat ik ook deed, door mijn familienetwerk werd beschermd.

In 1954, toen de Algerijnse revolutie uitbrak, maakten de Franse kolonisten slechts elf procent van de bevolking uit en toch was negentig procent van de industriële en commerciële activiteiten in Europese handen. De Fransen bezaten overal het beste van, terwijl de inheemse bevolking, of ze nu Arabisch of Berbers waren, geëxploiteerd en onderdrukt werd en voor het grootste deel ondervoed was. Negentig procent van de inheemse bevolking was analfabeet en slechts een op de tien moslimkinderen ging naar school.

Gevoelsmatig stond ik aan de kant van de opstandelingen in hun onafhankelijkheidsoorlog, maar zoals met alles wat ik doe en bestudeer, wilde ik me ook in de andere kant verdiepen. Dus las ik hoe de Fransen tegenover de situatie stonden, volgde hun verontwaardiging om de terroristische aanvallen en las rapportages en verslagen over de gruweldaden die in naam van de vrijheid werden gepleegd. Mijn kameraden keurden mijn leergierigheid af. Ik gaf heel duidelijk aan waar mijn loyaliteit lag en ik denk dat ik mijn leven voor de FLN had gegeven als ze het me hadden gevraagd, maar ik wilde gewoon de feiten, de achtergrond en het standpunt van beide zijden weten.

Tegen 1956 had Frankrijk ruim vierhonderdduizend manschappen naar Algerije gezonden, van wie zo'n honderdzeventigduizend islamitische Algerijnen waren. Hoe kon een volk met zo'n gerechtvaardigd doel zich inlaten met zo'n barbaarse strijd?

In Algerije waren de FLN en zijn militaire tak, de Armée de Libération Nationale (ALN) goedgeorganiseerde, efficiënte vechtorganisaties. In Parijs en Marseille zaten strak georganiseerde logistieke groepen met meer dan genoeg hoogopgeleide en gemotiveerde mensen om ze te leiden. Waar kon ik me dan nuttig maken? Er was geen apathische massa die ik bijeen kon brengen: er was een hele natie die ernaar smachtte van het koloniale juk te worden ontdaan. Toen ik me net had aangesloten bij hun strijd hoefde ik alleen maar mijn solidariteit te betuigen. Zij hadden mij niet nodig, ik had hén nodig. Ik had het nodig om ergens bij te horen.

Toen ik in 1958 vanuit Frankrijk naar Venezuela terugvoer, was ik aangestoken door de energie van de Algerijnen en hun rationele plan voor de opbouw van hun land volgens socialistische principes waarbij de macht in handen lag van het volk. Binnen de revolutionaire kaders in Parijs en Marseille werden veel van deze plannen uitgedacht en bijgeschaafd.

Het communistische blok en de leiding van de communistische en socialistische partijen van Frankrijk weigerden de FLN te steunen of zelfs maar te erkennen. Ik wendde mijn vermogens aan door Franse intellectuelen tot de zaak te bekeren, maar uiteindelijk brachten de gruweldaden die de Fransen in Algerije pleegden een kentering in de publieke opinie in Frankrijk teweeg. Duizenden dorpen werden met de grond gelijkgemaakt in een verschroeide-aardetactiek, en in de slag om Algiers gingen de Franse kolonialisten met een barbaarsheid tekeer die nauwelijks te rijmen viel met hun culturele erfgoed.

Een van de dingen die me speten toen ik uit Parijs vertrok, was dat ik mijn Algerijnse kameraden moest achterlaten in een tijd waarin het er bijna even slecht voorstond met hun strijd als toen die in 1954 begon. Ik verwachtte niet dat ik hen ooit nog zou zien.

# 26

*T*oen ik begin 1958 in Venezuela terugkwam, werd ik verwelkomd door mijn familieleden, die allemaal gezond waren en met wie het uitstekend ging. Ze stonden in de buurt van San José, vlakbij Caracas, in hoog aanzien. In de maanden voor de val van de dictatuur was er in San José zwaar gevochten. Mijn broers en zussen hadden intensief aan die gevechten deelgenomen. Dankzij die bijdrage aan de revolutie werden ze in de wijde omtrek hogelijk gewaardeerd.

Nadat ik drie maanden bij mijn ouders in Caracas had verbleven, merkte ik dat ze zich zorgen maakten. Ik werkte niet en ik zat er ook niet achterheen om mijn titel geldig te laten verklaren. Ze zeiden niets, maar begonnen steeds somberder te kijken. Ik zei er evenmin iets over, maar ik begon me er ook ongemakkelijk bij te voelen.

Op een dag was ik van ons huis op weg naar Silencio, waar ik een afspraak had, toen ik op een kaartje voor een raam zag staan dat er een baan als bankemployé werd aangeboden. Ik keek omhoog en zag dat het El Banco Francés y Italiano per America Latina was. Om de een of andere reden was dat de eerste baan die me wel aansprak. Ik beheerste Frans en had in Frankrijk rechten gestudeerd, en ik was geïnteresseerd in de Italiaanse cultuur en alles wat Italiaans was.

Ik keek op mijn horloge: het was tien uur 's ochtends. Ik ging de bank binnen, die maar drie straten bij ons huis vandaan was, vroeg om een sollicitatieformulier en vulde het in. Vervolgens ging ik door naar Silencio. Toen ik om vier uur thuiskwam, was mijn moeder in alle staten. Met een van angst schorre stem zei ze: 'Er is een brief van een bank voor je. Heb je financiële problemen, Oswaldo?' Ik bleek de volgende ochtend een sollicitatiegesprek te hebben.

De volgende dag meldde ik me bij de manager, dr. Carminatti. Hij vertelde me dat er drie managers waren: dr. Boffa, dr. Marcolini en dr. Carminatti. En ver boven hen verheven was dr. Talei, de baas van de Frans-Italiaanse Bank van Latijns-Amerika, die filialen had in Buenos Aires, Lima, Bogotá en Caracas. Het was een belangrijke keten van banken, die ook een Franse en een Italiaanse bank omvatte in respectievelijk Frankrijk en Italië.

Binnen de bank was Talei zo belangrijk dat zijn naam alleen fluisterend en vol ontzag werd uitgesproken, alsof hij God zelf was. Carminatti was heel voornaam, maar had toch een ondeugende twinkeling in zijn bruine ogen weten te bewaren. Hij had het niet over 'ik' maar over 'wij', als een vorst: 'We hebben uw sollicitatieformulier gelezen en we begrijpen niet dat u met een curriculum vitae als het uwe om zo'n baantje kunt vragen. In feite is de enige vacature die we binnen de Frans-Italiaanse Bank hebben die voor een secretaris voor de secretaresse van de juridische afdeling.' Het enige wat ik wilde was dat ik naar huis kon gaan en tegen mijn moeder kon zeggen dat ik een baan had: wat voor baan dan ook, en dus nam ik hem aan.

Carminatti keek erg op van mijn beslissing en begon omstandig uit te leggen dat er twee juristen bij de juridische afdeling waren: Maglioni, die in Parijs rechten had gestudeerd, en Bonessi, die in Pisa had gestudeerd. Onder hen stond señora Ernestina. 'U spreekt alleen met señora Ernestina, Barreto. Het wordt uw taak brieven aan onze klanten uit te tikken om hen uit te nodigen hun schulden te betalen. Er is een stramien waaraan u zich moet houden. U wordt geacht zich niet tot de managers te richten. Zij zijn onderdeel van de structuur van deze bank. We zijn maar met zijn drieën. Boven ons staan de chefs, onder ons staan alle employés. We hebben hier strakke regels. Is dat duidelijk?' Ik knikte. 'U werkt acht uur per dag, zes dagen per week. Het salaris is zevenhonderd bolivar per maand.'*

Vervolgens kreeg mijn nieuwe baas, señora Ernestina, de opdracht om me naar mijn bureau te brengen. Haar houding was overdreven bruusk. Ze verwelkomde me alsof ik iets was wat Caminatti net van onder zijn schoen had weg geschraapt. Ze gaf me drie kaarten met de drie soorten brieven die ik moest kopiëren en ik ging aan de slag.

Zoals ik al had verwacht, was mijn moeder dolblij dat ik een bezoldigde baan had gevonden bij zo'n respectabele bank. Tijdens de dictatuur van Pérez Jiménez was het de bank van alle Italianen geweest, en de Italianen waren degenen die het snelst geld verdienden omdat ze de bouwsector en een aanzienlijk deel van de handel in de hoofdstad hadden gemonopoliseerd. De door twee vooruitdenkende Italianen opgezette bank was de eerste van een nieuw type dat krediet en kortingen bood.

Met de val van de dictatuur had El Banco Francés y Italiano per America Latina veel klanten en veel geld verloren. Een massa klanten was het afgelopen jaar vertrokken, failliet gegaan of beweerde dat de lening niet kon worden terugbetaald. Dus maakte de bank een crisis door en probeerde hij zijn activa veilig te stellen door zoveel mogelijk geld van zijn leningen terug te halen. Dat gebeurde door middel van het sturen van brieven aan klanten die rood stonden. Er waren drie typen brieven. De eerste luidde: 'Geachte heer, gezien de betreurenswaardige staat van uw rekening zouden we u eeuwig dankbaar zijn als u ons kantoor zodra het u uitkomt met een bezoek wilt vereren om de situatie te bespreken.' De tweede luidde: 'Geachte heer, wij hebben u gevraagd om naar onze bank te komen, maar dat hebt u helaas niet gedaan. Als u

---

* Ongeveer tweehonderd euro.

zich niet binnen drie dagen bij de bank meldt, zal uw rekening aan onze juridische afdeling worden overgedragen.' De derde brief luidde: 'Geachte heer, tot onze spijt moeten we u mededelen dat uw rekening aan onze juridische afdeling is overgedragen.'

Elke dag moest ik diezelfde ouderwetse woorden uittypen, die de gemiddelde klant als een grap in de oren moeten hebben geklonken. Op een dag stelde ik señora Ernestina voor om de tekst wat te moderniseren. Ze was hevig verontwaardigd. 'Je bent hier niet om suggesties te doen, Barreto; je zit hier om brieven te schrijven.' Ik antwoordde nederig: 'Jawel, señora.'

En daar zat ik: een bankemployé. Ik zag kans om de prikklok te ontlopen, maar dat was dan ook de enige onafhankelijkheid die ik wist te behouden. Van acht tot vijf en van maandag tot en met zaterdag zat ik mijn brieven te maken. In de tien dagen dat ik er inmiddels was, had het hoofd van de juridische afdeling, Maglioni (die van de universiteit van Parijs), nog niet één woord tegen me gezegd. Hij kleedde zich altijd uiterst elegant, en hij was zo bedreven in het tonen van zijn minachting dat wel duidelijk was dat hij zijn gedrag in de loop van de jaren danig had bijgeslepen. Hij sprak echter wel een enkele keer mijn directe chef señora Ernestina aan, als de behoefte om zijn rabiate antisemitisme met iemand te delen hem te machtig werd; voordat hij naar Venezuela verhuisde, had hij vele jaren in Argentinië gewoond, en hij had een samenzweringstheorie ontwikkeld rond de infame acties van joden. Hij zei dingen als: 'Hebt u buiten nog merels gezien, señora Ernestina?' Dolblij dat de almachtige manager het woord tot haar richtte, begon ze altijd te blozen en te flirten alsof de vraag een compliment was of een uitnodiging om handjes vast te houden.

'Nee, dr. Maglioni.'

'Aha. Nee. En weet u waarom niet?' Het was niet zijn gewoonte om iemand anders te laten antwoorden als het om zijn lievelingsonderwerp ging. 'Omdat de joden ze allemaal hebben uitgeroeid. Dat hebben ze in Buenos Aires gedaan toen ik daar zat, en nu doen ze het hier.'

De xenofobische Maglioni richtte niet één keer het woord tot mij, al nam hij vaak de tijd om mijn nogal gebogen neus te bestuderen. Ik kon hem haast horen denken: Barreto Miliani, dat is Italiaans, maar zou er niet een drupje joods bloed in hem kunnen zitten? En ik kon gewoon zien dat hij zich voornam om op zijn tellen te passen, voor het geval dat, want 'zij' waren overal.

Op de elfde dag kwam Maglioni onze kamer binnen en zei over mijn hoofd heen: 'Ze hebben bij de zakenbank om een rapport over prescriptie gevraagd. Er moet alles in staan wat daarover in de Venezolaanse wet is opgenomen. Ik heb het zelf te druk. Aangezien jij beweert dat je jurist bent, moet jij het maar doen. Het moet zeven à tien bladzijden lang zijn. Het moet in het Frans zijn geschreven. Je hebt een week de tijd.'

Hij verdween en ik ging door met het uittikken van mijn brieven op de reusachtige Olivetti met zijn versleten 'a' en 'e' en zijn neiging om het lint te vernielen, terwijl señora Ernestina naar me staarde alsof ik een giftige slang was die van onder een slimme camouflage vandaan gegleden was. Ze keek naar me alsof ik iets kostbaars van haar had gestolen. Ik ging door met brieven schrijven en deed net of ik haar felle blikken niet opmerkte.

Ik had net mijn doctoraal rechten gehaald en schreef veel beter juridisch Frans dan Spaans, dus zo'n rapport was een fluitje van een cent. Ik ging naar de openbare bibliotheek en haalde de relevante naslagwerken, zocht de codes en een paar details op en sloeg er een of twee zaken op na die als jurisprudentie konden dienen, en toen zette ik diezelfde middag nog het rapport op papier. Het was precies tien bladzijden lang.

De volgende ochtend gaf ik het aan Maglioni. Hij pakte het aan en vroeg: 'Wat is dit? Ik had toch gezegd dat je er een week voor had?'

'Nou ja, ik had er geen week voor nodig. Hier is het, alstublieft.' Ik liet het bij hem achter en ging door met het schrijven van mijn brieven: 'Geachte heer, gezien de betreurenswaardige staat van uw rekening zouden we u eeuwig dankbaar zijn als u ons kantoor…'

Ongeveer een uur later kwam Maglioni ons kantoor binnen met een gezicht dat even asgrauw was als het grijze pak dat hij aanhad. Hij liep rechtstreeks op mijn bureau af en vertelde me met een geknepen fluisterstem: 'Dr. Talei wil dat je bovenkomt.'

Señora Ernestina begon bij de naam Talei te hyperventileren. In de bijna twintig jaar dat zij daar werkte was ze nooit boven geweest.

'Ik?' vroeg ik.

'Nee, wij tweeën samen,' zei Maglioni.

Zodra we in het paleisachtige kantoor van Talei waren, negeerde het hoofd aller hoofden Maglioni volkomen en richtte zich alleen tot mij. 'Hoe gaat het, Barreto? Ik heb vanaf het begin gezegd dat je of een idioot of een ambitieus type moest zijn. Want niemand die aan de Sorbonne is afgestudeerd komt hier als de secretaris van de secretaresse werken. Maar ik bedacht dat als je een ambitieus type bent en beseft dat de employés van deze bank vroeg of laat allemaal Venezolanen moeten zijn, dat je dan goed zit. Gefeliciteerd met je rapport.'

Hij wuifde Maglioni achteloos de kamer uit en die sloop als een geslagen hond weg. 'Ik kan je helaas geen hoofd van onze juridische afdeling maken want dat is Ciffatti. En zoals je weet, die is een halfjaar in Italië op vakantie. Maar zolang hij afwezig is, stel ik je aan als vervangend hoofd van de juridische afdeling. Vanaf vandaag is je salaris achtentwintighonderd bolivar.'*

Ik was verbijsterd. Achtentwintighonderd bolivar was viermaal mijn salaris tot dan toe. Ik bedankte Talei en ging weer naar beneden. Toen ik in ons kantoor terugkwam, had Maglioni zijn prachtige, grote, antieke bureau al leeggeruimd. Ik zei dat hij zich die moeite kon besparen, omdat ik mijn oude bureautje wilde houden. Hij probeerde voet bij stuk te houden, maar dat stond ik niet toe. Ik was nu immers de baas en ik wilde hem niet verder vernederen.

In de stad baarde mijn carrièresprong opzien. Het nieuws ver-

---

* Ongeveer achthonderd euro.

spreidde zich van bank tot bank, van kantoor tot kantoor. Voor mij persoonlijk was het een hele gebeurtenis. Ik had nu niet alleen een baan die bij mijn kwalificaties paste, maar ik was rijk bovendien. Ik ging nog enige tijd door met het schrijven van mijn brieven, maar het was me inmiddels opgevallen dat ongeacht het aantal uitnodigingen dat we stuurden, wel erg weinig mensen hun schulden betaalden, als je in aanmerking nam dat we toch een grote bank waren. Ik besloot dit nader te onderzoeken en vroeg daarom alle dossiers van onze schuldenaren ter inzage.

Het bleek dat Bonessi (de man van de universiteit van Pisa) die achter slot en grendel hield. Aanvankelijk weigerde hij me ze te laten zien, maar toen ik met steun van Carminatti op mijn strepen stond, kreeg ik ze toch. Zoals ik al had gedacht, betaalde negentig procent van de schuldenaren helemaal niets en het was duidelijk dat die een soort 'regeling' met Bonessi hadden. Uit de adressen kon ik afleiden dat de schuldenaren bijna allemaal Italianen waren en dat ze ofwel kleding maakten ofwel kleding verkochten. Hun ateliers en winkels zaten in twee wijken van Caracas en konden met de auto allemaal in één dag worden bezocht: de ateliers lagen aan de Avenida Urdaneta en de modezaken bevonden zich in Sabana Grande.

Ik legde Carminatti uit dat ik de volgende dag een auto wilde lenen. Hij leende me de zijne zonder te vragen waarvoor. Ik begon mijn rondrit aan het ene eind van Sabana Grande en ging van winkel naar winkel om de eigenaars persoonlijk uit te nodigen hun schulden te betalen.

'Goedemorgen, ik ben van de Frans-Italiaanse Bank.'

'Wij doen altijd zaken met Ciffatti, het hoofd van de juridische afdeling.'

'Die is weg.'

'Ja, maar dan is er nog Maglioni.'

'Dat is veranderd. We hebben met een noodsituatie te maken. U zult morgen moeten komen om uw rekening te vereffenen.'

Voordien inde de bank achtduizend bolivar per week aan onbetaalde leningen. In die eerste week en daarna werden dat er tweehonderdveertigduizend. Ik werd er beroemd om.

Het was me nog niet gelukt om binnen de Venezolaanse communistische partij enige inbreng te krijgen of om ergens binnen de linkse hiërarchie mijn voet op een sport van de ladder te zetten, en het heeft wel iets ironisch dat ik politiek gezien naam maakte dankzij mijn baan als bankmanager en de nieuwe vakbond van bankemployés.

Elke bank had zijn eigen interne vakbond, en een paar maanden nadat ik tot plaatsvervangend hoofd van de juridische afdeling was gepromoveerd, werd ik, in de misplaatste veronderstelling dat ik een enthousiast aanhanger van ADECO was, uitgenodigd om voorman van de onze te worden. Ik had het op de bank nooit over politiek, maar ik had weleens terloops gezegd dat voormalig gouverneur Atilio Araujo van de deelstaat Trujillo mijn oom was, en aangezien onze vakbond een bolwerk van de ADECO was, namen de leden aan dat ik aanhanger was.

Mijn eerste doel als vakbondsleider was het invoeren van een vijfdaagse werkweek. Het was vrijwel onmogelijk om de leden zover te krijgen dat ze daarover, of over wat dan ook, hun gedachten lieten gaan, want al kunnen de meeste van mijn landgenoten best nadenken, ze hebben er geen zin in. Vruchteloos legde ik uit: 'We hebben niets te verliezen bij een vijfdaagse werkweek, zolang we op de andere dagen maar niet langer hoeven te werken.'

Bij de bank wilden ze dat we het wegvallen van de zaterdag zouden compenseren door de verloren uren op maandag tot en met vrijdag in te halen. Toen kwam ik erachter dat er bij andere banken mensen waren die hetzelfde wilden. De employés sloegen de handen ineen en zetten een vakbond voor alle banken op. We noemden die SUBTRABAN. Samen waren we sterk genoeg om er een vijfdaagse werkweek met minder dan acht uur per dag door te krijgen.

Vida arriveerde met een toeristenvisum voor drie weken en vol warmte jegens mij, maar raakte verdoofd van de cultuurschok. Ze ontwikkelde al snel een heftige weerzin tegen alles wat Venezolaans was. En ze sprak geen Spaans, wat haar die eerste weken nog meer isoleerde.

Iemand heeft eens gezegd dat mijn leven doet denken aan een heel brede rivier vol stroomversnellingen en krokodillen en gevaarlijke stromingen waar ik als jongen in was gegooid zonder te kunnen zwemmen. Ik geloof ook dat dat zo is, maar geldt dat niet min of meer voor elk leven? Mijn leven is misschien alleen in dat opzicht anders dat ik wist wat ik wilde doen als ik eenmaal de overkant had bereikt. Elke keer als ik een paar maanden of jaren van mijn leven versneld wil doorspoelen, kom ik erachter dat er in zo'n periode stapstenen zijn waaraan ik moet refereren om duidelijk te maken hoe ik kans heb gezien om die rivier over te steken.

De enige manier waarop Vida aan een verblijfsvergunning kon komen, was als we trouwden. Dat deden we in Caracas, op 11 november 1958.

Vida's afkeer van Venezuela had onmiddellijk een negatief effect op onze relatie. Als ik niet op de bank achter leningen aanjoeg en Maglioni's geraaskal moest aanhoren over denkbeeldige zionistische complotten, zat ik Vida's dagelijkse lijst klachten aan te horen. Daarna aten we het avondeten dat mijn moeder in zulke hoeveelheden klaarmaakte dat er een klein leger mee kon worden gevoed. Vervolgens gingen Vida en ik de deur uit voor een wandeling en een drankje of een bezoek aan vrienden. Als we weer thuis waren, onderhield ze me over de smerigheid van de straten, de slechte kwaliteit van de wijn en de ongemanierdheid van mijn vrienden, van wie bijna niemand Frans sprak. Dan ging ze mistroostig opgekruld in een schommelstoel zitten studeren, terwijl mijn legertje broers en zussen en ikzelf kibbelden over welke factie van links nu de beste was, en buiten de boomkikkers kwaakten, de cicades tsjirpten en er in de wijde omtrek geen merel of jood te bekennen was.

# 27

*I*n de periode kort na mijn terugkeer kon iedereen op straat feestvieren en zich ontspannen zonder zich over iets anders druk te maken dan over de voor- en nadelen van deze of gene partij. Dat was waar we het over hadden: politiek.

Ondanks het enthousiasme en de goede wil, en ondanks het feit dat ik zo met het vooruitzicht van een vrij Venezuela had geleefd, begon ik het gevoel te krijgen dat er een enorme kloof gaapte tussen de opvattingen en wensen van de mensen in de PCV* en hoe ik dacht dat het nieuwe bewind eruit zou moeten zien. Er werd op veel terreinen maar heel weinig nagedacht. En dan bedoel ik ook de algemene verkiezingen die in de nabije toekomst gehouden moesten worden.

Tot dan toe was ik een student in ballingschap geweest. Ik had lang het gevoel gehad dat mijn terugkeer naar Venezuela een kans was om even pas op de plaats te maken; een vakantie, waarin ik een beetje tot me kon laten doordringen wat er gaande was. Vergeet niet dat ik inmiddels een vreemdeling in mijn eigen land was: ik was vijf jaar weg geweest, en we waren in die periode allebei erg veranderd.

In juni van het eerste jaar dat ik in Venezuela terug was, zou de Venezolaanse communistische partij een congres houden waaraan ik deelnam als vertegenwoordiger van San José. Tijdens dat congres werd ik uitgekozen om deel te nemen aan de regionale conferentie, die belangrijker was. De partijleden die achtergebleven waren en hadden gevochten, de ware helden van de gewapende strijd die niet in het buitenland hadden gewoond, lieten duide-

---

* Partido Communista de Venezuela – de Venezolaanse communistische partij.

lijk blijken dat ze het opportunistisch van me vonden dat ik mijn verkiezing had geaccepteerd. Binnen de linkse groepering was een nieuw soort aristocratie ontstaan die alle anderen marginaliseerde. Ik probeerde in die bestaande hiërarchie een plaats te veroveren. Ik besloot te proberen een van hen te worden en geen last te hebben van een ballingschapcomplex. Maar het viel niet mee.

De Venezolaanse communistische partij was het brandpunt van links, maar net als haar sovjetmoeder wilde ze niet afwijken van de lijn – het ondersteunen van de huidige democratie – om nog verder op te trekken in de richting van het socialisme. Ze had alle andere partijen opgeroepen om de krachten te bundelen en steun te bieden aan de president tegen de aanhangers van de ex-dictator die op een nieuwe staatsgreep zonnen.

Een belangrijke kanttekening is dat ik niet de enige was die een radicalere aanpak dan de partij aanhing, en evenmin was ik de enige die met een plan kwam voor zo'n radicale aanpak. Verder is het belangrijk te vermelden dat Fidel Castro en zijn revolutionaire leger die ideeën niet hebben geïnitieerd. In 1958 dachten velen dat de vrijheidsstrijd van revolutionaire bewegingen geïnspireerd was op de strijd van Fidel en Che Guevara. Maar al geruime tijd vóór hen hadden mensen als mijn landgenoten Douglas Bravo en Novelino gezegd: 'Waarom moeten we vechten voor het recht om over agrarische hervormingen te discussiëren? Laten we het gewoon doen! Waarom moeten we vechten voor het recht om over het hervormen van de steden te praten? Laten we de steden hervormen. Laten we zorgen dat rijke mensen niet meer dan één huis mogen hebben, en laten we ze dwingen hun appartementen te delen.'

Bravo en Novelino werkten deze theorie niet uit – ze was gebaseerd op impulsieve gedachten. Deze aanpak was precies tegenovergesteld aan hoe de Fransen te werk gaan. De Fransen kunnen geen stap verzetten zonder een gedetailleerde begeleidende theorie over hoe men een voet moet verplaatsen en om welke redenen. We poneerden het idee, maar zoals met zoveel Venezolaanse ideeën werd er amper uitgeweid over alles wat goed was, en alles waarover werd uitgeweid, deugde niet. Ondertussen hing de vraag 'wat gaan we met de verkiezingen doen?' als een dreigend onweer in de lucht.

Inmiddels was Ciffatti, het rechtmatige hoofd van de juridische afdeling van de bank, van zijn zes maanden durende sabbatical teruggekeerd. Ciffatti was een verstokte fascist. Hij nam de leiding over en ontweek mij. Onder hem had ik minder werk en minder verantwoordelijkheden, en dus nam ik de vrijheid om de kandidatuur te aanvaarden voor afgevaardigde in de deelstaat Trujillo. Samen met Manuel Isidro Molinas, die zich kandidaat had gesteld als senator, moest ik naar Trujillo voor de verkiezingscampagne. Ik vond het idee geweldig dat ik campagne zou gaan voeren en dat ik zou terugkeren naar de stad waar ik had gewoond. Ik vond alles even geweldig, behalve de vraag hoe ik het ging klaarspelen om op twee plaatsen tegelijk te zijn. Ik werkte nog steeds fulltime op de bank.

De verkiezingen zouden plaatsvinden in december 1958. De voorbereidingen ervoor waren in volle gang toen Vida uit Frankrijk overkwam en we haastig in het huwelijk traden. Daar mijn directe baas een fascist was, kon ik niet met goed fatsoen bij hem aankloppen en buitengewoon verlof aanvragen om als socialistische kandidaat deel te nemen aan de komende verkiezingen. Ik besloot uiteindelijk tot de beproefde methode van het veinzen van een ziekte. Een bevriende arts verschafte me een medisch attest waarmee ik ingedekt was voor 'vijftien dagen rust ten gevolge van hepatitis'.

Soms vraag ik me af hoe het zit met al die details. Er zijn zoveel namen en data en plaatsen die een plek in mijn geheugen hebben veroverd. Ik wil graag geloven dat ze een speciale betekenis hebben, maar soms denk ik dat ze net als oude kleren of koffers met afgebroken handgrepen op een zolder zijn. Het zijn dingen waaraan ik gehecht ben geraakt omdat we samen zoveel hebben meegemaakt en omdat ze eens zo nuttig waren, maar die nu geen praktische waarde meer hebben.

Toch geloof ik wel dat ze deel uitmaken van een patroon. Ik hoop dat als ik alle ongelijksoortige stukjes verzamel en voor me neer leg en het geheel overzie, ik ervan zal leren. Misschien. In elk geval, aangezien zoveel voorvallen in mijn leven verkeerd voorgesteld en geïnterpreteerd zijn, biedt het ordenen van details me wel de kans mijn versie van de dingen te geven. 'Hoe het was' is niet speciaal mythisch of heroïsch. Het bevredigt onze sensatielust ook niet zoals leugens en fantasieën dat doen.

Toen ik naar Valera ging om campagne te voeren voor de verkiezingen, was ik voor het eerst in zes jaar terug in de Andes, en het voelde heerlijk om thuis te zijn. Toen ik uit ballingschap terugkeerde, was mijn familie naar Caracas verhuisd. Toen ze me in La Guaira kwamen afhalen en me omhelsden en welkom thuis heetten, was wat zij thuis noemden een onbekend huis voor mij. Ik voelde me geborgen in de bergen. Toen onze auto zich een weg omhoog kronkelde langs het suikerriet, drukte de vertrouwdheid van de Andes zo zwaar op mijn borst dat ik amper kon ademhalen. Ik hoorde thuis in die groenfluwelen heuvels.

De reis nam achttien uur in beslag. De laatste etappe, vanaf Barquisimeto, duurde vier uur en bestond bijna geheel uit bochten.

Voor ik Valera als jongen verliet, had ik me als een delinquent gedragen. Mijn fratsen hadden genoeg stof tot roddel gegeven om de stad jarenlang te vermaken. Ik was er niet zeker van hoe ik zou worden ontvangen.

Iemand had voorbij San Pedro een stuk metaal verloren dat ik te laat opmerkte. Het trok de uitlaat er half af, zodat we rammelend onze weg naar de stad vervolgden en zo nog meer aandacht trokken. Ik zeg 'nog meer' omdat onze auto al behoorlijk opviel met alle erop geschilderde 'stem rood'-slogans.

Nog voor ik de motor had afgezet, riep iemand 'Barretico', waarna zich zo'n menigte om ons heen verzamelde dat we amper het portier open kregen om uit te stappen. Manuel Isidro Molinas was nog bekender in Valera dan ik, als oprichter van de communistische partij van Trujillo en onze eerste krant.

Ik was geroerd en verrast door de warme ontvangst. Het was Barretico voor en Barretico na. Het maakte niet echt uit wat je in Valera deed, wat uitmaakte, was wie je familie was, en de mijne waren de illustere Araujo's, en Atilio was mijn oom, en mijn vader was Felipito Barreto. Ik had bij dodenwaken vaak gezien hoe een man die zijn laatste adem had uitgeblazen in de loop van één dag van een klootzak in een heilige kon veranderen. Tot ik terugkeerde wist ik niet hoe populair mijn ouders eigenlijk in Valera waren. Ondanks alles wat ik in het buitenland had gedaan en bereikt en waarnaar ik had gestreefd, was na 'nog een biertje?' de meest gestelde vraag: 'Mag ik het litteken op je borst zien waar dat Franse hoertje je heeft gebeten?', waaruit ik opmaakte dat er flink was geroddeld. En toch, door de vriendelijke manier waarop die vraag werd gesteld, zag ik ook dat ze me hadden vergeven, of liever gezegd, dat ik was bevorderd tot het kostbare materiaal waarvan mythes geweven worden.

Op mijn queeste om de redder van mijn volk te worden, koesterde ik me in een soort vaderlijke trots. Mijn vaderland zag mijn politieke fratsen toegeeflijk aan, zoals een vader vaak stiekem trots is op een opstandige zoon omdat hij het lef heeft stout te zijn. Maar op een gegeven moment sloegen die toegeeflijkheid en trots om in luid uitgesproken afkeuring en ten slotte in felle tegenstand. Ergens tussen mijn verkiezingscampagne en mijn reis naar Cuba stak ik een onzichtbare grens over van vergeven naar niet-vergeven. Ik weet nog steeds niet of ik die grens overstak vanwege een bepaalde stap die ik zette, of dat mijn landgenoten me niet meer wilden vergeven omdat ze waren gehersenspoeld door de pers. Ik weet niet of de pers mij begon te demoniseren voordat of nadat de publieke opinie zich tegen me had gekeerd. Ik denk dat het voornamelijk de door de CIA gesteunde lasterpraat was die mij en anderen zoals ik hun populariteit deed verliezen bij het Venezolaanse volk. De rechtse pers had jarenlang leugens over me verteld. Op welk punt begonnen de mensen de kranten te geloven en waarom?

Ik weet de antwoorden niet. Ik weet alleen dat ik werd inge-haald als de verloren zoon. Iedereen kende me en iedereen over-laadde me met gastvrijheid. Sterker nog, Molinas en ik waren zo bekend in Valera dat we nu nog bij iemand zaten te lunchen als we alle uitnodigingen hadden aanvaard.

We belegden bijeenkomst na bijeenkomst en hielden toespraak na toespraak. Wat opkomst betreft, was onze campagne een dave-rend succes. De zalen en pleinen waar we bijeenkwamen, waren afgeladen. Ik weet nog dat ik opgetogen was over het gehoor dat we kregen. Ik had nog nooit meegemaakt dat onze ideeën zo mas-saal werden omarmd. Ironisch genoeg, maar dat wisten we toen nog niet, gaven de mensen die naar onze bijeenkomsten kwamen geen moer om het communisme: ze wilden ons zien. Ze kwamen om Molinas en Barretico en Barretico's vrouw te zien.

'Is Barretico met een Arabier getrouwd?'

'Een wat?'

'Een Arabier, je weet wel: een Turk.'

'Werkelijk! Een colporteur?'

'Nee. Ik heb gehoord dat ze acrobaat is.'

'Werkelijk! Wie had dat kunnen geloven!'

'En ik heb gehoord dat ze een heiden is.'

'Werkelijk! Hoe zien heidenen eruit?'

'Ga zelf maar kijken. Ze stellen haar twee keer per dag tentoon op hun bijeenkomsten.'

'Dat ga ik dan maar doen. Kan ze praten, die heiden?'

'Nee, ze is net een opwindpoppetje. Ze kan alleen "stem rood" zeggen. Het maakt niet uit wat je haar vraagt, ze roept alleen "stem rood".'

'Waarom zegt ze dat? Wat is dat toch met rood? Ik zag dat hun auto beschilderd is met rode letters.'

'Ik heb geen idee, maar je kent Barretico, die is zo wild als een bok met een horzel in zijn neusgat. Hij zegt dat het met politiek te maken heeft, maar ik heb geen idee wat... Hij praatte altijd al een hoop onzin. Weet je nog hoe hij als kind...'

Na de twee weken durende verkiezingscampagne reden we terug naar Caracas en ging ik weer aan het werk op de bank. Op mijn eerste dag wachtte Ciffatti me op in het kantoor. Hij had lichtgrijze ogen en hij droeg altijd een elegant Italiaans kostuum. Die dag had zijn kostuum dezelfde kleur als zijn ogen.

'Goedemorgen, Barreto. Hoe gaat het?' Hij zei het zo enthousiast dat ik direct op mijn hoede was. Hij was vandaag het toonbeeld van beminnelijkheid, heel anders dan toen ik het kantoor had verlaten vanwege mijn 'hepatitis-aanval'.

'Veel beter, dank u wel, dr. Ciffatti. De dokter heeft me genezen verklaard.'

'Nee, nee, nee! Hoe gaat het met de campágne? Bestaat er een kans dat je wordt gekozen?'

Ik mompelde iets neutraals en voelde direct spijt dat ik zo'n groot deel van mijn salaris had uitgegeven sinds Vida's aankomst en in Valera. Als ik nu ontslagen werd, zou ik net genoeg hebben om het een paar weken uit te zingen. Ik zette me schrap, want Ciffatti wilde de kwestie helemaal uitmelken. Ik gaf hem geen ongelijk. Ik had tegen de bank gelogen, tegen hem en tegen al mijn collega's. Maar hij nodigde me uit voor een etentje en zei dat ik Vida moest meenemen. Toen vervolgde hij vrolijk: 'Ik wil met je praten over wat je doet, omdat…' Hij pauzeerde even, en met een dromerige uitdrukking in zijn ogen en een warme glimlach zei hij: '… omdat ik ook ooit zo was.'

Ciffatti was volledig op de hoogte van wat ik in Caracas deed en wat ik in Trujillo had gedaan. 'Het bevalt me,' vervolgde hij. 'In Italië waren de fascisten destijds zoals de huidige communisten. Ik loog ook tegen de bank waarvoor ik werkte om naar Mussolini's bijeenkomsten te gaan. Het waren onstuimige dagen: heroïsch, vol leven… Ja, het bevalt me om te zien waar je mee bezig bent. Dus je kunt op me rekenen: ik dek je hier wel.'

Ciffatti deed zijn woord gestand. Hij heeft nooit iemand verteld over mijn campagne. Dus mijn baan en mijn achtentwintighonderd bolivar per maand waren gered, gelukkig maar, want ik werd uiteindelijk niet als afgevaardigde gekozen.

Ik bleef nog verscheidene maanden bij de bank en nam toen ontslag uit solidariteit met een van mijn collega's die onterecht was gestraft voor een incident met een concurrerende instelling. Deze Adriatische verzekeringsmaatschappij had een headhunter op me afgestuurd die me weg probeerde te kapen bij de bank. De boodschap om de headhunter in het café aan de overkant van de straat te treffen, was door een collega doorgegeven die al vele jaren bij de bank werkte en die aan de beurt was voor promotie. Hoewel ik het astronomische bedrag van vierduizend bolivar per maand en een penthouse erbij kreeg aangeboden, wilde ik helemaal geen carrière maken in het bankwezen, dus sloeg ik het aanbod af.

Binnen een uur werd ik door Talei ontboden. Hij wist dat een headhunter me had benaderd, hij wist dat ik zijn bank trouw was gebleven en hij bedankte me. Hij vertelde me ook dat het geen val was geweest. Er waren connecties tussen de man die me had proberen om te kopen en Maglioni's vrouw. Zij briefde het door aan Maglioni en die wist niet hoe hard hij naar onze baas, Talei, moest rennen om het te vertellen. Ik ging weer naar beneden met een aantekening voor goed gedrag, maar Talei had de boodschapper al gedood: mijn collega, die al vele jaren bij de bank werkte, werd verteld dat hij vanwege zijn aandeel in de zaak niet meer in aanmerking zou komen voor promotie. Zonder verdere omhaal nam hij ontslag. Nadat hij zijn bureau had opgeruimd, bedankte hij me dat ik zijn toekomst had verpest en spuugde me in mijn gezicht. Toen ik hem voldoende had gekalmeerd om zijn verhaal aan te horen, nam ook ik ontslag. Terwijl ik mijn bureau leegruimde, zag ik Maglioni's ogen zich vullen met tranen van opluchting. 'Waar ga je heen?' wierp hij eruit.

'Niet verder vertellen, maar ik heb een baan aangeboden gekregen bij de Merelbrigade.'

Zijn gedrag veranderde direct. 'Zie je wel,' zei hij triomfantelijk. 'Ik weet dat ze bestaan. Ze slachten de merels al jaren af. In Buenos Aires zijn er geen merels meer over. Wie is hun leider?'

Ik leunde iets voorover en fluisterde: 'Sst! De Zionistische Vo-

gelbeheersingsraad staat ons niet toe dat te zeggen.' En ik tikte tegen mijn niet onsemitische neus.

# 28

$\mathcal{M}$ijn leven mag er aan de buitenkant uitzien als een avontuur vol actie, maar ik heb het grootste deel ervan besteed
aan het soort routinehandelingen dat het bestaan van de meeste
mannen beheerst. Toen Vida zich bij me voegde, had ik een echtgenote en later een kind; ik had een baan en een huis, en ik had
een kring vrienden en collega's. Maar voor het zover was, vestigde
ik me in Mérida, waar ik het bestaan van een eenzame geleerde
leidde.

De dag nadat ik ontslag had genomen bij de Frans-Italiaanse
Bank hoorde Vida dat de universiteit van de Andes twee communisten zocht voor respectievelijk public relations en de universi-
teitsuitgeverij. Ik zat koffie te drinken met Ilio Novelino – die samen met mij in Frankrijk had gestudeerd en waanzinnig intelligent was – en ik vertelde hem hoe graag ik naar de Andes terug
zou gaan. We spraken Frans met elkaar zodat Vida zich niet buitengesloten zou voelen. Bij toeval vertelde ze ons over die twee
vacatures, en ter plekke besloten Ilio en ik te solliciteren.

De volgende dag gingen we op weg naar Mérida. We reden om
de beurt en kwamen twee dagen later aan. Ik had een aanbeve-
lingsbrief van de broer van de decaan van de faculteit der geesteswetenschappen. Ilio en ik hadden een sollicitatiegesprek met de
decaan.

Mijn sollicitatiegesprek was een complete ramp. Ik kreeg niet
alleen die baan niet, maar de decaan liet me weten dat ik een ge-

vaar voor Mérida was. Mijn vriend Ilio verging het heel wat beter: ze boden hem met onmiddellijke ingang een baan aan. Maar hij wilde niet blijven. We waren er samen heen gegaan, om er samen te werken.

Net toen hij zijn baan zat af te wijzen, kwam er een andere man binnen. Ik wist niet dat het de eminente Cubaanse filosoof José Antonio Portuondo was, die in Venezuela in ballingschap zat en aan de universiteit de machtigste man achter de troon was.

Normaal gesproken smeek ik niet, maar toen wel. Ik was wanhopig. Ik legde uit: 'Moet u horen, ik ben socioloog. Ik kan een cursus over de geschiedenis van de sociologie geven. En ik heb literatuur gestudeerd, ik kan de sociologie van de literatuur doceren.' Ik noemde Lukács en zijn geschriften over de marxistische esthetica. 'En ik kan een cursus geven over het naturalisme van Zola en Dostojevski en het realisme van bijvoorbeeld Balzac en Tolstoj, en…'

Portuondo onderbrak me: 'Kent u Lukács?'

'Ik heb het genoegen gehad om hem in 1955 te ontmoeten, toen Thomas Mann naar Duitsland terugkeerde.'

'Goeie hemel, u hebt hem echt ontmoet!' Vervolgens begonnen Portuondo en ik over literatuur te praten: over Eliot en Alvarez, en over Joost mag weten wat allemaal nog meer. Hij brak bijna letterlijk halverwege een zin af, en zei tegen de decaan: 'Wat een verbazingwekkend toeval. Sinds Fidel de macht heeft overgenomen, wacht ik al met het indienen van mijn ontslag tot u een waardig opvolger heeft gevonden zodat ik naar Cuba kan terugkeren. En hier is hij. En ik ga hier niet weg voordat u hem docent heeft gemaakt. Ik neem ontslag en hij neemt het over. Niemand hier kent Georg Lukács. Barreto is een fenomeen en hij is ook nog eens socioloog. Wat een geweldig toeval. Ik sta erop. Hij zal de toorts der kennis van me overnemen. Hij zal mijn studenten bezielen. Nu kan ik naar Havana terugkeren.'

Zoals ik al zei, binnen de faculteit der geesteswetenschappen was het niet de decaan of wie dan ook op de campus die de beslissingen nam, het was Antonio Portuondo. En zo begon ik mijn academische loopbaan in Mérida, waar ik drie jaar bleef: van 1959 tot 1961. Portuondo keerde terug naar zijn vaderland om Fidel Castro en de revolutie te steunen. Daar verdween hij in de vergetelheid. Het was een tragisch verlies van een van de grootste Latijns-Amerikaanse literaire critici en denkers. Als een koekoek nam ik zijn nest over.

In de tijd dat ik in de Andes lesgaf, begon de gewapende strijd, maar die drie jaar vertegenwoordigen de beste tijd – om niet te zeggen: de enige tijd – dat ik concreet onderzoek kon doen. Toen ik les begon te geven, had ik een algemene vorming. En ik stond voor de opdracht om een concreet lesprogramma te maken, bijvoorbeeld in de sociologie. Ik had voordien heel veel gelezen, zowel over algemene achtergronden als over de grote meesters van de sociologie, maar in Mérida was ik in de gelegenheid om het leven van een geleerde te leiden waarvan ik altijd had gedroomd.

Aanvankelijk bleef Vida in Caracas architectuur studeren. Alleen en zonder te worden afgeleid (behalve door mijn functie als secretaris-generaal van de communistische partij en af en toe een flirt) studeerde ik en dacht ik na.

Mijn leven kreeg een behoorlijk vast ritme. Ik werd elke dag vlak na zonsopgang wakker, maakte koffie, en waste, kleedde en schoor me. Op weg naar mijn werk op de campus van de universiteit van Mérida kwam ik elke dag dezelfde mensen tegen. Ik groette de winkeliers die hun winkels openden, de buschauffeur met de gebroken neus en een landkaart van gesprongen haarvaatjes over zijn wangen die stond te wachten om aan zijn eerste ronde van die dag te beginnen. Ik groette de bananenverkoper die zijn stalletje aan het opzetten was en de gebroken balein vervloekte van de paraplu waaronder hij dag in dag uit zat, die altijd minutenlang bezig was om zijn beschadigde zonnescherm op te zetten en toch nooit de aanstootgevende balein repareerde of verving. Ik groette doña Abigail, die op de terugweg was van de mis, met een kanten mantilla die haar grote trots was, ondanks het feit dat hij was aangevreten door vele generaties motten; en ik knipoogde naar haar Timocuïcaanse dienstmeisje, dat op haar rafelige *cotiza's* achter haar aan slofte met het oude gebedenboek en de rozenkrans, en de groenten en het gevogelte dat haar meesteres op de dagelijkse parade naar de vroegmis haar rijke familieleden had weten af te troggelen.

Ik was altijd een van de eersten die op de campus aankwamen. Vanaf 1959 tot ik in 1961 Mérida moest verlaten wijdde ik het grootste deel van mijn tijd aan literatuurcolleges voor de eerste-jaars studenten van de faculteit en aan sociologiecolleges voor de derdejaars studenten geschiedenis. Ik had mijn eigen werkkamer bij de faculteit der geesteswetenschappen met 'O. Barreto' op de deur. Het vertrek had meer weg van een kast dan van een werkka-mer, en de wanden bestonden voor het grootste deel uit glas, waardoor het een kas leek, behalve dan dat het grootste deel van elk paneel gematteerd was, en wel net mat genoeg om een zekere mate van privacy te hebben, maar niet mat genoeg voor een vlug-gertje met iemand van de staf of een studente. Aangezien een uni-versiteitscampus een broeinest van heimelijke seks is, waren die glazen wanden waarschijnlijk speciaal ontworpen om de zedelijk-heid te bewaken. Nu we het daar toch over hebben: het was wel mogelijk om stiekem te rotzooien, als je maar op de grond tussen mijn bureau en de achterwand ging liggen en elk gekreun achter-wege liet...

Na al die jaren dat ik me had verplaatst of verplaatst was, voel-de ik me ongelofelijk geworteld in Mérida. Ik begon als nooit te-voren boeken om me heen te verzamelen. Ik genoot ervan dat ik al studerend in staat was om meteen de vakliteratuur waarnaar verwezen werd erop na te slaan. Ik bracht menig gelukkig uur door aan mijn geblutste mahoniehouten bureau met het hoekje lichter hout dat onder een van de poten lag als de onhandig gere-pareerde stilettohak van een oude lichtekooi.

Mérida onderscheidde zich van Valera, of enige andere stad in de Andes die ik kende, vanwege het feit dat mensen erheen gingen omdat ze Mérida wilden zien. Niemand ging als toerist naar Vale-ra. Daar ging je heen omdat je er geboren was, of omdat er familie woonde die je wilde opzoeken, of omdat je zaken moest doen met iemand die er woonde. Valera was op zichzelf geen toeristische attractie. Maar Mérida wel. Het is de hoogstgelegen stad in Venezuela, en met zijn monumentale architectuur, zijn arcades en zijn twee woeste rivieren lijkt het op geen enkele andere.

Dankzij zijn natuurlijke geografische grenzen is Mérida sinds de stichting in 1558 altijd afgesloten geweest van de rest van het land. Het ligt vlak bij de grens met Colombia en heeft in veel opzichten meer gemeen met de steden van ons meer Europees georiënteerde buurland dan met ons eigen chaotische tropicana. Vanwege de hoge ligging heeft zelfs het klimaat iets noordelijks. 's Nachts is de temperatuur het hele jaar door omstreeks de tien graden boven nul. En als de zon eindelijk boven de hoge Andes uitkomt, beschijnt hij bleekjes de pastelkleurige *frailejones* en hun wollige bladeren: een van de weinige planten die de combinatie van hoogte en koude op de kale berghellingen naar Mérida weten te doorstaan.

De spectaculaire Pico el Águila, een van de hoogste punten in Venezuela, bezorgt de hoofdstad een natuurlijke trots. In feite torenen twee pieken op veel kortere afstand boven de stad uit, waarvan een zich kan laten voorstaan op de hoogste kabelbaan ter wereld. Maar Mérida en de Pico el Águila zijn in de verbeelding van de meeste mensen nu eenmaal met elkaar verweven. Ze horen bij elkaar en vullen elkaar automatisch aan.

De bevolking valt in twee duidelijke groepen uiteen: de indianen en de Spanjaarden, of liever gezegd: de indianen en de families van Spaanse afkomst. Natuurlijk heb je hier, net als overal, een groep van gemengd ras, maar die springt minder in het oog dan elders in het land: buiten de stad zijn veel minder haciënda's waar op aloude, feodale wijze rassenvermenging kan plaatsvinden. Er groeit nu eenmaal niet erg veel op de koude, kale heuvels. Sinds mensenheugenis blaast een gure wind de bovenlaag van de grond weg waardoor er alleen hier en daar richels overblijven waar vindingrijke boeren hun gewassen kunnen verbouwen. En dus is Mérida eerder een plaats voor keuterboertjes dan voor grote landeigenaren. De kern voorziet er niet in de behoeften van het achterland, zoals bij onze andere steden. Er wonen winkeliers, handwerkslieden, en verder natuurlijk, vanwege de voortreffelijke universiteit, studenten en academici.

Als woonplaats was Mérida de volmaaktste overgang tussen Parijs en Caracas die ik me maar had kunnen wensen. Mérida is maar een kleine stad, maar het is ook relatief goedgeorganiseerd en levendig. Afgezien van de statige gevels van de kathedraal, het paleis van de gouverneur en de oude gemeentelijke gebouwen, zijn de huizen een tropische mengelmoes van blauwen, gelen, groenen en roden. De raam- en deurkozijnen zijn net als overal in Venezuela groen. Ik vind de felle kleuren in de meeste andere Andesiaanse steden en dorpen een valse afspiegeling van hun tanende esprit: de veelkleurige huizen lijken eindeloze pakketjes lethargie doortrokken met een zweem van krachteloze woede te bevatten. In Mérida daarentegen, waren het eerder de poeltjes licht zoals ze van oorsprong waren bedoeld.

In sommige opzichten heeft Mérida iets van een speelgoedstadje, met zijn markt, zijn pleinen, winkels en alleeën, zijn grote kathedraal en zijn kleine hotels en cafés. Het trekt erg veel indiaanse handwerkslieden aan; vooral wevers en leerbewerkers. En het heeft door de eeuwen heen de grootste geesten van Latijns-Amerika getrokken. Misschien is er geen verband, maar je vindt er ook sommige van de beste hoeren van het land en het kan zich laten voorstaan op een paar bordelen die klanten binden die van heinde en verre over de verraderlijke bergweg hierheen reizen, zelfs uit Páramo en Valera en uit Colombia.

Intussen had Ilio zich veilig in zijn baan en zijn appartement genesteld, maar zoals we hadden gehoopt, kruisten onze paden zich regelmatig bij diners die tot diep in de nacht voortduurden, met eindeloze koppen koffie en vele flessen rum. We maakten luidruchtig en amicaal ruzie over alles en niets. Maar er was één punt waarover we het altijd eens waren, en dat was dat onze gezamenlijke verhuizing naar Mérida een slimme zet was geweest.

Tegen die tijd was mijn werk bijna uitsluitend academisch geworden, want ik was vervangen als secretaris-generaal van de partij. Ik moest ook mijn Franse titel nog bekrachtigen om in Venezuela als advocaat te kunnen praktiseren. Dat deed ik in 1961 cum laude, waarmee ik opnieuw een vrijwel nutteloos attribuut aan mijn naam toevoegde. Ik ben een jurist die vrijwel nooit zijn vak heeft uitgeoefend. Ik zeg 'vrijwel nooit' omdat ik in die eerste jaren een handjevol communistische activisten heb verdedigd, en tientallen jaren later heb ik geholpen bij de verdediging van Pierre Goldman, 'de moderne Dreyfus', tijdens zijn beroemde hoger beroep in Frankrijk. Goldman, wiens codenaam tijdens de guerrilla El Francés was, zal in de rest van mijn verhaal nog vele malen opduiken.

# 29

Na mijn eerste academische jaar in Mérida stuurde Vida's vader ons vliegtickets, met het verzoek hem op te zoeken. Ze werden gewoon via de post bezorgd, alsof Perzië een eindje verderop lag in plaats van aan de andere kant van de wereld.

We reisden via Parijs naar Teheran. Onderweg vertelde Vida me dat ze zwanger was en dat ze het kind niet wilde houden. Ik kwam er later achter dat mijn zussen haar medeplichtigen waren geweest bij het uitzoeken waar ze moest zijn voor een abortus. Maar toen er een afspraak met een kliniek moest worden gemaakt, hadden ze geweigerd haar nog verder buiten mijn medeweten om te helpen.

Ik zei Vida dat ik tegen een abortus was. Het leek mij dat we voorzichtiger hadden moeten zijn, maar nu was het kwaad eenmaal geschied. Aangezien ik als baby zelf 'potentieel abortusmate-riaal' was geweest, voelde ik me erg ongemakkelijk over het laten weghalen van ons kind. Ik heb op zich niets tegen anticonceptie. En ik accepteerde, ook destijds al, dat het in sommige gevallen be-ter was abortus te laten plegen, bijvoorbeeld om gezondheidsre-denen. Maar zonder enige noodzaak een leven nemen – vooral als het om het leven van mijn eigen kind ging – was niet iets wat ik kon goedkeuren.

We voerden er heftige gesprekken over. Moeilijke gesprekken, want ík was niet zwanger, dus had ik er niet echt iets over te zeg-gen. Maar aan de andere kant ging het ook om míjn kind. Elke keer als ik de toekomstige last van de zorg voor een kind wat lich-ter probeerde te maken voor Vida, klonk ik paternalistisch en be-voogdend. Misschien was ik dat ook wel, maar ik wilde blijven lobbyen voor het behoud van wat ik me voorstelde als een kleine kruising tussen een harige vogelspin en mijn prachtige vrouw.

Vida was bepaald niet blij met de abortuskwestie, en het over-grote deel van ons verblijf van drie maanden in Perzië sliep mijn vrouw niet alleen niet met me, maar wilde ze ook niet met me praten. Bij een eerste bezoek aan haar familie was deze situatie op zijn zachtst gezegd gênant.

Teheran was vol openbaringen, en een daarvan was dat ik erachter kwam met wie ik was getrouwd. Toen ik Vida in Parijs ontmoette, wist ik dat ze een rijk Perzisch meisje was, maar ik had er geen idee van hoe belangrijk haar familie was. Ook wist ik weinig van haar land en haar karakter af. Omdat ik vóór haar al een rijk Per-zisch vriendinnetje had gehad, wist ik wel dat Perzische vrouwen heel anders waren dan de andere vrouwen die ik kende. Pas toen ik Teheran bezocht, zou ik leren dat de man-vrouwverhouding zoals we die in het Westen kennen in Perzië precies omgekeerd is. Daar is de vrouw de sterke figuur en de kostwinner.

Ik begreep dus hoe ze was, maar ook wie ze was. Toen we op de luchthaven aankwamen, stond er een grote menigte te wachten. Ik weet nog dat ik om me heen keek om te zien wie die beroemdheid of hoogwaardigheidsbekleder was die ook op onze vlucht had gezeten. Pas toen we doorliepen en de menigte naar voren drong om zich om Vida heen te scharen, besefte ik dat al die mensen voor haar waren gekomen.

Een konvooi van limousines escorteerde ons door de straten van Teheran naar de laan waaraan alle buitenlandse ambassades stonden. Daartussen stond de villa van Vida's ouders. Het was een groot en statig huis met vijfentwintig bedienden. In dat huis logeerden we – en spraken we niet tegen elkaar. Haar familie was even uitgebreid als een Schotse clan en het was een van de belangrijkste families van Perzië. Haar oom, Madud, was adviseur van de sjah. Ondanks het feit dat ik openlijk door Vida werd gemeden, waren haar vader en haar oom aardig tegen me.

Na een week vroeg haar vader me om te blijven en bij hen te komen wonen. Ik bedankte hem, maar wees hem erop dat ik een baan aan de universiteit had en dat ik achthonderd dollar per maand verdiende. Hij zei dat dat er niet toe deed: hij zou me achthonderd dollar per maand betalen om in Teheran te blijven. Bijna in één adem door vroeg hij me waarom ik geen opium rookte 'als een echte man' en waarom we onze discussie niet besloten met een bezoek aan een echt Perzisch bordeel in het centrum van de stad.

De mannen in Vida's familie namen me op in hun midden, ondanks het feit dat ik de aangeboden opium niet wilde roken en evenmin hun favoriete prostituees met ze wilde delen. Deze vriendschap met haar vader en oom Madud maakte volgens mij geen deel uit van wat Vida met het bezoek beoogd had. Ik kreeg de indruk dat ze op haar familie wilde leunen om zich van mij als echtgenoot te ontdoen.

Intussen was ze nog steeds zwanger. Ze had haar vader gevraagd om een abortus voor haar te regelen, maar hij had geweigerd iets te doen zonder mijn toestemming. Toen hij zag dat ik het niet wilde – hoewel ik tegen die tijd geen invloed meer op haar uitoefende – weigerde hij haar te helpen. Ze was woest op ons allebei.

Ik verkeerde in de merkwaardige positie dat ik in Perzië was vanwege haar, dat ik bij haar familie logeerde en haar vrienden ontmoette, maar dat zij en ik niet samen waren. We waren zelfs zo erg niet samen dat ik ervan overtuigd was dat het was afgelopen tussen ons. Ze werd niet milder: ze wilde niet met me praten of zelfs maar mijn bestaan erkennen. Op een gegeven moment besloot ik daarom te vertrekken, en het was duidelijk dat ze blij was dat ik zou gaan. Ondanks onze problemen had ik van mijn bezoek aan Perzië genoten. Los van de weelde waarmee ik omringd was, opende het mijn ogen en geest voor een geheel nieuwe wereld en een oude cultuur.

Toen ik Teheran verliet, dacht ik dat ik Vida nooit meer zou zien. Ze had niet de moeite genomen om me gedag te zeggen en het was duidelijk dat er niets over was van ons huwelijk, en dat er ook geen hoop was dat we ooit nog eens herenigd zouden worden. Ik vloog via Parijs terug voor een tussenstop van vier dagen voor mijn vlucht naar Caracas vertrok.

De dag nadat ik was aangekomen, was ik dan ook meer dan verbaasd Vida's zus aan te treffen in mijn goedkope pension. Ze vertelde me dat ze als gezant van Vida was gekomen. Hoewel ik het amper kon geloven, zei ze dat Vida van gedachte was veranderd, want dat ze vreselijk ongelukkig was, en dat ze met me verder wilde. Wilde ik mijn vrouw terugnemen?

We waren bijna een jaar niet samen geweest in Venezuela en we hadden net drie maanden in Teheran doorgebracht zonder met elkaar te praten: wat voorspelde dat voor de toekomst? Ik ging er zonder aarzeling mee akkoord zolang ze zich maar direct bij me voegde. Het behoeft nauwelijks enig betoog dat een verliefde man, hoe rationeel hij op andere gebieden ook mag zijn, zich niet door wijsheid laat leiden waar het zijn geliefde betreft. Ik hield nog steeds van haar en ik voelde slechts vreugde dat ze bij me terugkwam. Ik sloot mijn ogen voor de bitterheid in de afgelopen periode en begon al plannen te maken voor ons leven samen in Mérida.

Twee dagen later vloog Vida naar Parijs. Ik haalde haar op van het vliegveld en we omhelsden elkaar als tortelduiven. Binnen een week waren we terug in Venezuela. Samen reden we twee dagen over de kronkelweg naar Mérida. En samen speelden we daar het gelukkige gezinnetje. Maar we leefden niet lang en gelukkig, hoewel ik mezelf vele maanden lang voorhield dat we dat wel zouden doen.

# 30

*I* n Mérida leidde ik het leven van een intellectuele, communistische activist, en als zodanig was er vooral in Venezuela heel weinig wat ik kon bijdragen, ongeacht met wat voor ideeën of conclusies ik kwam aanzetten. Het communisme is erin geslaagd om alleen het slechtste aspect aan het platonische denken te ontlenen. En aldus bepaalde het communisme dat slechts een paar individuen het recht hebben om te denken en dingen uit te leggen. En er was een strikte hiërarchie wat het land van herkomst van die denkers betreft. Bovenaan stond de Sovjet-Unie, gevolgd door Frankrijk, dan Italië, daarna Argentinië, en dan volgde er een hevig gedrang met helemaal onderaan Venezuela.

In die hiërarchie van engelen, aartsengelen en serafijnen was er eigenlijk geen plaats voor ons. En zelfs als we wel een kans hadden gekregen, had onze natuurlijke aanleg die voor ons verspeeld.

Als er al zoiets bestaat als een landsaard, dan schuilt de onze in onze fameuze impulsiviteit. Al heeft menigeen die neiging opgemerkt, niemand heeft haar duidelijker en beter onder woorden gebracht dan de Colombiaan Fernando González. In zijn boek *Mi compadre* beschrijft de auteur hoe hij na een barre tocht uiteindelijk in Caracas aankomt, 'in dat land vol mulatten die zo heel anders zijn dan de seminaristen van Colombia'. Hij gaat verder met de opmerking dat wij 'Venezolaanse mulatten' regeringen op dezelfde manier omverwerpen als we vrouwen op de grond gooien om ze te neuken. Hij vindt dat alle Venezolanen tot actie in staat zijn, en beweert ook dat 'als er één ding is dat Venezuela te verwijten valt, het een gebrek aan religieuze gevoelens is'.

Ik geloof niet dat onze zwakte in een gebrek aan religieuze gevoelens schuilt; ik denk dat onze grootste zwakte is dat we niet verder kunnen zien dan wat onze vijf vingers kunnen aanraken. Dat is onze ondergang geweest. Ondanks zijn Nobelprijs heeft Elias Canetti nooit zoveel lezers gehad als eigenlijk had gemoeten; hij schrijft veel over het scheppen van een wereld die voorbij het zichtbare en tastbare gaat. Zelfs onze grootste filosofen Mariano Picón Salas en Mario Agori hebben dat vraagstuk nooit aangepakt. Het waren beiden grote denkers, maar ze waren beiden oppervlakkig. Hoe komt dat? Waarom springt Venezuela er in dat opzicht zo uit?

Onze geografische kenmerken onderscheiden zich van die van andere landen in Latijns-Amerika. We hebben maar één echt buurland, Colombia. Natuurlijk zijn er op de landkaart ook nog Brazilië en Guyana, maar met die landen hebben we vrijwel geen contact. Dus zijn we geografisch gezien geïsoleerd. Voeg daaraan toe dat we het enige olieproducerende land in Latijns-Amerika zijn, en die geïsoleerdheid wordt nog eens versterkt door onze eenzame oliedollar-status. Daaruit kwamen bepaalde atypische kenmerken voort die voor het ontstaan van linkse en rechtse verzetsbewegingen hebben gezorgd. Bewegingen waaraan een onvermogen ten grondslag ligt om na te denken en te beredeneren wie we zijn en wat we aan het doen zijn. Venezolanen hebben de gewoonte om zich in een gevecht te storten, niet omdat ze erin geloven of omdat het ze wat uitmaakt waar het over gaat, maar gewoon omdat het gevecht op dat moment speelt. En Venezuela heeft zich in de loop van zijn geschiedenis menigmaal in de strijd geworpen om de simpele reden dat de kans zich voordeed.

Ik kwam uit Frankrijk en had me de Franse manier van denken eigen gemaakt: dat nauwgezette en uiterst analytische proces waarin elke mogelijke actie en reactie werden afgewogen en waarin de historische en sociologische consequentie van elke mogelijke stap werd ingeschat. Ik was doorkneed in rationalisatie en precisie, maar dat was niet de Venezolaanse aanpak.

En aldus kwam het land in oktober 1961 in de gewapende strijd terecht. Die strijd begon in Caracas en verspreidde zich vervolgens over het hele land. Er was geen sprake van een plan waaruit zou blijken dat dit een goed idee was. Als reactie op het gewapende verzet van de studenten nam het Simón Bolívar-bataljon van het leger de universiteit van Caracas in. Tegelijkertijd, maar waarschijnlijk zonder dat er enig verband was, brak in de Andesiaanse deelstaat Táchira een transportstaking uit. Deze staking maakte in het hele land opstanden los en legde Venezuela lam. Op de eerste dag van de rellen in Caracas kwamen er achttien mensen om.

Vrijwel zonder voorafgaande waarschuwing had links de wapens opgenomen. In Mérida hadden we geen andere keus dan die beweging te steunen. Zoals ik al heb uitgelegd waren we volkomen onvoorbereid. Omdat we geen wapens hadden, moesten we ze bedenken. Onze groep in Mérida verzamelde geweren, jachtgeweren en handwapens, en verder vrijwel niets. De echte gevechten vonden verspreid over het land plaats en bereikten de Andes incidenteel, daarvan heb ik er niet één zelf meegemaakt.

Ik probeerde zo min mogelijk op de voorgrond te treden en leek me vooral met grote toewijding van mijn universitaire en huiselijke taken te kwijten. Maar ik had heimelijk contact met Beatriz Rivera, een docent pedagogiek en mijn toegang tot Teodoro, de leider van de opstandelingen. Ik leidde onze versie van de ondergrondse spoorweg voor gevluchte slaven, en mijn dekmantel was volmaakt. Ik zorgde er altijd voor dat als er ergens werd geschoten, een hinderlaag was of een beroving plaatsvond, ik nergens in de buurt te bekennen was. Ik had altijd een alibi en dat klopte altijd. Dacht ik.

Intussen leidde ik achter de schermen een buitengewoon goed-

georganiseerd netwerk van gidsen en chauffeurs, van paspoort-
vervalsers en ontwerpers van vermommingen. Ik gebruikte de
nauwgezette discipline van mijn Franse communistische achtergrond om slimme ontsnappingen te bedenken en uit te voeren.

In Montmartre was de kleine bioscoop La Lumière, waar veel
buitenlandse films werden vertoond. Vida en ik gingen daar soms
met Izaguirre heen. En zo zagen we daar de oorlogsfilm *The Colditz Story*. Toen ik in Venezuela kameraden het land in en uit
smokkelde, moest ik vaak aan scènes uit *Colditz* denken, en ik
hield mezelf voor dat als die krijgsgevangenen een enorme tunnel
konden aanleggen, een trein bouwen, papieren vervalsen en de
Gestapo om de tuin leiden, ik dan toch ook in staat moest zijn om
een paar geslaagde ontsnappingen te organiseren, want ik hoefde
alleen maar dienstplichtigen van de nationale garde en een handjevol CIA-klonen om de tuin te leiden.

Negentig procent van mijn taak bestond uit denkwerk, vijf
procent was de menselijke factor en vijf procent puur geluk. Alle
mannen, vrouwen en kinderen die ik de stad, de staat of het land
uit smokkelde, kwamen veilig weg. En niet één keer werd ik met
hun vlucht in verband gebracht.

Het probleem was wel dat ik in 1961 niet met een schone lei begon. Door mijn jeugd lagen bij de verschillende geheime diensten
al dikke dossiers over mij in de archieven. Na oktober 1961 hadden
die geheime diensten de vrije hand om het land van de roden te
ontdoen, en hun methodes, die voor een land in vrede uitgesproken smerig waren, waren tijdens de burgeroorlog ineens geheel
geoorloofd.

Ondanks mijn minimale deelname aan werkelijke gevechten,
werd ik in september 1961 op weg naar huis na een middagcollege
sociologie onder bedreiging van een geweer gearresteerd. Twee
politiemannen in burger vroegen me beleefd, maar met een wapen tegen mijn oor gedrukt, in hun auto te stappen.

Ik bracht de nacht door in een cel die niet groter was dan een
eenpersoonslatrine. In de loop van de nacht hoorde ik schoten.
Het waren zorgelijke tijden, en dus hoorde je een enkele keer wat

schoten, maar dit schieten was anders, langduriger. En omdat ik in die piepkleine cel zat opgesloten, had ik geen idee waar het over ging.

De volgende dag werd ik naar San Cristóbal overgebracht. Onderweg probeerde ik te achterhalen wat er die nacht in de stad was gebeurd, maar mijn bewakers weigerden met me te praten. Het vreemdste van die hele arrestatie was het feit dat iedereen me negeerde, terwijl je toch zou verwachten dat ik juist in het middelpunt van de belangstelling zou moeten staan. Het was mijn eerste echte arrestatie en ik was een groentje. Later zou ik die paar uur kalmte voor de storm gaan waarderen: het laatste wat je als politieke gevangene moet willen, is aandacht.

Mijn eigen eerste ervaring als politieke gevangene vormde een tamelijk hanteerbare introductie tot de speciale methodes van onze geheime politie. Het ergste aan mijn verblijf in de gevangenis was het feit dat ik in die moeilijke tijd mijn familie niet terzijde kon staan. In San Cristóbal ontdekte ik dat de schoten die ik vanuit mijn cel in Mérida had gehoord door uiterst rechtse Copeyanos, leden van de conservatief-christelijke COPEI, waren afgevuurd op studenten die van de universiteit naar huis terugkeerden. Twee studenten waren ernstig gewond geraakt. Een van hen was mijn jongere broer José.

Wekenlang zweefde José op de rand van de dood. Hij overleefde de kogel in zijn lever, maar de prognose was wel dat hij de rest van zijn leven invalide zou blijven. Toen hij uit het ziekenhuis kwam, werd hij naar Cuba gesmokkeld, waar de artsen wonderen verrichtten en hem uiteindelijk gezond genoeg maakten om een actief leven te leiden.

# 31

N a negen maanden in de gevangenis werd ik in Caracas vrijgelaten. Mijn proces had veertig dagen geduurd. Ik was aangeklaagd wegens het bieden van hulp bij de ontsnapping van diverse kameraden. De aanklagers waren terecht overtuigd van mijn schuld. Maar ondanks het feit dat ik schuldig was aan het mij ten laste gelegde, was er niets wat mij met die operaties verbond. Ze konden het niet bewijzen, maar ik had persoonlijk de ontsnapping georganiseerd van kernfiguren als Teodoro Petkoff, die leider zou worden van de rebellen, en die veel later, als leider van de socialistische partij MAS, een belangrijke rol zou spelen in toekomstige regeringen van Venezuela.

Binnen de familie Barreto was dat ook het enige wat ons dat jaar meezat. Op 18 januari 1962 stierf mijn zus Blanca Dalia in haar huis nadat ze per ongeluk in haar keel was geschoten. Mijn zwager was bezig zijn pistool schoon te maken en precies op het moment dat Blanca Dalia de trap af daalde, ging het af. Ze stierf vrijwel direct.

Wij Barreto's waren met tien broers en zussen: Graciela, Irma, ik, Blanca Dalia, Bertilio, José, Ivan, Marina, Gledis en Jesús. Een paar maanden eerder had Blanca Dalia tegen me gezegd: 'Je moet het niet gek vinden dat José is neergeschoten. In een land waar zoveel mensen omkomen, moet een van ons tienen toch zeker wel vroegtijdig sterven.' In die tijd zag het er niet naar uit dat José erbovenop zou komen. Het is ironisch dat zij degene was die de prijs zou betalen voor die zo nuchtere constatering.

De familie was nog steeds verdoofd van verdriet toen slechts twee maanden later mijn broer Ivan in Portuguesa omkwam in de strijd. Anders dan ik had Ivan zich in de voorhoede van de strijd bevonden: hij was veldcommandant geweest.

Het ministerie van Binnenlandse Zaken boekte meer succes

met het tot zwijgen brengen van alle publiciteit rond de gewapende strijd dan in het onderdrukken van de opstand zelf. De pers repte met geen woord over de guerrillastrijders. Zes jaar lang is er bijna continu gevochten, maar elke actie werd steevast als crimineel in plaats van politiek aangemerkt en iedere activist kreeg het predikaat van gewone misdadiger. Het publiek zag een enorme toename in het aantal gewapende overvallen, straatgevechten, knokpartijen, geweldplegingen, ontvoeringen en moorden. Voor degenen die te naïef waren om te beseffen dat er een guerrillaoorlog woedde, moet het hebben geleken alsof de wereld van het ene op het andere moment knettergek en misdadig was geworden. Zelfs de naam van het guerrillaleger, de FALN* mocht niet in de kranten worden genoemd. Over mijn broer, die omkwam bij een veldslag tegen het leger, stond enige weken later slechts het berichtje te lezen dat hij was gedood bij een vechtpartij.

Hoewel alle tien Barreto-kinderen links waren, had ieder van ons een eigen groep opgericht of was aangesloten bij een andere groep, waardoor we allemaal weliswaar deel uitmaakten van de strijd, maar los van elkaar. De facties binnen links lagen altijd dermate met elkaar overhoop dat er soms vijandschappen ontstonden binnen onze familie, ondanks ons fundamentele geloof in het socialisme. Onze grootste verenigende factor was onze moeder, die nooit helemaal over de familiedrama's in 1961 en 1962 heen kwam.

Op de overgebleven Barreto Miliano-kinderen had de gewelddadige dood van Ivan een ingrijpende invloed. Tot dat moment hadden we de strijd vooral als iets romantisch gezien, als iets wat blij en gezellig, spannend en leuk was. Na maart 1962 werd de situatie opeens zwaar en donker. We wisten niet precies waar we zouden uitkomen, we wisten alleen dat we de strijd niet mochten opgeven. Mijn familie realiseerde zich dit, maar ook duizenden an-

---

* Fuerzas Armadas de Liberación Nacional – gewapende strijdkrachten voor de nationale bevrijding, de Venezolaanse guerrillabeweging.

dere Venezolanen. Mensen stierven, mensen verdwenen, en mensen kwamen thuis met verminkingen die ons voorstellingsvermogen te boven gingen.

Mijn eigen ervaringen in de gevangenis schokten mij in mijn diepste wezen. Ik voelde me zoals een vrouw zich waarschijnlijk voelt als ze wordt verkracht: geschonden. Ik mag blij zijn dat ik niet, zoals zovelen, werkelijk ben verkracht, maar mijn lichaam werd zo systematisch gemarteld en mijn geestesgesteldheid werd zo aangetast dat het me voorgoed veranderd heeft en ik me nooit meer veilig heb gevoeld. Ondanks de aanwezigheid van toekijkers bestaat er niets intiemers dan folteren, zelfs seks niet. Hoewel ik me heb voorgenomen om al mijn geheimen te vertellen, voel ik me wat folteren betreft niet op mijn gemak. Laat me volstaan met te zeggen dat ik mijn werk goed heb gedaan en dat ik het geluk heb gehad om het er heelhuids van af te brengen.

Toen ik uit de gevangenis kwam, wilde ik terug naar Mérida, naar Vida en onze zoon Ramín, maar zo mocht het niet zijn. Rómulo Betancourt, onze president, had onlangs verordonneerd dat iedereen die in een bepaalde stad van een politiek delict was beschuldigd, na zijn vrijlating niet terug mocht naar die stad. Ik was beschuldigd van een politiek delict in Mérida, wat betekende dat ik daar niet meer heen mocht. Los van mijn baan en mijn werk aan de universiteit, leidde het tot een enorme omwenteling in mijn relatie met Vida. Mijn gevangenisstraf was, in zeker opzicht, zwaarder voor haar geweest dan voor mij.

Ze was een vreemdeling in Venezuela in een tijd dat er weinig buitenlanders woonden. Vida beschouwde onze door olie rijk geworden nouveau riche-maatschappij als barbaars. Ze had een grote afkeer van onze opschepperige natuur en onze obsessie met kwaadaardige roddels. Ze verafschuwde de manier waarop we ons vol lieten lopen en knokten en de manier waarop zelfs de meest serieuze figuren alles lieten vallen om een feestje te bouwen of de bars en bordelen af te struinen.

Nu 'de revolutie' in alle ernst was begonnen en er mensen omkwamen in de strijd, kon ze de mengeling van passie en lichtzinnigheid die ons kenmerkt niet begrijpen. Evenmin kon ik het haar uitleggen. In menig opzicht deelde ik haar ergernis over veel van mijn landgenoten. Maar een feestje is een feestje, en hoewel ik bereid was mijn leven aan de partij te wijden, was ik absoluut niet van plan om mijn vrienden te beledigen door hun gastvrijheid af te wijzen.

Vóór mijn arrestatie hadden we lange en felle gesprekken over deze meningsverschillen. Toch, als water dat op een steen druppelt, tastten onze lakse gewoontes niet alleen haar verlangen om in Venezuela te blijven aan, maar ook haar wens om bij mij te blijven. Nu zie ik dat, maar toen nog niet. Mijn liefde voor Vida was totaal. Misschien had ze wat Huxley een 'Madame Bovary-syndroom' noemde. Misschien had ze zich een ideaal ten doel gesteld dat niet bij haar gaven paste, waardoor ze altijd teleurgesteld zou blijven. Maar ik zag haar destijds niet in dat licht. Er bestaat tenslotte een gezegde dat luidt 'wie in een glazen huis woont, moet niet met stenen gooien'. Wie was ik op mijn queeste om de redder van mijn volk te worden om een ander te bekritiseren vanwege haar onrealistische dromen? Vida was heel serieus in alles wat ze deed, en dat bewonderde ik. Ik zag hoe ze haar hoge maatstaven eerst op zichzelf toepaste en vervolgens op anderen, en ik bewonderde en respecteerde haar onverzettelijkheid. Ze gaf zichzelf aan de zaak, het internationale communisme.

Ik was meer haar sleutel tot de communistische kringen geweest dan een minnaar en echtgenoot. Ik diende een doel en Vida raakte gewend aan mijn gezelschap en aanwezigheid, en zo leek ze dicht bij me te zijn terwijl ze dat eigenlijk helemaal niet was. Tijdens de maanden dat ik in de gevangenis zat, was ik buiten beeld. Toen we na mijn vrijlating werden herenigd, was ik te verblind door mijn eigen gevoelens om de hare te zien. Misschien had ik ons huwelijk kunnen redden als ik haar beter had begrepen, maar hoe ouder ik word, hoe meer ik ga inzien dat mensen niet kunnen veranderen: je kunt iemand niet dwingen verliefd op je te worden, en je kunt iemand niet dwingen te worden zoals jij.

Steeds vaker wanneer Vida en ik elkaar zagen, bespraken we onze beschuldigingen. Ik verweet haar dat ze niet genoeg van me hield en zij verweet mij dat ik niet iemand anders was.

Als ik terugkijk, is het nog steeds verdriet dat alle herinneringen omhult. Ik vind het vreselijk dat ik haar niet gelukkig kon maken. Ik zie haar nog steeds urenlang naar de regen kijken terwijl ze onze baby tegen haar schouder wiegt. Het beeld was een prachtige camee: moeder en kind in een lijstje gevat voor het nageslacht. In haar ogenschijnlijk lege blik ving ik niet haar afkeer van de regen op, en meer nog, haar afkeer van alles wat Venezolaans was. Ik vond Mérida een mooi stadje, zij vond het lelijk. Ik vond het intellectueel stimulerend, zij vond het verstikkend. Terwijl mijn leven compleet was, voelde zij een leegte. En al die dingen die ik als troostrijk ervoer, zoals de niet-aflatende regen, de simpele keuken van de Andes, de humor van mijn kameraden, de obscene anekdotes, het geritsel van kakkerlakken in de douche, de gemoedelijke smeerboel in het huis van sommige vrienden, ervoer Vida als weerzinwekkend. Als ze de kleine Ramín tegen haar schouder drukte, was haar omhelzing en haar gewieg minder een signaal voor hem om te gaan slapen dan een stille belofte dat ze hem ver van die plek zou grootbrengen.

Toen ik de gevangenis verliet, was er niet veel meer van ons huwelijk over. Het was een huwelijk waarvan de fundamenten al in de eerste plaats op zand waren gebouwd. De twee grote fouten die ik toen heb gemaakt, waren mijn weigering om de eenzijdigheid van die 'grote liefde' in te zien en mijn onvermogen om te beseffen dat het zand eronder drijfzand was.

# 32

$\mathcal{E}$en van de dingen die iedereen in Latijns-Amerika direct of indirect beïnvloedde, was de Cubaanse raketcrisis. In de herfst van 1962 leek die de hele wereld op zijn kop te zetten waarbij er een massahysterie in de vorm van een buitensporige angst werd aangewakkerd. Vóór de Cubaanse crisis hadden wij Latijns-Amerikaanse communisten het gevoel dat als we het echt zwaar kregen, als we echt gevaar liepen te worden uitgevaagd, Fidel Castro wel iets zou doen om ons te redden. Na de raketcrisis wisten we even stellig dat hij dat niet zou doen.

Kort daarna vertrok ik naar Puerto Cabello om daar deel te nemen aan de strijd. Ik ging eerst naar Valencia en toen naar Campanazo om me bij drie kameraden te voegen. Samen moesten we op versterkingen wachten en dan meehelpen met het ontzetten van de guerrillastrijders in Puerto Cabello. Mijn drie kameraden waren Pampero, Hernán la Riva en Florencio Ramirez. We zijn weken samen geweest zonder deel te nemen aan de strijd. De versterkingen kwamen niet, dus brachten we veel tijd door met praten en surveilleren en ikzelf bracht ook nog eens veel tijd door met het observeren van de arbeid en de organisatie van mieren.

Aangezien ik weinig meer deed dan insecten observeren, bereikten mijn daden geen glorieus hoogtepunt. Ik stierf geen heldendood, zoals mijn broer Ivan, noch leefde ik een heldenleven, zoals mijn vrouw van me verwachtte.

In de begintijd van de Fuerzas Armadas de Liberación Nacional werden er fouten gemaakt, vielen er een paar doden, en werden er veel arrestaties verricht (tweehonderd van onze mannen werden alleen al in La Guaira gearresteerd en nog wel voordat ze een kans hadden gekregen om in actie te komen!). Na het debacle van de havenopstand in Puerto Cabello trokken de linkse gewapende troepen zich terug. Tegen januari 1962 bevonden zich

FALN-eenheden in de haven van La Guaira, Carúpano, Puerto Cabello en ook in Caracas. Ze werden aangevoerd door linkse legerofficiers en werden dus kundig geleid, en ze kregen ook een goede training.

In april 1962 werd in de bergen van Falcón onder leiding van Teodoro Petkoff en Douglas Bravo de eerste plattelandsguerrillagroep van Venezuela gevormd. Eerder had een rechter een arrestatiebevel voor Teodoro Petkoff uitgevaardigd. Dit zat er al aan te komen, omdat vlak daarvoor zijn parlementaire immuniteit was opgeheven. In januari van dat jaar ging hij ondergronds en werd daarmee, aangezien de partij nog steeds legaal was, de enige Venezolaanse leider van de communistische partij met een geheime verblijfplaats.

De activiteiten van de FALN waren – en zijn grotendeels nog steeds – een goed bewaard geheim. Met name in dat opzicht toonde de regering, begeleid door de CIA, zich erg adequaat. Een verbod op het noemen van de FALN en het niet toestaan dat er melding van onze activiteiten werd gemaakt, deed meer voor het onderdrukken van de opstand dan al haar contra-oproertactieken bij elkaar. Het leger bestreed ons. Militairen namen onze mannen gevangen en martelden ze. Ze executeerden een aantal van onze aanhangers en activisten en stopten andere weg in concentratiekampen als Guasina, en toch konden ze ons zes jaar lang niet bedwingen. Maar door onze beweging met stilte te omhullen, verijdelden ze onze kans op succes. We moesten de steun van het volk verkrijgen, geen revolutie kan zonder. Fidel Castro won meer door de media dan langs militaire weg. Op een klein eiland, in een klein land, kan het nieuws van een gewapende strijd zich mondeling verspreiden. In een land met de omvang van Venezuela, met een oppervlakte van 912.000 vierkante kilometer en (destijds) zo'n tien miljoen inwoners, hadden we zonder de media, en in het bijzonder radio- en tv-berichtgeving, geen kans van slagen.

Ondanks mijn aangeboren lafheid sloot ik me in 1963 bij de FALN aan. Ik werd ingedeeld bij een gevechtseenheid en kreeg de codenaam 'Otto'. Enkele dagen nadat ik me bij de gevechtseenheid had gevoegd, waren we betrokken geraakt bij een kleine schermutseling in de heuvels. Die duurde niet meer dan een kwartier, omdat we zo sterk in de minderheid waren dat we een wanordelijke aftocht moesten blazen. Een jongen die Alfonso heette en die een paar maanden langer bij de eenheid zat dan ik, werd in zijn buik geraakt en bloedde hevig. Onze beweging beschikte niet alleen over meer enthousiasme dan wapens, we hadden ook een ernstig tekort aan medisch personeel. Nu wilde het toeval dat Alfonso nog steeds niet helemaal de bierbuik was kwijtgeraakt die hij in gelukkiger tijden had gekweekt en aangezien hij zo'n kerel met zware botten was die zeker tweehonderdtwintig kilo woog, konden wij hem niet terug naar het kamp dragen. Twee dagen lang hielden we ons verborgen in een verlaten hut, gescheiden van onze eenheid.

Hoewel Alfonso niets van José weghad, voelde ik bij elke kreun en steun in die twee dagen zo'n drang om hem te beschermen dat hij echt mijn jongere broer leek. Het zinken dak van de lemen hut waarin we ons schuilhielden werd 's middags zo heet dat we erop hadden kunnen koken. De bedompte ruimte was vergeven van de vliegen en stonk doordringend naar geitenpis – een situatie die zich bepaald niet kon meten met steriele ziekenhuisomstandigheden. Het enige raam in onze kamer was een klein gat in de lemen muur, dat meer diende om insecten aan te trekken dan om frisse lucht aan te voeren. Ik was niet gewond, maar zat onder het bloed van Alfonso. Terwijl onze twee kameraden de wacht hielden, zat ik met gierende zenuwen bij de patiënt op de aarden vloer, daar ik elk ruisend blad of elke ritselende kakkerlak aanzag voor Alfonso's doodsrochel of de komst van het leger, of beide.

Ik heb me zelden zo hulpeloos gevoeld als toen. Alfonso smeekte ons om hem naar het ziekenhuis te brengen. Dat zou niet alleen tegen onze orders, maar ook zelfmoord zijn geweest. In zijn semi-hallucinerende staat was dit niet iets wat tot onze patiënt doordrong. Misschien omdat ik er zo anders uitzag dan mijn grotere kameraden en misschien omdat ik degene was die bij hem zat en de vliegen van zijn gezicht verjoeg en zijn voorhoofd depte, richtte hij zijn smeekbedes tot mij.

Tegen de tweede dag was hij bijna uitgeput. Zijn stem was amper nog een fluistering, maar hij bleef maar vleien. Voordat hij zich bij de FALN aansloot, had hij zijn vader geholpen in hun familiewinkeltje. Het was Alfonso's taak geweest om naar Maracay te gaan voor het aanvullen van de voorraden. Vanaf zijn vroegste jeugd was hij een volleerde pingelaar geweest, en had hij als een Turk onderhandeld om elke zak maïs en talgkaars. Terwijl hij op de vloer van aangestampte aarde lag te bloeden, onderhandelde hij met me om naar de stad te worden gebracht. Uur na uur, dag en nacht bood hij me alles aan wat hij bezat als ik hem maar naar een arts bracht.

Net als mijn ondervrager in de maanden voorafgaand aan mijn proces probeerde hij het dan weer met vleierij en dan weer met bedreigingen. 'Luister Otto, ik heb thuis een Chevrolet uit 1958. Je mag hem hebben. De motor is opgevoerd en hij is vorig jaar overgespoten. Het is een schoonheid. De sleutels liggen in mijn kamer, in mijn honkbalhandschoen. Ik zal een briefje voor je schrijven om aan mijn broer te geven en hij is echt van jou als je me naar het ziekenhuis brengt... Maar we moeten nu gaan! Kijk hoeveel bloed ik heb verloren. Pijn kan ik wel verdragen. Ik heb zelfs in 1955 niet geschreeuwd toen er een zak rijst op me viel en mijn milt scheurde. Maar dit is niet goed. Ik ga hier dood. Je moet me helpen. Ik heb drie reservebanden voor de Chevy en mijn broer heeft een Winchester-geweer. Ik mocht het niet hebben, maar aan jou zal hij het wel geven. Hoor nou, je moet het doen... Wat ben je nou voor man? Ellendige flikker! Moet je jou nou zien! Mijn familie breekt elk bot in je lijf als ze erachter komen. Je kunt me beter nu direct in mijn mond schieten, want als ik het red, breek ik je ribben alsof het kippenbotjes zijn. Je zult je nergens in Latijns-Amerika kunnen verschuilen. Ik vind je heus wel, schoft! Hoerenzoon... Ik heb een hutje aan zee, je mag het hebben. Er staat een halve hectare volwassen kokospalmen bij. Je hoeft nooit meer te werken, je bindt gewoon je hangmat vast aan twee palmen en gaat lekker naar de golven liggen kijken. Het is van jou, Otto, ik zweer het op mijn grootmoeders graf, God hebbe haar ziel, je mag het hebben, als je me naar de stad brengt.'

En zo ging het maar door in een eindeloze schorre monoloog die wedijverde met de cicaden en geleidelijk afzwakte tot niet meer dan een gemurmel. Als de nachtzwaluwen in het donker naar elkaar riepen, viel Alfonso's stem bijna weg en nam weer in intensiteit toe, wat hem zo sterk uitputte dat het bijna barmhartiger leek om hem een klap op zijn hoofd te geven zodat hij kon slapen.

Aan het einde van de tweede dag werden we gevonden door een opsporingsteam van de FALN met een jeep. Het was een gigantische opluchting. Op de rit terug naar de rest van onze eenheid was Alfonso aan het ijlen. Ze bleken maar drie kilometer verderop te zitten, wat maar goed was ook, want toen de jeep over de gaten in de onverharde weg hobbelde, kwam mijn patiënt bij en begon hij te brullen als een gewonde stier. Als we over een normale weg hadden moeten gaan, of langs een wegversperring waren gekomen, hadden we het kunnen schudden.

Gelukkig had het hoofdkamp een arts en binnen het uur had ze de kogel verwijderd, die niet in Alfonso's darmen zat, zoals ik aanvankelijk dacht. Binnen een week liep hij alweer rond – moe, hologig en wrokkig.

De volgende maand ontweek hij me als er andere mensen in de buurt waren, maar elke keer als hij even alleen met me was, maakte hij me duidelijk dat ik niet de eigenaar was van zijn gele Chevrolet en dat ik niet zijn reservebanden mocht hebben en dat zijn optrekje aan het strand van hem alleen was. Hij wist niet precies wat hij had gezegd en aangeboden en weggegeven, maar hij wist wel dat hij aan het onderhandelen was geweest en hij wilde me ervan doordringen dat de deals niet doorgingen. 'Heb ik iets over mijn broer Juan gezegd?'

'Een paar dingen.' Ik was niet van plan er ook maar iets meer over te zeggen tenzij hij er specifiek mee kwam.

'Als je iemand vertelt wat hij bezit, sla ik je tanden uit je mond,

236

begrepen?' We kampten met een groot tekort aan wapens, dus de Winchester van zijn broer was een waardevol bezit dat hij had moeten afsmeken, lenen of stelen voor hij zich bij de FALN aansloot. Nu wist hij dat ik het wist. 'Jij hebt me niet geholpen, schoft. Je had me laten sterven als een hond. Nu kun je maar beter je mond houden!' Vriendschap is een vreemd iets. Hij had in mijn armen gelegen, ik had duizenden vliegen van hem af gemept, zijn voorhoofd gewist, zijn stront opgeruimd en een natte doek tegen zijn lippen gehouden, dus ik vond een beetje dankbaarheid eerlijk gezegd wel op zijn plaats. In plaats daarvan stond er een jonge macho voor me die me haatte omdat ik zijn zwakte had gezien. Ik had hem niet naar de stad gebracht zoals hij me had gesmeekt, dan was hij direct gearresteerd en bijna zeker gestorven. Bovendien werd iedere arrestant ook nog eens gemarteld en zou daardoor bewust of onbewust onze kameraden en plannen verraden.

Maar ik was bij hem gebleven, niet van zijn zijde geweken, en had daarmee waarschijnlijk zijn leven gered. Dat leek de gevallen strijder van generlei belang te vinden. De anderen vergaf hij gemakkelijker. Mij zag hij als de worm die zich een weg naar binnen had kunnen vreten in zijn graanopslag om er vervolgens met zijn dierbare Chevy vandoor te gaan en – illegaal – te eindigen in zijn hutje aan zee.

Jaren later, toen ik Alfonso tegenkwam in El Chicken Bar in Caracas, schudde hij me de hand maar hij ontweek nog steeds mijn blik, wantrouwig tot het laatst.

# 33

*H*et bericht dat José was neergeschoten, was de eerste grote schok geweest. De dood van Blanca Dalia was mijn eerste kennismaking met verdriet. Toen mijn broer Ivan in de strijd omkwam, doordrong dat me van het feit dat ons land in een burgeroorlog verkeerde; maar er bleef altijd een soort afstand tussen die gebeurtenissen en mijzelf.

Pas toen ik Alfonso verzorgde, drong de volle omvang van de verwonding van mijn broer echt tot me door. Zo lang ik bij Alfonso was, kon ik me geen erger lot voorstellen dan het zijne en geen hulpelozere toestand dan de mijne. En toch werden de grenzen van wat ik zelf nog dragelijk achtte van dag tot dag verder verlegd. Daar stond ik niet alleen in, maar misschien was ik als kritische intellectueel wel bij uitstek psychologisch en fysiek ongeschikt om het zware bestaan van een guerrillero te leiden.

Mensen zeggen weleens dat als vrouwen van tevoren wisten hoe pijnlijk een bevalling is, ze nooit zwanger zouden raken. Hetzelfde gaat misschien wel voor de oorlog op. Als mensen wisten wat ze als soldaat moeten verduren, zouden ze zich nooit aansluiten bij het leger.

Toen ik aan de strijd ging deelnemen, verwarde de grote afstand tussen theorie en praktijk me nog het meest. Enerzijds was de afstand minimaal: je hoorde een geluid, je dook weg en er floot een kogel langs je hoofd. Dat was de snelle reactie. Maar als je langzamer reageerde, even nadacht, aarzelde, dan kostte dat je meestal je leven. Je moest je gedachten uitschakelen en op je intuïtie varen. Je kon niet theoretiseren, maar moest handelen. En net als bij zoveel levenslessen kostte het me een hele tijd om dat te begrijpen. Het was alsof er te veel redenen waren om de rede te laten zegevieren.

Zodra de gewapende strijd eenmaal was begonnen, was er geen

andere keuze meer dan ervoor of ertegen te zijn. Ik zou mezelf hebben verraden als ik me ertegen gekeerd had. En toen ik later eenmaal in het rad van fortuin voortrende, was het simpel een kwestie van doorgaan. Onderweg speelden de beroemde regels van Euripides over oorlog en vrede voortdurend door mijn hoofd: 'Als mensen over de oorlog stemmen, rekent niemand op zijn eigen dood; dat is te vroeg, denkt hij, iemand anders zal dat gruwelijke lot ten deel vallen. Maar als de dood hem in de ogen keek op het moment dat hij zijn stem uitbracht, zou Hellas nimmer aan oorlogszucht ten onder gaan. En toch weten wij mannen welk van de twee woorden beter is, en we kunnen het goede en het kwade dat ze brengen tegen elkaar afwegen; wij weten hoeveel beter vrede is dan oorlog.'

In tegenstelling tot bij een reguliere soldaat, kijkt de dood een guerrillero wel degelijk in de ogen op het moment dat hij zijn stem uitbrengt. En eigenlijk is 'je stem uitbrengen' een al te democratisch proces om van toepassing te zijn op de manier waarop wij werden meegesleurd. 'Stemmen' was eigenlijk niet aan de orde.

Op een wat persoonlijker niveau was ik de meest onwaarschijnlijke vrijheidsstrijder die ik me kon voorstellen. Ik was klein, zwak en tuberculeus. Ik was timide, laf en bangelijk. Toen ik naar Falcón op pad ging om me aan te sluiten, was ik in militair opzicht volslagen ongetraind. En in de laatste, maar zeker niet de minste plaats: ik was overmatig zuinig op mijn spullen en obsessief in mijn gewoontes. Ik was een moeilijke eter en een moeilijke slaper. Ik had er behoefte aan dat mijn papieren, boeken en aantekeningen precies zo bleven liggen als ik ze hebben wilde: onaangeroerd door anderen. Ik had veel tijd nodig om in stilte na te denken. Ik had behoefte aan hele bibliotheken onder handbereik en aan de mogelijkheid om mijn ideeën op andere nieuwsgierige denkers los te laten.

Ik had zwakke longen, voortdurend last van uitslag, maagzuur, indigestie, verstopping en allerlei allergieën, waaronder een overmatig sterke reactie op muggenbeten. Er waren talloze etenswaren die ik niet verdroeg. Als ik mijn rebelse spijsvertering negeerde, werd ik gestraft met aanvallen van maagzuur en gal. Ik ben nooit goed geweest in zware lasten dragen of lange afstanden lopen. Ik kan zwemmen, maar niet erg goed en niet erg ver. Ik heb harde geluiden altijd buitengewoon pijnlijk gevonden, waarschijnlijk doordat mijn trommelvliezen bij mijn geboorte zijn gescheurd en nu littekens vertonen. Ik weet niet anders dan dat ik slecht slaap. Mijn matras moet van een bepaalde dikte en een bepaald soort zijn: niet te hard en niet te zacht. Ik ben een echte kussenkenner. Vanwege mijn allergie kan ik niet op eiderdons of veren slapen. Ik kan niet op schuimrubber, tijk of paardenhaar slapen. Tegen 1962 had ik mijn vaderland en een groot deel van Europa bereisd op een odyssee van oncomfortabele nachten en ik was inmiddels zover dat ik mijn eigen kussen gevuld met ruwe West-Indische katoen altijd met me meedroeg. Evenmin kon ik zonder een nachtlampje slapen. Dat was een overblijfsel van mijn angst voor het donker toen ik klein was. Als mijn overhemd of broek ook maar een tikje te los of te strak zit, heb ik daar de hele dag last van en raak ik in een staat van zenuwzwakte. En ik heb er een bloedhekel aan als mensen de krant ook maar een millimeter naast de vouw opvouwen. Ik verafschuw wanorde. Kortom, ik ben een monster, een wandelende verzameling kinderachtige eisen, die in het guerrillaleger allemaal moesten ophouden te bestaan.

Ik sloot me aan en roeide met de riemen die ik had. Ik klaagde niet, maar mijn lichaam wel. Mijn voeten werden zo erg opgevreten door de schimmel dat mijn huid begon te branden en door mijn schoenen heen bloedde. Ik had zo'n last van verstopping dat we in de bergen waarschijnlijk vaker hebben gevochten dan dat ik poepte. Ik sliep zo weinig en zo slecht dat ik halfgek van slaapgebrek werd. En de angst voor gevangenschap en de dood was secundair aan de nachtenlange angst voor de duisternis. Ik werd enkel en alleen een kenner op het gebied van de maan omdat de paar dagen voor en na volle maan een welkome afwisseling waren waar ik tijdens de tussenliggende totale verduistering reikhalzend naar uitkeek. Ik ben van nature geen man van mannen-onder-elkaar.

Ik moet me een groep mannen binnenwerken als een worm een computer. Ik moet naar binnen sluipen en de zaak langzamerhand overnemen, en dat kost tijd. En toch ben ik van nature geen eenzame geleerde. Ik heb altijd onderdeel van een groep willen uitmaken: organisch in een geheel opgaan en er sociaal aan bijdragen waar en wanneer ik maar kan.

Als je in een kleine groep leeft waar de doodsdreiging deel van uitmaakt, heb je niet alleen de kans maar ook de noodzaak om erbij te horen. Mijn ervaring met de gewonde Alfonso was een uitzondering op de regel: over het geheel genomen kreeg je zelfs als je maar een paar weken samen aan de guerrilla deelnam een nauwere band dan als je jaren in vredestijd met elkaar optrok. Die kameraadschap was de prettige kant van de strijd.

1963 was het jaar waarin de guerrillaoorlog in Venezuela het hevigst woedde. Het was het jaar waarin het leger met tanks en hele bataljons uitrukte om onze gedecimeerde eenheden te vernietigen. Ondanks ons gebrek aan wapens, munitie en vooral aan een duidelijke strategie, was er één ding waar we nooit gebrek aan hadden, en dat was ons woeste, rauwe enthousiasme. Op het slagveld waren we kanonnenvoer. Bij één gedenkwaardige gelegenheid zetten een paar eenheden van de FALN onder vijandelijk vuur blindelings mannen in tegen machinegeweren en mortieren. Onze mensen gooiden molotovcocktails in bierflesjes naar een linie oprukkende tanks. Verbazingwekkend genoeg overleefden velen die zelfmoordactie.

De FALN begon in Falcón met een kern van ongeveer twintig man, maar al snel groeide het aantal guerrillastrijders op het platteland aan tot een man of driehonderd in de deelstaat Lara en ongeveer honderdvijftig man onder Douglas Bravo in Falcón. Zolang we nog maar twintig man te velde hadden, ontleenden we onze inspiratie uiteraard aan het voorbeeld van Fidel Castro en Che Guevara en het minieme revolutionaire leger dat zij vanuit de Sierra Maestra naar de overwinning voerden. Tot op zekere hoogte volgden we het Cubaanse voorbeeld en toen de kleinere eenheden of *focos* eenmaal waren geformeerd en logistieke steun kregen van drie plaatselijke landeigenaren en hun semi-feodale landarbeiders, had de FALN een effectieve strijdmacht om het leger mee te kwellen en sabotage mee te plegen.

Onze plattelandsguerrillero's opereerden ongeveer zoals soortgelijke groepen in andere delen van de wereld te werk gingen. Zoals de Verenigde Staten in Vietnam zouden ontdekken, kan een leger, hoe sterk het ook is, nooit een guerrillamacht verslaan. Ook als die macht minder briljant georganiseerd is dan de Vietcong. Zolang we verborgen bleven en onvoorspelbaar en in kleine groepjes toesloegen, konden we het volhouden en ons steeds weer hergroeperen. We brachten verhoudingsgewijs weinig schade toe en de gebieden waar gevochten werd waren tamelijk duidelijk afgebakend, maar we waren niet zomaar een Latijns-Amerikaans land dat strijd leverde, we waren het enige echte olieproducerende land in Latijns-Amerika, en onder geen beding wilden de Verenigde Staten dat land communistisch laten worden.

Intussen liet Teodoro Petkoff van halverwege 1962 tot zijn arrestatie in maart 1963 de bergen achter zich en keerde terug naar Caracas om zich daar bij de militaire sectie van de Venezolaanse communistische partij te voegen. De stadscommando's trokken internationaal veel aandacht omdat die een paar spectaculaire stunts uithaalden.

We waren overigens weliswaar niet zo goed georganiseerd als de Vietcong, maar die waren zo onder de indruk van de unieke guerrillatactieken van onze stadscommando's dat sommige kameraden die in het buitenland kwamen door de Vietnamese revolutionairen onder druk werden gezet om precies te vertellen hoe we te werk waren gegaan bij operaties als de ontvoering van de Spaans-Argentijnse voetbalster De Stefano en de diefstal en vrijwillige teruggave van een hele tentoonstelling van Franse impressionisten in Caracas, en lest best, de ontvoering van de militair attaché van de Verenigde Staten.

Toen de FALN het hoofdkwartier van een Amerikaanse militaire missie innam, haalde dat over de hele wereld de voorpagina's.

Er verschenen foto's van een Amerikaanse kolonel in ondergoed. Een andere keer kaapte de FALN een vliegtuig, strooide boven Caracas folders uit, en vloog vervolgens met een grote zwaai vlak over de daken, tot groot genoegen en even grote schrik van de bevolking. De tactieken van de FALN maakten ons op dezelfde manier populair als bijvoorbeeld de Tupamaros in Uruguay. De stunts van onze stadscommando's waren slim en er vloeide geen bloed bij. Ze zetten de politie en de overheid voor gek en hadden het grootst mogelijke politieke effect.

Achteraf gezien was het zoals Teodoro Petkoff zei: 'We dachten eerst dat de plattelandsguerrilla het belangrijkste front was, omdat we vergiftigd waren door de propaganda en het succes van de Cubaanse revolutie. Maar door de gebeurtenissen zelf veranderde de stad in het belangrijkste front. Caracas was net een echokamer, en een voetzoeker die op de hoek van een straat in het centrum ontplofte, had meer politiek effect dan een gevecht tussen de guerrillastrijders en het leger in de bergen van Falcón.'

In een halve eeuw was Venezuela veranderd van een land waar de bevolking grotendeels op het platteland woonde in een land waar de meeste mensen in de stad woonden. En dus heersten met name in de stad de sociale tegenstellingen en de politieke spanning. Onze voorhoede van slechts vijfhonderd man hield het in Caracas twee jaar vol dankzij alle steun van de bevolking.

In de bergen daarentegen gingen de gevechten veel langer door; maar het was letterlijk een strijd tegen de klippen op. We daalden uit de heuvels neer, sloegen toe en trokken ons dan terug, met het leger op onze hielen. Hoe ver we ook omhoogtrokken, de soldaten bleven ons achtervolgen. Er vielen veel doden, we werden slecht bevoorraad, we hadden slecht functionerende wapens, onze organisatie werd voortdurend onderuitgehaald en ons moreel steeg en daalde met duizelingwekkende snelheid.

Politiek gezien hebben we misschien weinig wereldschokkends bereikt, maar emotioneel gezien waren we een soort vergrootglas waardoor de zon op droog gras scheen. Ons hart vlamde op in snelle cycli van gepassioneerde liefde. We hadden wel gebrek aan medicijnen en wapens en weinig kans op succes in de bergen, maar we liepen over van energie en alle denkbare soorten stress, waarvoor we ontspanning zochten in bezeten vrijpartijen. Vanwege het grote aantal slachtoffers en onze ongelofelijk lage levensverwachting hadden we de neiging om alles wat we in ons hadden bij de geringste aantrekkingskracht volledig uit te leven.

Toen ik me bij de guerrillabeweging aansloot, was ik nog helemaal kapot van het feit dat mijn huwelijk met Vida was mislukt. Uit een mengeling van wanhoop en wraakzucht stortte ik me op alle vormen van goede, slechte en smerige seks, zolang de persoon aan het andere einde van mijn penis maar een vrouw was. Afgezien van de pijnlijke uitslag die ik eraan overhield, maakte het het gemis van Vida alleen maar erger. En dat duurde voort tot ik verliefd werd op Beatriz Rivera.

Ik kende haar al tamelijk goed van de twee jaar daarvoor, omdat ze niet alleen het legale gezicht van Teodoro Petkoff was, maar ook docent pedagogiek aan de universiteit waaraan ik zelf verbonden was. Als docent had ik in intellectuele kringen kunnen verkeren zonder achterdocht te wekken, en aldus kon ik ook met haar als collega en niet zozeer als communistisch contact omgaan. Beatriz werd in de gaten gehouden, dus zorgde ik ervoor niet met haar te worden gezien, zeker niet buiten de campus. En toch werden we goede vrienden en beïnvloedden we elkaar over en weer. Ze had een open geest, iets wat ik als orthodoxe marxist niet had. Zij wekte mijn belangstelling voor de psychologie en de psychoanalyse, haalde me over om mijn vooroordelen aan de kant te zetten en Freud opnieuw te lezen, en bracht me bij om autonoom te denken, zelfs binnen de grenzen van het marxisme.

Afgezien daarvan bewees ze heel wat onafhankelijker, autonomer en creatiever te zijn dan wie ook in Venezuela. Ze leidde geen bestaan als conventionele echtgenote, huisvrouw, of moeder van haar twee kinderen. Zonder ook maar iets van een feministe te hebben, voelde ze zich volkomen vrij om haar leven te leiden zoals zij dat goed achtte. Ik moet er wel even bij zeggen dat Beatriz Rivera de vrouw van Teodoro Petkoff was. Ze hadden samen een zoon en een dochter, die voornamelijk bij haar ouders woonden, maar al was ze een liefhebbende en tedere moeder, ze erkende geen banden. Ze was met Teodoro samen en ze zat bij de partij omdat dat was wat zij wilde en absoluut niet omdat ze zich verplicht voelde om echtgenote en activiste te zijn. Zulk gedrag was in die tijd en in dat land uitzonderlijk zeldzaam en moedig.

Ze was de jongste studente die ooit aan een Venezolaanse faculteit in de psychologie en pedagogiek was afgestudeerd. Ze was wild en grappig en oogverblindend mooi. Beatriz was twee jaar jonger dan ik. En ze was ook veel moediger dan ik en had tien keer zoveel uithoudingsvermogen.

Ik hield echt van Beatriz Rivera; in haar gezelschap kreeg ik niet alleen de kans om mezelf te zijn maar ook om op een organische manier te groeien. Ik hoefde niet net te doen of ik iemand anders was, of net te doen of ik beter of slechter was. Ons bestaan was ontdaan van alle franje en hypocrisie; we leefden zo dicht bij de dood dat we in staat waren om een intimiteit te bereiken van een soort en een kwaliteit die ik daarna maar zelden heb meegemaakt. Haar zoete, uitbundige liefde en haar zigeunermanieren deden meer dan wat ook de wonden die de breuk met Vida hadden nagelaten genezen en transformeerden veel van mijn dagen in de gewapende strijd tot de dierbaarste momenten van mijn leven.

Wat het huiselijk front aangaat ging ik hevig gebukt onder het feit dat ik, toen Vida en Ramín eenmaal vertrokken waren, niets meer van mijn zoon gehoord had. Aanvankelijk weet ik dat aan het slechte functioneren van de posterijen. Maar met het verstrijken van de tijd werd duidelijk dat ik niet alleen als echtgenoot, maar ook als vader had afgedaan. Ik voelde me als het personage uit een boek van Kafka dat in een insect verandert. Ik stelde me voor dat mijn ex-vrouw me als een *bicho* zag. En hoe meer ik aan bicho's dacht, hoe meer ik er tegenkwam. De bergen waren vol bicho's. Er waren muggen, vliegen, schorpioenen, reuzenbijen, wespen, regenwormen, giftige spinnen, luizen en teken die zich tot de omvang van kersen met ons bloed volzogen.

245

Om ons ongemak nog te verergeren was de hitte ondragelijk en waren er maar heel weinig mogelijkheden om ons te wassen. We moesten in de bosjes poepen, wat mijn levenslange worsteling met mijn trage stoelgang verergerde. Op een zeker moment moest ik hete malvekompressen maken om die op mijn opgezette buik te leggen. Het was een keer zelfs zo erg dat iemand van onze eenheid de dekking moest opgeven en een dorp in ging om een fles castorolie en laxerende pillen voor me te halen. Nu kan ik erom lachen, maar indertijd was de vernedering enorm.

Van andere bezoekingen hadden we allemaal last. Het struikgewas zorgde bijvoorbeeld voortdurend voor problemen. Meestal liepen we hellingen niet op, we kropen omhoog en kapten ons een weg door doornige kluwens. We aten slecht, sliepen te weinig, waren fysiek uitgeput en onze zenuwen waren voortdurend tot het uiterste gespannen, dus bij het minste of geringste begonnen we te bekvechten. De koortsen en infecties die nu eenmaal bij de tropen horen eisten een zware tol en onze zieken en gewonden hadden erg te lijden.

De positieve kant was dat we het gevoel hadden dat we iets heldhaftigs, iets goeds deden. Het was een vorm van hartstochtelijke romantiek. Bijna iedereen had een behoorlijk gevoel voor humor: wie dat niet had, overleefde het niet lang. Af en toe werden we niet door de vijand, maar door lachbuien overvallen. En als we op of in de buurt van een van de haciënda's die ons het grootste deel van onze logistieke ondersteuning verleenden ons kamp hadden opgeslagen, leefden we als de bandietenkoningen over wie we allemaal weleens hadden gefantaseerd.

Maar al met al waren onze omstandigheden altijd ondergeschikt aan één omstandigheid, namelijk dat we systematisch en onafgebroken door een oneindig superieure krijgsmacht werden achtervolgd. Een deel van de regeringstroepen was door de CIA getraind, en ze hadden allemaal toegang tot de CIA-handboeken over het onderdrukken van opstanden, terwijl wij niet één boek of zelfs maar een handleiding hadden hoe je in de bergen moest overleven en hoe we onze aanvallen op touw moesten zetten. De helft van onze tijd besteedden we aan het opnieuw uitvinden van het wiel.

Tot de weinige medestanders die we indertijd hadden, behoorden de Italiaanse communisten. De meeste communistische partijen, waaronder in toenemende mate ook facties binnen onze eigen Venezolaanse partij, waren faliekant tegen onze gewapende strijd. De sovjets wilden de status-quo niet verstoren en veroordeelden dus uit eigenbelang ons initiatief. Onze eigen communistische partij begon al aardig zijn hakken in het zand te zetten en niet veel meer te doen dan kritiek te leveren, maar de Italianen boden hun volledige solidariteit aan. Het was een groep van wie we het totaal niet hadden verwacht, want zeker tien jaar lang heerste er al een anti-Italiaanse sfeer, nadat bijna de hele bouwsector tijdens de dictatuur van Pérez Jiménez in hun handen was gekomen. De kleine geneugten van ons leven in het wild waren vaak te danken aan de hulp van de Italiaanse gemeenschap.

Naarmate het net van de regeringstroepen zich steeds verder rond ons sloot, werden de gevechten allengs intensiever, tot we alleen nog ons leven te verliezen hadden. De nationale pers zette zijn totale censuur van alles wat met de FALN te maken had voort, maar dankzij de publiciteit die onze stadscommando's en hun stunts kregen, werd er in het buitenland wel aandacht aan de FALN besteed. Dit hielp ons internationaal gezien, maar de censuur van enige vermelding van onze politieke activiteiten betekende wel dat we in de loop van de tijd minder steun van de boerenbevolking kregen. Dus wij waren voor de rechten van de boeren aan het vechten, terwijl die ons om de haverklap aangaven. Uiteindelijk moesten we ons voor vriend en vijand verbergen.

Zonder zelfs maar de stilzwijgende steun van de boeren en de plattelandsdorpen moesten we wel falen. Om Che Guevara te citeren: 'De guerrillero heeft de volledige steun van de bevolking van het gebied nodig. Dat is een absolute voorwaarde.'

Een voor een stierven of verdwenen de mannen om me heen. Eind 1963 waren de kansen dat ik of wie dan ook van ons nog lang in leven zou blijven bijna tot nul gedaald. We wisten dat allemaal. Het werd onmogelijk om te slapen. De zekerheid dat het nog maar een kwestie van uren, dagen, of op zijn hoogst maanden was voor ik zou sterven, zorgde ervoor dat ik me in elk geval bewust wilde zijn van elke seconde die me nog restte. En de gevechten werden nog heviger, terwijl het net zich verder om ons sloot. Onze toch al karige voorraden slonken nog verder en ons moreel nam in hetzelfde tempo af als onze mankracht.

Op dat moment kwam de Venezolaanse communistische partij tussenbeide. Vele van onze beste leiders en grootste denkers waren gedood of gevangengezet. Het gevolg was dat links in Venezuela ernstig was verzwakt. Ergens zag iemand onder ogen dat het zinloos zou zijn als ik op dit slagveld stierf voor een strijd die niet kon worden gewonnen. Tot mijn opluchting kreeg ik de opdracht om te vertrekken en elders door te vechten.

Indertijd leek het een wonder. Nu zie ik dat er wel degelijk iets in zat. Ik werd naar een toevluchtsoord overgebracht om me in leven te houden, zodat ik later de partij in Venezuela in leven kon houden. De eenheid waar ik bij had gezeten werd een week na mijn vertrek volledig uitgeroeid.

Mijn lasteraars hebben heel wat zure druiven en beschuldigingen van desertie en lafheid over me uitgestort omdat ik van het front werd weggehaald en als het ware voor het nageslacht was behouden. Zelfs de linkse pers heeft zich eraan bezondigd. En wat kan ik ertegen inbrengen? Ik ben inderdaad niet tijdens de guerrillaoorlog omgekomen.

Vroeger konden communisten aan vervolging in hun eigen land ontkomen door naar Cuba, de Sovjet-Unie of een bevriende Arabische staat te gaan. Het spreekt voor zich dat er maar een paar van die Arabische staten waren die ons soort mensen asiel zouden verlenen. Algerije had zich net van Frankrijk losgemaakt en was onder leiding van Ben Bella nog helemaal in de ban van de hernieuwde vrijheid. Het was inmiddels een toevluchtsoord voor anti-imperialisten van over de hele wereld en bij toeval ook het reisdoel dat voor mij werd uitgekozen.

In zijn boek *Is dit een mens* heeft Primo Levi het over het belang van de mogelijkheid om af en toe afstand te nemen van de alledaagse gruwelen, van de absolute noodzaak om, hoe tijdelijk ook, respijt te krijgen van de concentratiekampen, de dood en de martelingen. In onze veel kleinere arena gold hetzelfde: om te kunnen denken, plannen te kunnen maken en de kracht te hebben om door te gaan, moesten we af en toe afstand nemen van de onophoudelijke druk van de guerrilla.

De partij stuurde me naar Algiers om daar een andere vriend van me, Pedro Uno, te ontmoeten. Ik kreeg alleen te horen dat ik op een gevoelige missie werd gestuurd. Ruim een maand voordat ik uit mijn gevechtseenheid werd teruggetrokken, was Beatriz Rivera aan de stadscommando's toegevoegd. In de weken na haar vertrek drukte dat gemis zwaarder op me dan mijn uitputting of mijn angst.

Vervolgens zigzagde ik als een menselijk pakketje in de kofferbak van ik weet niet hoeveel auto's naar de haven van La Guaira. Het plan was dat ene El Chino me aan boord van een schip zou smokkelen en me het land uit zou krijgen. El Chino was een geniaal smokkelaar. Hij was het soort man dat een kat in een vissenkom kon stoppen en mensen dan kon laten geloven dat het een goudvis was.

Ik wist heel weinig van mijn ontsnappingsplan en mijn missie, behalve dat ik Frankrijk zou aandoen, maar voor de afvaart kreeg ik nog de kans om Beatriz terug te zien. Zij en ik brachten twee dagen samen door. Achtenveertig uur lang prentten we ons intensief de herinnering aan de ander in, we wisten allebei dat ik in geen maanden of misschien wel jaren zou terugkomen, zo al ooit. Als leden van een verboden beweging konden we geen brieven of telefoontjes uitwisselen of zelfs maar mondelinge boodschappen doorgeven: we hadden geen toekomst als paar, hoe bohémien of liberaal we ook waren. Dus toen ik eindelijk wegging uit het smerige kamertje met de kapotte jaloezieën op het geheime adres waar we elkaar voor het laatst ontmoetten, verliet ik haar ook.

Afgezien van een paar cruciale momenten was ik tot 1963 vrij geweest om los van mijn politieke bestaan mijn eigen leven te bepalen. Maar daarna werd ik een piepklein radertje in het grotere politieke raderwerk. Mijn innerlijke strijd ging toen niet meer over liefhebben of vertrekken, over settelen of zwerven, niet over doorgaan of stoppen met de strijd. Ik werd een marionet aan wiens touwtjes eerst door de communistische partij en vervolgens door de omstandigheden werd getrokken, en mijn strijd ging alleen nog over het bewaren van mijn integriteit, voor mezelf blijven denken en in gedachten blijven houden voor wie we vochten. Op het krijgstoneel hebben de dagelijkse wreedheden de neiging om de idealen te verdoezelen, en dus moesten niet alleen mijn kameraden maar moest ook ikzelf er voortdurend aan herinnerd worden dat we tot nut van het algemeen vochten. We moesten in gedachten houden dat we voor een goede zaak en niet voor de lol ons leven in de waagschaal stelden en landgenoten vermoordden.

Toen ik tot mijn eeuwigdurende spijt Beatriz Rivera achterliet, bleef een deel van mij bij haar. De man die wegging, had minder intens functionerende zintuigen dan de man die haar naakte lichaam onder de sterrenhemel van Falcón om het zijne geklemd had gehouden.

Intussen had Vida eindelijk via mijn moeder contact met me gezocht. Het ging goed met Ramín en haar en ze woonden in Parijs. Ze wilde de laatste juridische banden tussen ons doorsnijden. Daarom waren er echtscheidingspapieren die ik moest ondertekenen en ze wilde weten waar die naartoe moesten worden gestuurd.

De enige uitzondering op het feit dat mijn politieke loopbaan mijn persoonlijke leven regeerde, was het toeval dat ik via Frankrijk naar Algiers werd gestuurd op het moment dat Vida die papieren ondertekend wilde hebben. Dat was de enige keer dat ik in staat was om iets wat ik voor mezelf moest doen te combineren met wat ik voor de beweging moest doen.

Vida zou me op de kade opwachten. Omdat ik wist dat we elkaar alleen maar zouden zien om de echtscheiding af te ronden, en omdat ik in de anderhalf jaar sinds ik haar voor het laatst had gezien de tijd had gehad om te beseffen hoe fundamenteel zonder toekomst onze verbintenis was, en ook omdat ik verliefd was op Beatriz Rivera, was ik niet overmatig uitgelaten bij het vooruitzicht dat ik Vida weer zou zien. Maar ik was wel uitgelaten bij de gedachte om, al was het maar voor een dag, met Ramín te worden herenigd.

Op een zonnige dag in augustus 1964 liep ik de loopplank van de El Flander af naar de kade. Ondanks het emotionele pantser dat ik droeg, kon ik het niet helpen dat ik zag hoe Vida daar als een sirene stond. Het was niet alleen omdat ze zo mooi was, ze was ook geweldig chic. Ze had stijl en ze straalde klasse uit. Maar wat gaf ik als rechtgeaarde communist om klasse? Het antwoord is: niet heel veel, maar dat nam niet weg dat het wel te zien was. Wat vrouwen als Vida onderscheidt, zit hem niet in hun schoonheid of hun kleren, hun rijkdom of sieraden, het zit in het feit dat ze zo verzorgd zijn. En dat is niet een kwestie van een instant-metamorfose: die alchemie die zoveel vrouwen als door een wonder bereiken door zichzelf binnen een uur van sjofel tot schitterend te transformeren. Het is een combinatie van smaak en tijd. In de westerse samenleving is het het meest exclusieve voorrecht van de hogere klassen. In Afrika en Azië is het iets wat men als gemeenschap weet te bereiken. In Latijns-Amerika is er maar zelden sprake van de juiste combinatie van smaak, rijkdom en vrije tijd om het ware verzorgde effect te bereiken. Vida had het van nature en daarom sprong ze er in die wachtende menigte uit als een exotische ster.

Tot mijn verbazing was ze erg hartelijk. We dronken pastis in een café en ze vertelde me dat ze me niet alleen had gemist, maar ook dat ze graag een soort relatie met me wilde blijven onderhouden.

Nu was ik aan de beurt, en dat was lastig: ik wist niet echt meer wat ik voor haar voelde. We rekten de tijd door veel meer pastis te drinken dan we allebei konden verdragen en binnen een paar uur belandden we samen in een klein pension in bed.

Later die avond vertelde ik Vida dat we alleen samen konden zijn als ze met me meeging naar Algerije, waar de partij mij naartoe had gestuurd. Ze vroeg bedenktijd. En toen stemde ze toe.

En dus gingen Vida, Ramín en ik kort daarop als gezin op weg naar Algiers.

# 34

In de herfst van 1964 voeren we naar Noord-Afrika. Ik wist nog steeds niets van mijn missie, ik had alleen te horen gekregen dat ik me daar bij de Cubaanse ambassadeur, Jorge Sergera, moest melden, die bij iedereen bekendstond als 'Papito'.

Ik dacht dat ik wel zo'n beetje wist wat ik kon verwachten toen ik in Algiers aankwam. Ik had honderden rapporten gelezen en ik weet niet hoeveel verhalen gehoord over hoe het daar tijdens de revolutie was. Ik had de benauwde, sombere sfeer van Camus' romans ingedronken. Ik had in ontelbare Algerijnse cafés in Parijs gegeten en talloze Algerijnse kameraden in hun Parijse woning opgezocht. Dus voor ons schuitje aanlegde, voelde ik me eigenlijk al een hele kenner.

Maar om te beginnen had ik geen rekening gehouden met de vloedgolf van geuren die me bij aankomst overspoelde: die bedwelmende combinatie van houtskool en geroosterd lam, kruiden en zweet, munt en jasmijn, petroleum en geitenstront, vers brood, koffie, oleanders en zilte zeelucht. In al mijn kortzichtige verbeelding verwachtte ik een stad die doortrokken was van camusiaanse berusting in een langdurige periode van herstel na een wrede oorlog. Ik dacht dat de stad zijn wonden aan het likken zou zijn – zoals Heidelberg dat na de oorlog ruim acht jaar lang had gedaan. Ik stelde me voor dat Algiers iets strikts en gedisciplineerds zou uitstralen en dat er een uitgesproken ernstige, intellectuele sfeer zou hangen, net als bij de heftige bijeenkomsten die we tijdens de onafhankelijkheidsoorlog in Parijs hadden gehouden, maar dan veel omvangrijker. En ik wist wel dat Algerije het Mekka was geworden voor anti-imperialisten van over de hele wereld, maar ik had me niet gerealiseerd dat dat zich zou uiten in een geweldig multicultureel, etnisch festijn dat dagelijks over boulevards en straten paradeerde met Ghanezen, Toearegs, Kongolezen, Chinezen, Indonesiërs, Koreanen, Senegalezen, Mozambikanen, Oost-Europeanen, Mongolen, Finnen en Tanzanianen die elk hun uiteenlopende afkomst in een fantastisch vertoon van stoffen en hoofddeksels lieten zien.

De Middellandse Zee lag als een oogverblindend decor te schitteren. De haven was een en al lawaai en kleur, de stranden krioelden van de plezier makende mensen. De koninklijke architectuur van de uit drie lagen bestaande stad rees indrukwekkend op van de Franse koloniale sector met zijn grootse arcades aan zee, naar de jachtige, levendige handel van de oude Spaanse wijk, de oeroude Arabische stad en de kashba. Het was een plaats vol gratie en vrolijkheid. Een waterval van bougainville golfde over balkons en daken, hele muren van door sierlijke spijlen gevlochten oleander en jasmijn verdoofden mijn zintuigen, en de geraniums groeiden in een soort woeste uitbundigheid.

Zelfs de kashba was vol kleur en gelach. De kleding van de plaatselijke bewoners en de bezoekers was in mijn ogen volkomen exotisch. Deze stad vierde uitgelaten haar overwinning. Het deed er denken aan een vakantieoord en de bewoners zagen eruit en gedroegen zich als een reusachtige club op hun jaarlijkse uitje. Dat wil zeggen: een vakantie vol activiteiten waaraan iedereen met ontzaglijk enthousiasme meedeed. Niets wees er op het eerste gezicht op de recente oorlog, de bittere strijd of de miljoenen doden van de afgelopen revolutie.

Op papier riepen de twee miljoen ontheemden beelden op van

vluchtelingen met gekwelde gezichten die in Duitsland en Oost-Europa de gruwelen van de oorlog ontvluchtten. In de praktijk waren de twee miljoen ontheemden een logistieke nachtmerrie die het in werking zetten van Ben Bella's herstelplan voor zijn land ernstig bemoeilijkte. Maar oppervlakkig gezien zorgde de plotselinge overbevolking als gevolg van het feit dat er zoveel vluchtelingen van het platteland naar Algiers waren getrokken ervoor dat elke straat in een kleine soek en elke straathoek in een feesttent veranderde.

Bij aankomst was ik volkomen gedesoriënteerd. Ik was net een jaar lang als guerrillero een soort opgejaagd dier geweest. Het contrast met al het comfort dat Algiers te bieden had, was zo reusachtig dat ik een paar dagen lang halfverdoofd ronddwaalde.

Bij nadere beschouwing zaten de muren vol kogelgaten en waren er open plekken tussen de huizen die daar niet thuishoorden. Talloze winkels en fabriekjes zaten dichtgespijkerd en andere vertoonden tekenen van plundering. Desondanks was de sfeer in het centrum uitgesproken *allegro* en de sfeer buiten de stad, op de hellingen met terrassen vol prachtige olijfbomen, vooral kalm.

Als de muezzin hun stem verhieven voor hun oproep tot het gebed, de zon als een rode schijf achter het gladde water in de baai zakte, de laatste meeuwen rond ons huis cirkelden en de nachtelijk geurende jasmijn mijn zintuigen verdoofde, waren Vida, Ramín en ik met huiselijk geluk omgeven.

De Cubaanse ambassadeur was van mijn leeftijd. Hij kwam uit dezelfde stad als Fidel Castro en had samen met Raúl Castro als guerrillero aan het tweede front van Cuba gevochten. Tijdens de revolutie was hij een van de jongste commandanten. Naderhand veroordeelde hij als openbaar aanklager de meeste van Batista's beulen ter dood.

Zijn werk in Algiers was de minst conventionele diplomatieke missie die Cuba had, en toch kon Papito uitstekend met alle andere ambassadeurs overweg. Hij kon zelfs zo goed met ze overweg dat zijn bijeenkomsten meer weg hadden van een dagje uit met het honkbalteam dan van een gebeuren binnen het corps diplomatique. Hij ontving zijn collega-ambassadeurs soms zelfs in boxershort. Maar ondanks zijn schijnbare achteloosheid vergat Papito nooit de beproevingen van Cuba, zijn trouw aan Ben Bella, zijn verering voor Fidel Castro of zijn rol in de internationale gemeenschap. Al had hij er recht op, hij wilde niet in een groot huis wonen en gaf de voorkeur aan een bescheiden appartement even buiten de stad.

Hij legde me uit dat mijn delicate missie het volgende inhield. Er was een bepaalde hoeveelheid wapens uit Korea en China die naar Latijns-Amerika moesten worden doorgestuurd, en ik moest een manier bedenken om ze daarheen te smokkelen. Cuba werd zo intensief in de gaten gehouden dat ze daar niet werkelijk de kans hadden om rechtstreeks wapens aan Latijns-Amerikaanse gevechtseenheden te leveren. De organisatie van dit indirecte transport via Algiers viel rechtstreeks onder Che Guevara. Vertegenwoordigers van andere Latijns-Amerikaanse guerrillabewegingen waren op weg om zich bij me te voegen. Ons gezamenlijke hoofdkwartier zou in de Villa Susini worden gevestigd, in de heuvels die over Algiers uitkijken.

De Villa Susini was een ruime, prachtige villa met fantastische tuinen overschaduwd door verwrongen olijftakken en met hier en daar hibiscus tussen de reusachtige golven donkerrode bougainville. De Algerijnse regering had ons uit overwegingen van symbolische aard de villa toegewezen, omdat het een voormalig foltercentrum was waar honderden, zoniet duizenden leden van het Algerijnse verzet de dood hadden gevonden.

Papito's eerste plan was om een boot te zoeken en dan in één keer alle wapens naar Venezuela over te brengen. Daar kwam verandering in toen we beseften dat we daarmee een eerdere fout zouden kunnen herhalen, toen een hele scheepslading wapens op weg naar de FALN door de douane werd geconfisqueerd. Er lagen veel wapens op verscheping te wachten: geweren, machinegeweren, 125's, granaten, mortieren – noem maar op. Allemaal Amerikaans.

Ons tweede plan was een stuk beter. We zouden een geweldig aantal reusachtige olijfolievaten kopen, daar dubbele bodems in maken en de uiteraard niet geladen wapens onder die dubbele bodems verbergen. Vervolgens zouden we de olijfolie naar Venezuela verschepen. Daarvoor hadden we twee bedrijven nodig: een Algerijns exportbedrijf en een Venezolaans im- en exportbedrijf. Het was mijn taak om dat allemaal op te zetten.

In februari 1965 zou er in Algiers een congres worden gehouden waarvoor ook Che Guevara was uitgenodigd. Het congres zou in het Frans worden gehouden. Che vroeg Papito om zijn Spaanse toespraak te laten vertalen, en Papito vroeg of ik het wilde doen.

Ik ontmoette Che bij de Cubaanse ambassade en werkte met hem aan zijn toespraak. Dankzij onze gesprekken daarover kwam ik erachter hoe intens geïsoleerd de complexe communistische wereld van Che was. Hij zat niet meer op één lijn met de sovjets of de Chinezen, en zelfs niet met de Cubanen. Het had er veel van dat hij in zijn eentje met een banier aan het zwaaien was.

Zijn toespraak bevat zinnen als: 'We kopieerden automatisch de ervaringen van broederlanden, dat was een vergissing.' En dat ze aanvankelijk bij de herverdeling van de rijkdommen te veel hadden betaald voor de leniging van Cuba's sociale noden zonder rekening te houden met de algehele toestand van de economie. Hij gaf ook toe dat het een ernstige fout was geweest om 'de suiker te minachten'.

Omdat hij zo duidelijk deel uitmaakte van de Cubaanse revolutie, verwachtte ik van hem dezelfde spontaniteit als van de Papito's van deze wereld. Cubanen hebben iets heel directs over zich, en dat geldt in feite voor de meeste Latijns-Amerikanen. We hebben de neiging om luidruchtig en joviaal te zijn, en zo vriendelijk als jonge honden. Sommige mensen zijn er heel goed in het ijs te breken, maar Latijns-Amerikanen negeren dat ijs meestal en denderen er gewoon doorheen. Zo was Che niet. Hij was eerder verlegen en gereserveerd, met af en toe een spontane uitbarsting van enthousiasme. Aanvankelijk communiceerden we via zijn toespraak, en op die manier leerden we elkaar in zeker opzicht sneller kennen dan wanneer we elkaar onder andere omstandigheden hadden ontmoet.

Che was heel enthousiast over het idee in Afrika te interveniëren, en omdat ik zijn standpunt deelde, bespraken we de toestand in Nigeria: de instabiliteit van dat land en de enorme olievoorraden. We hadden het over Ghana en Zuid-Afrika, Mali, Tanzania en de Kongo. Che was ongelofelijk goed op de hoogte van wie in Afrika wie was en toen hij merkte dat ik de voor- en tegenspoed van de diverse groepen en hun leiders tamelijk intensief had gevolgd, sprak hij openlijk over zijn plannen om de bevrijdingsbewegingen daar met Cubaanse troepen te hulp te komen. We kwamen overeen dat we die mogelijkheid op een later tijdstip nader zouden bespreken.

Weken na zijn vertrek was ik nog helemaal in de greep van de gedachte dat we samen naar Afrika zouden gaan. Ter voorbereiding verstevigde ik mijn banden met de verschillende Afrikaanse diplomatieke missies en hun entourage. Ik kwam erachter dat Latino's en Afrikanen een ingeschapen tijdwaarneming delen die eerder door emoties en toevalligheden dan door de klok wordt bepaald: dat we spontaan beginnen te feesten; dat beide samenlevingen in de grond tribaal zijn; en dat het 'caudillismo' van mijn geboortegrond de Andes de smeerolie van de Afrikaanse politiek is. Maar aangezien ik nog niet helemaal hersteld was van mijn jaar in de bergen, kwam ik er ook achter dat mijn lever niet was opgewassen tegen de slopende marathonfeesten van de Afrikaanse delegaties. Naarmate de lente vorderde en de amandelbomen in de tuin tot bloei kwamen, zocht ik weer mijn toevlucht tot de Villa Susini en de tammere bijeenkomsten van mijn Latino-kameraden.

Gedurende de rest van 1965 vorderde mijn zakelijke carrière als importeur-exporteur gestaag. Che was tevreden over het plan om de wapens te verschepen maar ontevreden over de bureaucratische traagheid waarmee het opzetten van de noodzakelijke bedrijven gepaard ging. Hij was geen aanhanger van het Latijns-Amerikaanse 'mañana': hij wilde alles altijd het liefst gisteren gedaan hebben. Hij was zich erg bewust van tijd en even punctueel als een Engelsman. Dat is een tamelijk typisch trekje van Argentijnen, maar toen ik later Fidel leerde kennen (wiens tijdsgevoel, vooral waar het zijn eigen toespraken betrof, uitgesproken ruim was), vroeg ik me af hoe die twee volkomen tegengestelde mannen boezemvrienden hadden kunnen blijven.

In de loop van het jaar daarna kwamen we elkaar weer tegen, en al bespraken we de noodzaak om in Afrika te interveniëren, de kans om daar samen aan de slag te gaan deed zich eenvoudigweg niet voor. Che werd door andere dingen in beslag genomen, vooral door zijn aftreden als nationaal leider van de Cubaanse partij, zijn post als minister, zijn rang als majoor in het Cubaanse leger en zijn Cubaanse staatsburgerschap. Voor mij persoonlijk betekende het dat mijn missie vanaf eind april 1965 niet meer onder Che's verantwoordelijkheid viel, maar rechtstreeks onder die van Papito.

Wilde het plan om de wapens te smokkelen slagen, dan was een absolute voorwaarde dat de hele papierwinkel volmaakt in orde was. Dus er zat niets anders op dan maar te wachten. In die wachtperiode hielden we ons in de Villa Susini bezig met het opzetten van andere im- en exportbedrijven in heel Latijns-Amerika, het inkopen van enorme hoeveelheden olijfolie, het bezoeken van olijfgaarden en het opkopen van voldoende reusachtige vaten om de olijfolie uiteindelijk in te verschepen. En er werd op het terrein van de villa heimelijk een aantal soldaten getraind door Cubaanse instructeurs.

Ondanks de stakingen en allerlei geruchten gaf Algiers me nog steeds het gevoel van een veilige haven. En het gonsde er van het leven als in een bijenkorf. Ik herwon mijn gezondheid en mijn kracht, en begon met hernieuwd enthousiasme uit te zien naar de dag dat ik naar Venezuela kon terugkeren om de strijd te voltooien waarmee links was begonnen, maar die gaandeweg in een impasse was geraakt. Een voor een hadden mijn broers en zussen zich bij de strijders gevoegd. Er waren berichten doorgesijpeld dat op zijn minst twee van hen zich na mijn vertrek bij de guerrillabeweging hadden aangesloten. Paradoxaal genoeg was het dankzij al die ambassades en hun diplomatieke post een stuk makkelijker om nieuws uit het buitenland en van thuis te vernemen dan om precies te weten wat er in het land waar wij woonden gaande was.

In tegenstelling tot Venezuela beviel Algerije Vida wel. Ze sloot vriendschap met mensen en slaagde erin haar draai te vinden. Maandenlang lukte het ons het bestaan van een gewoon gezin te leiden. Voor het eerst sinds mijn zoon een baby was, was ik in de gelegenheid om hem echt te leren kennen. Al bereikten we nooit meer de grote – zij het eenzijdige – liefde van de eerste ronde van ons huwelijksleven, we vonden wel een zekere mate van tevredenheid. Ik gooide het Vida niet meer voor de voeten dat ze niet genoeg van me hield (een deel van me verlangde nog steeds naar Beatriz Rivera), maar het struikelblok dat er vanaf het begin was geweest, namelijk dat Vida wilde dat ik iemand anders was, dat ik anders dacht, lag nog steeds onder het oppervlak op de loer. Bij tijd en wijle stak het de kop op en kwam tot ontploffing, waarna het weer wegzonk en tot de volgende gelegenheid zijn adem inhield.

# 35

*I*n april 1965 werd ik zonder voorafgaande waarschuwing als afgevaardigde van de Venezolaanse communistische partij naar Tsjecho-Slowakije gestuurd om deel te nemen aan de redactieconferentie van *Coinform*, het officiële communistische tijdschrift. Deze officiële spreekbuis van de partij was in 1942 opgeheven en in 1947, aan het begin van de Koude Oorlog, weer gestart. Het hoofdkantoor was in Praag.

Bij de redactieconferentie gold een strikte hiërarchie en afhankelijk van de plaats van een lidstaat in die hiërarchie kon zo'n land al of niet beslissen of stemmen. Bovenaan stonden de oprichters: dat waren de sovjets, de partijen van volksdemocratieën, plus Italië en Argentinië. Zij konden beslissingen nemen over de inhoud van het manifest en de financiën. Daaronder kwamen de combattanten, dat wil zeggen de lidstaten die op dat moment ook werkelijk in een gewapende strijd verwikkeld waren. In 1965 was Venezuela het enige land waar dat voor opging, dus ik vormde in mijn eentje een aparte categorie. En ten slotte had je de observanten. Dat waren de andere lidstaten, die nog niet hun revolutie hadden bereikt, niet Italië waren, en op dat moment niet in een gewapende strijd waren verwikkeld. De observanten mochten niet stemmen.

Toen ik naar Praag verhuisde, was ik verbijsterd door de materiële luxe waarmee ik daar omringd was. Ik kreeg een adembenemend appartement. Ik had drie kamers, een badkamer, een tv en veel geld om me te installeren. Twee keer per week moest ik een redactievergadering bijwonen. De rest van de tijd kon ik doen en laten wat ik wilde.

Intussen zaten de Tsjechen die ik leerde kennen in de meest ellendige onderkomens opeengepakt. Mijn appartement had onderdak kunnen bieden aan vier complete gezinnen als het Tsjechische burgers waren geweest die niets in de melk hadden te brokkelen bij de partij. En terwijl ik met die twee redactievergaderingen per week een smak partijgeld verdiende, moest de plaatselijke bevolking voor een hongerloontje werken in welke fabriek of welk baantje ze ook maar (ongeacht hun status en hun kwalificaties) kregen toegewezen.

In Tsjecho-Slowakije ervoer ik hoe een communistische maatschappij kan ontsporen. Met alle vrije tijd die ik had, was ik veel op pad en maakte ik vrienden. Tijdens die maanden ontmoette ik ook een paar keer Milan Kundera in cafés en we hadden het dan soms over de nachtmerrie van de Tsjechische samenleving.

In een nare droom kun je door een vrachtwagen worden aangereden en dan weet je niet hoe je op die plek bent terechtgekomen en hoe het komt dat je door een vrachtwagen bent aangereden. Je bent tegelijkertijd de hoofdrolspeler en de schimmige toeschouwer, en toch weet je niet hoe en waarom je op die plek bent terechtgekomen en waar die vrachtwagen vandaan kwam. Je begrijpt niets van die droom en als je wakker wordt, ben je nog steeds aan het dromen en het lukt je niet om eraan te ontsnappen. De droom blijft in een soort schimmenrijk doorspelen en houdt eenvoudigweg niet op. Zo was het onder de sovjets: alsof je in een nachtmerrie leefde. Met name voor jonge Tsjechen was het alsof ze in een nare droom waren wakker geworden, omdat hun geschiedenis vergeten was. Ze wisten niet hoe en waarom ze daar waren terechtgekomen. Ze moesten die droom tot het eind beleven, al wilden ze dat niet.

Ondanks het grimmige decor (of misschien als een reactie daarop) gingen sommige vriendschappen die ik in Praag sloot heel diep. Een van mijn beste vrienden werd Rocce Dalto, die ongeveer tegelijk met mij in Praag arriveerde, als observant-afgevaardigde van El Salvador bij de redactieconferentie. Rocce had hetzelfde soort charisma als mensen als Fuchs en Lorca gehad moeten hebben. Hij verenigde de grootste kwaliteiten in zich, en dat in zo'n volmaakte harmonie dat hij zowel menselijk als goddelijk leek, zowel mannelijk als vrouwelijk; hij was tegelijk jong en oud; en hij slaagde er zelfs in om zowel politiek links als rechts te vertegenwoordigen. Kortom, Rocce Dalto was net een god: een onweerstaanbaar aantrekkelijke persoonlijkheid. In de maanden dat ik in Praag was, opende de stad zich voor me, zoals dat nooit gebeurd zou zijn als ik daar zonder hem had gezeten.

Intussen was Rocce tijdens onze redactievergadering volledig solidair met mij; maar aangezien hij als observant geen stemrecht had, was het noodzakelijkerwijs een stilzwijgende solidariteit.

Dus van alle Latijns-Amerikaanse afgevaardigden moest ik helemaal alleen onze gewapende strijd binnen Latijns-Amerika verdedigen. Internationaal gezien stond ik er dankzij de steun van zowel Algerije als – en dat legde bij de conferentie meer gewicht in de schaal – Italië niet helemaal alleen voor. Ik stelde de solidariteit van de extreem intelligente en scherpzinnige Italiaanse afgevaardigde Rossi bijzonder op prijs.

Maar wat goedkeuring van de sovjets aangaat was mijn strijd al voor het begin van de conferentie verloren. De sovjets wensten een beleid van 'quietisme', onderworpenheid. Zij hadden zich neergelegd bij de erfenis van het stalinisme en bij de Koude Oorlog, en ze gingen zelfs mee in het verdrag dat Chroesjtsjov met Cuba had gesloten; maar verder gingen ze niet. Ze wilden verder niets wat complicaties voor hen zou kunnen opleveren. Ze wilden absoluut niets wat verandering in de status-quo zou brengen.

In feite heerste er in de Sovjet-Unie een verschrikkelijke economische crisis, die zij koste wat het kost wilden verhullen. Dus wat voor hen een economische noodzaak was, bogen ze om tot een hypocriet bevel. Ze zeiden niet: 'We kunnen niet verdergaan – want we hebben geen rooie cent meer.' Ze zeiden: 'Jullie mogen niet verdergaan – dat zou verkeerd zijn.' Ik zag dat de Sovjet-Unie in een lastig parket zat. En ik wist wat dat lastige parket was: ze konden geen beweging steunen die wellicht in staat was om de marxistische gedachte uit te voeren. En evenmin konden ze zichzelf ten voorbeeld stellen. Ik had in Tsjecho-Slowakije binnen de sovjetwereld geleefd, en wist dus hoe vals die wereld was. Die kennis was van groot belang voor mijn inzicht in wat er werkelijk gaande was. Het quietisme was een noodzakelijk gevolg van een falende economie. De sovjets konden zichzelf niet eens onderhouden, laat staan anderen.

Week in week uit vonden twee keer per week de debatten plaats die eerder door wat er níet dan door wat er wél werd gezegd vastliepen. Alles werd in hypocrisie verpakt. Aan het eind van elke vergadering propten we onszelf vol heerlijk eten en wijn en gingen vervolgens als bevoorrechte zwervers de straat op in de grimmige, grauwe realiteit van die verloren stad Praag. De lucht van gekookte kool en verschaald bier hing overal. De buitenwijken waren een doolhof van strenge betonnen flatgebouwen, het centrum een verzameling indrukwekkende gevels. Ongeacht het uiterlijk van de gebouwen hing rond alle de lucht van oude kool en een sfeer van mistroostigheid; en de mensen waren schimmige mannen en vrouwen met matte, asgrauwe gezichten. Soms zagen de inwoners van Praag er allemaal uit of ze een klap op hun hoofd hadden gehad met een geweer. Ze zagen er vertrapt en verbijsterd uit, op hun schuifelende weg door een doolhof van regels en leugens.

Om je te kunnen voorstellen hoe dat was, moet je het reusachtige verschil tussen een Tsjech en een sovjet kennen. Het communisme was net een vies geworden lens. Als je die schoon wreef en scherp keek, zag je door die lens de werkelijke maatschappij die in Tsjecho-Slowakije was geschapen. Die maatschappij was volkomen anders dan waar ik tot dan toe in had geloofd, en zo anders dan datgene waarvoor we vochten, dat ik ten slotte mijn geloof in de communistische partij verloor.

Om een aantal redenen heb ik niet ter plekke afscheid van de partij genomen, in de eerste plaats omdat ik in Algiers een lading wapens had waar reikhalzend naar werd uitgekeken. Daar kwam bij dat ik, op hetzelfde moment dat ik mijn geloof kwijtraakte, werd gevraagd om in Caïro de Tricontinentale te helpen voorbereiden en vervolgens aan de conferentie zelf deel te nemen die het jaar daarop in januari in Havana zou worden gehouden.

Terwijl ik in Praag zat, had het semi-idyllische Algiers sinds mijn vertrek in april alweer een nieuwe fase in zijn revolutie doorgemaakt. Op 19 juni 1965 was mijn vriend president Ben Bella tijdens een militaire staatsgreep afgezet door kolonel Houari Boumedienne. Ben Bella zelf was 'verdwenen'. Later zou bekend worden dat hij was gevangengenomen en vijf jaar opgesloten zou blijven. Maar op dat moment was een van mijn belangrijkste bondgenoten in Algerije buiten beeld.

Tot het stof weer was neergedaald, was Algiers niet meer zo'n aantrekkelijk reisdoel als het eerst was geweest. Ik had er geen basis meer, en het nieuws over het nieuwe regime was niet bepaald bemoedigend. Bovendien was het de bedoeling dat mijn 'werk' bij de redactieconferentie me nog tot in het najaar van 1965 in Praag zou houden.

Alle Cubanen, en dan met name Fidel Castro, Che Guevara en Papito, waren des duivels over de staatsgreep. Ze waren loyale bondgenoten van Ben Bella geweest. Net als voor mij was hij voor hen de belichaming van de Algerijnse revolutie: hij was de centrale leider van de FLN geweest en president van de revolutionaire regering van arbeiders en boeren die na de overwinning op Parijs in 1962 aan de macht kwam. Het waren de Cubanen geweest die Ben Bella te hulp waren gekomen toen Marokko Algerije binnenviel en hem in de Tindouf-veldtocht ten val probeerden te brengen. De snelle interventie van Cuba – door het sturen van een bataljon van tweeëntwintig tanks en een paar honderd manschappen – had de Marokkanen op de vlucht gejaagd. Dus zowel op politieke als op persoonlijke gronden spraken ze zich openlijk tegen de staatsgreep uit omdat 'elke mogelijke rechtvaardiging ontbrak', en daarmee riskeerden ze een diplomatieke breuk met Boumedienne. Castro ging zo ver te verklaren: 'Als zij de betrekkingen met ons verbreken, zijn ze niet het eerste militaire regime dat zoiets doet. Wij denken aan de toekomst en we handelen niet als opportunisten.' Hetzelfde kon niet bepaald worden gezegd van de Chinezen, die één dag na de staatsgreep al klaarstonden om de nieuwe regering steun te betuigen.

# 36

*H*et speet me allerminst om uit Praag weg te gaan, maar het speet me wel om sommige van mijn vrienden daar zonder afscheid achter te laten. En het speet me dat ik Vida alleen moest laten, die zich nog maar acht weken daarvoor bij me had gevoegd en die ik maanden niet had gezien. Ik ontruimde mijn ruime flat. Omdat ik nooit wist wat de volgende stap in mijn leven zou brengen of waarheen die me zou voeren, moest ik altijd rekening houden met de mogelijkheid dat ik niet zou terugkeren.

Ik pakte mijn nieuwe verzameling boeken in, waarvan ik er een paar meenam maar de meeste bij een vriend achterliet. De wereld is vol achtergelaten bezittingen van mij – en dan vooral boeken – die ik nooit meer heb kunnen ophalen. Mensen hebben heel vaak de spot met me gedreven vanwege mijn neiging boeken om me heen te verzamelen en rond te trekken als een atypische strijder met in elke zak van mijn commandojack een pocket, maar ik heb het lezen van boeken altijd als een enorme rijkdom gezien. Slechts enkele van mijn kameraden hadden wat over filosofie gelezen, maar sommige van de meer bereisden kenden het gezegde van Lao-Tsé: 'Een geleerde die op zijn comfort gesteld is, verdient het niet om als een geleerde te worden beschouwd', omdat dat een van de spreuken is die je in Chinese restaurants het vaakst bij geluks-koekjes aantreft. Boeken hebben altijd gemaakt dat ik me op mijn gemak voelde. Waar ik ook ben, en wat de omstandigheden ook zijn – of dat nou een cel is, een hol in Falcón of een zolder in een sloppenwijk – met mijn boeken om me heen voel ik me op mijn gemak. Wat Lao-Tsé aangaat kan ik dus alleen maar zeggen dat hij met 'comfort' niet op boeken doelde, of dat het in vijfhonderd voor Christus allemaal anders lag, of dat hij het gewoon mis had.

Ik nam afscheid van Vida zonder te weten wanneer ik haar zou terugzien. We zaten nog in de wittebroodsweken van onze hereniging, dus het was nogal een emotioneel afscheid.

Het was oktober 1965 en de partij stuurde me naar Caïro om deel te nemen aan de Tricontinentale Conferentie. Ik weet nog dat ik me, omdat ik Vida miste, op de vlucht naar Egypte treurig wilde voelen, of op zijn minst ingetogen, maar ik was zo uitgelaten bij het vooruitzicht van Egypte dat alleen een tragedie de euforie die een reiziger bij de nadering van een beloofd land bevangt, had kunnen temperen. Slechts weinig plaatsen kunnen bij aankomst de hoge verwachtingen waarmaken die ik van Caïro had, maar toch was ik verrukt van de stad. Een groter verschil tussen twee steden dan tussen Caïro en Praag destijds is bijna niet denkbaar.

Ik kreeg een beetje het gevoel alsof ik de loterij had gewonnen toen ik uit het vliegtuigraampje over het woestijnlandschap uitkeek en de piramides zag. De piramides! In de kinderencyclopedie van de openbare bibliotheek, waaraan ik als jongen zo verslingerd was geweest, waren er maar liefst twee hele pagina's aan gewijd. En sfinx was het woord dat we als puber gebruikten voor meisjes die blind waren voor onze charmes – en dus was het een term die van toepassing was op de overgrote meerderheid van de vrouwelijke bevolking van Valera.

Na aankomst baande de gebutste taxi zich al toeterend een weg door de ene drukke, opwindende, exotische straat na de andere. Op weg naar de flat waar ik samen met de andere twee Venezolaanse afgevaardigden (allebei oude vrienden van me) zou verblijven, verwerd de Arabische pracht allengs tot Arabische sjofelheid. Ik was niettemin in de ban. Telkens als de taxi langzamer ging rijden, kwam ik in de verleiding om eruit te springen en een stapel prentbriefkaarten te kopen om thuis te laten zien waar ik wel niet was. Maar natuurlijk stuurde ik uit Egypte of waarvandaan dan ook geen kaarten. Een brief of een kaart van mij zou voor de ontvanger in die tijd een per post toegediend gif zijn geweest. Ik werd gezocht door de regeringstroepen in mijn vaderland en wie contact met mij had, kon problemen verwachten.

Ik arriveerde in Caïro met een ellenlange lijst plaatsen die ik wilde bezoeken. Maar uiteindelijk kreeg ik niet veel tijd om de toerist uit te hangen en de bezienswaardigheden te bekijken; het helpen voorbereiden van de Tricontinentale bleek een marathon te zijn die we met de snelheid van een sprinter moesten afleggen. Maar al moest ik van 's ochtends vroeg tot 's avonds laat werken, de buitenlucht was heerlijk warm, mijn uitgehongerde huid absorbeerde de hitte en langzaamaan transformeerde ik weer in het tropische wezen dat ik eigenlijk was.

De Tricontinentale was het geesteskind van Mehdi Ben Barka, een Marokkaanse socialist. Ik had in Algerije al over hem gehoord; hij stond bekend als een moedig politicus. Hij had leiding gegeven aan de beweging voor de bevrijding van Marokko van de Franse overheersing. Maar toen die in 1956 zijn beslag kreeg, dwarsboomde de Marokkaanse koninklijke familie zijn droom van een vrije en open staat door alle macht te behouden onder toezicht van de Fransen. Ben Barka leidde vervolgens een verzetsbeweging.

Hij had vier zeer in het oog lopende kenmerken. Om te beginnen zijn lengte. Hij was uitgesproken klein, geen centimeter meer dan anderhalve meter. Verder had hij een geweldige energie. Die energie leek wel zo sterk van hem af te stralen dat je verwachtte een elektrische schok te krijgen als je hem de hand schudde. Hij was uitzonderlijk intelligent. En ten slotte straalde hij macht uit. Hij had een aangeboren overwicht. En dan bedoel ik ook echt een reusachtig overwicht. Stel je maar iemand van drie turven hoog voor die al die ruziënde afgevaardigden en bobo's behandelde alsof het kleuters waren en ze allemaal naar zijn pijpen liet dansen.

Sinds 1955 was er een bond van Afrikaanse en Aziatische landen waar na de Tweede Wereldoorlog strijd was gevoerd voor hun bevrijding. In 1965 waren dat Vietnam, Egypte, Indonesië, China, Algerije, Marokko en nog veel meer. Ben Barka was op het idee gekomen aan de bestaande bicontinentale Organisation de Solidarité Afroasiatique een derde continent toe te voegen: Latijns-Amerika. De drie continenten, de drie A's, zouden zich dan verenigen om zich te bevrijden van het juk van de geïndustrialiseerde landen van Noord-Amerika en Europa.

Toen hij eenmaal tot dit besluit was gekomen, zat hij met het probleem welke landen hij erbij moest betrekken. Het congres was bedoeld voor de machthebbers of de leiders van de bevrijdingsbewegingen, maar welke afgevaardigden uit Latijns-Amerika moesten dat zijn? Ben Barka vroeg Fidel Castro en Lázamo Cardenas om te bepalen welke Latijns-Amerikaanse landen waarlijk revolutionair waren en de steun van het volk genoten. Iedereen kan immers wel zeggen dat hij of zij een revolutionair is, maar als je binnen je land geen steun geniet, ben je niet representatief, je bent geen echte revolutionair en zeker geen leider. En anderzijds kan iedereen je wel steunen, maar ben je misschien wel helemaal geen revolutionair. Omdat het oktober was en het congres in januari zou worden gehouden, moest Ben Barka hier snel een beslissing over nemen.

Het was een slimme manier om de drie continenten te verenigen. Cardenas zei dat het niet aan hem was om te bepalen wie al of niet een revolutionair was. Fidel Castro zei dat hij alleen die landen zou nomineren die op dat moment in een gewapende strijd verwikkeld waren en de landen waar al gevochten was. Dat betekende dat in Latijns-Amerika afgezien van Cuba alleen Chili, Uruguay en Venezuela in aanmerking kwamen.

Voor Venezuela werden drie afgevaardigden uitgekozen: Marcano Cuello van de Venezolaanse communistische partij, Ector Ruiz Marcano van de MIR* en ik. Vanaf het moment dat we in Caïro aankwamen, vloog iedereen elkaar in de haren over het feit dat China het niet met Fidel eens was, en dat China het niet met de sovjets en de Arabieren eens was. Het gekibbel begon uit de hand te lopen. Op dat moment werd duidelijk hoeveel macht Ben Barka had. Hij was degene die een eind aan de onenigheid maakte

---

* Movimiento de la Izquierda Revolucionaria – links-revolutionaire beweging.

en persoonlijk alle beslissingen nam. Mensen hadden het meer over hem dan over China en de Sovjet-Unie. We waren eraan gewend om dingen te horen zeggen als: 'Dit en dit gebeurt, omdat de Sovjet-Unie het zegt.' Maar in Caïro was het: 'Barka heeft dit gezegd', en: 'Barka heeft dat beslist.' En iedereen accepteerde het zonder morren, omdat Barka de baas was.

Het doel van het congres in Caïro was 'alle middelen van de drie continenten bijeenbrengen om tegen de geïndustrialiseerde landen op te staan', en dat klinkt wellicht behoorlijk rechtdoorzee, maar we hadden een reusachtige agenda en maar twee dagen om die af te werken. Het enige waarover iedereen het vanaf het begin eens was, was de onmogelijkheid om binnen de gegeven tijd de agenda af te werken...

We kwamen op de eerste dag bijeen en Ben Barka betrad het podium. Met de microfoon in de hand zag hij er eerder uit als Edith Piaf in travestie dan als een groot leider, maar vanaf het moment dat hij begon te spreken, had hij zijn gehoor in zijn ban. Hij praatte snel en articuleerde elk woord met zo'n precisie dat het je aan de salvo's van een machinegeweer deed denken. Hij sprak zowel Engels als Frans. Geen van de andere Latijns-Amerikaanse afgevaardigden sprak een van beide talen vloeiend, en dus wezen ze mij aan als hun woordvoerder.

Zijn openingszin luidde: 'We hebben de eer om hier voor de Tricontinentale bijeen te zijn. We hebben twee dagen om de agenda af te werken, maar dat krijgen we in vier uur voor elkaar.' Zijn toespraak was heel kort en sprong van punt naar punt als wilde hij de toehoorders met zweepslagen in het gareel dwingen. 'Eerste punt: de Sovjet-Chinese Stille-Oceaanconferentie invullen. Punt twee: …' Hij had ons stuk voor stuk in zijn ban. We stonden met open mond van verbazing en bewondering. Hij was net een poppenspeler of een bovenmeester. Zijn minieme gestalte nam formidabele afmetingen aan. Als een afgevaardigde op het podium afliep om iets te gaan zeggen, vuurde Barka al voor zo iemand zijn mond had kunnen opendoen instructies op hem af als: 'Ik hoop dat je iets over Kameroen gaat zeggen, want als dat niet zo is, kun je net zo goed niets zeggen, vind je ook niet?' Voordat we het wisten was het avond en hadden we de hele agenda afgewerkt.

De volgende dag moesten we aan het manifest werken. Opnieuw pakte Ben Barka het geweldig bedreven en slim aan: hij wist dat de Cubanen met de Algerijnen overhoop lagen – in verband met het afzetten van Ben Bella, met wie Castro bevriend was – en hij wilde dat ze het weer goedmaakten. Hij deelde mee dat Vietnam, Cuba en Algerije de drie landen met de meest recente bevrijdingsoorlogen waren, en dat zij daarom samen aan de voorbereiding van het manifest moesten werken. Dat was een goed idee, maar de Cubanen waren daartegen en stelden in plaats daarvan de Venezolanen voor. Ben Barka zei: 'Geen probleem, dan kies ik jou, Oswaldo Barreto.'

Vervolgens ging hij zonder adempauze aan de slag. Ik heb nog nooit iemand zo zien werken als Ben Barka. Hij had niet voor niets de bijnaam 'Dynamo'. Hij zei: 'Goed, we zijn er allemaal. Eerste zin: "Wij, de landen van de wereld…" Zijn we het daar allemaal mee eens? Goed. Tweede zin: "Tatata…"' En zo joeg hij ons door dat manifest voor de Tricontinentale in Havana heen. Als een van ons hem onderbrak, zei hij: 'Dat is echt geweldig wat je zegt, *compañero*, ik begrijp het helemaal, maar ik ben het er absoluut niet mee eens.'

En dan ging hij onverstoorbaar verder.

Omdat ik met de sovjets had samengewerkt bij het tijdschrift in Praag, kende ik hun standpunt en hun denkwijze. Ik wist dat ze bij een heleboel voorstellen van Ben Barka nooit zouden voorstemmen, en dat zei ik ook, maar hij duldde geen onderbrekingen.

Niettemin konden hij en ik tamelijk goed samenwerken, omdat ik zijn brein en zijn manier van doen innemend vond. Hoe serieus hij ook was, hij maakte altijd wel even tijd voor een grapje. Dan zei hij bijvoorbeeld: 'We zijn hier om wat werk te verzetten, en dan gaan we lunchen.' Dus dan gingen we aan de slag, en daarna zei hij: 'Goed, en nu lunchen.' En dan keek hij op zo'n vogelachtige manier van de een naar de ander, net een hippend musje met van die glanzende kraaloogjes. 'Wat zullen we nemen? Iemand een suggestie? Laten we gaan eten, compañeros.' Dat zei hij met zo'n enthousiasme dat ik water in mijn mond kreeg. Dan kwam iemand met zijn lievelingsgerecht, een ander noemde een goed restaurant. Zonder een spier te vertrekken zei Ben Barka dan: 'Afgewezen.'

Als op commando verscheen er dan iemand met acht sandwiches en acht cola's, en wij werkten door.

Toen we het manifest – in een recordtijd – af hadden, zei hij: 'Goed, en nu lezen we het door.' Hij las de tekst door en vervolgens las hij de drukproeven van ons gezamenlijke manifest hardop voor. Tot onze verbijstering was dat een heel andere tekst geworden. Ongegeneerd stond Ben Barka op en sprak ons toe: 'Zoals jullie kunnen zien, compañeros, is deze afvaardiging met een geweldige hoeveelheid ideeën komen aanzetten die veel te veel tijd zouden hebben gekost om ze te formuleren. Terwijl je ze tot iets veel eenvoudigers kunt samenvatten, en dat is dit.'

Maar het was helemaal niet waar we het over gehad hadden of waar we mee waren aangekomen. Het was gewoon een radicalere versie van wat hij persoonlijk geloofde en wilde. Hij was heel wat radicaler dan een van ons en daar stond het zwart op wit. De Arabische koerier met zijn dunne snorretje stond bij de deur ongeduldig te wachten om de tekst naar de drukpers terug te brengen. Wij afgevaardigden wisselden onderling verbaasde blikken, terwijl Ben Barka iedereen voor zijn bijdrage bedankte en de bijeenkomst afsloot om elders de film op poten te gaan zetten die hij bij de opening in Havana wilde vertonen. De andere afgevaardigden waren sprakeloos, maar ik voelde me niet geïntimideerd door de Dynamo en de Tricontinentale was iets heel belangrijks, vond ik, dus ik deed mijn mond open: 'Neem me niet kwalijk, maar dit manifest weerspiegelt noch onze ideeën noch onze opvattingen.'

Ben Barka zette zijn borst op: 'Toe nou. Wil je echt de bevrijding van hele landen onderbreken om te gaan kibbelen over wie wat gezegd heeft en hoe je dit of dat spelt? Dat is toch een puntje van niets, vind je niet?'

'Helemaal niet, zoals ik al zei...'

'Je bent aan het muggenziften, compañero. Er is werk aan de winkel: de revolutie is begonnen, waar of niet?' In feite maakte het geen verschil of we het er al of niet mee eens waren. De tekst werd de dag erna gedrukt en daar konden wij niets aan veranderen.

Toen ik vanuit Caïro in Praag terugkwam, stelden de sovjets me vragen over wie waarvoor had gestemd; maar toch waren ze heel soepel over het manifest. Ik had gedacht dat ze zich misschien uit de Tricontinentale zouden terugtrekken, maar ze leken juist vastbeslotener dan ooit om er in Havana bij te zijn.

Een paar dagen later kwam Ben Barka in Praag aan. Ik geloof dat hij via Havana gereisd was. Hij logeerde niet in het International Hotel maar kwam met zijn koffer rechtstreeks naar mijn flat om bij Vida en mij te logeren. Hij had niet aimabeler kunnen zijn. Toen Vida de deur opendeed en hij ontdekte dat zij mijn vrouw was en moslima, was hij uitgesproken hartelijk. Ik was nog verontwaardigd over de stunt die hij met 'ons' manifest had uitgehaald.

'Ik zal je iets uitleggen, Oswaldo,' zei hij. 'De sovjets en de Chinezen weten alles over ons, en dan bedoel ik ook echt álles. Maar ik weet ook alles van de afgevaardigden. En dus weet ik dat de afgevaardigden van Mexico en Kameroen sovjetagenten zijn, en ik weet dat degenen die door Nepal en Bangladesh zijn afgevaardigd door de Chinezen worden betaald. Als er veel geruzied zou zijn, hadden diverse landen zich uit het congres teruggetrokken, en dat kunnen we niet gebruiken. Het enige wat ertoe doet, is dat er zoveel mogelijk landen deelnemen. Nu het manifest zo radicaal is, zullen de sovjets en de Chinezen hun satellietstaten dwingen om erheen te gaan, zodat ze in Havana voor hen kunnen stemmen; en de sovjets en de Chinezen zullen erheen gaan om de hele boel in de gaten te houden en ervoor te zorgen dat iedereen zich aan de partijlijn houdt. Dus ik moest wel doen wat ik met het manifest heb gedaan, snap je?'

Ik moest hem nageven dat hij een meesterlijk strateeg was. Hij was in Caïro zo overtuigend geweest dat hij ons er allemaal had laten inlopen. Maar zijn snelheid was geen toneelspel. Hij was altijd snel. De ideeën vlogen zijn hoofd uit als granaatscherven. Sommige troffen doel en andere verdwaalden gewoon.

Hij bleef een paar dagen bij Vida en mij logeren, een charmante maar excentrieke gast. Tijdens zijn bezoek rondde hij diverse missies af en probeerde er eentje op poten te zetten, maar dat werd niets. Hij probeerde namelijk Vida over te halen de sjah van Perzië weg te werken. Hij drong er zo op aan dat duidelijk werd dat hij echt een stuk radicaler was dan ik, en trouwens ook dan Vida. Als er even een stilte in het gesprek viel, begon hij er weer over: 'Laten we de sjah vermoorden. Het komt er toch een keer van, en als dat gebeurt, wordt het een ramp voor Perzië. Let op mijn woorden: die man moet snel weg.' Het was het eerste wat hij 's ochtends en het laatste wat hij 's avonds zei: 'Kom op, laten we het nou doen. Laten we de sjah nou vermoorden.'

Maar Ben Barka's belangrijkste reden om naar Praag te komen was om mij aan te stellen als hoofd van alle in aanmerking komende Latijns-Amerikaanse landen die geen van oudsher bestaande communistische partij hadden, en om me te vragen die landen snel achter elkaar op te zoeken om er delegaties voor de Tricontinentale op te zetten. Toen hij dit mandaat had overgedragen, vertrok hij naar Parijs om er de film *Basta!* voor te bereiden over nationale bevrijdingsbewegingen op de drie deelnemende continenten. Tegelijkertijd vertrok ik voor een razendsnel bezoek aan het Caribisch gebied, de twee Guyana's (Brits en Frans) en Suriname.

Ben Barka vertrok eind oktober uit Praag. Hij had een afspraak bij Brasserie Lipp, op de Boulevard Saint-Germain, met een filmproducent, een journalist en een scriptschrijver. Er was maar heel weinig tijd om zo'n film in elkaar te zetten, maar hij was vol vertrouwen dat het haalbaar was als hij zelf al zijn energie in het project stak.

Hij is er nooit aangekomen, want de afspraak was een val. Op weg naar Saint-Germain werd hij door twee lui van de Franse politie aangehouden, die hem hun legitimatiebewijs lieten zien en hem vroegen in hun auto te gaan zitten. Ben Barka deed heel kalm wat hem werd gevraagd. In de auto zaten nog meer mensen, onder wie een agent van de Franse geheime politie. De wagen zette koers naar de zuidelijke buitensteden van Parijs en stopte voor het huis van een beruchte Franse gangster, Georges Boucheseiche. Daarna komt er een einde aan alle zekerheid en resten slechts mysterie en giswerk. Er werd nooit meer iets van Mehdi Ben Barka vernomen. Hij werd ontvoerd, dus men neemt aan dat hij is vermoord, maar zijn lijk is nooit gevonden. Het gerucht gaat dat zijn lichaam heimelijk mee naar Marokko is genomen, met medeweten van de Mossad en de Franse geheime politie.

De feiten zijn dat de Marokkaanse minister van Binnenlandse Zaken generaal Oufkir op 26 oktober op de hoogte werd gesteld van de aankomst van 'het pakket'. Zijn onderminister, commandant Ahmed Dlimi, kreeg hetzelfde bericht. De volgende dag arriveerden ze beiden in Parijs. Onderzoek in Israël, Frankrijk en de Verenigde Staten bevestigt dat de Mossad bij deze affaire betrokken was. Sinds 1967 wijzen onthullingen in de Israëlische pers over deze betrokkenheid erop dat dit tot een ernstige regeringscrisis leidde.

Er zijn echter geen concrete bewijzen dat de CIA bij de moord betrokken was, al heeft *Time* onthuld dat de Marokkaanse autoriteiten in april en mei 1965 via de ambassade van de Verenigde Staten een officieel verzoek hebben ingediend om de Amerikaanse regering om hulp te vragen bij het 'oppikken' van Ben Barka. Van het antwoord op dit verzoek is geen spoor. Maar zijn familie en medestanders hebben dankzij de Wet op de Vrijheid van Informatie kunnen achterhalen dat de archieven van de CIA onder de naam Mehdi Ben Barka zo'n achttienhonderd documenten bevatten van drie à vier pagina's per stuk. Deze documenten zijn ontoegankelijk omdat ze 'schadelijk voor de nationale veiligheid van de Verenigde Staten' zouden zijn.

Het is allemaal bijna veertig jaar geleden gebeurd, maar ondanks het feit dat er in 1965 een aanklacht is ingediend wegens

ontvoering en in 1975 één wegens moord, en ondanks de door generaal De Gaulle persoonlijk eind 1965 aan de moeder van Ben
Barka geschreven brief waarin hij beloofde alles op alles te zetten
om de waarheid aan het licht te krijgen, is er niets anders gebeurd
dan dat er almaar meer leugens zijn gestapeld boven op de bestaande bewijzen van de schandalige moord op een groot man.

De onmiddellijke consequentie van Ben Barka's ontvoering en
verdwijning was dat wij afgevaardigden zonder hem naar Havana
afreisden. De hele Tricontinentale was zijn idee en zijn plan geweest. Ze kon plaatsvinden dankzij zijn briljante voorbereidingen, maar er kon bij de opening geen film vertoond worden die
*Basta!* heette, en er was geen Dynamo om de openingsceremonie
te presideren of in de dagen daarop de orde te bewaren.

# 37

*E*ind december kwam ik in Havana aan. Ik vloog er met Vida
heen, die de Tricontinentale Conferentie ook zou bijwonen.
Het was de eerste keer dat ik naar Cuba ging. Door mijn hulp bij
het oprichten van de Tricontinentale was ik in het verdomhoekje
gezet door de communistische partij. Ik hoorde duidelijk bij die
groepen die bij de gewapende strijd waren betrokken en ik was
het duidelijk oneens met zowel de partijlijn van de Sovjet-Unie
als die van Venezuela. Dit zou nog ernstige gevolgen hebben,
maar tijdens de conferentie betekende de belangrijke rol die Ben
Barka me in Caïro had gegeven en het door hem geuite vertrouwen in mijn kwaliteiten en meningen dat de andere afgevaardigden naar me luisterden. Dat was maar goed ook, gezien het drama
waarop de conferentie dreigde uit te lopen.

Los van het feit dat Ben Barka was geliquideerd, begon onze conferentie al direct slecht. De afgevaardigden hadden niet kunnen bevroeden dat Fidel op de dag voor de opening de Tricontinentale al in een fiasco zou laten uitmonden. Op 1 januari 1966 hield hij een toespraak op de Plaza de la Revolución, waarin hij fel naar de Chinezen uithaalde. Daarmee vernietigde Fidel Ben Barka's hoop op het verenigen van de Aziatische, Afrikaanse en Latijns-Amerikaanse continenten. Aangezien de Chinezen zo'n openlijke aanval van Fidel Castro zelf uiteraard niet konden negeren, ontstond er direct een schisma. Daarnaast leek de toespraak Cuba op een lijn te brengen met de passiviteit van de Sovjet-Unie. Het leek alsof Fidel helemaal niet wilde dat er ergens een guerrillastrijd werd gevoerd.

Het gevolg was dat toen op 2 januari – slechts één dag na de toespraak van Fidel – de conferentie van start ging, er geen eenheid was. Ik deed met mijn toespraak een poging die breuk te lijmen. Ik stond op en zei tegen de verzamelde afgevaardigden: 'Ik kom net uit het Caribisch gebied – kijk zelf maar, daar zijn de Antilliaanse afgevaardigden.' Ik wees naar de (merendeels nogal geschrokken kijkende) nieuwe Antilliaanse rekruten, en vervolgde: 'Toen ik op Guadeloupe was en ik vroeg wat de belangrijkste revolutionaire beweging op Martinique was, wisten ze het niet, ondanks het feit dat het allebei Franse koloniën zijn. Toen ik vroeg wie er naast Cheddi Jagen in Guyana zat, wisten ze het ook niet. Toen ik naar Guyana ging en Cheddi Jagen in eigen persoon vroeg wie de revolutionairen in Suriname zijn, zei hij: "Ik ken wel één iemand, maar verder zou ik het niet weten." En in Suriname wisten ze niet eens dat er een Cayenne was, en ze waren er ook niet in het minst in geïnteresseerd. Nu vraag ik bijvoorbeeld aan de Bolivianen die hier vandaag zijn, of ze kunnen gaan staan en me de naam vertellen van de belangrijkste Colombiaanse revolutionair. En een van de Venezolanen, kunnen jullie me iemand uit Ecuador noemen?'

Iedereen was stil. 'Dat bedoel ik nou. We zijn allemaal aparte eenheidjes en dat is precies wat de Verenigde Staten willen. Als we ons zouden verenigen, zouden we echt een macht van belang kunnen zijn.' Ik gaf een voorbeeld van samenwerking en wat daarmee was bereikt. Ik vertelde natuurlijk dat het Ben Barka's droom was geweest om zich voor de Tricontinentale te verenigen.

De volgende avond kwamen twee mannen me ophalen voor een bezoek aan Fidel. Toen ik bij zijn huis aankwam, zat er een tiental mensen op hem te wachten. Van hen kende ik Régis Debray (de jonge Franse journalist) en een landgenoot van me, Luben Petkoff (de beroemde guerrillastrijder en tevens broer van Teodoro Petkoff) en Tuzio Lima. Ons was verteld dat we om zes uur 's avonds een gezamenlijke bijeenkomst zouden hebben en dat we moesten wachten.

Fidel verscheen pas om negen uur, op een tijdstip waarop een deel van de groep al slaperig of onrustig was geworden. De meesten van ons hadden een lange reis achter de rug en we waren nog niet bijgekomen van onze jetlag en de vermoeienissen van de vlucht. Daar kwam nog bij dat er op de openingsavond van de conferentie een receptie was geweest. We hadden allemaal een kater. Er werd heel wat afgesnurkt en in en uit gelopen om te gaan pissen of even buiten te gaan roken. Iedereen was behoorlijk geïrriteerd toen Fidel uiteindelijk arriveerde. Hij verontschuldigde zich ervoor dat hij ons had laten wachten. Hij zei dat hij het druk had gehad met iets anders. Aangezien we allemaal wisten dat het laten wachten van zijn bezoek een tactiek was die hij al met succes toepaste sinds de Sierra Maestra, toen Herbert Matthews het legendarische interview afnam voor *Life*, was het onduidelijk of zijn late komst echt of gepland was.

Er is veel gezegd over dat interview waarin Fidel zijn anticommunisme benadrukte. Matthews schreef dat Fidel veel meer macht en wapens had en veel beter georganiseerd was dan in werkelijkheid het geval was. Herbert Matthews gaf Fidel Castro wereldbekendheid. Fidel misleidde de lichtgelovige Amerikaanse journalist bewust. Waar de meningen uiteenlopen, is of Fidel heeft gelogen dat hij geen communist was.

Als je naar de achtergrond kijkt, werd Fidel niet door de com-

munisten in de Sierra gesteund. Zijn oproep tot een algemene staking in april 1958 liep op niets uit. Hij beschikte in totaal over
slechts vijfhonderd man en de Cubaanse communisten hadden
hem uitgemaakt voor een 'kleinburgerlijke putschist'. Ik zou zeggen dat Fidel geen kameleon was: hij veranderde niet van kleur
om zich onzichtbaar te maken. Hij veranderde wel, en niet één
keer maar diverse keren. En als hij veranderde, veranderde hij radicaal. Hij veranderde met lichaam en ziel. Als hij geen communist was, was hij er ook echt geen. Als hij er een werd, werd hij er
echt een.

Hij was een man die zich overal met overgave in stortte. Hij
wist niet wat halve maatregelen waren. Hij had een passie en een
vastberadenheid die inspirerend werkten op de meeste mensen
met wie hij in contact kwam. Hij had charisma en wat ze 'présence' noemen. De mensen bewonderden hem. Dat deden we allemaal, omdat hij zei wat hij geloofde en hij deed wat hij zei. In zijn
beroemdste toespraak tijdens zijn proces na de mislukte aanval in
1953 op het Moncada-fort zei hij: 'Veroordeel me maar. Het doet
er niet toe. De geschiedenis zal me vrijspreken.' Als hij zich in 1959
had teruggetrokken, of zelfs in 1960, of – als hij een flink risico
had willen nemen – in 1965, had hij waarschijnlijk gelijk gekregen.

Die eerste keer dat Fidel Castro en ik elkaar ontmoetten, droeg hij
een wit overhemd met korte mouwen en een gevechtsbroek, maar
metaforisch gezien werd hij nog steeds omgeven door zijn halo
van redder en droeg hij nog steeds zijn lauwerkrans van zegevierende strijder. Om hetzelfde initiatief als hij aan de dag te leggen
en de overwinning te behalen – eerst in een klein dorpje en vervolgens landelijk – was het doel van elke guerrillastrijder. En hij,
Fidel Castro, was onze inspiratiebron.

Fidel arriveerde alsof het de normaalste zaak van de wereld
was. Maar het was voor mij een belangrijk moment. Fidel Castro
was in die tijd mijn held. Mijn knieën knikten en mijn hart bonkte toen ik hem en de rest van de groep naar een ander vertrek
volgde.

Fidel ging aan een kleine tafel zitten en zonder verdere omhaal kondigde hij aan: 'Luister vrienden, ik weet dat jullie allemaal popelen om een revolutie in jullie land te ontketenen. Ik ga jullie iets voorlezen wat jullie op weg kan helpen. Ik heb een aantal brieven vanuit de Sierra Maestra geschreven tot het moment van onze triomf. Tot april 1958, toen we in de Sierra waren, hadden we hier en daar wat mensen zitten, en beschikten we op verschillende plekken over wat wapens, maar niet veel, zoals jullie waarschijnlijk wel weten. Af en toe was er eens een vuurgevecht of een schermutseling en we trainden en praatten veel. Toen hoorden we dat Batista een serieuze invasie aan het voorbereiden was, en dat ze ons wilden liquideren. Dus begon ik brieven te schrijven.'

Fidel zwaaide met zijn rechterarm. Daarop kwam een vrouw binnen met een grote doos, die ze naast hem op tafel zette. Ze was als een schaduw, heel mager, en geheel in het wit gekleed. Fidel haalde een bundel brieven en ansichtkaarten uit de doos en begon hardop voor te lezen terwijl wij, zijn dertienkoppige publiek, op onze dertien oncomfortabele houten stoeltjes zaten in dat kale, warme vertrek en zijn woorden indronken. Toevallig zat ik zo dicht bij hem dat ik elke handgeschreven brief kon lezen wanneer hij ermee klaar was.

'Dit is de eerste, gericht aan Cuevas: "Cuevas, het leger komt niet uit de bergen, het komt via de zee. Het landt aan de voet van de heuvel waar jij nu zit. Het leger bestijgt dan de heuvel en je moet uitkijken, want ze komen langs die en die plek en je moet een loopgraaf graven en een stel machinegeweren op die en die locatie zetten." Dat is wat ik Cuevas schreef. Toen schreef ik Rivas: "Rivas, ik heb Cuevas gezegd om op die en die locatie een machinegeweer te zetten, maar hij is een beetje afgeleid. Ik heb hem verteld dat jij hem nog twee machinegeweren zou brengen om op die en die positie te plaatsen, dus ik wil dat jij erheen gaat en kijkt of alles daar in orde is en opgesteld staat." Toen aan Albenga: "Albenga, laat de nieuwe rekruten met Che trainen en zeg tegen hem dat hij ze niet onze nieuwe munitie moet geven. We moeten eerst het oude restant opmaken." Aan Che: "Che, Albenga komt er aan, dus hang de touwen te drogen.'"

Fidel bleef maar doorlezen en wij hoorden hem gefascineerd aan, terwijl uur na uur de ene brief de andere volgde. Het werd pas geleidelijk aan duidelijk dat de doos naast hem vol brieven zat en dat hij van plan was ze allemaal voor te lezen. Hij had elk detail en elke man in een strategisch raster staan. Hij wist alles en ging alles tweemaal na. Niets was te onbelangrijk om aan zijn oog te ontsnappen.

Na honderden brieven streden we tegen onze dorst, de warmte en onze vermoeidheid. Zijn geheugen en strategie waren fenomenaal. Hij was op de hoogte van alles wat er gebeurde en hij controleerde en controleerde en controleerde. 'Cuevas, wat ben je verdomme: een revolutionair of een mietje? Gisteren was ik bij je en toen had je niet één loopgraaf gegraven! Niet één!' 'Rivas, wat houdt je tegen om de wapens naar Cuevas te brengen?' 'Camilo, zorg dat je met zonsopgang je batterij machinegeweren bemant.' 'Che, ik heb je gezegd om de restmunitie te gebruiken. Waarom heb je dat niet gedaan? We hebben de 54's nodig voor ons offensief. Ik weet dat je de andere hebt, want ik heb ze tussen je arsenaal zien liggen.' En zo bleef hij maar doorratelen. Als een spervuur van instructies en bevel na bevel. En hij bleef maar brieven voorlezen. 'Rafael, ik heb je loopgraven gezien en ze deugen niet. Je moet echte loopgraven graven van ten minste een meter veertig, zodat een man er rechtop in kan staan. Niemand past in de jouwe.' 'Che, die en die wacht woensdag om elf uur 's ochtends op je. Zorg dat je er bent.'

Er gingen drie uur voorbij, en nog een uur, en nog steeds was hij aan het voorlezen. Toen ik weer een steelse blik op mijn horloge wierp, was het halfdrie 's nachts. Hij was al vierenhalf uur bezig. Tegen die tijd waren alleen Tuzio Lima, Luben en ik nog wakker. De andere toehoorders hadden de eerste twee of drie uur op hun stoel zitten wiebelen en waren toen, als met DDT bespoten vliegen, een voor een ingedut, met hun kin op hun borst of het hoofd tegen elkaars schouder. De stoelen leken wel afkomstig uit een lagere school en waren klein en ongelooflijk oncomfortabel.

Hoe interessant de brieven ook waren, voor de meesten van mijn medeafgevaardigden was het een soort marteling om ze allemáál aan te moeten horen. Zowel Che als Fidel gaf niets om comfort en Fidel zou later niet vies van martelpraktijken blijken. Toch had ik absoluut de indruk dat de Grote Man ons oprecht probeerde te helpen door de geheimen van zijn tactieken aan ons voor te lezen.

Er was zo weinig zuurstof in de kamer dat het wel leek of we in een vliegtuig van een derdewereldland of op een goedkope chartervlucht zaten. Het leidde tot een diepe, onnatuurlijke slaap, waar onze jetlag en Fidels schier eindeloze monoloog alleen maar aan bijdroegen. Tegen drie uur was ik de enige buiten hemzelf die niet diep in slaap was. Ik had misschien het voordeel boven de anderen dat ik sinds mijn tijd in de gevangenis van Caracas aan bijna chronische slapeloosheid leed. Maar los daarvan was ik er zo opgetogen over dat ik de kans kreeg aan te horen hoe ik kon slagen in wat zich tot mijn levensmissie had ontpopt, dat ik wakker zou zijn gebleven zolang de guerrillero aan het voorlezen was. Fidel was er vanaf vroege leeftijd van overtuigd geweest dat hij de redder van zijn land zou zijn. En ik was ervan overtuigd dat ik de redder van het mijne zou zijn. Het verschil was dat hij zijn doel had bereikt en ik nog nauwelijks was begonnen om het mijne te verwezenlijken.

Slechts geconcentreerd op het geluid van zijn eigen stem en het bewijs van zijn eigen genialiteit las Fidel door. Als de grote strateeg die hij onbetwistbaar was, had hij het beste voor het laatst bewaard. Hij las zijn mooiste brief voor. Het was een meesterwerk gericht aan de bevelhebber van de regeringstroepen die het rebellenleger in de hoek hadden gedreven. Fidels tegenstander was niet op de hoogte van de onhoudbare positie van het rebellenleger. Hij was evenmin op de hoogte van het feit dat zijn zesduizend manschappen minder dan honderdtwintig rebellen hadden omsingeld en dat Fidels revolutionaire leger in totaal uit honderdtwintig man bestond. Fidel had de indruk gewekt dat hij ten minste tien keer zoveel strijders had als in werkelijkheid. Een handjevol rebellen was erin geslaagd buiten het net van de vijand te blijven en dat hielp om de vijandelijke bevelhebber ervan te overtuigen dat Fidel hém had omsingeld in plaats van andersom. In werkelijkheid waren Fidels honderdtwintig guerrillastrijders niet alleen omsingeld door zesduizend uitstekend getrainde soldaten en stonden ze voor een dreigende nederlaag, ze dreigden zelfs volledig te worden weggevaagd. Maar Fidel had een handjevol strijders buiten de vijandelijke linie en Fidel had lef. Tegen alle verwachtingen en logica in zag hij hoe hij een vrijwel zekere nederlaag in een overwinning zou kunnen ombuigen. En dat bereikte hij met een brief.

Fidel las zijn magistrale brief aan de vijandelijke bevelhebber voor. Door de vermoeidheid van het moment kan ik me hem niet meer woordelijk herinneren, maar hij had de volgende strekking: 'Comandante Guerrero, je bent omsingeld en de overwinning is aan mij. Maar die overwinning smaakt minder zoet omdat ik de enige eervolle militair moet verslaan die ik ooit heb gekend. Herinner je je nog dat we elkaar ontmoetten toen we studenten waren en we over de grondwet discussieerden? Jij zei dat je alles zou doen wat in je macht lag om onze grondwet te verdedigen. Nu krijg je die kans, maar in plaats van hem te grijpen, negeer je hem.' Hij vertelde hem vervolgens dat hij niet zijn mannen moest offeren in een verloren strijd. Fidel had kans gezien om uit te breken bij een punt waar ruim vierhonderd regeringssoldaten waren gelegerd. Toevallig kende hij de vijandelijke bevelhebber persoonlijk en dus wist hij dat hij een kans maakte met zijn brief. De brief was zo geweldig dat zijn tegenstander zich overgaf en zijn vierhonderdvijftien wapens aan Fidel en zijn honderdtwintig mannen overdroeg, waarmee hij niet alleen de revolutie spaarde, maar die ook de middelen gaf om te zegevieren.

Ondertussen liep het daar in de warme, benauwde kamer tegen vieren en Fidel zelf toonde geen spoortje vermoeidheid. Hij legde de laatste brief uit de doos voorzichtig boven op de andere en begon toen vol vuur aan een gedetailleerd, strategisch verslag van zijn revolutionaire campagne. Hij beschreef die dag voor dag en week voor week, tot de kleinste instructie toe. Zijn stem klonk gedecideerd en enthousiast terwijl hij terugkeek op zijn recente militaire geschiedenis. Zijn woorden werden onderstreept door een laag gesnurk, waarbij de zware ademhaling van de twaalf slapende afgevaardigden bijna als een concert klonk. Hij werkte zich door de formatie van het Tweede Front heen, hij vertelde hoe hij Che naar Santa Clara stuurde om te vechten, hoe hij Camilo ergens anders heen stuurde, hoe zijn logistieke ondersteuning binnenkwam, hoeveel dat was en wanneer die bij elk kamp werd afgeleverd en door wie.

Om zes uur 's ochtends, met nog steeds dezelfde zweetdruppel die zich ruim een uur daarvoor had gevormd op zijn voorhoofd, keek hij voor het eerst op. Uit de manier waarop hij naar de slapende toehoorders keek, viel niet op te maken of het hem beledigde of koud liet wat iedereen dacht of voelde. Uiteindelijk bleven Fidels kraalogen op mij rusten. Hij fronste en keek heel even verbaasd. Hoewel hij veel groter is dan ik, lijken we uiterlijk erg op elkaar. Ik had het gevoel dat hij er even over nadacht of hij dat een bezwaar vond. Zijn frons verdween en hij kondigde aan, alsof wij hém daar hadden vastgehouden: 'Ik moet er nu vandoor – ik heb om zeven uur een vergadering met de Chinezen.' Toen vertrok hij.

# 38

$D$e volgende dag had ik het er op onze hotelkamer met Vida over hoe het toch in hemelsnaam mogelijk was dat iemand zo'n bovenmenselijke energie had, en wat jammer het toch was dat de meeste van mijn kameraden de belangrijkste stukken van Fidels negen uur durende monoloog hadden gemist, toen de telefoon ging. Een man vertelde dat hij bij de receptie stond en boven wilde komen. 'Wie bent u?' vroeg ik.

'Nee,' zei hij, 'ik ben niet degene die boven wil komen, maar El Comandante. Hij is al onderweg.' Een paar minuten later werd er op de deur geklopt. Vida deed open, en daar stond Fidel in gevechtstenue. Hij gaf Vida een hand en zei bijna in het voorbijgaan: 'Dus jij bent de Marokkaanse echtgenote.' Fidel keek vluchtig naar het uitzicht op zee en ging toen zitten. Hij richtte zich bijna uitsluitend tot Vida, en plompverloren zei hij: 'Oogcontact is heel belangrijk, weet je. Het vermogen om zonder woorden te communiceren, maar ook als je geen oogcontact maakt en er is even die flits van herkenning, begrijp je wat ik bedoel?'

Nu heeft Vida nooit 'haar op haar tong gehad' zoals we dat in de Andes noemen: ze zegt gewoon recht voor zijn raap wat ze denkt. Dus ze zei: 'Nee, ik heb geen flauw idee waar je het over hebt.'

Fidel moest hard lachen en zei vervolgens tegen haar: 'Dan heb je geen idee hoe we hier leven.'

Vida vertelde dat ze in Venezuela had gewoond en veel over Latijns-Amerikanen wist. Fidel was ongelofelijk aardig, terwijl hij van het ene onderwerp op het andere sprong. Hij liet Vida voortdurend heel democratisch haar zegje doen. Af en toe zei ik ook iets, maar het was in feite hun gesprek. Aangezien Vida en ik allebei hadden gehoord dat de macht Fidel naar het hoofd gestegen was en dat hij absoluut geen tegenspraak duldde, waren we heel verbaasd over zijn openheid en in de eerste plaats over het feit dat hij zomaar in onze hotelkamer was. Vida was vastbesloten om deze kans niet te laten lopen zonder hem eens flink aan de tand te voelen, dus bleef ze doorvragen.

In de wetenschap dat de Comandante geacht werd overgevoelig te zijn voor tegenwerking maakte ik me een beetje zorgen over haar directheid. Op een gegeven moment dacht ik echt dat ze te ver ging, toen ze zei: 'Weet je, toen jullie in de Sierra zaten, werd je niet gerespecteerd.'

Allemachtig, dat viel even goed als een boterham met gemalen rat. Hij sloeg opeens een heel andere toon aan. 'Hoezo werd ik niet gerespecteerd? Hoe durf je!'

Onverschrokken legde Vida uit: 'Als iemand iets over een ander heeft te zeggen en de leider zegt tegen zijn ondergeschikte dat hij iets moet doen, dan noemen we het in Venezuela een gebrek aan respect als die ondergeschikte dat niet doet.'

'Aha, bedoel je het zo.'

Daarna hadden ze het over het leven in Venezuela en Vida's verblijf in Mérida. Uit niets bleek waarom hij eigenlijk op bezoek was gekomen.

Op een bepaald moment stond hij op, nam afscheid alsof we drie oude vrienden waren, en vertrok.

Later die dag werd ik bij hem geroepen en ik ging naar zijn huis. Deze keer was ik alleen met hem. Hij zei: 'Dat was heel goed, die tussenkomst van je op de conferentie. Maar daar gaat het niet om. Er is iets wat ik moet weten. Een mysterie dat ik moet oplossen. Waarom ben jij niet in slaap gevallen toen ik die brieven voorlas? Ik hield je in de gaten en je was de enige die niet in slaap viel.'

'Nee,' zei ik, 'ik slaap niet veel. En bovendien: hoe vaak zal ik in mijn bestaan als revolutionair strijder de kans krijgen om stap voor stap te leren hoe je een hele oorlog moet voeren? Ik heb samen met Luben Petkoff bij de guerillabeweging gezeten, en ik weet dat de sleutel tot succes is dat je het terrein, en vervolgens de kracht en zwakheden van jezelf en van de vijand kent.'

'Precies,' riep hij uit, 'dat is wat ik met die brieven wilde zeggen: dat iedere revolutionaire strijder die wil winnen, grondig, vasthoudend en toegewijd moet zijn. Winnen is geen kwestie van geluk hebben, al helpt dat wel, het is een kwestie van goed voorbereid zijn.'

De jaren die na deze ontmoeting volgden heb ik aan mijn slaapgewoontes te danken. Ik was wakker terwijl anderen sliepen en daarmee verwierf ik de vriendschap van Fidel Castro. Ik geef toe dat ik wakker wílde blijven, maar ik was ook in staat om wakker te blijven. Luben Petkoff en verscheidene andere afgevaardigden wilden wel wakker blijven, maar ze waren er fysiek niet toe in staat. Mijn nauwe band met Fidel, het vertrouwen dat hij in me stelde en de vriendschap die daaruit voortvloeide, waren tot op grote hoogte aan het volgende te danken. Fidel Castro wist dat hij een supermens was. Zelfs toen hij nog maar een jonge advocaat in Havana was, en later als senator en fakkeldrager van de Cubaanse martelaar voor de waarheid en de zuiverheid uit de jaren vijftig Eddy Chibas, geloofde Fidel dat hij zijn land zou redden. Chibas had een populair wekelijks radioprogramma in Havana, waarin hij de corruptie van Batista's regime aan de kaak stelde. Chibas en zijn Ortodoxo-partij beloofden via de radio met concrete bewijzen voor zijn beschuldigingen te komen, maar toen die bewijzen niet op tijd voorhanden waren, schoot Chibas zichzelf live op de radio dood. Zijn dood werd als een symbool van zuiverheid beschouwd. Fidel hoorde bij de Ortodoxo-partij. Na die publiekelijke zelfmoord wilde Fidel het voorbeeld van zijn held volgen, maar hij kon geen eind aan zijn leven maken.

In plaats daarvan nam hij deel aan de campagne om Chibas te wreken en tegen de corruptie van de regering te strijden. Een van Fidels taken was het schrijven van brieven, en achteraf gezien heeft dat iets ironisch. Maar aangezien hij altijd alles overdreef, schreef hij niet de gevraagde duizend brieven, maar wel tienduizend. Zo was hij nu eenmaal: altijd beter dan alle anderen. Hij werd er bijna voor aangeklaagd, maar dat maakte hem niet uit. Fidel is iemand die in staat is om de grootste excessen te bewerkstelligen. Alles wat hij zich voorneemt, doet hij ook.

Dat was de kant waarin Fidel verschilde van Che Guevara. Che wist dat hij uitzonderlijk was, maar hij dacht niet dat God hem zo had geschapen of dat hij dankzij een speciale, aangeboren gave was wie hij was. Che zorgde er zelf voor dat hij een supermens was. Hij maakte zichzelf sterk, terwijl hij zwak was. Hij dwong zichzelf beter te zijn dan zijn gelijken. Dat geldt niet voor Fidel. Die accepteert dat hij als uitzonderlijk mens is geboren. Dat hij bij wijze van spreken een goddelijk wezen is. Het gevolg is dat hij beter in staat is om verschillen tussen hemzelf en anderen te begrijpen. Dat bezorgde hem ook een zekere tolerantie. Het stelde hem in staat om met anderen overweg te kunnen. Andere mensen konden niet wat hij kon omdat ze niet met bepaalde gaven ter wereld waren gekomen. Che was daarentegen minder tolerant: andere mensen móesten in staat zijn om hem bij te houden, om te doen wat hij deed, omdat hij wist dat iemand kon leren en oefenen om dat te bereiken, zoals hij zelf gedaan had.

Toen ik Fidel leerde kennen, was hij nog niet de klassieke tiran. Het zou misleidend zijn om de man die ik kende als een vulgaire onderdrukker af te schilderen. Hij was heel wat gecompliceerder dan dat. En bovendien dwong hij indertijd de mensen niet om de dingen op zijn manier te doen. Hij was in die zin tolerant dat hij altijd zei: 'Doe het maar op je eigen manier', nou ja, eigenlijk eerder: 'Doe wat ik zeg, maar op je eigen manier.'

Dat we zo'n band kregen, kwam doordat hij wist dat ik die kant van hem begreep, en dat ik daarom ook vaak zijn motieven begreep wanneer anderen dat niet deden. Zo kwam het dat ik met Fidel ging samenwerken, in Cuba ging wonen en de Cubaanse revolutie leerde kennen. Na afloop van de Tricontinentale bleef ik daar, maar altijd met in mijn achterhoofd het idee dat ik op een dag naar Venezuela zou terugkeren.

Halverwege 1966 gaf Fidel me een opdracht. Hij vroeg me een team ideologen samen te stellen om de revolutie opener en begrijpelijker te maken dan binnen het orthodoxe marxisme mogelijk was. Ik was lid van de filosofiefaculteit van de universiteit van Havana waar ik me wijdde aan het formeren van die groep, en er vervolgens leiding aan gaf. Alle leden waren jong en bereid om op een andere manier te kijken naar wat er in Cuba was gebeurd en nog steeds gebeurde. We deden dit aan de hand van teksten van Lukács en antimarxistische teksten en door het gezamenlijk bespreken van onze eigen gedachten en ideeën.

In die groepen zaten mensen die tegenwoordig beroemde opponenten van Castro en contrarevolutionairen zijn, zoals de dissidenten Diaz en Avenas. Mijn hele groep bestond uit linkse mensen die een zekere vrijheid van denken hadden. José Martí, Cuba's meest geheiligde held, heeft gezegd: 'De eerste plicht van elke revolutionair is om voor zichzelf te denken.'

Het was een prachtig gebaar van Fidel dat hij om zo'n alternatieve denktank vroeg. Het was uitzonderlijk democratisch om ons toe te staan bijeen te komen en te brainstormen. Voor ons ideologen was het een reusachtige verantwoordelijkheid die we geen van allen licht opvatten. Alleen was niet duidelijk dat er uiteindelijk van ons werd verwacht dat we de juistheid van Fidels eigen ideeën zouden bevestigen, en niet dat we zelf met nieuwe ideeën zouden komen aanzetten…

Het is best mogelijk dat Fidel, toen hij me vroeg, nog oprecht verder wilde kijken dan hij in zijn eentje kon. Het is mogelijk dat er tussen het opzetten en de uitkomsten van die brainstormsessies iets is gebeurd. Het is mogelijk dat hij een stap heeft gezet waardoor alles verwrongen raakte, dat hij een bepaalde grens heeft overschreden. Maar ik weet het niet. Het zijn mysteries die niemand kan verklaren, maar waarover ik me het hoofd nog niet hoefde te breken toen ik naar Havana vertrok.

# 39

*T*ijdens ons verblijf in Havana behielden Vida, Ramín en ik onze kamer in het ruime, zesentwintig verdiepingen hoge Habana Libre Hotel als gasten van de Cubaanse regering. We werden kenners van de menukaart en raakten bevriend met het personeel. Iedereen van belang die in 1966 Cuba bezocht, deed het Habana Libre aan. De bar op de begane grond ademde een kosmopolitische sfeer. Er werden daar belangrijke zaken besproken en belangrijke overeenkomsten gesloten. Als niet hele landen hypothetisch werden bevrijd of onderworpen of nationale budgetten niet vergooid of gered, draaide een groot deel van de conversatie om het onderwerp coca- en Pepsi-cola.

Latijns-Amerikanen zijn allemaal praktisch verslaafd aan een van die twee cola's. De een kiest voor Pepsi (de meeste Venezolanen waren in die tijd bijvoorbeeld Pepsi-fans) en de ander geeft de voorkeur aan coca-cola, maar we drinken er allemaal enorme hoeveelheden van. Het nationale drankje van Cuba, de cocktail waar iedere bezoeker van Havana automatisch naar vraagt, is een *cuba libre*: rum en cola met een heleboel ijs en een schijfje citroen. Na de revolutie kon je in Cuba geen echte coca-cola of Pepsi-cola meer krijgen. Er waren allerlei revolutionaire fabrieken die namaak-coca-cola produceerden – de beroemdste drank heette 'Son' – maar het was niet hetzelfde. Het was niet de echte en iedereen wist dat. Steeds als iemand wat te drinken bestelde, werd het onderwerp weer aangeroerd. Wat was het geheime ingrediënt van de yankees? Waarom kon dat niet gereproduceerd worden? Hoeveel de Cubanen ook van Fidel en de revolutie hielden, ze hielden ook van coca-cola en het gebrek eraan was als een rat die aan hun moreel knaagde. Zelfs El Comandante Che, die je in die dagen geen kwaad woord hoorde spreken over de Cubaanse revolutie of alles wat revolutionair was, zou een keer een fles Son hebben opgepakt en gezegd: '*Son una mierda!*'* – een woordspeling op de naam en de slechte kwaliteit van de koolzuurhoudende drank.

Om de paar weken kwam Fidel met een verzoek aan mij om nog iets extra's te doen. Doorgaans wilde hij dat ik missies uitvoerde. Hij stuurde me erop uit om met mensen te praten en om te onderhandelen, zowel in Havana als in het buitenland. Soms moest ik bij zo'n missie iets afleveren of ophalen. Zo werd ik iets wat het

---

* 'Son' is Spaans voor 'ze zijn' en 'son una mierda!' betekent 'ze zijn stront!'

midden hield tussen een loopjongen en een geheim agent, maar ik werd ook Fidels vertrouweling. Als hij me vroeg iets op te halen of af te leveren, was dat meestal omdat verder niemand het mocht weten. Vooral wanneer er geld bij betrokken was, leek het me een redelijke voorzorgsmaatregel om mensen niet in verleiding te brengen. Niet veel mensen kunnen het weerstaan om een greep in de kassa te doen als die kassa miljoenen ongemerkte dollars bevat.

Aan het begin en eind van die missies praatten Fidel en ik meestal uren met elkaar. We dachten over veel dingen hetzelfde en hadden beiden weinig behoefte aan slaap.

Op een dag riep hij me bij zich en vroeg me om met hem samen te werken aan een plan dat hem na aan het hart lag: het exporteren van de Cubaanse revolutie naar andere landen in Latijns-Amerika. Daartoe benoemde hij me tot leider van een groep van tweeëntwintig guerrillastrijders uit heel Latijns-Amerika, die ik mee moest nemen naar het binnenland om ze tot onoverwinnelijke commando's om te toveren. Hij vertelde me dat het aantal rekruten symbolisch was, want dat was het aantal mannen geweest dat de hinderlaag had overleefd toen hij en zijn revolutionairen van de 26 juli-beweging in Cuba aan land gingen om Batista te verdrijven. Het was vreemd, want ik had altijd begrepen dat de passagiers van de Granma bijna direct bij aankomst werden neergemaaid en dat slechts twaalf man de Sierra hadden weten te bereiken, maar wie was ik om in discussie te gaan over iets waar ik niet bij was geweest, met iemand die dat wel was geweest.

Ik was gecharmeerd van het idee dat ik een guerrillagroep naar een trainingskamp zou brengen. De timing van zijn verzoek was redelijk bijzonder, omdat Vida me een aantal dagen daarvoor had gevraagd of ik met Fidel wilde praten over de mogelijkheid om de Perzische ballingen die verspreid in Europa zaten te verenigen en naar Cuba te halen voor een militaire training. Aangezien Vida nooit een idee liet varen als ze het eenmaal in haar hoofd had, had ze er onophoudelijk over gepraat. Dus had ik al een paar dagen lopen nadenken over zo'n zelfde soort training. Vida en Ramín vertrokken naar Parijs, waar Vida haar ideeën voor een trainingskamp voor Perzische ballingen verder uit zou werken. Later werd inderdaad een groep Perzische revolutionairen uitgenodigd om naar Havana te komen, en ook zij gingen de wildernis in om door de Cubanen te worden getraind.

Fidel had het volste vertrouwen in zijn plan. Hij vertelde me dat het ons doel was om binnen het jaar naar Venezuela te vertrekken en een serie revoluties in Cubaanse stijl in gang te zetten en te winnen op het vasteland van Zuid-Amerika. Daarna wilde hij het uitbreiden en nog veel meer guerrillastrijders opleiden om ze naar zoveel mogelijk opstandige groepen in zoveel mogelijk landen in Latijns-Amerika en op de Antillen te sturen.

Ik vroeg me af waarom hij mij uitkoos om deze operatie te leiden. Natuurlijk was ik betrokken geweest bij de guerrillabeweging in Venezuela en dat wist hij. Maar hij was niet dom, dus hij moet ook hebben geweten dat ik geen soldaat was. Ik denk dat hij me uitkoos omdat hij wist hoe sterk ik in de gewapende strijd geloofde als optie voor Venezuela, en omdat ik net op de Antillen was geweest, en ook Latijns-Amerika een beetje kende en omdat Che en Papito na onze samenwerking in Algiers lovende dingen over me hadden gezegd tegen een aantal mensen. Maar de belangrijkste reden was waarschijnlijk dat hij wist dat ik, net als hij, dagen achtereen wakker kon blijven en dat ik, net als hij, oog had voor details.

De eerste stap in het project was dat ik moest uitzoeken welke landen die aan de Tricontinentale hadden deelgenomen mannen voor een training naar Cuba wilden sturen. Hij gaf me in die fase geen verdere informatie en geen verdere instructies behalve dat als het nodig was om een van die mannen direct naar Cuba te halen, ik dat moest doen. Verder moest ik doen wat ik wilde. Ik had de volledige macht om te handelen zoals mij goeddunkte. Ik aanvaardde de opdracht en zei dat ik mijn best zou doen om het project tot een goed einde te brengen.

Na die bijeenkomst nam ik contact op met iemand die erg beroemd was binnen de Cubaanse revolutie: Piñero. Hij leidde de activiteiten en leverde alle hulp aan de revolutionaire bewegingen in Latijns-Amerika. Piñero was belast met de verwezenlijking van Fidels droom om de Cubaanse revolutie naar Cuba's naaste buren te exporteren. Ik zou nauw met Piñero komen samen te werken, en daarnaast werden we vrienden.

Tijdens de zomer en de herfst van 1966 gebruikte Piñero me, en ik bedoel 'gebruikte' in de strikte zin van het woord. Hij bleef me maar opbellen met dingen als: 'We willen met Savaleta uit Bolivia praten, maar de tijd is nog niet rijp voor óns, dus willen we dat jíj met hem praat.' Of een of andere Argentijn deed Havana aan en dan zei Piñero: 'Oswaldo, we willen hem over onze plannen voor Latijns-Amerika vertellen, maar we willen dat jíj die aan hem vertelt.' Aangezien ik Piñero's visie deelde, vond ik het prima om als woordvoerder op te treden.

In Havana werkte ik nauw samen met een goede vriend. Zijn kennismaking met Latijns-Amerika was op jeugdige leeftijd via mij verlopen. Hij was in 1963 naar Venezuela gekomen en direct naar de universiteit gegaan om mij op te zoeken. Hij had een introductiebrief bij zich van Simone de Beauvoir en Jean-Paul Sartre, die ik geen van beiden persoonlijk kende, maar die van mijn bestaan af wisten via andere Latijns-Amerikaanse revolutionairen. In hun introductiebrief vroegen ze me 'om de drager, Régis Debray, volkomen in vertrouwen te nemen'. Dat deed ik.

In 1963, toen Régis Debray bij me kwam, genoot hij internationaal nog praktisch geen bekendheid als schrijver, journalist of filosoof, maar na zijn bezoek ging hij terug naar Parijs en publiceerde het beroemde artikel 'De lange mars van het castroïsme in Latijns-Amerika'. In dat artikel stelde Régis dat iedereen Castro's voorbeeld diende te volgen. Dit was in tegenspraak met het bestaande beleid van revolutionaire bewegingen, dat zich op de stadsguerrilla concentreerde in plaats van de plattelandsguerrilla. Hij schreef over de noodzaak om de plattelandsguerrilla te bevorderen en daarmee werd hij een invloedrijke woordvoerder voor de gewapende strijd.

Later, in Caïro, was Régis Debray een van de mensen met wie ik samenwerkte ter voorbereiding van de Tricontinentale Conferentie. Tijdens de voorbereidingen werkten we de theorie van plattelands- versus stadsguerrilla uit. Samen hadden we diverse besprekingen, bijvoorbeeld met Salvador Allende. En later werden we naar allerlei landen gestuurd, waaronder de Antillen, Brazilië, Uruguay en Argentinië, in de hoop dat die landen afgevaardigden naar de Tricontinentale zouden sturen die ook het idee van een plattelandsguerrilla steunden. Na enig zoeken vonden Régis en ik wat mensen: Guadeloupe beloofde vier afgevaardigden te sturen, Uruguay vier, Brazilië tien, maar we konden van niemand uit Argentinië een belofte loskrijgen. Ik weet nog dat ikzelf de tickets naar Havana moest kopen voor al die nieuwe afgevaardigden, en dat het bijna moeilijker was om hun vlucht te regelen dan het was geweest om ze te vinden en te rekruteren!

De afgevaardigden voor de conferentie die Régis Debray en ik hadden gerekruteerd, zouden de kern van het commandoleger vormen waarop ik toezicht zou houden. Het was een zeer gemengd gezelschap van Bolivianen, Guadeloupers, Uruguayanen en verscheidene Brazilianen. Naast deze Tricontinentale rekruten was er een groepje Venezolanen, twee Cubanen, één Mexicaan, één Chileen en ik. We werden naar het binnenland gestuurd om daar enkele maanden lang een guerrillatraining te volgen. Ik stond aan het hoofd van de groep, die, zoals Fidel had gewild, uit tweeëntwintig mannen bestond.

In een legertruck vertrokken we naar de Oriente – het oosten van het eiland – en sloegen midden in de rimboe ons kamp op, te midden van zo'n tweeëntwintig miljoen muggen. We hadden een radioverbinding met Havana, en een aantal van ons had een transistorradio. 's Nachts werd het geluid van alle radio's vaak overstemd door de hordes muggen. We zaten daar maanden, en ondanks de professionele training wist ik al bij aankomst dat ik niet in de wieg gelegd was voor commando.

Sommige mensen moeten het van hun hersenen hebben en andere zijn sportief. Ik hoorde tot het eerste type. Een sporttalent was ik beslist niet. Vida zou het veel beter gedaan hebben dan ik.

Zij was een geboren atlete. Omdat ik de leider en nummer één was, en de vertrouweling van Fidel Castro zelf, redde ik me. Zonder dat streepje voor had ik nooit op eigen kracht het trainingsprogramma doorstaan. Sommigen uit 'mijn' groep van tweeëntwintig man bewonderden me om wat ik had bereikt. Ze geloofden niet dat de pen machtiger was dan het zwaard, maar ze aanvaardden dat een pen effectiever kon zijn, tenslotte wilde Fidel Castro niet steeds hén via de radio spreken, maar míj. Anderen uit de groep verachtten me om mijn fysieke onvermogen. Een aantal van hen geloofde dat mensen die boeken lazen automatisch homoseksueel waren. Hoe het ook zij, we trainden, ik leidde, ik bleef studeren en poëzie en filosofie lezen, en hoe de andere mannen van de groep me ook achter mijn rug om noemden, in mijn gezicht zeiden ze 'Profe' (professor).

De training was behoorlijk intensief en bestond uit lichamelijke oefening, continu marcheren, schijfschieten, werken met explosieven, eigenlijk alles wat een soldaat moet leren. We hadden voornamelijk Amerikaanse wapens en een paar sovjetwapens. Ieder van ons had een nummer. Ik was nummer één, maar ik werd meestal met mijn bijnaam El Profe aangesproken. De twee Cubanen waren eenentwintig en tweeëntwintig. De instructeurs noemden ons alleen bij ons nummer, maar zelfs onderling gebruikten we de nummers veel, of gebruikten we codenamen.

'Als El Che het met zijn astma kon, waarom kan jij het dan niet, Profe?' was een vraag die me bijna evenveel ging irriteren als de aanvallen van de muggen. Na de eerste dag, de ergste, en de eerste week, toen ik dacht dat ik het niet zou overleven, werd ik geleidelijk aan een stuk fitter en sterker. Vanuit technisch oogpunt was de training van onschatbare waarde en heeft die diverse malen mijn leven gered. En hoe zwaar ik het destijds ook vond, ik was me er voortdurend van bewust dat we nog geen echt gevaar liepen om door de vijand te worden beschoten, gearresteerd of gemarteld. Wat ons geleerd werd, zou ons erop voorbereiden om naar Venezuela te gaan en het land te bevrijden. Dat was mijn uiteindelijke doel en de training was daar een waardevol middel toe. We wisten allemaal dat we over een aantal maanden in een boot zouden vertrekken als de kern van een revolutionair leger.

Mensen praten veel over de gevaren van scheepsladingen revolutionairen die vanuit Cuba werden uitgezonden, maar je hoorde nooit over scheepsladingen revolutionairen die Cuba bínnenvielen. Toch, terwijl mijn team van plattelandsguerrillero's in spe aan het trainen was, kwam in 1966 een scheepslading radicale Venezolanen, tot de tanden gewapend en popelend om zich in een dodelijk gevecht te storten, clandestien in Cuba aan. Het schip bracht honderdtwintig revolutionaire pelgrims naar hun politieke mekka.

Deze 'invasie' van militante Venezolanen was Fidel niet onwelgevallig. Hij had een speciaal plan voor Venezuela. Waar het op neerkwam, was dat hij de diverse fronten wilde samensmelten tot één front. Dus de mensen van de MIR, de Venezolaanse communistische partij en Douglas Bravo's commando's moesten zich allemaal in één groep verenigen, en die groep zou dan niet zozeer door Cubanen 'geleid' worden als wel 'begeleid'. Deze Cubanen zouden op een punt aan de Venezolaanse oostkust aan land gaan om lokale eenheden in contact te brengen met de methodes die de Cubanen in de Sierra Maestra hadden uitgetest. Met andere woorden, Fidel geloofde niet dat de Venezolanen voldoende kennis of tactische ervaring hadden en dacht dat ze hulp van de Cubanen nodig hadden. Hoe dan ook, de honderdtwintig Venezolanen die per boot aankwamen, werden aangevoerd door Ojera Negretti, de strijder die in Venezuela het meeste prestige genoot. Hij had in Falcón gevochten, samen met Baltasar Ojedin, codenaam 'Elías'. Beiden waren door de wol geverfde strijders die jaren bij de guerrillabeweging hadden doorgebracht. De andere honderdachttien mannen hadden ook praktische ervaring opgedaan in guerrillagevechten en sommige stonden vrij hoog op de politieke ladder.

Destijds gaf Fidel de voorkeur aan vechttechnieken boven politiek. Hij was er erg dol op om ons in eigen persoon een aantal technieken te demonstreren die hij had bedacht en met succes had toegepast in de Sierra. Een daarvan was een merkwaardig soort hinderlaag, waarbij ingenieus gebruik werd gemaakt van een waterslang. Het was een techniek die haar nut had bewezen in Fidels oorlog en hij gaf ons een demonstratie van de werking ervan. Ik was erdoor gefascineerd, niet in de laatste plaats om de eenvoud ervan. Iedereen in mijn groep was onder de indruk. Maar toen de nieuwe veteranen arriveerden, weigerden ze Fidels technieken als een mogelijke optie voor Venezuela te zien.

De meest openhartige van de nieuwe mannen was Elías. In Cuba was zijn codenaam Elíazar, maar zijn verhaal was vanaf dat moment zo sterk met het mijne vervlochten dat zijn naam zal blijven opduiken, dus om verwarring te voorkomen zal ik hem zowel in Cuba als elders Elías noemen, want onder die naam kende ik hem.

Toen Fidel zijn 'waterslangval' nogmaals uitlegde, zei Elías: 'Daar hebben wij niks aan, dat werkt niet in Venezuela. Ten eerste omdat de wegen in het oosten van het land geen bochten hebben zoals bij jullie. De wegen in het binnenland van Venezuela zijn gebouwd op zulk soort aanvallen. En de vijand daar kan uitstekend schieten. Al met hun eerste schot kunnen ze zo'n plan dwarsbomen.'

Fidel was daar niet erg blij mee. Hij hield er niet van tegengesproken te worden, en hij hield er al helemaal niet van om tegengesproken te worden door iemand die een ervaren guerrillastrijder was. Dat kleine meningsverschil vond binnen een week na aankomst van de bootmensen plaats. Daarna werden de botsingen alleen maar heviger. De groep werd in twee eenheden verdeeld. De ene groep moest als stadsguerrillero's trainen en de andere groep moest zich specialiseren in de strijd op het platteland in Cubaanse stijl. Deze laatste groep, de nieuwe plattelanders, die allemaal ervaren strijders waren en veteranen van onze gewapende strijd, bleven Fidel en zijn ideeën tegenspreken. Er waren bijna dagelijks conflicten met de Cubaanse instructeurs en met de tactische grondideeën.

Ze bleven het verschil in omstandigheden benadrukken. Ze zeiden dat wij een heel andere strijd voerden en dat de gevechtsomstandigheden daaraan moesten worden aangepast. Ze stelden dat het geen kwestie van techniek of trainingsniveau was, en dat het evenmin aan de mate van toewijding lag. Ze wezen erop dat ze allemaal bereid waren om voor de strijd te sterven en ze konden allemaal hun guerrillawapenfeiten opsommen om het te bewijzen. Maar – en het was een grote 'maar' die met name Elías tot Fidel en de Cubanen wilde laten doordringen – de Venezolaanse boeren hadden niet dezelfde revolutionaire gevoelens als de Cubanen. De Cubanen waren het zat om door de Amerikanen te worden overheerst. In Venezuela bestaat zo'n dergelijk bewustzijn niet. Maar niemand wilde luisteren. De instructeurs niet, Piñero niet, Fidels broer Raúl niet, en Fidel zelf al helemaal niet. Er had zich in Cuba een theorie over guerrillaoorlog ontwikkeld waarbij revolutionairen geen politieke of sociale wortels hoefden te hebben. Dit klonk als muziek in de oren van de meeste Venezolaanse strijders, die geen zin hadden om zich met wat voor ideologie dan ook bezig te houden. Als je alleen maar over de wil om een revolutie te ontketenen hoefde te beschikken, dan was die er wel. 'Waar wachten we nog op? Laten we gaan!'

De meeste rekruten maakten zich dus niet druk om de steun van het volk: ze maakten zich druk om de paramilitaire training. Fidel maakte zich ook niet druk over de politiek van zijn geëxporteerde revolutie, zolang Cuba maar zou profiteren van de uitkomst. En ik, wat dacht ik? Ik geloofde er heilig in dat gezien de specifieke omstandigheden waarin Latijns-Amerika zich destijds bevond, de gewapende strijd de enige oplossing was. Ik geloofde dat het de enige manier was om een einde te maken aan corruptie. En ik geloofde (in mijn naïviteit) dat omdat ik zelf veel nadacht, anderen dat ook deden. En ik geloofde (in mijn arrogantie) dat ik voor iedereen kon studeren en het resultaat van mijn studie zodanig kon overbrengen dat gezond verstand en fatsoen zouden zegevieren.

Ik wist ook dat als we uiteindelijk aan de oostkust van Venezuela aan wal zouden gaan, we een land zouden betreden dat, in een aantal opzichten, klaar was voor een ommezwaai naar het socialisme. We vielen niet een onbekende omgeving binnen, zoals Che in Kongo had gedaan. We zouden niet met een blinde euforie komen binnenstormen om vreemde concepten op te leggen aan een primitieve stammenmaatschappij. We zouden een poel van corruptie en overheidsrepressie infiltreren om de afstammelingen van dezelfde mensen te bevrijden die honderdvijftig jaar eerder Simón Bolívar in de onafhankelijkheidsoorlog waren gevolgd. Destijds hadden ze het Spaanse koloniale juk afgeworpen om een vrijheid te veroveren die in de roofzuchtige wurggreep van de Verenigde Staten was terechtgekomen. Wij, de revolutionairen, zouden het rijke en prachtige Venezuela teruggeven aan het volk. Ik geloofde niet dat het gemakkelijk zou zijn om de steun van de boeren te verkrijgen, maar ik geloofde wel dat het mogelijk was.

Ondertussen bleef ik mijn groep trainen en had ik niks te maken met de honderdtwintig nieuwe rekruten. Hoe zwaar en saai ik de training ook vond, ik wist dat elke dag me dichter bij mijn doel zou brengen.

# 40

Op een dag aan het eind van 1966 werd ik vanuit mijn trainingskamp in de bergen naar Havana teruggeroepen. Om precies te zijn werden twee van ons teruggeroepen: ik (nummer één) en mijn nummer twee. Nummer twee was mijn onderbevelhebber, een jongeman van Spaanse afkomst met het uiterlijk van een conquistador. Zijn echte naam was Rojas, en hij was toegewijd, serieus en bekwaam. We reisden samen naar Havana en genoten van de kleine verwennerijen die we onszelf onderweg gunden en de reusachtige luxe dat we niet hoefden te marcheren en exerceren. Tot het moment dat ik het kamp verliet, had ik niet beseft wat een opgave ik dat eigenlijk vond. Meestal was ik aan het eind van de dag te moe om nog na te denken.

Toen we de stad binnenreden, begon ik te fantaseren over een missie die me een paar weken of dagen, maar liever nog maanden respijt zou gunnen van de lichamelijke trainingen. Er liepen vrouwen op straat en hun aanblik deed het verlangen naar een voller leven weer in me ontwaken. Tijdens zo'n trainingsperiode was seks verboden. Geen seks, geen bier, geen rum, geen verlof en geen rust.

De weg naar Havana was zo droog, dat wij in onze legerjeep van Russische makelij en alle suikerriet en elke struik langs de rand overdekt waren met een laag stof. De zon scheen zo onbarmhartig dat je op den duur op het dak van de jeep een ei had kunnen bakken. Het idee dat alles in Cuba bij de permanente revolutionaire strijd was betrokken, leek zelfs de gewassen in zijn greep te hebben. De percelen maïs en de uitgestrekte velden met suikerriet langs de weg hadden het duidelijk zwaar.

We naderden de stad vanuit Bacuranao en Guanabo over de zeeweg met daarlangs lange witte zandstranden en uitgestrekte dorpen die ondanks de revolutie nog steeds niets ordelijks hadden. In Vedado stopten we om bij een vriend een koel biertje te drinken. Zijn van vliegen vergeven keukentje leek een vijfsterrenhotel in vergelijking met de plek waar we net vandaan waren gekomen. Zijn vrouw bakte een Spaanse omelet voor ons, en tot op de dag van vandaag staat de geur van gebakken uien en de smaak van dat eenvoudige gerecht hoog op mijn lijstje van 'heerlijkste maaltijden die ik heb gegeten'.

Deze pitstop vond plaats in de buitenwijken van de stad. Twee gezinnen deelden de bouwvallige hut. Het had er veel van dat ze er van golfplaat uitbouwtjes aan gemaakt hadden om onderdak te bieden aan nieuwe uitbreidingen van het talrijke kroost dat het volle halfuur van ons bezoek in de deuropening naar ons stond te staren. Vanaf een krakkemikkig ijzeren balkon kon ik het begin zien van de weidse Boulevard Malecom.

We bedankten onze gastheer en kusten de kokkin, en we reden over de Malecom langs het Habana Libre Hotel waar Vida en ik hadden gewoond tot ik aan de muskieten in de bergen werd overgeleverd, en waar ik nog steeds een behoorlijk luxueuze kamer had die ironisch genoeg leegstond terwijl ik in onuitsprekelijk oncomfortabele omstandigheden in het trainingskamp zat. Het Habana Libre was beroemd omdat het na de val van Batista het revolutionaire hoofdkwartier was geweest. Met zijn valse balkons en zesentwintig verdiepingen beton was het bij lange na niet het aantrekkelijkste gebouw van Havana, maar het was binnen de revolutie van grote historische betekenis. Als om dat te bewijzen kwam je door het hele gebouw stempels van goedkeuring tegen in de vorm van posters van een met zijn vuist zwaaiende Fidel. De hal op de begane grond had wel iets weg van een spiegelzaal op een kermis: op elk beschikbaar oppervlak was een kloon van Fidels gezicht te zien.

Rojas en ik hadden een afspraak met Piñero, de exporteur van de Cubaanse revolutie. Ik was blij verrast om op zijn kantoor Lunar Marquez aan te treffen. We begroetten elkaar en praatten even wat, en vervolgens stond Lunar op en vertrok.

Toen kregen we te horen dat we uit de trainingsgroep met de tweeëntwintig man zouden worden teruggetrokken. 'Om vanaf dit moment in actie te komen,' zei Piñero. Ik was opgelucht dat mijn kwellingen ten einde waren gekomen, en ik begon onmiddellijk te fantaseren over mijn terugkeer naar de luxe van mijn hotel en de reeksen cuba libres die ik elke avond zou wegzetten, hoe slecht de cola dan ook was. Ik was alleen niet zo blij dat ik geen kans had gehad om afscheid te nemen van de mannen met wie ik maandenlang vierentwintig uur per dag had doorgebracht. Dat probeerde ik onder zijn aandacht te brengen, maar Piñero was op de Fideltoer, dus ik kon er geen woord tussen krijgen.

'In plaats daarvan worden jullie ingedeeld bij de groep van honderdtwintig bootmensen. Zoals je je zult herinneren zijn die in twee categorieën opgedeeld: stads en plattelands. Jullie moeten je bij de plattelandsgroep aansluiten. Er zitten twee van de mensen van Douglas Bravo bij: Lunar Marquez, die net dit kantoor heeft verlaten, en Luben Petkoff.'

Toen wendde hij zich tot mij: 'Fidel wil jou voor je teruggaat spreken, Oswaldo. Je kunt beter nu meteen naar hem toegaan. Hij zit te wachten. Nummer twee en jij worden hier om tweeëntwintighonderd uur opgepikt en naar jullie nieuwe trainingskamp overgebracht. Jullie spullen staan daar voor jullie klaar.' Rojas en ik stonden op om te vertrekken. Voor we bij de deur waren, riep Piñero ons na: 'Veel sterkte met de nieuwe training, Oswaldo. Volgens mij is die een tikje... zwaarder.' Daar ging mijn fantasie over een missie. En mijn fantasie over een warme douche in het Habana Libre en een echt bed met mijn met West-Indische katoen gevulde kussen en cocktails bij zonsondergang. En hoe kon die nieuwe training in vredesnaam zwaarder zijn? Wat ik de afgelopen maanden aan het doen was geweest, had me al bijna gesloopt.

Uiteindelijk bleek Fidel wel degelijk een missie voor me te hebben, alleen was het niet de missie die ik zelf zou hebben gekozen. Fidel legde uit dat van de honderdtwintig Venezolaanse veteranen er nu nog zo'n negentig over waren. Ik wist al dat daar twee van Douglas Bravo's mensen bij waren, namelijk Lunar Marquez en Luben Petkoff. 'Jij hebt zelf schouder aan schouder met Luben gevochten; en Lunar heeft samen met je broer gevochten. Onafhankelijk van elkaar hebben beide mannen de volledige steun van de rest van de groep en ze zijn allebei uitzonderlijk populair. Jij hebt met beiden afzonderlijk een band. De communisten en de MIRisten zitten in het andere kamp – zij doen de stadstactieken – dus van hen zul je geen last hebben. Jij moet met de plattelandsgroep trainen. Je moet je naar hun zware programma voegen en ik reken erop dat jij hen tot het plan weet te bekeren.'

Het plan, Fidels plan dus, was om een groep van zo'n honderdtwintig man 'zwaar' en gericht te trainen om in Venezuela aan land te gaan en zich met ondersteuning van Cubanen vanaf de oostkust het binnenland in te vechten. Dat was Fidels droom. Hij vertelde het me alsof het een groot geheim was, maar in feite was het precies hetzelfde plan als wat er het jaar daarvoor voor mijn groep van tweeëntwintig man was bedacht. Het enige verschil was dat dit nieuwe plan voor een aanzienlijk grotere groep was, en dat we tijdens de training ook methodes zouden behandelen om van boord te gaan.

Fidel zat er nooit mee dat hij zichzelf herhaalde. Hij kondigde het plan aan alsof het een openbaring was. Zelfs in die begintijd was hij al opmerkelijk gek op het geluid van zijn eigen stem en het uitdragen van zijn eigen ideeën.

Vierenhalf uur later kwam ik duizelend Fidels huis uit. Het was tien over acht en ik had met Rojas voor het kantoor van Piñero afgesproken, waar we zouden worden opgepikt om naar mijn nieuwe trainingskamp te worden overgebracht. Ik moest nog de hele stad door, wat betekende dat ik hoogstens vijfentwintig minuten had om te doen wat ik graag wilde. Ik verlangde hartstochtelijk naar een warme douche in mijn hotelkamer. Maar ik had nog grotere behoefte aan de aanraking van een vrouw. De hele weg naar Havana was ik aan het piekeren geweest hoe, waar en hoe lang ik kans zou zien om aan het opgelegde celibaat van mijn trainingstijd te ontkomen.

Met vijfentwintig minuten over de hand en zonder ook maar de vrijblijvendste afspraak om het bed in te duiken, zou ik als ik eenmaal een bed had bereikt, nog maar zo'n twaalf minuten hebben voor de hele show. Dat betekende minder dan twaalf minuten met aan beide uiteinden een wild gehaast om op tijd op de afgesproken plek te zijn (Piñero stond erop om in zijn eentje te bewijzen dat Latijns-Amerikanen heus wel punctueel kunnen zijn, wat tijd betreft was hij ongelofelijk precies). En als ik er een vluggertje in wilde passen, moest ik niet alleen mijn douche laten lopen, maar zelfs het kortste bezoekje aan het Habana Libre om mijn voorraden aan te vullen, mijn post door te nemen, en noem maar op. Ik hoef niet te melden dat ik niet even ergens rustig over de voor- en nadelen ging staan nadenken. In plaats daarvan rende ik naar mijn adresje voor een seksueel vuurwerk van twaalf minuten, en ik zal eeuwig dankbaar blijven voor de zoete ontspanning van dat gehaaste intermezzo. Het zou lange tijd de enige zoete ontspanning zijn die mij beschoren was.

Alsof het al niet erg genoeg was dat ik van mijn groep van tweeëntwintig was weggehaald en aldus van mijn commando was ontheven, werd ik tegen nieuwjaar 1967 ook nog eens voor de haaien gegooid in de nieuwere groep bootmensen. Ik had me al afgevraagd waarom iedereen toch zo hamerde op de zwaarte van de training, en daar kwam ik snel achter. De nieuwe training was gruwelijk.

Ik had een bloedhekel aan bijna alles van mijn trainingsperiode met 'de grote jongens' oftewel de veteranen. Ik zeg 'bijna' omdat ik een uitzondering wil maken voor een paar vriendschappen die ik daar sloot of al bestaande vriendschappen – zoals met El Negro Manolito, de man met de mooiste zangstem die ik van mijn leven ooit gehoord heb – die in het kamp dieper werden. Ik zag kans om een tiental van de groep van veertig veteranen tot Fidels en mijn zaak te bekeren. Het was niet zo dat de mannen niet in Venezuela wilden vechten, want dat wilden ze wel. Ze wilden op hun eigen manier vechten: in geïsoleerde groepen vanuit hun bestaande focos van gewapend verzet. Fidel en ik waren voorstander van het verrassingselement. We wilden chaos simuleren en dan systematisch met een paar man en een groots plan naar het oosten trekken.

Mijn taak in het kamp werd er niet makkelijker op toen mijn twee grootste medestanders, Luben Petkoff en Lunar Marquez, twee maanden na mijn aankomst met een handjevol gelijkgestemden werden weggehaald.

Voor mij was het duidelijk dat wat we tot dan toe in de Venezolaanse guerrilla aan het doen waren geweest een miserabele mislukking was. We moesten iets anders doen, iets dynamisch en organisch. Sinds 1961 vond er in Venezuela al een gewapende strijd plaats. In 1967 werd er dus al zes jaar gevochten. De regering en de rest van de wereld konden wel net doen alsof er niets aan de hand was, en de pers kon naar believen de naam van onze gewapende groepen en de namen van onze leiders uit de krant houden, maar dat betekende nog niet dat ze niet bestonden. Zes jaar lang vochten we al een spookoorlog uit en wij opstandelingen waren zelf ook net spoken. Onze strijdkrachten waren tot vrijwel niets gereduceerd. De honderdtwintig veteranen hadden het er op het nippertje levend van afgebracht. Honderden waren voor onze zaak gestorven. De reden waarom we daar ons leven op het spel zetten was niet weggenomen. De corruptie in ons land was nog even wijdverspreid als tevoren. Onze enige hoop was volgens mij als we ons verenigden, en de enige manier om dat te doen was om het snel te doen.

Er werd op het thuisfront in socialistische kringen te veel gekibbeld. We hadden niet echt iets om ons op te richten en we hadden geen eensgezinde krijgsmacht. Individuele, geïsoleerde heldendaden (zoals die van mijn broer Ivan, van Luben en Teodoro, Lunar, Ojera en Elías) waren prachtig en mooi, maar als ze steeds weer uitliepen op het offeren van mensenlevens, zouden we uiteindelijk door onze helden heen raken en dan nog niets hebben bereikt.

In het trainingskamp van de veteranen had iedereen echter zijn eigen ideeën, gebaseerd op zijn eigen ervaringen. Ze zaten niet op een overzicht te wachten. Ze wilden oude tactieken oefenen en een paar nieuwe leren. Ze wilden technische foefjes mee terugnemen naar hun oude verblijfplaatsen. Maar ze zaten niet te wachten op een magere geleerde die gedichten las en hun wel even zou vertellen wat ze moesten doen.

Het feit dat die intellectueel rechtstreeks in contact stond met Fidel maakte op hen niet zo'n indruk als op mijn groep van tweeëntwintig. De veteranen waren het soort mensen dat de waarde van een schilderij uitsluitend beoordeelt aan de hand van hun eigen smaak. Een schilderij was goed als het hun beviel. Zodra de aanvankelijke romantiek van de Cubaanse revolutie hun dagelijkse realiteit was geworden, zodra de aura van Fidel Castro een beetje was gesleten, en toen eenmaal duidelijk was dat Che

Guevara niet van zijn wereldreizen zou terugkeren om hen persoonlijk te trainen en zich bij hen te voegen, ontstond er een onderstroom van gebrek aan respect jegens onze Cubaanse gastheren die de meeste veteranen niet echt probeerden te verhullen. De conflicten onderling en met de Cubaanse instructeurs escaleerden. De onenigheid en de wrevel waren voortdurend zichtbaar als het craquelé van een oude meester die even snel een nieuw laagje vernis heeft gekregen om het schilferende oppervlak op zijn plaats te houden.

Het groeiende gebrek aan respect voor Fidel zelf kwam niet zozeer voort uit wat hij zei als wel uit de tijd die het hem kostte om het te zeggen. 'Allejezus! Misschien heeft hij wel helemaal niet gevochten. Misschien heeft hij zijn vijanden gewoon platgeluld. Geef die kerel een luidspreker en gooi hem met een van zijn toespraken naar de vijand en binnen de kortste keren geven hele bataljons zich over. Verveling, dat is Fidels wapen. Daar kan hij iedereen mee uitschakelen.' Dat soort praatjes werd uitgewerkt tot een voortdurend uitdijende grap. Dat wijzere mannen dan Fidel en ik bepaalde strategieën hadden uitgedokterd, deed niet ter zake.

Tijdens de training met mijn groep van tweeëntwintig zeer verschillende revolutionairen had ik de fysieke belasting moeilijk te dragen gevonden. Toen ik bij de Venezolaanse veteranen zat, joeg het harde karakter van de training me bijna de dood in. Bij die nieuwe training kwam het gebruik van wapens en explosieven ternauwernood aan de orde, maar des te meer ontschepingstechnieken. We werden gericht getraind om op de rotsige oostkust van Venezuela aan land te gaan. De zee was daar ruw; de vaargeulen waren gevaarlijk voor ons schip en we zouden op de koraalrotsen gewond raken. Er zouden haaien en golven, duisternis en stromingen zijn en vrijwel elk ander gevaar. Het doel van onze training was om ons voor te bereiden op de slechtst denkbare omstandigheden bij onze ontscheping, door ze zo realistisch mogelijk te maken.

De zware training hield in dat we midden in de nacht in een klein scheepje tussen de vijf en tien kilometer de zee mee op werden genomen en daar met een kleine bepakking op onze rug overboord werden gezet. We werden in het water achtergelaten en moesten zelf weer naar de kust zien te komen. Deze oefening werd diverse keren per week herhaald. 'Gesimuleerde chaos ontspruit aan controle.' Er was in die nachten niets gesimuleerds aan de chaos, vooral als de zee erg ruw was.

Ik denk dat er wel iets van een strafmaatregel in die oefeningen zat. Wij Venezolanen waren stuk voor stuk veel te eigenwijs. We respecteerden onze gastheren niet, we weigerden hun revolutie met dezelfde verering te behandelen als ze zelf deden. 's Avonds rond het kampvuur namen we hun leiders in de maling. Ik haal mijn eigen reactie op de trainingsmethodes niet aan als bewijs voor hun excessieve zwaarte – al zou ik dat best willen –, maar ik noem het feit dat later twee leden van onze groep tijdens de training omkwamen. Voeg daaraan toe dat geen enkele andere groep een dergelijke training onderging, en dat er zelfs op een goede nacht golven en haaien, stromingen en totale duisternis waren, en dat het scheepje dat ons overboord zette altijd meteen wegvoer. Daarbij kwam dat zelfs de revolutionairen van de 26 juli-beweging die met de Granma uit Mexico overkwamen, nooit zo'n zware training hadden ondergaan.

De eerste keer dat ik zo in het water werd achtergelaten was ik al uitgeput van mijn eerste volle dag trainen onder het nieuwe, sadomasochistische regime. Onze volgepakte sloep tsjoekte de onrustige Golf van Mexico op. Ik ben niet zo'n zeeman en dus werd mijn ellende nog verergerd door zeeziekte. Als de dag toen was geëindigd, had ik twee dagen complete rust en een medicinale behandeling met de miraculeuze waters van Santa Maria del Rosario nodig gehad om daarvan bij te komen. Ik zat daar ineengedoken op het dek over te piekeren en toe te kijken hoe de veteranen de zee in sprongen, toen een of andere rotzak me van achteren benaderde, me oppakte en overboord gooide. Het heeft geen zin om te zeggen dat ik er nog niet klaar voor was. Ik zou voor de bezoeking die ons die nacht te wachten stond nooit klaar zijn geweest.

Iedereen heeft zo zijn eigen verschrikkelijkste nachtmerrie, en dit was de mijne. Alle angsten uit mijn vroege jeugd keerden weer: water, haaien, het donker, verdrinken, geen adem kunnen halen, verdwaald zijn, alleen zijn. Ik raakte volledig in paniek. Het was omstreeks tien uur 's avonds en stikdonker. Er was maar heel weinig maanlicht. Ik kon niemand zien. Aangezien de boot gekeerd was om weg te varen, probeerde ik de Cubaanse instructeurs zover te krijgen dat ze me uit het water zouden vissen. Ze negeerden me volkomen en tegen de tijd dat de gedimde lichten door de golven en de duisternis uit het zicht waren verdwenen, was ik er na aan toe om te verdrinken.

God mag weten wat ik precies uitkraamde. Ik kan me niet herinneren wat ik schreeuwde, alleen dat ik schreeuwde. Ik was niet helder genoeg om me van mijn handelingen bewust te zijn, maar ik was wel consistent genoeg om ze uit te voeren. Ik had altijd onder protest geleefd. Aangezien ik op het punt stond te sterven, had ik er kennelijk onbewust voor gekozen om ook dat onder protest te doen.

Terwijl de veteranen vol vertrouwen buiten gehoorsafstand naar de kust zwommen, sloeg ik schreeuwend als een wilde om me heen en kreeg grote slokken zout water binnen. Toen verscheen er als een beschermengel een veteraan die mijn kin boven water hield zodat ik op adem kon komen, terwijl hij me in een soort houdgreep zo stil mogelijk hield.

'Hé, Profe,' zei hij in mijn oor. 'Maak je geen zorgen. Rustig blijven. Je verdrinkt heus niet. En niet zenuwachtig zijn. Doe precies wat ik doe en volg me.' Het was nog maar een jongen, geen dag ouder dan achttien. Als het me lukte om te zwemmen trok hij me voort. Als ik het opgaf, moedigde hij me aan. Die nacht heeft hij ongetwijfeld mijn leven gered door me door de Golf van Mexico naar de kust te helpen.

Hij heette Marco Rubén. Van toen af raakten we bevriend. Hij beschermde me voortdurend en gaf die zelfopgelegde taak pas een paar maanden later op, toen Elías de beschermende rol op zich nam. Het vertrouwen dat uit dat incident voortvloeide, leidde tot de bekering van Rubén tot het plan van Fidel en mij. Intussen bleven de instructeurs ons in zee gooien, en Rubén bleef mijn leven redden.

Te land en ter zee was hij een goede gids. Hij wist instinctief waar je heen kon en wat je moest vermijden. Hij leek wel voelsprieten te hebben voor het gevaar. Hij was net een insect in de vrije natuur. Hij had ook een aangeboren intelligentie, maar slechts weinig scholing, wat hij erg betreurde. Naarmate wij elkaar beter leerden kennen, begon hij mij over van alles en nog wat uit te horen. Door hem te onderwijzen kon ik een fractie voldoen van de schuld die ik bij hem had. Maar soms leerde hij mij het een en ander. Conclusies die ik pas na jaren overweging had bereikt, trok hij soms binnen de kortste keren dankzij zijn gezonde verstand. Hij kon erg goed zijn vinger op de zwakheden van het communisme en Cuba en zijn revolutie leggen.

Ik weet nog dat we op een dag samen met een vrachtwagen op weg waren om voorraden te halen, en dat we bij een cafeetje langs de weg wat gingen eten en drinken. In Venezuela verkopen ze bij dat soort cafés van alles en nog wat, van beignets met varkensvlees tot de gootsteen aan toe. Ze verkopen snoep, hartige hapjes en frisdrank, whisky en milkshakes, hotdogs en zakken sinaasappelen en maïs. Ze verkopen levende kippen en gegrilde kip. Ze verkopen boeken en platen, t-shirts, hammen, reserveonderdelen en batterijen, toverdrankjes, gipsen beeldjes van Sint-Antonius, DDT en stichtelijke verhandelingen van doctor Gregorio Hernandez. In Cuba daarentegen hadden die cafeetjes langs de weg een of twee armoedige stalletjes die verloren op een langgerekte lap grond stonden. Op een goede dag kon je er vers papajasap krijgen, en misschien – maar daar moest je nooit op rekenen – een kop koffie.

We kwamen in een stofwolk aangereden en diverse vrouwen en kinderen met teenslippers kwamen overeind van de grond waarop ze rond twee kapotte plastic stoelen met hun koopwaar zaten. Het was geen goede dag, er was geen koffie. Rubén wierp een lange blik op de ene verschrompelde papaja die te koop was, en nam me terzijde. Hij fluisterde een beetje zenuwachtig: 'Tussen ons gezegd en gezwegen, Profe: is dit socialisme nou wel iets wat wij in Venezuela ook willen? Ik bedoel: is dit waar we voor vechten?'

Dat was nou Marco Rubén.

Niet dat ik hem in Cuba zo noemde. Hij had net als de andere rekruten een codenaam. In het zware kamp waren echte namen absoluut verboden. Iedereen kende mijn volledige naam maar de anderen waren anoniem. Als ooit iemand beweert dat mannen geen geheimen kunnen bewaren, dan zal het feit dat iedereen tegen D-day op zijn minst wist wat ieders echte voornaam was voldoende bewijs zijn. En dat ondanks de draconische straffen die op zo'n overtreding van de veiligheidsvoorschriften stonden, plus het duidelijke risico als een van ons in de toekomst zou worden gevangengenomen en gemarteld.

Ik weet niet zeker hoe het Rubén verder is vergaan. Ik heb gehoord dat hij het niet heeft gehaald. Een van de treurigste aspecten van mijn leven is de lange lijst vrienden en kameraden die zijn doodgegaan. In mijn branche is het niet handig om een adresboek bij te houden. Maar als ik er al een had, zou het vol staan met doorgestreepte namen van alle vrienden die eerder dan ik zijn gestorven.

# 41

*H*et hoofd van onze groep veteranen was Elías. Hij zou ons expeditieleger leiden. Hij was voor in de twintig, buitengewoon dynamisch en had het knappe uiterlijk van een filmster. Als een op actie beluste tiener had hij zich bij de guerrillabeweging aangesloten en politiek interesseerde hem amper. Hoewel hij onze bevelhebber was, was hij tijdens onze rigoureuze training nergens te bekennen. We zagen hem letterlijk nooit, omdat hij de bof had en ziek in bed lag met opgezwollen ballen zo groot als suikermeloenen. Los van het feit dat het enigszins absurd is als je als man olifantenballen hebt, was het ook enigszins absurd dat terwijl wij ons voorbereidden op ons mooiste uur we slechts een leider in naam hadden. Maar de macht van zijn naam en zijn roem waren zo groot, dat El Comandante Elías zelfs vanaf een afstand die macht behield.

We wisten allen dat we elk moment koers konden zetten naar Venezuela. Elke dag verwachtten we ons marsbevel. Onze zenuwen stonden op scherp van de uitputting en spanning. Steeds als een jeep of truck ons kamp naderde, concludeerden we daar direct uit dat we nu werkelijk zouden gaan. Als iemand de radiooperator iets hoorde zeggen over Venezuela, of het oosten, of de kust, of een boot, of de zee, verspreidde hij direct het gerucht dat het bevel elk moment kon worden gegeven. Steeds als ons gezegd werd om onze volledige bepakking mee te nemen, dachten we allemaal: 'Het is D-day.'

Er gingen zo weken voorbij waarin ons adrenalinepeil steeds omhoog schoot zonder dat er iets gebeurde buiten de slopende trainingssessies om. Toen kwam op een dag het bevel waarop we hadden gewacht. 'Pak allemaal je spullen in – we vertrekken vanavond!'

We keken elkaar aan en wisten dat onze tijd eindelijk was gekomen. We zouden ons lot tegemoet treden: in leven blijven of sterven in onze poging dat te doen waarop we ons hadden voorbereid. Het is een bijzonder moment als je eindelijk krijgt wat je wilt nadat je je erop hebt voorbereid. Het is niet hetzelfde als je lot onvoorbereid tegemoet gaan. Als je iets in een impuls doet of ergens onverwacht op stuit, is dat iets heel anders dan bewust een plan uitdenken en dat vervolgens uitvoeren. Misschien kunnen schrijvers zoiets begrijpen, maar wellicht is het meer iets voor kunstenaars. Schilders zien iets in hun hoofd en bereiden zich dan voor, en als een project uitgevoerd wordt, geeft dat eenzelfde soort bevrediging. Een schrijver kan tien of twintig jaar rondlopen met een idee voor een boek, waarna de moeizame schrijffase begint. Maar een schilder kan een idee in een dag verwezenlijken. Het ene moment is het doek leeg en het volgende moment, binnen een dag, kan een schilder het transformeren. Het is een zeldzaam moment. Terwijl je je op actie voorbereidt, voel je je vlak ervoor een echte man, maar als je je plan uitvoert, kun je je een god wanen omdat je hebt gedaan wat je van plan was.

De sfeer in de groep was zo intens dat hij stilte opwekte. We spraken amper tegen elkaar. We keken naar elkaar, meer niet. Het kamp werd snel en efficiënt opgebroken en nog immer zwijgend klommen we achter in twee trucks en zaten tussen de waterdichte tassen met wapens. Elke sensatie was uitvergroot. Elk geluid was belangrijk, en we namen alles op met onze ogen. Iedereen wist dat sommigen van ons onze laatste dag meemaakten, onze laatste dingen zagen en onze laatste geluiden hoorden. Die kennis vulde zelfs de grootste lomperiken met eerbied toen we op weg gingen.

Aangezien ons expeditieleger met de boot zou gaan, moesten we uiteraard in de richting van de kust rijden. Ik heb nooit veel richtinggevoel gehad, dus ik had geen idee waar we zaten, maar een aantal mannen was ervan overtuigd dat we de verkeerde kant op gingen. In de trucks begonnen nu mensen te praten, voornamelijk om elkaar te vragen waar ze dachten dat we heen gingen. We moesten naar het zuiden rijden om tegenover de kust van Venezuela in te schepen, en toch reden we naar het noorden. In plaats van Havana te naderen, leken we ons ervan te verwijderen. De helft van de mannen in mijn truck hield vol dat we niet in de richting van Havana reden, en de andere helft beweerde dat het wel zo was. Er brak een ruzie uit, die in een gevecht was geëindigd als er niet langs de kant van de weg een groot bord had gestaan dat duidelijk aangaf: 'Havana 15 km'.

Dit bracht ons weer tot zwijgen en we staarden tussen de canvas flappen aan de achterkant van de truck door naar buiten terwijl hij naar de hoofdstad hobbelde. Toen, zonder enige uitleg van de Cubanen, draaiden we na ongeveer vijf kilometer van de weg af en werden we naar een verlaten legerkazerne gereden die Punto Zero heette. Omdat die niet langer in gebruik was, had hij iets sinisters. Het leek zelfs net een concentratiekamp, met vier enorm lange, slecht geconstrueerde, schuurachtige gebouwen, een kleine keet voor de bevelhebber en een bij de poort voor de wachtposten. Er hingen grote slierten halfdode klimplanten en lianen aan het prikkeldraad.

Een paar Cubaanse soldaten openden een enorm ijzeren hek in een hoge omheining waarover prikkeldraad liep. Toen het hele expeditieleger binnen was, werd de poort achter ons gesloten. Twee van onze instructeurs openden de achterkant van onze vrachtwagen en zeiden dat we moesten uitstappen. Niemand wilde dat. Hiervoor waren we niet gekomen. Toen we te horen kregen dat we op de kazerne moesten overnachten, klonk er een spontaan koor op. 'Geen denken aan!' We hadden ons voorbereid op de dood of de overwinning. We hadden beslist niet onze ziel gereinigd om op een of andere stoffige paradegrond te springen en in een vervallen keet te overnachten. We praatten allemaal door elkaar heen, en vroegen de Cubanen waarom we daar waren en wat er aan de hand was en waarom we niet aan de kust zaten en wanneer we zouden uitvaren. Maar de onbewogen Cubanen waren kortaf. Geen van hun eenlettergrepige woorden beantwoordde onze vragen. We merkten dat hun zwijgzaamheid democratisch was: ze gaven ook geen antwoord op de vragen van de stadscommando's. Ze gaven zelfs El Multi geen antwoord, die het lichtst ontvlambaar en luidruchtigst was van ons allemaal. El Multi kon je onder tafel praten. Hij kon even erg zaniken als een kind, en hij verdeelde zijn tijd tussen aanstoot aan dingen nemen en ruzie zoeken.

El Negro Manolito – onze waarnemend bevelhebber – en ik wisselden bezorgde blikken uit toen ons Cubaanse escorte ons in dat halfverlaten kazernecomplex opsloot. El Negro ging de man zoeken die de leiding had, terwijl ik daar in de hitte en het stof stond met de andere mannen. We mopperden wat en gingen toen geleidelijk aan met zijn tweeën of drieën de kazerne verkennen.

Er was een enorme barak met een zinken dak met tachtig kampbedden tussen het stof en de spinnenwebben. Het was duidelijk dat onze gastheren net zomin klaar waren om ons op Punto Zero te ontvangen als wij klaar waren om er te worden ontvangen. Een stukje verderop van de slaapzaal stond een kleine keet voor onze bevelhebber. Daarnaast bevond zich een overdekt eetgedeelte en een roestige schuur waar de Cubanen zaten.

Er waren nog twee lege schuren die identiek waren aan die van ons en de Cubanen, en ten slotte was er het gedeelte van de kwartiermeester, waar een eindeloze stroom vloeken vandaan kwam, vergezeld van een sterke brandlucht. Drie koks hadden een 'keuken' ingericht achter een paar canvas schermen. De koks haatten ons bij de eerste aanblik. Ik denk dat ze van een of ander luizenbaantje waren gehaald – waarschijnlijk hadden ze ergens bij mooie meisjes en een zwembad gezeten – om onze kampkoks te worden. Ze konden totaal niet koken. De rijst die ze ons serveerden was aangebrand en de bonen waren zo hard als kogels. Ze vloekten aan één stuk door en waren er trots op dat ze niks verklapten met betrekking tot de reden dat we daar zaten of wat er zou gaan gebeuren. Als ze zo in de schemering voorovergebogen stonden boven hun grote kookpot terwijl de vleermuizen om hen heen fladderden, leken ze net de drie heksen van Macbeth.

El Negro Manolito keerde terug van de Cubaanse kant van de kazerne en liet ons weten dat hij geen idee had wat er aan de hand was. Toen de avond viel, kregen we, naast de vieze bonen en de rijst, tientallen flessen Cubaanse cola. Dit laatste wist zijn gebrek aan smaak te compenseren met een overvloed aan prik. We stonden dicht tegen elkaar aan op de binnenplaats te wachten, klaar om te worden opgepikt en naar zee te worden gebracht. We bedachten en bespraken wel honderd mogelijkheden over de reden dat we daar waren in plaats van waar we hoorden te zijn. El Negro organiseerde een soort padvinderachtige samenzang rond een kampvuur en we doodden een paar uur met dronken worden. Toen het later en later werd, zetten we twee man op wacht en de rest ging slapen.

De volgende dag bleef er voedsel worden aangevoerd vanuit het krot van de kwartiermeester, maar we kregen geen bericht over wat er aan de hand was. El Negro Manolito stond voor een even groot raadsel als de mannen. Iedereen vroeg naar wat niemand wist.

Zoals ik al eerder zei, was ik een buitenstaander in de groep. Ik was dat dubbel omdat ik belangrijke connecties had, waar de andere mannen bijzonder gebelgd over waren. Mijn contact met Fidel leverde me geen sympathie op, maar werd eerder achterdochtig bekeken. Wie dacht ik wel niet dat ik was? Wat was er zo verdomde briljant aan mij, de zieligste soldaat van de groep? En dat ik een kamer had in het Habana Libre Hotel, bevriend was met de leiders, een oude makker was van Teodoro Petkoff en vriendschappelijk omging met El Negro Manolito en Lunar Marquez en Luben was iets waar de veteranen zo van walgden dat ze met liefde mijn nek hadden omgedraaid. Om het nog erger te maken was ik een bekende intellectueel in Latijns-Amerika en de intelligentere veteranen namen daar aanstoot aan. Ze hadden echt een hekel aan me. Ik was iemand die speciale gunsten toebedeeld kreeg die ik volgens hen niet verdiende. Zij waren allemaal gebleven en hadden gevochten, terwijl ik me vanuit het veilige Frankrijk een weg omhoog had gebaand. Zij waren grote strijders en ik was een bedrieger. Ze zagen me als een koekoek, die met elke ademtocht iets waardevols van hen stal. De stille haat van hun blikken brandde in mijn rug als ik me van hen af wendde, en ze sloegen nooit een gelegenheid over om me in te peperen hoe erg ze me verachtten.

Een paar dagen na mijn aankomst in het trainingskamp had ik een veteraan over me horen praten tegen zijn makkers. Hij zei: 'Ik heb geen idee wie El Profe is, maar hij praat in elk geval wel een hoop onzin en hij ziet er totaal niet uit als een strijder. Denk eraan dat als iets er als stront uitziet en naar stront ruikt, het waarschijnlijk ook stront is.'

In weerwil van dit oordeel, toen we tegen het einde van de tweede dag nog steeds op de kazerne opgesloten zaten, liepen steeds meer mannen aarzelend op me af om te vragen wat er aan de hand was. Ik had tenslotte contact met Fidel en Piñero. 'Kom op, je moet toch wel iets weten. Waarom zijn we hier? Wat is er verdomme aan de hand? Aangezien jij in hoge kringen verkeert in Havana, moet jij het toch wel weten.'

Er was geen telefoon, geen radio en absoluut niets te doen. Elk uur dat voorbijging, drong de anticlimax sterker tot ons door. Vanwege onze intensieve training waren we meer een troep gewone soldaten dan een groep revolutionairen. We leefden volgens strikte militaire regels: we droegen uniformen en moesten ze brandschoon houden. Onze schoenen moesten blinken en onze wapens moesten schoongemaakt zijn en altijd klaar zijn voor inspectie. We brachten de militaire groet aan onze meerdere, El Negro, en stonden elke avond en ochtend in de houding om door hem te worden geïnspecteerd. Die routine hield ons elke dag een uurtje of zo bezig en fungeerde enigszins als lijm, waarmee weer wat samenhang werd gegeven aan het hardhout dat we waren geweest en het zaagsel waarin we bezig waren te veranderen.

Bij zonsopgang van onze tweede ochtend op de kazerne arriveerde een legertruck met meer dan honderd kisten munitie. Een jonge majoor met een warrige baard vertelde ons dat die kisten voor ons waren en liet ze ons uitladen. Toen we dat deden, beleefden we een kortstondig moment van opgetogenheid: het was in orde, we hadden op extra munitie gewacht. De Cubanen zorgden toch voor ons. We zouden die dag vertrekken. We bereidden ons weer voor: '*Patria o muerte!*'

De majoor zei: 'Jullie kunnen hier zoveel schieten als je wilt. Ik heb opdracht gekregen om jullie te vertellen dat je zoveel munitie kunt gebruiken als je goeddunkt.' Toen de truck leeg was, vertrok hij.

Iedereen stond op de binnenplaats en vuurde kogel na kogel af in de lucht, in het hek en in een muur van B2-blokken met een basketbalnet ertegenaan aan de zuidkant van het kazerneterrein. Er verdwenen zoveel kogels in die muur dat hij uiteindelijk in elkaar stortte. De mannen waren zo opgefokt geweest en hadden

315

zich zo stierlijk verveeld dat kleine dingen tot enorme woede-uit-barstingen hadden geleid. De mannen hadden zich met name geërgerd aan het feit dat er wel een basketbalnet was maar geen basketbal. Er waren een paar ongecoördineerde pogingen geweest om met een paar opgerolde T-shirts en onderbroeken als bal te spelen, maar de bal bleef maar uit elkaar vallen. Al onze opge-kropte strijdlust en moed, onze passie en woede spatten uit onze wapens in die zinloze salvo's.

Er kwam op die binnenplaats een soort dierlijke primitiviteit naar boven. Er werd geschreeuwd, gegild, gegromd en gevloekt. Toen de muur instortte, werd er uitzinnig gejuicht, waarna zich weer een groeiend onbehagen van ons meester maakte. Waarom waren we daar? Wat ging er gebeuren en wanneer?

Tegen de middag waren we het schieten beu. Zelfs de machine-geweren waren niet leuk meer. We waren net kinderen op een ker-mis die in alle attracties waren geweest en nu afgemat waren. Ie-der van ons had die ochtend meer munitie afgeschoten dan tij-dens de hele gewapende strijd in Venezuela is gebruikt.

Na de lunch dreef de lethargie van de loze uren ons terug in de beschutting van de kazerne. Die was als een oven onder het zin-ken dak, maar het was ook loeiheet op de binnenplaats. We kleed-den ons uit tot op onze onderbroek en gingen liggen voor een siësta. Vanaf onze smalle, ijzeren bedden staarden we naar elkaar, naar het roestige plafond, naar de betonnen vloer, naar het spin-rag op de ventilatiegaten bij de ramen. We staarden in bijna totale stilte rond tot geleidelijk aan iedereen tegen zijn buren begon te praten. De gesprekken betroffen merendeels wilde speculaties en roddels. Ik had nog nooit zulke smerige, laaghartige roddels ge-hoord – terwijl ik toch heel wat gewend was!

Het geroddel was als een slang die langs de bedden gleed en zich eerst om de ene kameraad kronkelde en dan om de andere. Natuurlijk werd ik massaal aangevallen, maar niemand bleef ge-spaard. Een voor een werd ons karakter afgebrand en werden on-ze seksuele gewoontes onder de loep genomen en belachelijk ge-maakt. Zonder uitzondering werden we neergezet als een homoseksueel, hoer, pedofiel, verkrachter, nietsnut, leugenaar, lafaard, gluiperd, bedrieger en dief.

We waren met eenentachtig man plus El Negro Manolito, die in de keet van de bevelhebber zat, en Elías, die ons naar de kust had moeten volgen maar dat niet had gedaan. We hadden te horen gekregen dat Elías hersteld was van de bof. Zelfs zijn ballen waren geslonken, maar hij was ergens in conclaaf met de Cubanen en was dus afwezig toen we het trainingskamp verlieten. De mannen baalden dat onze leider niet bij ons was, maar er werd ook hoopvol gespeculeerd dat hij 'het aan het uitzoeken was met de Cubanen'. Toen hij op de tweede dag op de kazerne nog niet kwam, werd er ook over gespeculeerd hoe geschikt zijn gezwollen ballen zouden zijn geweest als basketbal.

Op onze tweede avond, na wat een oneindig lange dag leek, kwam El Negro Manolito binnen en gaf ons een peptalk over dat we geduld moesten hebben en dat alles goed zou komen als we ons hoofd maar koel hielden. Hij deed het behoorlijk, maar toch kon hij zijn expeditieleger niet van het gevoel van wanhoop en lusteloosheid verlossen. Hij had de avond daarvoor goed werk verricht, door ons met een samenzang rond het kampvuur bezig te houden. Door onze voorraden rum te delen hadden we aangenaam dronken kunnen worden. Nu de rum op was, kon niets de mengeling van verveling en zenuwslopende onzekerheid meer verlichten.

El Negro en ik waren al voor onze Cubaanse tijd bevriend (iets wat de andere mannen aan hun lange lijst hadden toegevoegd van dingen die ze me kwalijk namen). Ik herinner me nog dat El Negro *The Sound and the Fury* van Faulkner aan het lezen was. Hij was er zo door gegrepen dat hij zich op elk vrij moment in zijn keet overgaf aan dat diepzinnige proza. Ik was een paar keer met hem gaan praten over wat hij dacht dat er aan de hand was, waarom we daar zaten, hoe lang we konden blijven en wat de *best-* en *worst-case*-scenario's zouden zijn. Hij was even verbijsterd als wij over het oponthoud en onze pseudo-ontvoering.

317

De lange, hete middagen waren het verschrikkelijkst. Voor mij was het moeilijk om te lezen of studeren, na te denken of te slapen met zoveel hitte in de lucht. Een paar muggen zoemden boven me, zwaar met vers bloed terwijl ze hun gulzige ronde maakten van de ene woedende en teleurgestelde soldaat naar de andere. Sommige mannen lukte het om weg te dommelen, maar de meeste bleven wakker en rakelden soezerig elk incidentje op dat tijdens onze training was voorgevallen en wezen met zoveel willekeur en valsheid schuldigen aan dat ik onze toekomstige onderneming met angst en beven tegemoet zag.

Alles was vervormd op Punto Zero. Zelfs aan ons eten zat de smaak van uitgebraakte gal. Zo gingen er dagen voorbij. Niemand kwam ons ook maar iets vertellen. Er gebeurde niets, behalve dat onze woede en wrok een punt bereikten waarop het mis begon te gaan. Van de kleinste dingen draaiden we door. Soms ging het om de aanvoer van nieuwe kratten cola. El Gordo, die zo werd genoemd vanwege zijn gigantische bierbuik, pakte eens een lauw flesje uit het krat, ontkurkte het met zijn tanden en nam een slok. 'Verdomme! Ik sta zo stijf van de stress dat mijn hoofd net een geschud flesje met deze troep is! Waarom kunnen die revolutionairen verdomme niet fatsoenlijke cola maken?'

Rojas kwam met een ingewikkeld antwoord dat de Cubanen niet meer het uiterst geheime ingrediënt voor hun colafabrieken kregen van de yankees. 'Je weet wel, dat ingrediënt dat persoonlijk in een koffertje wordt afgeleverd, vastgeketend aan de pols van de koerier. Het is een geheime formule en…'

'Naar de hel met die formule! En naar de hel met jou! En naar de hel met deze godvergeten plek!' riep El Gordo, met een lange uithaal op het laatste woord. Toen hij zijn zegje had gedaan, vormde zich wit schuim in zijn mondhoeken en toen sprintte hij opeens op het hek af. Hij knalde er in volle vaart tegenaan en verloor het bewustzijn. Hij lag daar meer dan een uur terwijl het bloed aan zijn gezicht en zijn haar vastkoekte. Toen kwam hij bij, stond op en klopte zichzelf af, en met een volkomen onbewogen gezicht voegde hij zich bij de groepssiësta en ging in zijn groezelige onderbroek op bed liggen om deel te nemen aan de dagelijkse karaktermoord. Door de training was El Gordo's eens legendarische buik geslonken tot een strak wasbord verdoezeld door slappe huidplooien, maar hij had zijn bijnaam behouden ondanks zijn verandering in omvang. Doorgaans was hij een van de beminnelijkste veteranen, die de grappigste opmerkingen en schunnigste grappen maakte om de tijd te doden.

Tijdens de siësta's op Punto Zero was ons meest onschuldige tijdverdrijf een spel dat we 'Dierlijk, plantaardig of mineraal?' noemden. We hadden het veel gespeeld in het trainingskamp, dus we kenden het allemaal. Steeds moest er een man naar buiten. Vervolgens moest iemand uit de groep een voorwerp uitkiezen en dat verstoppen. Iedereen binnen wist wat er was gekozen, maar je mocht niet helpen. Daarna werd de man teruggeroepen en via een eliminatieproces moest hij raden wat voor voorwerp er verstopt was. Hij kon aan aanwijzingen komen door twintig vragen te stellen. De eerste vraag was altijd: 'Is het dierlijk, plantaardig of mineraal?' Als hij het voorwerp niet raadde, kreeg hij een draconische straf. De straffen – die echt streng waren – werden door de hele groep uitgekozen en de lol van het spel was te zien hoe de verliezer die uitvoerde.

Aangezien de meeste mannen vlug van begrip waren en goed in dit spel, verloor bijna nooit iemand, dus werden er weinig straffen uitgedeeld. Dat maakte het enigszins saai en iedereen werd er alleen maar prikkelbaarder van. Met alle adrenaline in ons lijf stonden ieders zintuigen en verstand op scherp. Diverse rondjes op rij hadden de deelnemers het voorwerp al bij hun derde vraag geraden. We speelden het spel met zestig man. De anderen waren buiten, en af en toe klonk er een schot of geweersalvo of een spottend gelach door de kazernemuren heen. Rojas was aan de beurt om te raden. Hij had net zijn tweede vraag gesteld, die na 'Dierlijk, plantaardig of mineraal?' altijd was: 'Zit het ergens omheen of zit het ergens in?' Het antwoord was: 'Het zit ergens in.' In een briljante inval riep Rojas: 'Cola.' Hij had gelijk en iedereen haatte hem erom. Hij ging weer op bed liggen onder een lawine van beledigingen.

Toen de herrie wegstierf, werd de volgende man naar buiten gestuurd en was een van de beste vechters in de groep aan de beurt om een voorwerp uit te kiezen. Zonder dat er binnen de eenheid echt sprake was van rangen, was hij een van de leiders. Hij was ex-marinier en onwaarschijnlijk taai. Hij was ook een beruchte bankrover en een van de weinige intellectuelen in de groep. Hij stond op en liep van zijn bed naar het volgende terwijl hij nadacht. Toen sprong hij over het bed heen en pakte uit een krat een colaflesje dat met benzine gevuld was. Hij hield het triomfantelijk in de lucht: 'Dit zal zijn ondergang worden! Bedenk alvast maar een vreselijke straf.' De fles werd verstopt en de man werd binnengeroepen. De eerste vraag was om de een of andere reden omgewisseld en luidde nu: 'Zit het ergens omheen of zit het ergens in?'

'Het zit ergens in.' De mannen wisselden sluwe blikken uit, ervan overtuigd dat er eindelijk weer eens iemand ging verliezen.

Toen vroeg hij: 'Is het dierlijk, plantaardig of mineraal?'

Zonder enige aarzeling zei de ex-marinier: 'Mineraal.'

Zonder na te denken zei ik: 'Nee, het is geen mineraal.'

De ex-marinier wendde zich tot mij en spoog bijna: 'Hou je kop!'

Iemand anders zei: 'Natuurlijk is het een mineraal, idioot.'

Ik draaide me naar hem toe en zei kalm: 'Nee, het is geen mineraal.'

'Wat is het dan, verdomme? Een marsmannetje?' De ex-marinier was woedend. Hij liep naar me toe en beschuldigde me ervan dat ik zijn beurt saboteerde, zijn geheim verraadde. Ik zei tegen hem dat ik helemaal niets verraadde, maar hem er alleen maar op wees dat het misleidend was om het verkeerde antwoord te geven. Ik had amper de woorden 'verkeerde antwoord' uitgesproken toen hij ontplofte. Het spel was voorbij en hij schreeuwde: 'Dus Profe, probeer je me te vertellen dat ons nationale product, ons nationale *minerale* product geen mineraal is? Probeer je me in de zeik te nemen?'

Ik spreidde ter ontkenning mijn handen uit. Ik wilde hem niet in de zeik nemen. Ik maakte hem alleen attent op een feit: 'Het is een koolwaterstof. Het is organisch, dus het is plantaardig, niet mineraal.'

De ex-marinier reageerde direct. Hij riep: 'Vuile flikker.' Er verscheen een knalrode plek in zijn hals, die omhoog kroop naar zijn voorhoofd. De aderen in zijn hals waren alarmerend opgezwollen toen hij schreeuwde: 'Je maakt me kotsmisselijk!' Hij sprong op zijn bed en deed me na, waarbij hij mijn woorden op een hoog, verwijfd stemmetje onder begeleidende gebaren herhaalde. De meeste mannen lachten. Er zat een gevaarlijke ondertoon in zijn show. Het was meer een aankondiging van zijn voornemen om me te vermoorden dan dat hij de spot met me dreef. Sommigen stonden op en begonnen te schreeuwen om steun te betuigen aan de ex-marinier, maar een paar anderen verdedigden mijn stelling.

Rojas stak zijn nek uit en schreeuwde: 'Technisch gezien heeft hij gelijk, aardolie is een organische koolwaterstof.' Dat waren de laatste duidelijke woorden voor er een opgewonden discussie losbarstte over de vraag of aardolie plantaardig of mineraal was. Beide zijden stonden vierkant achter hun eigen mening en beide zijden slingerden elkaar beledigingen en bedreigingen naar het hoofd.

Het geluid werd versterkt door de betonnen muren en vloer en het zinken dak. Af en toe sprong een 'krijg de klere!' en 'shit!' eruit tussen alle beschuldigingen over en weer. Alle bitterheid en woede van de afgelopen dagen vond zijn weg naar buiten in een onbeheerste razernij. De mannen die buiten waren geweest, kwamen weer binnen, aangetrokken door het lawaai. Binnen enkele seconden hadden ook zij partij gekozen en schreeuwden even hard met iedereen mee. In de volgende paar minuten verdeelden de mannen zich als na een onzichtbaar bevel in twee kampen. Ik zat uiteraard bij het plantaardige kamp. De ex-marinier was de zelfbenoemde leider van het minerale kamp.

Op een gegeven moment viel er opeens een griezelige stilte. De ex-marinier maakte hiervan gebruik om zijn geweer te grijpen en de veiligheidspal te ontgrendelen. 'Oké!' zei hij, en richtte het op mijn hoofd vanaf de andere kant van de scheidslijn. 'Stik er maar in!'

De woorden 'Stik er maar in!' fungeerden als een onderhuids bevel. Het was alsof hij onze bevelhebber was en 'richten' had gezegd, want iedereen greep nu naar zijn wapen. Er volgden een paar minuten van gescharrel en aanleggen van het geweer en toen stond het expeditieleger van het Venezolaanse bevrijdingsleger in twee groepen tegenover elkaar opgesteld. Onze automatische wapens waren op elkaars borst gericht, en als een inleiding op het komende bloedbad lasten we er nog één rondje schelden tussenin.

Door een buitengewoon toeval kwam net onze waarnemend leider El Negro Manolito binnenlopen met de roman van Faulkner in zijn hand. Hij keek ons heel even aan en blafte toen: 'Wat is dit verdomme?' Zo'n twintig mensen begonnen elkaar te overschreeuwen toen ze El Negro probeerden uit te leggen waarom ze op het punt stonden elkaar in die slaapzaal neer te maaien. Tijdens die uitleg zwakte het moordenaarsinstinct in de mannen zodanig af dat El Negro ze kon sussen. Hij richtte zich tot de soldaat in ons en wendde zijn invloed als onze meerdere aan. Hij wist gedaan te krijgen dat iedereen z'n wapen liet zakken, en voorkwam zo dat de discussie in een kogelregen zou eindigen. Hij stopte de paperback van Faulkner in zijn zak en nam de zaak in handen. Binnen vijf minuten was het voorbij en waren alle soldaten aan het oefenen op de binnenplaats.

Maar er was iets lelijks naar boven gekomen. Na het bijna fatale gevecht vertrouwde niemand elkaar meer, en de eenheid was weg. Die eenheid was er geweest toen de veteranen zo dapper in Falcón hadden gevochten. Ze was er geweest toen ze elkaar hadden geholpen de oostkust te bereiken, en toen ze een boot vonden en naar Cuba voeren. Ze was er geweest tijdens de slopende training om als sterk expeditieleger koers naar huis te zetten om hun landgenoten te bevrijden en de wantoestanden in Venezuela aan te pakken. Dat alles vervloog in een halfuur vanwege een dom woordspelletje. We waren op Punto Zero aangekomen als een gevechtsklare strijdgroep. Nadat we 'Dierlijk, plantaardig of mineraal?' hadden gespeeld, zouden we dat nooit meer zijn.

We hadden overal ruzie over kunnen krijgen. We hadden over elk onderwerp onder de zon kunnen strijden en hoe ironisch was het dat we dat over aardolie deden, ons nationale product. Als een van de belangrijkste olieproducerende landen is de geschiedenis van Venezuela gedrenkt in aardolie. Alles wat wij Venezolanen doen en zijn, is in een of ander opzicht geïmpregneerd met aardolie. Ons hele binnenlandse en buitenlandse beleid wordt erdoor bepaald. Het is de bron van onze rijkdom, de grondslag van onze macht, de drijvende kracht achter de corruptie van onze regeringen en de kern van onze rampspoed. En alsof dat nog niet genoeg was, werd het in de zomer van 1967 op Punto Zero ook de reden van onze tweedracht.

# 42

$\mathcal{E}$en paar dagen na de ruzie arriveerde Elías om het commando over te nemen. Tot het moment dat hij verscheen, hing er een gespannen sfeer. Niemand kwam er rechtstreeks mee voor de dag, maar uit de blikken die werden gewisseld en alles wat onuitgesproken bleef, sprak de onderlinge haat.

Elías' aanwezigheid had een bijna miraculeuze uitwerking op de mannen. Zijn wil was wet; en niemand ging over de schreef als hij erbij was. Grappig genoeg gehoorzaamde niet alleen iedereen hem, maar ik heb ook niemand achter zijn rug ooit een kwaad woord over hem horen zeggen. Elías was een man van actie, zo simpel lag dat. Hij had gewoon geen tijd voor gekibbel. Als hij sprak, had hij onze onverdeelde aandacht. En zijn charisma was zo enorm dat niemand hem waagde te onderbreken.

Hij was niet groot, maar het leek wel zo. Hij had een stevige bouw en was buitengewoon sterk. Zijn huid had de bekende kaneelkleur van de tropen en zijn gelaatstrekken waren geciseleerd als een Maya-standbeeld. Mensen praten weleens over Elías alsof hij een mythische figuur was, en anderen denken dat het allemaal nogal overdreven is. Dat is allebei niet waar. Zo kon hij zich bijvoorbeeld – en ik weet dat dit nogal raar klinkt – ongemerkt bewegen. Wanneer hij echt onbeweeglijk was, had zijn aanwezigheid iets hypnotiserends. En als hij dan eens wat zei, was het vaak een grapje om een situatie, hoe moeilijk die in andermans ogen misschien ook was, een luchtige draai te geven. Een reprimande van Elías had het effect van een aframmeling door iemand anders, en een woord van lof was een reusachtige opsteker.

Binnen een paar minuten na zijn aankomst nam hij dus de touwtjes in handen, en iedereen kwam in zijn aanwezigheid tot rust. Hij sprak ons de eerste keer nogal formeel op het binnenplein toe. De tweede keer voegde hij zich bij ons toen we bijna onze lunch van rijst en zwarte bonen hadden beëindigd aan de schragentafels in de 'mess', die niet meer was dan een hoog zinken dak op vier palen aan de achterkant van de kazerne. Elías kwam samen met El Negro binnen en liet ons weten dat we in afwachting van waar we ook op zaten te wachten zouden doorgaan met onze training, die op diezelfde dag om vijftienhonderd uur zou beginnen. De enige die vragen had bij dit nieuws, was El Multi, die overeind sprong en uitriep: 'Wat heeft het voor zin om zo door te gaan, als we…'

Zonder dat zijn vriendelijke gezichtsuitdrukking of zijn enthousiaste toon veranderde, zei Elías: 'Ga zitten en hou je mond, of ik geef je een stomp in je gezicht.'

Multi ging abrupt zitten. Zijn mond stond open en was al gevormd naar het volgende woord, dat hij in stilte uitschreeuwde. 'En schei uit met die flauwekul, begrepen?' Multi knikte. Hij zag er verdoofd uit, alsof iemand hem al in het gezicht had gestompt. En dat was dat. Onder Elías hoorden we Multi nooit meer piepen, en ik kan je wel vertellen dat Multi vanaf het moment dat hij in Cuba aankwam, een ongelofelijke lastpak was geweest.

Dagen en nog eens dagen verstreken en er gebeurde helemaal niets, tot er ineens twee voormalige Russische legertrucks verschenen met een Cubaans escorte, om ons naar een feest te begeleiden. Ik heb geen idee waarom we voor een feest waren uitgenodigd. Ik weet alleen dat het gebeurde en dat, hoe onwaarschijnlijk het in onze bizarre omstandigheden ook was, die legertrucks ons naar een dansfeest zouden brengen.

Het feest was ongeveer acht kilometer bij ons vandaan, en het ging om zo'n nationale feestdag waarop iedereen dronken wordt en met honderden plaatselijke bewoners op een plein danst. Onze truck slingerde door de eindeloze bochten van de smalle weg, en we hoorden al diverse minuten voor we aankwamen flarden salsamuziek. Het is moeilijk te zeggen wat het opwindendst was: dat we een avond uit ons semi-krijgsgevangenkamp weg mochten, of dat we de kans kregen om na maanden van onthouding te vrijen. We neukten die avond als goden, als koningen, en waarschijnlijk ook als geiten. En te midden van al dat bezeten gevrij, sloop er iemand op me af en stopte me een papiertje in handen. Dat briefje was de sleutel tot onze mysterieuze ontvoering. Het ging over de MIR-istas, de andere groep bootmensen. Het luidde: 'MIR-istas eerder aangekomen dan jullie. Gevangengenomen met Cubanen. Een Cubaan gedood. Twee gevangen. Ik heb ze gesproken. Blokkade tegen Cuba.' Het was ondertekend met: 'Een vriend'.

Toen ik het briefje aan Elías liet zien, zei hij: 'We moeten onmiddellijk Lunar Marquez opsporen.' We slopen weg van het feest op het dorpsplein en gingen op pad naar Havana. We liepen zo'n zeven kilometer onder de sterren, zonder een teken dat iemand ons achtervolgde. We vonden Lunar zonder enig probleem. Rond middernacht zat hij altijd in zijn lievelingsbar in Vedado. Hij vertelde ons het volgende: 'Een paar weken terug stuurde Fidel een boot met Luben Petkoff, een handjevol MIR-istas en elf Cubanen naar Venezuela. Onder de Cubanen was kapitein Arnaldo Ochoa.' Ochoa was de briljantste commandant van Cuba, die later een veelgeprezen generaal werd, en nog later zou worden geëxecuteerd door zijn eigen mensen op grond van een verzonnen beschuldiging van verraad en corruptie.

Vanaf de eerste dag liep het allemaal in de soep. De MIR-istas liepen praktisch meteen nadat ze aan land waren gegaan in een hinderlaag. Er vielen veel doden. Een van de Cubanen werd gedood, een ander, Manuel Hill, werd gevangengenomen, en weer een andere Cubaan is nooit teruggekeerd en men vermoedt dat hij is gevangengenomen. Toen dat nieuws in Cuba uitlekte, waren de andere MIR-istas des duivels. Ze zeiden dat Fidel anderen had voorgetrokken.

Lunar wist niet zeker wat er daarna was gebeurd, behalve dat hij dacht dat er nog een kleinere expeditie was ondernomen, en dat die ook op een fiasco was uitgelopen. In plaats van de vermiste Cubaan op te sporen en een nieuwe poging te wagen, schijnt die tweede scheepslading ook kort na aankomst in een hinderlaag te zijn gelopen.

Er waren onophoudelijk geruchten. Vaststond dat de meeste MIR-istas dood waren. Het resultaat was dat er wereldwijd protesten tegen Cuba opklonken, en Fidel Castro besloot dat er niemand meer vanaf Cuba naar Venezuela gestuurd zou worden.

Een paar dagen later riep Fidel mij, Lunar Marquez, Elías en El Negro Manolito bij zich in Havana, om te praten. Het ging hem niet echt om 'praten'. Hij wilde dat wij luisterden terwijl hij zei: 'In het licht van het fiasco dat de landingen van de MIR-istas zijn geworden en het feit dat de yankees weten dat ze banden met Cuba hebben, zijn mijn handen gebonden… We kunnen niet al die mensen naar Venezuela sturen. We kunnen niemand van jullie naar Venezuela sturen. En evenmin kunnen we jullie toestaan om op eigen gelegenheid en zonder onze steun vanaf Cuba de zee op te gaan. Jullie moeten hier blijven, jullie hebben geen keus. Het zal op zijn minst voor één jaar zijn, maar waarschijnlijk voor twee. Pas dan zullen we jullie helpen. Als we dat eerder doen, lopen we het risico dat de sancties tegen Cuba worden verscherpt.' Einde discussie.

Op de terugweg naar Punto Zero zeiden we geen woord, niet in de laatste plaats omdat we een Cubaans escorte hadden. Een van de Cubanen, die samen met ons achterin zat, had oren zo groot als ondersteken en zat ons duidelijk af te luisteren.

Toen we terug waren bij de kazerne, dromden de mannen rond onze truck samen om het nieuws te vernemen. Elías organiseerde ter plekke een bijeenkomst en zodra de Cubaanse truck het terrein had verlaten, begon hij uit te leggen wat Fidel had gezegd. We luisterden allemaal. Het was een van die zeldzame momenten waarop onze hele groep zweeg.

Toen hij klaar was met het navertellen van de mededeling dat we op zijn minst één, maar waarschijnlijk twee jaar hier moesten blijven wachten, ging er een gemompel van ongenoegen op. Ik stapte naar voren en zei: 'Dat is allemaal mooi en aardig, maar we kunnen geen twee jaar wachten, en zelfs niet één jaar. We moeten doen wat we ons hebben voorgenomen, dat heeft nooit afgehangen van het politieke klimaat hier in Cuba, en dat mag nu ook niet zo zijn. We moeten verder. We moeten doen wat we ons hebben voorgenomen. Dat betekent, kameraden, dat we moeten vertrekken.'

Elías zei: 'Daar ben ik het mee eens. Wie nog meer?' Een handjevol mannen stapte naar voren. De meerderheid bleef stokstijf staan en hun ogen vermeden enig contact met iemand van ons. Elías leek op een onzichtbaar knopje te drukken. Hij zette een kleine pas naar voren en vroeg opnieuw, bijna als een grapje, maar we wisten allemaal dat hij dodelijk serieus was: 'Wie doet er nog meer mee?'

Een paar mannen aarzelden, wierpen een snelle blik op de exmarinier en stapten naar voren om zich bij ons te voegen. Daarna viel er een intense stilte. In totaal waren we met zijn twaalven die bereid waren om ons plan op eigen kracht en zonder hulp of toestemming van Fidel en de Cubanen door te zetten. Een paar dagen later voegden zich nog vier mannen bij onze groep.

Ik stelde Piñero op de hoogte van onze beslissing. Daarna veranderde zijn houding tegenover mij. Hij stelde voor dat we de volgende dag opnieuw zouden samenkomen, met 'de anderen'. Met 'de anderen' bedoelde hij zíjn anderen (de Cubanen) en niet de mijne. Tot dan toe waren bijeenkomsten met Piñero altijd vriendelijk en semi-informeel geweest. Toen ik de volgende dag met Elías terugkwam, zaten de Cubanen op een rij, alsof het een krijgsraad betrof. Wij konden nergens zitten. Ik herhaalde wat ik de vorige dag tegen Piñero had gezegd. De Cubanen luisterden ernstig toe en zeiden vervolgens: 'Daar kunnen we het niet mee eens zijn. Fidel wil dat jullie wachten.'

Ik zei dat we dat niet konden. Hoe goed we ook met Cuba bevriend waren – iets wat ik in daden en in woorden had bewezen – we waren allemaal naar Havana gekomen om tegemoet te komen aan de noden van Venezuela en moesten eenvoudig terug. Er viel een akelige stilte, gevolgd door een verklaring: 'Wij trekken onze handen van jullie af. Jullie moeten het zelf weten als jullie gaan. We geven jullie een paspoort en achthonderd dollar de man, en dan staan jullie er alleen voor.'

Vanaf dat moment waren wij 'divisionisten' in Cuba volledig doodverklaard. Ik heb Fidel nooit meer privé ontmoet, en die ene keer dat ik hem in het openbaar zag, negeerde hij me. Zijn gedweep met mij was voorbij en ik lag eruit.

Een paar dagen na de bijeenkomst met Piñero en zijn junta keerde ik terug naar mijn kamer in het Habana Libre Hotel en kwam er toen achter dat die na bijna anderhalf jaar niet meer van mij was. Mijn tassen waren haastig ingepakt en naar de receptie gebracht. Ik was niet langer de gast van de Cubaanse regering. Voor ik in Cuba persona non grata was, had ik tientallen vrienden en had ik zonder problemen bij menigeen kunnen logeren. Op het moment dat Fidel ophield mij te kennen, deden de meeste van die vrienden dat ook.

Ik nam mijn tassen mee en verhuisde naar een krappe hotelkamer, samen met een van de twaalf divisionisten, en we richtten onze aandacht op de vraag hoe we onze trouwe maar gekrompen groep opnieuw konden uitrusten nu de Cubanen al onze wapens hadden geconfisqueerd. We waren met zijn zestienen bereid aan land te gaan en ons plan uit te voeren, maar we hadden niet één wapen.

In 1966 was die hele scheepslading veteranen beladen met hun eigen wapens in Havana aangekomen, die vervolgens allemaal voor aanvang van de training aan de Cubanen werden overgedragen. Na de scheuring ging een delegatie divisionisten naar Piñero om hun wapens terug te vragen. Een paar uitgelaten dagen lang koesterden we allemaal de hoop dat we die ook echt zouden krijgen. Men had hun gevraagd om een formeel verzoek op papier bij Piñero's afdeling in te dienen, inclusief een inventarislijst van de genoemde wapens. Er was een hoop gekrakeel over deze lijst en wie wat had gehad en wie wat had gedragen dan wel geruild. Uiteindelijk vroegen ze om twaalf enkelschotsgeweren, vijftien verschillende handwapens, twee Garands, twee M-14 automatische geweren, plus één Belgische FAL, zes granaten, vijftien machetes, een garrote, tien stiletto's, drie struikeldraden en een harpoen. Er waren zes uur discussie en veel hartstocht gespendeerd aan de vraag of de harpoen al of niet op de lijst moest.

Toen de lijst eenmaal formeel was ingediend, groeide de kwestie over de harpoen uit tot moppen: waarom konden we geen pijl en boog of Goajiraanse blaaspijpen gebruiken? En toen volgden vele uren wachten in onze krappe pensionkamers tot er een antwoord kwam. Tijdens die uren, die dagen werden, bespraken we hoe we het beste ons arsenaaltje konden gebruiken en uitbouwen. Sommige van de wapens waren oud, maar we hadden er alle vertrouwen in dat we er nog een hoop mee konden doen.

Ten slotte kwam het antwoord. Net als het verzoek stond het op papier. Het luidde, en ik citeer: 'Krijg de klere. En vergeet niet wie jullie training heeft bekostigd.' In een soort eindeloos spelletje mens-erger-je-niet waren we opeens weer helemaal terug bij af. Toen ik mijn aantekeningen en papieren doorbladerde op zoek naar mogelijke aanwijzingen, merkte ik dat ik niet de eerste was die die papieren had doorgekeken, en ook dat veel van mijn aantekeningen ontbraken. Het was één ding om als Fidels vriend in Havana te zitten, maar het was heel andere koek zijn vijand te zijn. We moesten aan wapens zien te komen, maar we moesten ook beslist het land uit. Het was onduidelijk hoe lang het nog veilig was om te blijven.

# 43

∾

O p de avond dat ik mijn gedeelde hotelkamer in het centrum betrok, werd Havana getroffen door noodweer. De lichten in het hotel gingen steeds uit en ergens klapperde een raamluik tegen de muur van het gebouw. Elke klap klonk als een spottende afsluiting, alsof hij onderstreepte: 'Het is voorbij! Het is voorbij!' Mijn hart bonkte van angst. Ik was alleen – de anderen waren naar een dansfeest – en ondanks het feit dat ik bang was, bleef die koppige stem in me zeggen: 'Het kan niet voorbij zijn!' Het zat me allemaal niet mee, maar mijn innerlijke stem was even sterk als altijd. Hij riep dat mijn leven mijn missie was en dat het pas voorbij zou zijn als ik dood was.

Ik lag op mijn bed – dat hard en smal was en me aan de kampbedden op Punto Zero deed denken – en keek terug op mijn leven. Niets van wat ik had bereikt, schonk me voldoening. Ik had een specifiek doel: Venezuela bevrijden. Ik was nog steeds vastbesloten om dat te doen. We hadden alleen wat wapens en veel geluk nodig.

In 1964 had ik een aantal wapens in de Villa Susini in Algiers verborgen. Na de militaire staatsgreep van Boumedienne had ik er niet meer bij kunnen komen. Praktisch niemand wist dat ze daar lagen, maar ik wist waar ze verborgen waren. Dus als ik ze terug kon krijgen, konden we weg.

Ik liep de regen in om Elías en Lunar te zoeken en ze hierover te vertellen. Ik was doorweekt en de stormwind liet dakpannen op straat kletteren en smeet mij tegen de muren, maar het kon me niets schelen. We hadden wapens! Natuurlijk waren de anderen door het dolle heen, we hadden nu alleen nog een nieuwe geld-schieter nodig. De logische keuze, nu de Cubanen ons in de steek hadden gelaten, was om bij de Chinezen aan te kloppen.

In januari 1966, tijdens de Tricontinentale Conferentie, had ik dagelijks contact gehad met de Chinese delegatie en met de am-bassadestaf. Vanwege mijn nauwe banden met Fidel waren de mensen van de Chinese ambassade altijd erg vriendelijk tegen me geweest.

Ik ging op een woensdag naar de ambassade en vroeg om hulp. Die vrijdag had ik twee tickets in mijn hand van Havana naar Pa-rijs via Moskou. In Parijs zou de Chinese ambassade ons de tickets naar Peking geven en in Peking zouden we onze vlucht naar Al-giers krijgen.

De opluchting was groot. Ik was even afhankelijk van een vast salaris als welke kantoormedewerker of ambtenaar op de wereld ook. Ik had nooit het geld hoeven verdienen om mijn onkosten te betalen of mijn vliegtickets te kopen. Ik had me er nooit druk om hoeven maken hoe ik mijn plannen moest bekostigen. Mijn gehe-le volwassen leven was gedekt door een meestal erg bescheiden, maar stabiele onkostenvergoeding. Toen ik in januari 1967 uit de communistische partij van Venezuela werd gezet omdat ik een di-visionist zou zijn, had dat in financieel en logistiek opzicht geen gevolgen gehad. Ik stond onder volledige bescherming van de Cu-banen. Wat ik wilde of nodig had, werd door de Cubaanse rege-ring betaald. Ik was Fidels protégé. In ruil voor de door mij gele-verde diensten aan de Cubaanse revolutie betaalde de Cubaanse schatkist mijn rekeningen.

In de zomer van 1967, toen Elías, Lunar en ik ons afscheidden met ons splintergroepje revolutionairen, hadden we niemand achter ons staan. We hadden geen financier en geen beschermer. Belangrijker nog, er was niemand die ons inlichtingen verschafte en papieren voor ons in orde maakte en ons paspoorten, visa, wapens, boten en munitie verstrekte. We waren met zijn zestienen. Zestien gezonde mensen kunnen ieder een baan zoeken en genoeg verdienen om hun eigen onkosten te betalen, dus als puntje bij paaltje kwam, konden we in elk geval wel eten. Wat ons in de nabije toekomst niet zou lukken, was genoeg verdienen om een revolutie te betalen.

We hadden wapens nodig, en we hadden wapens in Algerije, maar we hadden ook een boot nodig om ze naar Venezuela te transporteren. Als we echt wilden slagen, hadden we een nieuwe beschermer nodig.

Een van de hoofddoelen van onze reis naar China – los van geld vragen voor een boot – was om te kijken of de Chinezen als onze beschermer wilden optreden. De bedoeling was dat we naar Peking zouden gaan en daar zouden uitleggen wat we aan het doen waren, en wat we wilden en waarom. Hiertoe kregen we twee tickets naar China. De twee groepsleden die als afgezant werden gekozen, waren Lunar en ik.

Lunar werd gekozen omdat hij de meest representatieve figuur van de groep was. Hij was al sinds het begin van de onlusten in Venezuela guerrillastrijder geweest. Hij was ook ontwikkeld en welbespraakt – hij was een geoloog die nog nooit zijn beroep had uitgeoefend, omdat hij ten strijde was getrokken. Ik werd gekozen omdat ik een intellectueel was en, tot op zekere hoogte, een polyglot – ik sprak Frans, Italiaans en Duits – en ik had gereisd en naam gemaakt in serieuze linkse kringen.

Lunar en ik maakten een tussenstop in Moskou, waar we een bijeenkomst hadden geregeld met een aantal studenten. Veel Latijns-Amerikaanse communisten studeerden in Moskou op een beurs van de Sovjet-Unie. De sovjets waren zeer genereus en betaalden hun reis en accommodatie, collegegeld en boeken. Mijn broer José zat op zo'n beurs in zijn derde jaar geologie aan de Lomonosov-universiteit en was een van de studentenleiders in Moskou. Toevallig deed José net veldwerk in de Oeral toen wij in Moskou waren, dus we hebben hem niet gezien. Desondanks had hij flink wat steun voor ons bij elkaar gekregen op de campus en onze bijeenkomst werd goed bezocht. Een van de studenten – een briljante jonge wiskundige genaamd Miguelito – was zo enthousiast dat hij zijn studie opgaf, zich bij onze groep aansloot en met ons meeging naar Parijs.

We hadden opdracht gekregen om naar het consulaat van de Volksrepubliek China aan de Avenue Victor Cresson te gaan en daar naar ene Zhang te vragen. Omdat ik een voormalige Parijzenaar was, lieten Miguelito en Lunar het aan mij over om het adres in Issy-les-Moulineaux tijdig te bereiken. Ik wist van Havana dat de Chinezen zeer punctueel zijn, dus we verlieten ons pension met zeker een halfuur speling. Maar aangezien ik topografisch gehandicapt ben, kreeg ik het voor elkaar om te verdwalen. Slechts dankzij een te elfder ure genomen taxi kwamen we nog op tijd aan. Zhang gaf ons twee tickets naar Peking op een vlucht die vijf dagen later zou gaan.

De achthonderd dollar de man die we in Cuba hadden gekregen, begonnen op te raken, dus zelfs het goedkoopste hotel zat er niet in. Ik spoorde wat vrienden uit mijn studententijd op en ontdekte dat mijn onvrijwillige vertrek uit de Venezolaanse communistische partij invloed bleek te hebben gehad op diverse van die vriendschappen. Op sommige adressen was ik even welkom als een lepralijder. Gelukkig waren er anderen die me met open armen ontvingen. We bleven uiteindelijk bij twee van die laatsten logeren, die ook aanboden om op Miguelito te passen terwijl Lunar en ik naar China gingen. De vijf ochtenden van onze vijf dagen in Parijs brachten we door met een soort kafkaiaanse jacht op onze Chinese visa.

Eind zomer 1967 kwamen we in Peking aan, dat het centrum vormde van de Culturele Revolutie. Ik was ervoor gewaarschuwd dat de Chinezen erg achterdochtig zouden zijn. Dat Chinezen ondoorgrondelijk zijn, is een cliché, maar wel een dat overal en altijd opging, zo was me verteld. We waren erop voorbereid dat niemand zou zeggen wat hij dacht of toenadering zou zoeken, want los van hun zwijgzaamheid of hun volksaard waren ze allemaal

doodsbang om aangegeven te worden wegens politieke incorrect-
heid. Daarom was ik dubbel verbaasd toen de man die ons van het
vliegveld haalde me in perfect Frans en als openingszin meedeel-
de: 'Welkom, kameraden. Helaas bent u net op een moment van
anarchie aangekomen. China is een land in chaos. Laten we zien
wat er van uw missie terechtkomt, maar ik kan u geen hoop bieden.'

# 44

*I*n de bagage van elke revolutionair zit een reusachtige voorraad blind optimisme. Zonder dat zouden we het allemaal
opgeven. Toen we bij ons pension waren afgezet, vertaalde ik voor
Lunar de woorden van de Chinees en samen peurden we positieve
signalen uit zijn sombere prognose. Aangezien hij op weg vanaf
het vliegveld tot een somber zwijgen was vervallen, kwamen we
tot de conclusie dat hij aan een depressie leed. En aangezien onze
missie eruit had bestaan om in China terecht te komen en vervolgens de Chinezen over te halen een boot voor ons te kopen, betekende het feit dat we inmiddels in Peking waren dat we ons doel al
voor de helft hadden bereikt. Zoals Lunar zei: 'Ze hadden ons niet
hierheen laten vliegen als ze niet geïnteresseerd waren. We maken
geen deel van hun chaos uit. Als wij onze kaarten goed uitspelen,
zullen we heus kans zien om ze over te halen ons weer te helpen.
Het komt er nu vooral op aan dat ze ons ontvangen.'

Op dat punt hadden we niet hoeven vrezen. We kregen de volgende dag al meteen een audiëntie. We kregen zelfs een heel programma. Alles werd ons in eenlettergrepige woorden uitgelegd.
Het doel van ons dagprogramma was om aan een comité Chinese

assessoren uit te leggen wat we precies wilden en nodig hadden. Op hun beurt zouden de assessoren dan zeggen wat ze van ons plan dachten en aan het eind van deze zittingen zou men een besluit voor of tegen dat plan nemen.

De eerste dag werden we om vijf uur 's ochtends gewekt. Om zes uur werden we naar de perskamer genood voor een zitting van twee uur om op de hoogte te worden gesteld van het Chinese nieuws en het wereldnieuws. Klokslag acht uur gingen we met de Chinese assessoren in conclaaf. Dat duurde tot twaalf uur. Daarna volgde een lunchpauze tot één uur. Om precies één uur werd de zitting hervat, die vervolgens tot zes uur duurde. Tegen die tijd waren Lunar en ik kapot. Onze gastheren lieten weten dat men onze vermoeidheid had voorzien. Van zes tot acht uur konden we ons ontspannen en kregen we vermaak voorgeschoteld in de vorm van een ellenlange opera vol kattengejank over de cruciale momenten in de volksrevolutie. Om tien uur werden we weer bij onze kamer afgeleverd met strikte instructies om de volgende ochtend om klokslag zes uur weer in de perskamer present te zijn.

Ik plofte op bed neer en was te moe om goed te kunnen slapen. De tweede dag verliep identiek aan de eerste, met mogelijke uitzondering van de opera, die al of niet een andere was dan de dag tevoren. De derde dag was hetzelfde. En zo ging dat tweeëntwintig dagen onafgebroken door. Het was een rigide wereld die volledig gericht was op het Chinese geloof in de drie grote bronnen van de macht: het Front, de Partij en het Volk.

Dag na dag legden ik, 'kamelaad Oswado', en 'kamelaad Hluna' onze doelstellingen uit. Onze Chinese juryleden waren stuk voor stuk lage ambtenaren, maar ze kwamen allemaal de kale betonnen ruimte waar we werkten binnen alsof het hemelse wezens waren, of de reïncarnatie van de Spaanse inquisitie, en gingen vervolgens met een notitieblok in de hand, een ernstige gezichtsuitdrukking en miljoenen vragen aan de reusachtige, kale tafel zitten. Wat we ook zeiden, de Chinezen hadden altijd iets tegen te werpen.

Lunar noch ik had genoeg vragen om tweeëntwintig dagen te

vullen. Wat we wilden, paste in één enkele zin: we wilden geld om een boot te kopen. De langere versie was dat we om geld voor een boot vroegen om daarmee de wapens uit Algiers en onze groep naar Venezuela over te brengen om daar de revolutie voort te zetten. We konden dit nog wat uitbreiden door eraan toe te voegen dat we hun, de Chinezen, trouw zouden blijven, omdat zij de enige partij waren die revolutionair was gebleven. De rest was allemaal achtergrond bij de gewapende strijd in Latijns-Amerika en met name in Venezuela en onze positie binnen die strijd. Je had mijn Algerijnse verhaal en ons recentere Cubaanse verhaal, en verder was er niet zoveel te vertellen. Maar omdat die zittingen nu eenmaal stonden gepland, bleven we om de beurt de tijd volpraten, en zoals ik al zei, de Chinezen bleven ons maar met hun bezwaren om de oren slaan.

Tijdens deze zittingen kwamen wij altijd als eersten aan het woord, maar het lukte ons niet eens om ons eigen verhaal te vertellen. Vanaf de eerste dag liet het comité merken dat we hun niets konden vertellen wat ze niet allang wisten. Ze namen de hele geschiedenis van de Venezolaanse communistische partij en elk van haar leden door. Ze zeiden dingen als: 'Sinds 1936 was de PCV al opportunistisch, want ze hebben de politieke strijd voor de pers aangezien. Hun grootste verlangen was om een krant, een spreekbuis te hebben. In 1939 heeft zus en zo in zijn toespraak op 16 augustus in Caracas dat opportunisme nog eens onderstreept toen hij zei...' En dan konden ze hem letterlijk citeren. Systematisch namen ze de hele geschiedenis van de Venezolaanse communistische partij tot de laatste man en het miniemste detail door. Ze kenden de geschiedenis van al onze politieke partijen: wanneer ze waren opgericht, door wie, hoeveel leden ze hadden en wat ze deden. Ze praatten alsof ze eindeloze lijsten aan het oplezen waren waarin elke naam als een beschuldiging klonk, en elke datum, elke gebeurtenis de zoveelste fout was in een lange lijst klachten.

Ze somden oprichters en leden van oprichtingscomités op, schisma's en publicaties. Ze kenden de geschiedenis van de CTV, onze grootste vakbond, en ik zweer je dat ze van elke afgevaardigde wisten hoeveel koppen koffie hij dronk, wie een knoop miste en wie met wie naar bed ging. Uit hun hoofd en zonder aantekeningen citeerden ze Lunar voor Lunar en mij voor mij. Ze kenden de namen van mijn broers en zussen, en wisten meer over wat ze deden dan ikzelf. Mijn oudere zus Irma zat bijvoorbeeld in Bologna, maar pas via hen kwam ik erachter dat ze aan het Istituto Frantz Fanon verbonden was. Ze kenden elke toespraak die ik had afgestoken, met datum en plaats. Ze kenden elk pamflet dat ik had geschreven. Ze kenden de namen van alle meisjes met wie ik had gevreeën – wat voor mij niet opging – en ze wisten alle bijeenkomsten die ik had bijgewoond op te noemen.

Mijn geheugen is goed, maar het hunne was bovenmenselijk. Het waren net wandelende computers. Ze kenden de politiek en de geschiedenis, de geografie en de economie van Venezuela, en beter dan wij. Ze kenden elke heuvel en stroom in Falcón, waar een groot deel van de gewapende strijd had plaatsgevonden. Ze kenden het terrein – ons terrein – zoals Fidel zijn terrein in de Sierra had gekend.

Elke ochtend om zes uur zaten we weer in de perskamer om met nieuwe feiten en cijfers over Bolivia, Oost-Timor, Moskou, Maputo, Marseille en Madagascar om de oren te worden geslagen, en over zo ongeveer elke stad, elk dorp en elk eilandje en zandkorrel daartussenin. Tollend van deze batterij nieuwsfeiten ondergingen we daarna de dagelijkse zitting en de Chinese evaluatie van onze nationale incompetentie. Wanneer een van ons erin slaagde om er een woord tussen te krijgen, brachten we het comité in herinnering dat we er eigenlijk alleen maar waren om hun om een boot te vragen.

Als contrapunt voor ons eigen slopende gebrek aan activiteit vonden er tijdens de zomer van 1967 in Zuid-Amerika tragische gebeurtenissen plaats waarover we tijdens onze vroege-ochtendzittingen in de perskamer werden bijgepraat. Na Che's desastreuze onderneming in Zaïre was hij met een groepje Cubaanse revolutionairen naar Bolivia getrokken op een missie die, naar hij hoopte, de massa's in revolutie zou doen ontvlammen. Terwijl wij met de Chinese ondervraging worstelden, worstelde hij zich door het Boliviaanse oerwoud. De Boliviaanse communistische partij had bot geweigerd om in enig opzicht met hem samen te werken. Dus in plaats van heldhaftig aan het hoofd van een revolutionair leger te staan, sjokte El Che met een groep van twintig mannen en vrouwen door de modder van een vijandig gebied, achtervolgd door tweeduizend Boliviaanse soldaten die waren opgeleid door de us Rangers en de CIA.

Mijn vriend Régis Debray was bij hem. Régis was Frans staatsburger en geaccrediteerd journalist, maar in het wilde weg afgeschoten kogels erkennen geen perskaarten, en dus was ik elke dag als ik het nieuws las bang dat ik het bericht van de dood van Régis zou aantreffen. Eind april van dat jaar kwamen er verhalen uit Bolivia dat hij was gearresteerd, samen met Ciro Bustos, een schilder en revolutionair tegen wil en dank, die door de beroemde Tania in Buenos Aires voor de troepen was gerekruteerd. Schilder zijn was geen geweldige kwalificatie voor de uitputtende mars waar Che hem op uit gestuurd had, maar toen Ciro gevangen werd genomen, stelden zijn artistieke gaven hem in staat om van iedere voortvluchtige een nauwkeurig portret te tekenen. Intussen kwam de bevestiging dat Ciro en Régis in Bolivia in de gevangenis op hun proces zaten te wachten. De hele zomer door werd er gezegd dat Régis (die de politie en de CIA niet had geholpen) de doodstraf zou krijgen. Régis was nog jong, zesentwintig, en ik voelde me er verantwoordelijk voor dat ik hem bij dat hele revolutionaire gedoe in Latijns-Amerika had betrokken, omdat... nou ja, omdat ik dat inderdaad had gedaan, sinds hij als groentje in Caracas was aangekomen en rechtstreeks naar mij was toe gekomen.

Op de eerste dag van ons bezoek aan Peking werd Lunar en mij gevraagd wat we tijdens ons verblijf in de Volksrepubliek graag zouden willen eten. Er waren twee keuzes: Chinees en Europees.

Diplomaat als hij van nature was, koos Lunar Chinees. En ik, met mijn tragikomische darmen, koos Europees.

Het Chinese eten was afgrijselijk. Wij hadden ons schalen vol heerlijke hapjes voorgesteld, oriëntaalse gourmetgerechtjes en alle schotels die in Chinese restaurants over de hele wereld zo in trek zijn, maar daar was geen sprake van. Tweeëntwintig dagen lang kregen Lunar en het comité variaties op het thema 'kippenpoot' geserveerd. Die waren gebakken en werden op zulke onsmakelijke manieren opgediend dat Lunar me vaak smeekte om een hapje van mijn karige Europese sandwiches. Want voor 'Europees' moet je in China 'sandwich' lezen. Ze bestonden uit twee dunne sneden van iets wat eruitzag als watten met vette ham of kaas die nergens naar smaakte ertussen.

De enige keer tijdens ons hele bezoek dat we een fatsoenlijke maaltijd zagen, was toen we naar een lunch voor een buitenlandse delegatie werden gebracht, als de excuus-Latino's die moesten aantonen hoe ruimdenkend onze gastheren wel niet waren. We drukten de hand van een naamloze horde Koreaanse hoogwaardigheidsbekleders terwijl we hongerige blikken wierpen op een oogverblindend scala van plaatselijke delicatessen die op een lange tafel achter de Koreaanse gasten lagen opgesteld. We hadden ongeveer twee weken Chinese marteling achter de rug en Lunar en ik waren allebei uitgehongerd (Lunar, die een veel grotere eter was dan ik, moest het ook nog eens doen met wat ik hem van mijn rantsoen toestopte). Er was geglaceerd speenvarken, gebakken baars, kreeft, krab, glanzend geroosterde eend, schalen rijst en stapels stoommandjes van bamboe met dim sum.

Na een korte introductie in het Chinees en een hoop handen schudden, wuiven, knikken en glimlachen, werden Lunar en ik weer weggevoerd, of liever gezegd tegen onze zin meegetrokken. Dus als ik zeg dat we fatsoenlijk eten zagen, was dat ook letterlijk alleen zien. Op weg de eetzaal uit fluisterde ik Lunar toe dat ik wilde dat we op zijn minst als honden werden behandeld en de restjes toegeworpen zouden krijgen. Lunar mompelde terug dat dat hem niet zo'n goed idee leek. 'Ze eten hier namelijk honden.

Ze stoppen pups in een zak en slaan die tegen de muur, en daarna koken ze ze met een handje taugé. Ik heb gehoord dat het een delicatesse is.'

Helaas werden we slechts met gepraat overvoerd. In China stond het egocentrisme van de leider in verhouding tot de uitgestrektheid van het grondgebied en de omvang van zijn bevolking. Ik begon te begrijpen hoe het mogelijk was dat iedereen Mao's Rode Boekje uit zijn hoofd kon citeren. Na tweeëntwintig dagen kon ik het waarschijnlijk ook. Alles was altijd omkleed met een uitspraak, een gezegde of een cliché, dus het was geen verrassing toen onze ondervraging ook met eentje werd afgesloten. De woordvoerder van het comité stak zijn handen omhoog en stond op. Hij boog naar ons en zei: 'Kamelaad Oswado Baweto en kamelaad Hluna Maké, al het goede komt ten einde. Jullie hebben je zaak heel ernstig met ons besproken en daar zijn we jullie dankbaar voor. Er is een bijeenkomst geweest binnen het ter zake competente orgaan van de communistische partij van de Volksrepubliek China en ons besluit is het volgende.'

Lunar en ik luisterden met ingehouden adem, terwijl er beelden in ons opdoemden van een bootje dat met de Algerijnse vlag in top en een ruim vol olijfolie over de Atlantische Oceaan naar Venezuela tufte. De Chinese woordvoerder ging verder: 'Jullie en je groep zijn bandieten, militanten en opportunisten, en jullie verzoek om bijstand van de Volksrepubliek China is afgewezen.'

Ik was kapot, maar ik besefte ook dat dit onze laatste kans was. Al mocht ik ze op dat moment bepaald niet, we hadden ze nog steeds nodig, dus ik zei heel nederig: 'Ik ben het met u eens, kameraden, maar kunt u me misschien vertellen op basis waarvan u tot deze conclusie bent gekomen? U en de woordvoerder van uw partij zijn twee mensen die voor twee miljard mensen spreken. Ik vraag u om nog één zitting om uw beslissing te bespreken.'

Toen dit verzoek werd geweigerd, zei ik: 'Het is waar dat we bandieten zijn, maar Mao Ze Dong was ook een bandiet toen hij met uw revolutie begon. En het is waar dat we militanten zijn, maar de revolutie wordt niet door het leger maar door de partij en het volk gemaakt. En het is waar dat we opportunisten zijn: we zijn hierheen gekomen om uw hulp in te roepen bij het verkrijgen van een boot, en dat is het enige waar we u om vragen, zodat we ons land kunnen bevrijden. Is uw besluit werkelijk de keus van twee miljard mensen?'

Het Chinese comité stond op om te vertrekken. Ze negeerden mijn toespraak volkomen. In plaats daarvan zei de woordvoerder: 'Het is ons een genoegen geweest. Vaarwel. Wij spreken niet meer met jullie, tenzij jullie erin toestemmen om met jullie hele groep naar China te komen om op de juiste manier te worden heropgevoed. We zullen voor jullie betalen. Het hele proces neemt twee jaar in beslag. Jullie ideeën zijn verkeerd. Het was ons een genoegen. Goedendag.'

De volgende dag zaten we in een vliegtuig naar Algerije onze plastic bakjes met vliegtuigvoer leeg te eten met een genoegen alsof het creaties van grote koks waren.

# 45

In tegenstelling tot ons bezoek aan China was ons bezoek aan Algerije een succes. De dag nadat we in Algiers aankwamen, vroeg ik een ontmoeting aan met een vertegenwoordiger van de regering. Die kreeg ik de volgende dag en ik werd met respect behandeld. Toen ik mijn wapens terugvroeg, zei de competente regeringsbeambte: 'We willen u best de wapens geven, maar u moet zelf uitzoeken hoe u ze meeneemt.'

Hoe moest ik dat aanpakken? Om inspiratie op te doen ging ik naar de boekhandel die ik regelmatig bezocht toen ik nog in de stad woonde. Na verscheidene inspiratieloze uren kocht ik uiteindelijk een tweedehands paperbackuitgave van *For Whom the Bell Tolls*. Ik zocht een vrouw op met wie ik in 1965 had geflirt en kwam erachter dat het leven niet goed voor haar was geweest. Toen ik naar Praag vertrok, was er een vonk tussen ons overgesprongen. Uiteindelijk slaagden we erin ons leed een paar uur in mijn hotelkamer te vergeten.

Ik kan niet genoeg benadrukken hoe beslissend het jaar 1967 voor me was. Het was het jaar waarin ik een individu werd en een man die op zichzelf was aangewezen. Ik had geen partij en geen beschermer, ik had niets en niemand. Ik had niemand om op te steunen en niemand met wie ik contact hoefde op te nemen. Het enige wat ik had, was mijn levensmissie, en als ik die wilde volbrengen, moest ik absoluut iets bedenken.

Een paar dagen lang wandelden Lunar en ik rond in Algiers, we zaten onder de palmen en piekerden ons suf, maar we konden geen oplossing bedenken. Ik wist dat hij niet in zijn eentje in staat zou zijn om te helpen. Niet dat hij niet bekwaam was, dat was hij wel. Hij was inventief, maar hij zou niet zomaar uit zichzelf met een plan komen. Lunar was een teamspeler. Dat waren we eigenlijk allemaal. We waren er allemaal aan gewend om een kameraad of vriend te hebben met wie je samen dingen deed. Wát we deden, was door een team uitgewerkt, hóe we het deden was goedgekeurd door een comité. Binnen de partij was die steun er altijd – je raakte eraan gewend dat je nooit op jezelf aangewezen was.

Het was soms enorm vermoeiend om aan onze problematische situatie te denken en aan de veertien mannen die in Havana op ons wachtten plus Miguelito uit Moskou, die nog steeds in Parijs verbleef. Ze rekenden op ons, en ze wachtten al een maand. Ze hadden ons hun loyaliteit en vertrouwen geschonken en ze boden ons hun leven aan.

Het was om een aantal redenen een deprimerende tijd en elke reden drukte ons genadeloos met onze neus op het feit dat we alleen waren. In september 1967 werd Régis Debray tot dertig jaar gevangenisstraf veroordeeld wegens zijn rol in Che's Boliviaanse avontuur. Ondertussen rende Che zelf voor zijn leven met een kleine groep strijders, en slechts een wonder zou hem kunnen redden. Ik werd heen en weer geslingerd tussen schuldgevoel jegens mijn wachtende groepje en mijn plezier in het lezen van *For Whom the Bell Tolls* met al zijn kameraadschap en edelmoedigheid.

Toen ik aan zulke solidariteit dacht, herinnerde ik me hoe we in Frankrijk altijd mensen in Parijs en Algerije en Venezuela hielpen. We leegden onze halfvege zakken voor hen uit revolutionaire solidariteit, om ze uit een moeilijke situatie te helpen. Waarom zou ik hun niet vragen om ons te helpen? Wij waren tenslotte revolutionairen, en wij hadden hulp nodig. Ik zei tegen Lunar: 'Ik heb een plan. Jij gaat terug naar Cuba en ik ga naar Frankrijk om te halen wat we nodig hebben.'

Op 8 oktober vertrok ik uit Algiers met de nachtveerboot en ik kwam op 9 oktober in Marseille aan. Het was een historische dag, de dag waarop Ernesto Che Guevara door het Boliviaanse leger werd doodgeschoten.

Ik logeerde in een goedkoop pension en stond de volgende dag vroeg op om koffie te gaan drinken en een krant te kopen. De foto van Che's halfnaakte lijk prijkte op elke voorpagina. Ik zat in een rokerige bar en dronk pastis en rouwde om hem. Ik dacht terug aan onze twee gesprekken, aan alles wat hij had geschreven, aan alle goede dingen en een aantal domme dingen die hij had gedaan. Na alles wat hij had geleerd en onderwezen, had zijn campagne in Bolivia niet kunnen voldoen aan zijn eigen criteria hoe je een guerrillaoorlog dient te voeren. Er was een mogelijkheid geweest dat hij naar Venezuela zou gaan in plaats van Bolivia en ik wenste dat dat het geval was geweest. Hij had een jongensachtige grijns en een flitsend gevoel voor humor. Na nog een paar drankjes sloeg mijn geschoktheid om in woede. Waarom was hij naar Bolivia gegaan en had hij zich laten doodschieten?

Na nog een pastis en een milde flirt met de serveerster die een gevaarlijke glimlach en een verleidelijke gebroken voortand had, voelde ik me in staat om te vertrekken. El Che was dood en Régis

Debray zat voor dertig jaar in de gevangenis. Fidel had ons laten zitten, de Chinezen hadden ons afgewezen, en de partij had me een schop onder mijn kont gegeven.

Ik zat in de trein van Marseille naar Parijs en dacht na over Che's revolutionaire 'bijbel'. Hij had een handleiding geschreven voor mensen zoals wij: 'Wij zijn van mening dat de Cubaanse revolutie drie fundamentele lessen heeft bijgedragen aan hoe revolutionaire bewegingen in Amerika moeten opereren. Dat zijn:
1. Volksstrijdkrachten kunnen een oorlog tegen het leger winnen.
2. Het is niet nodig om te wachten tot alle condities voor het ontketenen van een revolutie bestaan; de opstand zelf kan die creëren.
3. In het onderontwikkelde Amerika is het platteland het basisgebied voor gewapende strijd.'
De meester was dood. Nu was het aan mij, zijn leerling, om de fakkel brandende te houden. Ik was in Frankrijk aangekomen met een hartstocht, die ik op die treinrit min of meer herwon. Uiteindelijk, eerder gesterkt dan ontmoedigd door mijn nieuwe onafhankelijkheid, trok ik met mijn bedelnap door Frankrijk en Italië. Aangezien mijn zus Irma in Bologna bij het Istituto Frantz Fanon zat, belde ik haar op en vroeg haar om me te helpen. Samen benaderden we iedereen van wie we dachten dat die van dienst zou kunnen zijn. Ik benaderde iedereen met wie ik had gestudeerd en iedereen met wie ik had gewerkt en ik kwam direct ter zake. Ik zei: 'Zo staat onze situatie ervoor: we zijn een groep revolutionairen. We hebben wapens nodig. Kunnen jullie ons helpen?'
Ik kreeg direct respons. Het Istituto Frantz Fanon reageerde positief. Toen hadden we paspoorten nodig. Binnen een week kregen we tweeëntwintig paspoorten, allemaal Frans of Italiaans en allemaal geldig. Onze groep bestond maar uit zeventien man, dus tweeëntwintig paspoorten was aan de ruime kant, maar we hadden ze! Er werd ons ook geld aangeboden om een boot te fi-

nancieren en om nog meer wapens te kopen en onszelf volledig uit te rusten.

Ik ging terug naar Cuba en vertelde mijn kameraden het goede nieuws. We begonnen te plannen hoe we naar Venezuela zouden terugkeren. Ik had kunnen zeggen 'naar huis terugkeren', maar één persoon uit onze groep, Pierre Goldman, codenaam 'El Francés' was een Franse jood. Pierre was ons vreemdelingenlegioen, onze internationale brigade. Iedereen was door het dolle. We waanden ons goden.

Elías had nog steeds goede connecties in Cuba. Hij was minder sterk in ongenade gevallen dan ik en hij had nog steeds vrienden. Tot die vrienden behoorde de identieke tweeling Tony en Patrizio de Laguarda. Onder Batista hadden ze tot de top van de high society gehoord. Ze waren playboys en wedstrijdzeilers geweest, met onmetelijke rijkdommen achter zich. Na de revolutie had Fidel hen bij een regatta ontmoet, was bevriend met hen geraakt en had hen tot revolutionairen omgeturnd. De Laguarda-tweeling waren net pauwen. Ze waren jong en knap, atletisch en viriel, en letterlijk niemand kon ze uit elkaar houden, zelfs hun vriendinnen niet!

Met onze nieuwe geldschieters in Frankrijk en Italië leek het simpeler om de Algerijnse wapens te vergeten en onszelf plaatselijk opnieuw uit te rusten, waarmee we de logistieke nachtmerrie vermeden om met een boot de Atlantische Oceaan over te varen. We hadden geen groot schip nodig om zeventien man over de Caribische zee te vervoeren. Wat we echt nodig hadden, waren wapens en een kleine boot.

Elías vroeg de Laguarda-tweeling om ons te helpen. Hij was zo verstandig om het beiden tegelijk te vragen, want als je ieder apart zou spreken, kon je er nooit zeker van zijn met wie je had gesproken. Ze zeiden: 'Geen probleem. We vinden wel wapens voor je, maar je moet een manier zien te vinden om ze Cuba uit te krijgen.' Ze brachten ons in contact met een kapitein die wat ritselde, en voor we het wisten, hadden we een arsenaal eersteklas wapens onder ons bed liggen. De volgende stap was hoe we ze weg moesten krijgen. We hadden te verstaan gekregen dat we onder geen beding direct naar Venezuela konden vanuit Cuba. We moesten via Europa gaan. Aangezien we met zijn zeventienen waren en aangezien we individueel zouden reizen, besloten we dat iedereen als toerist naar Praag zou vliegen, daarna zou doorvliegen naar Parijs, in Marseille op de boot zou stappen om vervolgens, wederom als toerist, naar Trinidad te varen. Het eiland Trinidad ligt op één punt slechts tweeëntwintig kilometer van de oostkust van Venezuela. In Port of Spain zouden we een boot charteren en ons lot tegemoet varen.

In Havana woonde een man uit Guatemala die beroemd was om zijn *caletas*, een kist of koffer met een verborgen vak. Vraag me niet waarom, maar Guatemalteken zijn experts in de vervaardiging daarvan, en die man in Havana – die de beste zou zijn – was een vriend van een vriend van me. Mijn vriend organiseerde een etentje bij hem thuis voor me om die ervaren kistenmaker te ontmoeten. Ik arriveerde aan de vroege kant omdat ik zenuwachtig was. Dat was iets wat ik nooit heb afgeleerd. Ik weet dat het dwaas is om enerzijds een wapensmokkelaar en guerrillastrijder te zijn, terwijl ik anderzijds het soort mens bleef dat overvloedig begint te zweten bij de gedachte om een crimineel te ontmoeten en de wet te overtreden.

Mijn strenge en gedegen opvoeding had blijvende gevolgen. Niet dat ik niet heb gelogen, bedrogen, gesmokkeld en vele keren gestolen, het is me alleen nooit makkelijk afgegaan. Dus was ik aan de vroege kant en dronk ik rum en Virgin-cola met mijn vriend en zijn vrouw (die duidelijk op de hoogte was van het doel van de aanstaande ontmoeting omdat ze een levendige woordenstroom op gang hield over caletas en wapensmokkel, afgewisseld met lichtzinniger onderwerpen). Een klok boven een ingelijste foto van Fidel tikte met een indringende hardnekkigheid. Celia Cruz gaf haar ziel en zaligheid over de radio, maar de klok was luider dan haar stem en het orkest achter haar.

Mijn vriend woonde in Alamar, een buitenwijk van Havana die

eruitziet als een in de tropen geplempt, kleurloos Tsjechisch woningcomplex. Het geluid van andere radio's en tientallen huilende baby's drong van alle kanten naar binnen: door de muren, de vloer, het plafond en de ramen. De klok bleef doortikken en ik bleef ongerust zweten in afwachting van de deal die ik met de kofferexpert zou sluiten, en de vrouw van mijn vriend bleef commentaar leveren op het leven en zijn verborgen vakjes, maar de Guatemalteekse kofferexpert kwam niet opdagen.

Uiteindelijk zetten we ons alleen aan het avondmaal. Het goede nieuws van de avond was dat de echtgenote een geweldige kokkin was. Het slechte nieuws was dat ik weer terug bij af was in de wapensmokkelafdeling. Comandante Lunar Marquez zou niet blij zijn.

Een schip kan niet uitvaren zonder kapitein, en of het nu om een leger of een handelsonderneming gaat, er moet een hiërarchie zijn, en er moet iemand zijn die bovenaan staat. We waren met maar zeventien man, dus we hadden een tekort aan manschappen, maar we waren rijkelijk gezegend met leiders. Zo had je Elías en Lunar Marquez en beiden waren bevelhebbers die hun sporen hadden verdiend. Dan had je nog El Negro Manolito, die zich ook had bewezen op het slagveld, en ik, die zich weliswaar minder had bewezen maar nog altijd wel wat ervaring had. Gezien de concurrentie hogerop trokken El Negro en ik ons terug uit de strijd om het militaire bevel over onze nieuwe groep. Ik was de strateeg, dat was mijn rol. Met een man als Elías zou het absurd zijn geweest als ik zelfs maar had overwogen om bevelhebber te worden. Tenslotte wilden we ons uitbreiden tot honderden. Als we de overwinning zouden behalen, zouden mijn leiderskwaliteiten, voor wat ze waard waren, beter van pas komen bij het leiden van onze toekomstige regering. Ik deed mee om het resultaat en niet ter meerdere eer en glorie van mezelf. Nadat ik was gedegradeerd van bevelhebber over mijn eigen groep van tweeëntwintig rekruten tot nederige voetsoldaat bij de veteranengroep, vond ik het prima om bevelen van anderen op te volgen. Dat hoorde er allemaal bij: we werden een militaire eenheid en leefden volgens regels.

Het liep uit op een machtsstrijd tussen Elías en Lunar. Helaas voor ons expeditieleger was Elías totaal niet kleingeestig. Hij wilde best bevelen van Lunar opvolgen, Lunar daarentegen had er moeite mee bevelen van Elías op te volgen. Elías was de logische keuze geweest, omdat hij de leiding had gehad over alle plattelandsveteranen. Bovendien was onze afscheidingsgroep op Punto Zero geboren en twaalf man stonden sowieso al onder zijn bevel. Lunar zag dat anders. Hij zei: 'Ik zat bij de plattelanders en dat betekent dat ik onder het bevel van Elías stond. Maar ik was al uit die groep gehaald toen jullie naar Punto Zero gingen. Fidel wilde mij apart sturen met mijn eigen eenheid en een Cubaanse ondersteuningsgroep. Geloof me, ik was net zo over de rooie als jullie toen de MIR-istas werden verslagen en Manuel Hill in Venezuela werd gevangengenomen. Oké, Manuel had geen Cubaans paspoort, maar hij had een Cubaans accent en hij gaf toe dat hij Cubaan was en zo ging het hele trainingsprogramma naar de haaien! Het zal allemaal wel! Waar het om gaat, is dat ik in deze groep niet automatisch of formeel lager in rang ben dan Elías.'

El Negro en ik probeerden de gemoederen te kalmeren en veren glad te strijken en te paaien, maar het had geen zin. Lunar wilde de leider zijn. Aangezien Elías dat wel best vond en Lunar ook een gedegen reputatie had als strijder en guerrillaleider, werd hij onze bevelvoerend officier.

Zo kwam er een virus in ons systeem nog voor onze missie begon. Sommige routes die we namen, waren onnodig omslachtig, sommige voorzorgsmaatregelen waren ronduit dom en met sommige dingen die we niet deden en voorzorgsmaatregelen die we niet namen, zaten we gewoonweg fout. Maar wij kwamen met voorstellen en onze bevelvoerend officier nam de beslissingen. Wekenlang kwamen wij met voorstellen die Lunar afwees terwijl zijn hoofd opzwol van zijn macht. Vaak betekende 'wij' dat ik, El Francés of El Negro iets voorstelden, want wij waren tenslotte de denkers, of het was Elías, die de tactisch en praktisch expert was en tevens de koning van het gezonde verstand.

Nadat hem tweeëntwintig dagen lang kippenpootjes waren voorgeschoteld, stond Lunar niet open voor de wijsheid van Confucius, die beweerde dat macht niet automatisch overerfd kon worden, maar afhing van de kunde van een leider en zijn populariteit bij het volk. Toch zaten we daar, na zoveel tijd en inspanningen, en accepteerden we een leider die zijn positie bijna als een geboorterecht claimde, en van wiens kunde we alleen maar hadden gehoord – want we hadden wel samen getraind, maar niet echt samen gevochten, en dode mannen kunnen niet praten. Lunar was meer dan populair bij zijn volk, maar hij werd niet aanbeden, zoals Elías. Nu heb je het hele plaatje als je denkt: wat absurd allemaal! Waarom doen jullie dit in plaats van dat? Of: waarom gingen jullie hierheen en niet daarheen? Het zij voldoende te zeggen dat velen – om niet te zeggen de meesten – van ons legertje van zeventien man logica zeker hadden verwelkomd als nieuwe rekruut en ook hadden gewenst dat het gezonde verstand zich bij ons had aangesloten.

De vraag bleef hoe we een klein arsenaal wapens vanuit Cuba naar Venezuela konden overbrengen zonder een directe route te nemen. Ons antwoord was: we maken onze eigen caletas en dan volgen we gewoon weer ons laatste plan om naar Venezuela te reizen via Praag, Parijs, Marseille, Trinidad en Margarita. Mijn bijdrage was dat we de caletas maakten.

Ik moet eraan toevoegen dat we geen bewijs hadden dat als we eenmaal in de bergen in Venezuela zaten, Lunar Marquez geen briljante bevelhebber zou zijn. In het plattelandskamp hadden er wat geruchten over zijn onbekwaamheid de ronde gedaan, maar over wie werden er geen kwaadaardige geruchten verspreid? Ik was het niet eens met zijn planning, maar ik had geen reden om aan zijn inzicht te twijfelen. Lunars reputatie als een dapper strijder woog ruimschoots op tegen alle laster die ik had gehoord.

# 46

Onze groep werd opgesplitst. Een voor een, en in ploegjes van twee en drie, vlogen we begin november 1967 naar Praag. Om de route te testen zou de eerste met lege handen reizen. Als hij werd onderschept, zou hij schoon zijn. Onze tocht zou worden betaald door onze eigen Frans-Italiaanse Bank – dat wil zeggen, door onze vrienden in Frankrijk en Italië. Constantino vertrok als eerste. Hij was de allerbeste piloot van de Cubaanse luchtmacht. Hij was nog maar achttien, maar piloten zijn tegen hun vierentwintigste al oud. Constantino was een Venezolaan die oorspronkelijk van de Canarische eilanden kwam. Het plan was dat hij als hij veilig en ongefouilleerd aankwam, dat zou laten weten, en dat de rest van ons hem dan zou nareizen.

Zodra Constantino eenmaal veilig was aangekomen, zouden Tumuza, Elías, El Negro en dan ik, en daarna de anderen in groepjes van twee of drie per dag volgen. In Praag moesten we onze bagage ophalen – onze zelfgemaakte caletas die volgepropt zaten met gesmokkelde wapens – en dan doorreizen naar Parijs en vervolgens naar ons ontmoetingspunt op een geheim adres in Bologna.

Bij ons vertrek waren we allemaal in een opperbest humeur. Ik herinner me nog het lied van Tania la Negra dat ik bij het instappen zong. In mijn tas zaten een M23, die behoorlijk licht was, een machinegeweer, drie handwapens, en ik had een pistool als handbagage in mijn jaszak. Het was 1967, de tijd voordat röntgenapparaten en metaaldetectors op vliegvelden in zwang kwamen. Dus aan het begin en het eind van de reis door de douane komen was een kwestie van er zo min mogelijk verdacht uitzien en niet bij wijze van steekproef doorzocht worden.

Toen het vliegtuig op het punt stond in Praag te landen maakte ik mijn gebruikelijke aanval van zenuwen door, maar mijn adrenalineniveau keerde voor we waren uitgestapt naar normale proporties terug, en de paspoortcontrole stelde niets voor. Ik liep naar de bagagehal, waar ik werd afgehaald door een filosoof met wie ik in 1965 vriendschap had gesloten en een hele groep mensen met wie ik tijdens mijn verblijf daar had samengewerkt. Terwijl we elkaar een voor een stevig omhelsden, zag ik mijn enorme tassen over de lopende band op me afkomen. Ik maakte me los uit onze emotionele hereniging om mijn bagage te halen. Mijn voormalige collega's liepen met me mee naar de band.

Ik greep mijn eerste buitenmodel tas met een gevoel van uitgelatenheid. Maar vanaf het moment dat ik hem van de band tilde, wist ik dat er iets mis was. Ik dwong mezelf niet om me heen te kijken, en geen oogcontact te maken met een van de soldaten en bewakers die in de hal aanwezig waren. Mijn knieën voelden slap en mijn hoofd tolde, maar ik moest kalm blijven en mijn tweede caleta pakken. Ik zag hem liggen en sleurde hem van de band. Opnieuw viel me iets merkwaardigs op, en ik voelde me zo misselijk dat ik me er maar met de grootste moeite van kon weerhouden om mijn whisky en mijn pinda's uit te kotsen.

'Wat is er? Wat is er aan de hand?' vroegen mijn vrienden. 'Je ziet eruit of je een spook hebt gezien. Wat heb je?' Er zat niets anders op dan de paniek weg te lachen. De bagagehal was vol soldaten, douaniers en bewakers. De filosoof bood aan me te helpen met een van de tassen. Lunar had strikte instructies gegeven om dat niet te doen: je mocht niemand aan die tassen laten komen op straffe des doods. Hij kon me wat. Wat maakte het nu nog uit?

Op het vliegveld kon ik niets doen, maar zodra ik mijn pension bereikte maakte ik de tassen open om te bevestigen wat ik al wist: ze waren leeg. Ik had ze in Havana persoonlijk ingecheckt, en ze waren vol geweest. En toch waren ze leeg toen ik ze in Praag van de bagageband pakte. Hoe kon dat? Ik pijnigde mijn hersenen af om te bedenken wie dit op zijn geweten kon hebben. Wie had mijn deel van de wapens gestolen? Waren het de Cubanen of de Tsjechen of had een vliegvelddief een mazzeltje gehad? En waarom hadden ze de tassen voor mij achtergelaten? Was ik de wapens door mijn eigen onachtzaamheid kwijtgeraakt? Wanneer was het gebeurd? Waarom was ik niet gearresteerd? Zou ik in Praag worden gearresteerd? Waarom was ik al niet gearresteerd? Zaten de autoriteiten te wachten tot ik in de stad contact maakte, om dan de hele bende te kunnen oprollen? Wat betekende dat voor mijn vrienden, de arme sloebers die me op het vliegveld hadden begroet?

Die nacht deed ik geen oog dicht, en ik kreeg geen hap door mijn keel. Hoe langer ik erover nadacht, des te mysterieuzer het werd en hoe meer implicaties ik kon bedenken, des te gevaarlijker het hele scenario werd. Het ergste was nog dat ik zo'n tien procent van onze wapens bij me had gehad, dus tien procent van onze kansen. En het frustrerendste was nog dat ik absoluut niets kon doen. Je kunt niet tegen de politie zeggen: 'Neem me niet kwalijk, ik ben een internationale wapensmokkelaar en een of andere klootzak heeft zojuist mijn lading wapens gestolen.'

De volgende dag ging ik aan boord van een vliegtuig naar Parijs, zonder dat iemand me op het vliegveld tegenhield. Ik had geen idee wat er was gebeurd en waarom. In Parijs moest ik rechtstreeks naar het Gare du Nord gaan en daar de stoptrein naar Milaan nemen. Zodra ik in Italië aankwam, moest ik me bij Elías melden en mijn twee tassen met wapens bij hem en de anderen afleveren.

De hele reis kon ik aan niets anders denken. Ik was de wapens kwijtgeraakt, had het leven me een ergere hak kunnen zetten? Ik had in de afgelopen jaren geprobeerd iets waardevols bij te dragen. Maar nu zou ik sterven. Bij de guerrilla werd je voor heel wat minder dan het kwijtraken van een lading wapens doodgeschoten. Ik probeerde er vanuit het standpunt van onze groep tegenaan te kijken, en ik wist dat ze me nooit zouden geloven. Wie raakt er nou twee grote tassen met wapens kwijt?

Met lood in mijn schoenen passeerde ik de Alpen. Ik dacht aan Valera en Mérida, ik dacht aan mijn vrienden over de hele wereld, ik dacht aan Ramín, de zoon die ik nauwelijks kende en die ik nu nooit meer zou zien. Ik dacht aan Vida en onze rampspoedige liefde, ik dacht aan Beatriz Rivera, aan Charachu en een hele litanie andere meisjes die ik aardig had gevonden, of die ik had bemind en verlaten. Ik dacht aan mijn broers en zussen, mijn vader en moeder, en aan alle dingen die ik had kunnen doen als ik niet bij aankomst in Milaan zou sterven.

Ik zat in de stoptrein, maar het ging me niet langzaam genoeg. Ik dacht dat die reis het enige was wat me nog van mijn leven restte. Zodra ik op het centraal station van Milaan aankwam, kon ik zo langzaam als ik maar wilde door het monumentale, fascistische gebouw lopen, ik kon treuzelen op de honderden treden, maar deze keer had het lot me een gemene streek geleverd en ik zou niet ontkomen aan de doodstraf die me aan het eind wachtte. In de tram op weg naar ons geheime adres vroeg ik me af of ik nog een laatste wens zou mogen doen. Dat wilden ze in de film nog weleens toestaan. Maar in het echte leven schoot iemand je zomaar door je hoofd. Nou ja, het hing ervan af wie er schoot, hield ik mezelf voor. Als het Elías of El Negro was, zouden die me vast en zeker een laatste wens laten doen, omdat we zulke goede vrienden waren.

Terwijl de tram langs de Naviglio Grande stopte en optrok, vroeg ik me af of die oude legergrap weleens had gewerkt. Die over de veroordeelde gevangene die tegenover een vuurpeloton staat en dat een officier hem dan vraagt: 'Heb je nog een laatste wens?' En dan zegt de gevangene: 'Jawel. Als u zegt: "Klaar. Richten. Vuur," kunt u dan tussen "richten" en "vuur" een pauze inlassen?'

'Van hoe lang?'

'Een jaar of twintig.'

Nou, op die reis werd ik een jaar of twintig ouder. Tegen de tijd dat ik het flatgebouw in Milaan had bereikt waar we hadden afgesproken, was het lood in mijn schoenen zo zwaar dat ik als een oude man de trap op sjokte. Ik dacht dat mijn enige hoop was als ik er meteen mee voor de draad kwam en mezelf aan hun genade overleverde.

Elías deed de deur open. Hij had bindvliesontsteking en zijn ogen waren vreselijk opgezet en rood. Ik verloor mijn laatste sprankje hoop: een chagrijnige Elías is geen pretje. Ik stapte over de drempel en barstte meteen los. 'Er is iets wat ik je moet vertellen.' El Negro vertelde later dat ik eruitzag als een wandelende ramp. Vervolgens probeerde ik het allemaal tegelijk te vertellen: verklaringen, excuses, gebeurtenissen en de hele rimram. Elías stak zijn hand in de lucht alsof hij een op hol geslagen paard moest tegenhouden.

'Ho. Hou maar op over die wapens, *compadre*. We weten wat je gaat zeggen. Dat is ons allemaal overkomen.' Hij lachte, vervolgens begon iedereen te lachen, en ik kon mijn oren niet geloven. 'Iedereen is met tassen vol wapens vertrokken en kwam zonder één wapen aan. We hebben niet één geweer over. Helemaal niets.'

Op dat moment haalde ik de browning tevoorschijn die ik sinds Havana in mijn jas had gehad en ineens was ik niet alleen ongelofelijk trots, ik was ook in één klap een held. Die browning was ons enige wapen en ik was de enige van al die zeventien mensen die het risico had genomen er een als handbagage mee te nemen.

Bij onze terugkeer naar Parijs waren we niet beter voorbereid dan toen we vertrokken. Maar 1967 was bijna ten einde en ons expeditieleger zat nu aan de verkeerde kant van de Atlantische Oceaan.

In Parijs hadden we een ontmoeting met M., een Italiaan die er veel aan heeft gedaan om onze groep overeind te houden. We reisden alle zeventien op een vals paspoort, en we hadden allemaal onderdak nodig waar de politie geen acht op ons zou slaan. M. verschafte ons een huis in het oude centrum van Bologna. Later zou dat huis onze redding blijken te zijn. Intussen konden we dankzij de fondsen die onze Franse en Italiaanse geldschieters fourneerden in diverse pensions in de stad verblijven. We spraken mensen en probeerden alles van het begin op te bouwen.

We hadden geld, dus het was niet echt moeilijk om nog wat wapens te pakken te krijgen – je kon zo ongeveer op de markt hand-wapens kopen. De grotere wapens waren lastiger en dat kostte ook meer tijd. Intussen was ons grootste probleem dat we niet mochten opvallen. Dat zat hem voor een deel in het feit dat we Venezolanen waren en die hebben nu eenmaal de neiging om luidruchtig te zijn. En voor een deel doordat sommigen van onze groep feestbeesten waren, en anderen, onder wie Elías – en ik, maar dan met minder succes – verwoede vrouwenversierders. Zelfs als we gezamenlijk in een café gingen lunchen, had dat al-gauw iets weg van een kleine opstand.

Vida zat in 1968 nog steeds in Parijs, waar ze het marxistisch verzet tegen het bewind van de sjah van Perzië organiseerde. Ze leek het wel op prijs te stellen om zijdelings bij onze groep betrokken te zijn. Zij was degene die de meeste van onze kamers voor ons had geregeld en degene die de wildere leden van onze groep in de gaten hield, terwijl Elías en ik onderhandelden over onze nieuwe uitrusting.

Op een avond in de kersttijd kwam Vida heel laat naar mijn hotel. Ze maakte zich erg ongerust en zei: 'Kom gauw, Oswaldo, je moet met Albertico praten. Hij zit in de bar van zijn hotel. Hij is heel dronken en hij vertelt iedereen dat hij in een legereenheid zit die Venezuela gaat binnenvallen.'

We kregen hem samen weer naar zijn kamer, en ik bleef die nacht bij hem.

De volgende ochtend werd Albertico wakker met een afschuwelijke kater en een jongensachtige grijns, zich afvragend wat ik in vredesnaam in zijn kamer deed. Ik legde hem vriendelijk maar beslist uit dat hij met niemand mocht praten.

'Het is een geheim, Albertico. Je moet zeggen dat je op Tenerife de middelbare school hebt gedaan, en dat je nu in Venezuela wiskunde gaat studeren. Je bent goed in wiskunde, dus als iemand je aan de tand voelt, red je je best. Onthoud je dat?'

Hij knikte enthousiast, en ik wist instinctief dat we er niet op konden rekenen dat hij zijn mond zou houden. Hij zou weer gaan kletsen. Hij was nog maar zeventien en dik bevriend met Miguelito, de wiskundestudent uit Moskou. Maar Miguelito was de discretie zelve, terwijl Albertico zo vriendelijk als een jonge hond was, en vreselijk spraakzaam, en bovendien zo uitgelaten over onze missie dat hij stond te trappelen om zijn mond voorbij te praten.

Het was in elk ander opzicht een goede jongen en een goede soldaat, die ook nog eens kon vliegen. Ik besloot zijn indiscreties voor me te houden. We waren tenslotte maar met zijn zeventienen, van wie er maar twee een vliegbrevet hadden. Onder de militaire code krijg je de kogel als je zo kletst als Albertico had gedaan, maar wij moesten voor onszelf denken. Als wij allemaal op onze fouten en indiscreties waren beoordeeld, waren we stuk voor stuk dood geweest vanwege het kwijtraken van de wapens in Praag. Ik wist niet zeker of Lunar zich wel helemaal met deze denktrant kon verenigen. Het had er veel van dat hij autoritairder werd naarmate we verder van het bereiken van ons doel verwijderd leken. Dus ik regelde een oppasser voor de kleine opschepper in de vorm van een beroemd atoomfysicus die in de oorlog een been was kwijtgeraakt en die 'van links' was en een groot appartement in Montparnasse had. Ik kwartierde Albertico bij hem en zijn vrouw in.

Dus daarmee was dat probleem opgelost, maar ik had een lastiger probleem omdat ik Lunar probeerde over te halen een paar van onze groep alvast naar Venezuela te sturen zodat we als we er aankwamen, ter plekke een basis zouden hebben. Ik stelde voor dat Constantino en Miguelito vooruitgingen. De eerste kon een baan als piloot zoeken en een vliegtuig voor ons regelen en de laatste kon onder de studenten steun voor ons verwerven.

Zoals dat in de meeste debatten zou gaan, kreeg Lunar zijn zin door elk ander voorstel te verwerpen, en uiteindelijk waren we dus zeventien guerrillastrijders die in Frankrijk en Italië zaten ingekwartierd. Elías nam de leiding van de Italiaanse afdeling en vulde zijn tijd met het verleiden en bezwangeren van de echtgenote van een van onze belangrijkste geldschieters. En Elías' charisma was zo groot dat hij met de bedrogen echtgenoot bevriend bleef.

In deze tijd vertrok Vida met Ramín naar Perzië. Bij aankomst werd ze gearresteerd en gevangengezet vanwege haar partijlidmaatschap. In de lange jaren die ze achter de tralies doorbracht, zorgde haar familie voor onze zoon. Materieel gezien ontbrak het hem aan niets. Emotioneel gezien had hij geen vader en geen moeder. Haar familie sloot me buiten. Geen brieven, geen telefoontjes en geen boodschappen mochten worden uitgewisseld.

Zodra Vida vrijkwam, vertrok ze om een Koerdische opstand te helpen leiden. De opstand mislukte en werd bloedig neergeslagen. De overlevenden werden letterlijk de woestijn in gejaagd. Vida zag met een groep anderen kans om te ontvluchten. Het was zo'n gruwelijk zware tocht dat de meesten van hen onderweg stierven.

Vida heeft uiteindelijk politiek asiel in Frankrijk aangevraagd. Een bijzondere draai aan haar verhaal is dat het jonge meisje met wie ze vijf van haar gevangenisjaren deelde en met wie ze door de woestijn vluchtte, nu haar beste vriendin is, die met onze zoon Ramín trouwde. Ze wonen en werken nu alledrie in Parijs.

Ik had in februari, maart en april 1968 mijn handen vol aan de logistiek van de verscheping van de wapens. Eind april, toen we net midden in een crisis zaten in verband met een van onze vele mislukte wapenonderhandelingen, kreeg ik een telefoontje van de vrouw van de atoomfysicus die me om een dringende reden te eten vroeg. Ze was heel formeel en beleefd, en ze drong erg aan. Ik dacht: Jezus Christus, wat heeft Albertico nu weer op zijn geweten? Ik ging naar hun paleisachtige appartement. De tafel was nogal chic gedekt en er werd een majestueus diner geserveerd. Het viel me op dat er een lege plaats was, maar we wachtten niet op degene voor wie die plaats was. Bij het voorgerecht van coquilles St. Jacques kwam de echtgenote meteen ter zake.

'Het gaat over Albertico,' zei ze, en ze verkocht haar man onder tafel zo'n trap dat hij zijn schelp liet vallen. Hij schraapte zijn keel en keek gegeneerd. 'Mijn excuses dat ik me een beetje met jouw zaken ga bemoeien, maar ik ben een communist en een oorlogs-veteraan, en dat kind dat je ons hebt gestuurd, kan niet gaan vech-ten, zoals hij beweert. Jullie kunnen hem niet krijgen. Jullie kun-nen hem niet meenemen. We hebben… We zullen…'

Overweldigd door emotie hield de fysicus zijn mond. Mijn keel kneep samen en ik kon mijn eten niet doorslikken. Wat had ik op mijn geweten? Wat had hij op zijn geweten? Hij had zichzelf weer onder controle en ging zonder de minste trilling in zijn stem ver-der: 'We willen hem adopteren en zijn studie bekostigen.'

'Wat zegt u nu?'

'Ik heb het over Albertico. We willen hem adopteren. En… mijn zoon gaat in zijn plaats met jullie mee.' De echtgenote zat breed te glimlachen en knikte verrukt naar Albertico alsof hij een baby was. Ik staarde naar de jongen van wie ik wist dat hij een vol-leerd guerrillero was. Hij had zich die dag niet geschoren en er zat een vage, jongensachtige stoppelbaard op zijn kin. Hij haalde zijn schouders op en grijnsde.

'Uw zoon? Hoezo?'

'Mijn zoon is zevenentwintig. En Albertico is nog maar een kind. Mijn zoon is gek op vliegtuigen, al van kinds af aan, en hij weet er alles van af.' De fysicus gaf een toneelkuchje weg, en toen nog een, en op dat teken kwam zijn zoon van achter de deur te-voorschijn. We schudden elkaar de hand en de zoon ging nogal schaapachtig aan tafel zitten. De fysicus had inmiddels de smaak te pakken en leek geïrriteerd vanwege de onderbreking. Hij wierp zijn zoon een professorale blik toe en ging op docerende toon ver-der met zijn uitleg.

'Een paar dagen terug, toen mijn zoon bij mijn vrouw en mij kwam lunchen, begon die jongen van jou over vliegtuigen en missies en zo te praten…' Hij hield even stil om Albertico een toegeeflijke glimlach toe te werpen. 'Eerlijk gezegd praatte hij onzin. Mijn zoon zei dat ook tegen hem, maar de jongen is koppig en sloeg zich dapper door de hele discussie heen, en hij hield vol dat hij meer wist dan wij. Toen vertelde mijn zoon dat hij vlieginstructeur is. Zeg maar gerust dat hij hier in Parijs dé vlieginstructeur is. De jongen was nog steeds niet onder de indruk. Hij zei: "Ik ben zelf piloot," en toen verklapte hij de hele handel, Oswaldo.'

De zoon kwam van opwinding half overeind uit zijn stoel. 'En wat voor handel. U moet me meenemen. Alstublieft. Ik moet mee. Ik ben militair instructeur bij de Franse luchtmacht. En ik kan u alle wapens bezorgen die u maar wilt. Ik kan u van alles bezorgen. Als ik maar mee kan.'

We hadden al één buitenlander in onze groep, El Francés. Als de vliegende zoon van de fysicus er ook nog bij kwam, bestond onze eenheid voor tien procent uit niet-Venezolanen, wat percentueel gezien al volstond om die twee onze internationale brigade te noemen. Het deed er niet toe dat het een brigade van twee man was: als je hele leger maar zeventien man telt, is twee al een heleboel. En opnieuw ging alles weer met volle kracht vooruit. En opnieuw gingen we op pad.

# 47

*B*innen een week hadden we een nieuw arsenaal tot onze beschikking. Het was 3 mei 1968 en Parijs zelf stond op de rand van een revolutie. Tienduizenden studenten gingen de straat op terwijl de arbeiders, de stalinisten, de trotskisten en de maoisten, in een bizarre omkering, de reactionaire handhavers van orde en gezag werden.

De stad bruiste van de honderdduizenden euforische jonge

mensen die spontaan waren opgestaan en het heft in handen hadden genomen. Er hing een fantastische sfeer en niemand sprak ook maar over iets anders dan revolutie. Terwijl wij aan het pakken waren en onze laatste plannen beraamden, bevonden we ons in het middelpunt van een spontane explosie van revolutionair vuur. De Parijse bourgeoisie keek vanaf de zijlijn met angst en beven toe en verschanste zich thuis terwijl de politie terugsloeg met traangas en geweld, om vervolgens, als aangelijnde en gemuilkorfde rottweilers, aan de riem te trekken in afwachting van het aanvalsteken.

Er stonden slogans geschilderd op muren en bomen, op winkelruiten en trottoirs. Ook hingen er overal posters. Op veel posters stond Che afgebeeld. De slogans zeiden dingen als 'Alleen de waarheid is revolutionair', 'Hoed je voor de communisten die onze beweging stelen', 'Verbieden is verboden', 'Cultuur werkt desintegrerend. Creëer!' Een die je overal zag, luidde simpelweg 'Creativiteit, spontaniteit, leven'. Van 11 tot 14 mei bracht ik mijn laatste dagen door in Parijs voor we de trein naar Rotterdam zouden nemen om daar in te schepen. De fysicus had ons twee plaatsen op een koopvaardijschip naar Martinique via Trinidad bezorgd. Lunar Marquez en ik zouden ons voordoen als vertegenwoordigers in naaimachines, en we zouden ons arsenaal in onze bagage meedragen, vermomd als naaimachineonderdelen.

We hadden wel honderd allerlaatste voorbereidingen te treffen en vanwege de Mei-revolutie was er een algemene staking. Niet alleen krioelde het in de straten van de vreugdevolle anarchisten, er was ook geen vervoer en geen andere manier om ons te verplaatsen dan te voet. Ik besefte dat ik niet meer zo lang door een stad had gelopen sinds ik jaren eerder Vida had achternagezeten. We legden tijdens die staking allemaal heel wat kilometers af, waarbij we alles verzamelden wat we nodig hadden, en iedereen zagen die we moesten zien. Overal op straat lagen stapeltjes keien als munitie voor de studenten en eindeloos veel verbrande autobanden. Ondanks de logistieke nachtmerrie vervulde de aanblik van een miljoen in opstand gekomen Parijzenaren aan de vooravond van ons eigen avontuur ons met de zekerheid dat we op succes af stevenden.

11 mei was een zaterdag en ik herinner me dat we met de hele groep in een café in het Quartier Latin zaten om onze eenheid nog eens te bevestigen en over ons lot te beslissen. Georges Moustakis zong over de radio en een aantal studenten in het café zong mee, maar had de woorden vervangen door een satirische tekst. Vlak voor middernacht sprak Pompidou, de minister-president, het Franse volk toe via de radio. Niet alleen het café, maar de hele straat – en waarschijnlijk de hele stad en het land – viel stil. Over de hoofden van zijn minister van Binnenlandse Zaken en minister van Onderwijs heen deelde Pompidou mee dat de politie uit het Quartier Latin zou worden teruggetrokken en dat de universiteitsfaculteiten op maandag de dertiende weer zouden opengaan. Hij zei ook dat justitie erover ging 'nadenken' wat er met de studenten zou gebeuren die de week daarvoor waren gearresteerd. Het was een enorme knieval. Het bewees dat de gewapende strijd werkte. Door directe actie waren er concessies afgedwongen die anders nooit verkregen waren.

Het leek alsof het café, de straat en de stad explodeerden. Mensen vielen elkaar uitzinnig in de armen, zoenden elkaar en juichten. De straten waren vol uitgelaten Parijse strijders en levendige jonge vrouwen, hippies en toeristen, en communistische activisten die deel probeerden uit te maken van iets wat erg weinig met hen te maken had. De studenten wonnen hun strijd *in weerwil van* de communisten: de studenten hadden gedemonstreerd en eisen gesteld, terwijl de communisten ze hadden bespuugd, beledigd en hun de doorgang belemmerd.

Het was een erg vreemd moment om mee te maken. Frankrijk was in de twintigste eeuw nog nooit zo nabij een revolutie geweest. Tien miljoen arbeiders steunden de wilde staking. Daarmee was het de grootste staking uit de geschiedenis. Parijs was al sinds de Tweede Wereldoorlog aan het borrelen geweest en de studenten haalden het deksel van een pan die al onder druk stond. De stad veranderde en de mensen veranderden, individuen en sectoren die nooit in politiek geïnteresseerd waren geweest, begonnen nu opeens te politiseren. Zelfs voetballers bezetten hun bond en scandeerden 'voetbal voor de voetballers'.

Op 13 mei aten we ons laatste avondmaal voordat we op de nachttrein naar Rotterdam zouden stappen. Het was ook de dag waarop de Parijse studenten en hun aanhangers echt triomfeerden. Ze hadden de regering, de politie en het leger verslagen en ze vierden het met het soort uitbundigheid dat je in Parijs meestal alleen tijdens de beruchte, bacchantische Quatre-Arts-feesten meemaakt. Ik denk dat wij die avond de enige sombere groep in de stad waren, in elk geval de enige groep die niet praatte over de protestmars van een miljoen demonstranten en de staking, over de arbeiders van Renault en de vakbond en de Sorbonne en over de studentenleiders en hun eisen en triomf, hun strijd en overwinning. Nog maar een paar jaar daarvoor had ik er graag middenin gezeten. Ik zou vol bewondering naar de opstand hebben gekeken en overal aan hebben deelgenomen. Ons doel lag echter ver hiervandaan en weer bereidden we ons voor op het succes of de dood.

Lunar en ik hadden beiden twee enorme koffers vol wapens. Ik had van mijn leven nog nooit zoiets zwaars getild. Ik zal het gezicht van de kruier op het Gare du Nord nooit vergeten, terwijl hij ze op de bagagewagen van de trein laadde. Wat een zegen dat er kruiers bestaan! In Rotterdam gingen we aan boord met onze loodzware koffers als hutbagage. Toen we eenmaal voorbij de Canarische eilanden waren, begon ik wat te wennen aan de deining van het schip, en kon ik genieten van de lange avonden aan dek die ik lezend doorbracht nadat ik wekenlang alleen maar had rondgehold.

Het schip zou Port of Spain in Trinidad aandoen voor een tussenstop van negen uur. Ons plan was om een aantal wapens over te pakken in onze handbagage en ze mee te nemen naar de wal. Daar zouden we onze intrek nemen in een klein hotel, de wapens eruit halen en terugkeren naar het schip en het procédé herhalen. Zo zouden we stukje bij beetje het hele arsenaal naar onze hotelkamer overbrengen. Daarna zouden we niet meer aan boord gaan, maar in Trinidad blijven en daar op de rest van de groep wachten.

Ondertussen had Albertico bezwaar gemaakt tegen zijn adoptie en hij stond erop met ons mee te gaan, en de zoon van de fysicus was zo uitgelaten over de revolutie in Parijs dat hij besloot om toch maar thuis te blijven. Er was een emotioneel afscheidsdineetje geweest bij de fysicus, dat enigszins in een anticlimax eindigde toen we elkaar vaarwel zeiden, omdat Albertico nog helemaal niet meeging. De echte zoon kwam alleen even aanwippen tijdens het etentje, want het zinderde op straat en hij kon het niet verdragen om het te missen.

Albertico zou nog een aantal dagen bij hen blijven. Ik zou als eerste vertrekken, niet Albertico, maar het etentje was eigenlijk voor hem geweest, de jongen met de krullenbol en het engelengezicht en de grote mond van wie ze waren gaan houden.

Het eerste deel van onze onderneming verliep geheel volgens plan. Ons schip voer zonder ons door naar Martinique en binnen tien dagen hadden El Francés, Elías, El Negro, Albertico en nog drie mannen van onze groep zich bij ons in Port of Spain gevoegd. Onze wapenvoorraad lag veilig bij Lunar en mij in Hotel Britannia, en Lunar en ik waren vaste bezoekers geworden van een calypsobar in het centrum van Port of Spain. We brachten onze avonden door met het drinken van donkere rum en kletsen met vissers en smokkelaars in de hoop dat we een geschikte boot zouden vinden die ons naar Margarita kon brengen en vervolgens naar Venezuela. Maar ondanks het feit dat we redelijk wat geld te besteden hadden, konden we niet aan zo'n boot komen.

Half juli, nadat we weer als groep waren verenigd, stuurden we Lunar Marquez vooruit naar Margarita om daar een boot te gaan zoeken. Hij had aangeboden om te gaan omdat hij mensen op het eiland kende. Wij bleven achter, en in de tussentijd voegden nog twee leden van onze groep zich bij ons in Trinidad.

Een week later keerde Lunar met lege handen terug. Hij vertelde ons dat er ook op Margarita geen boot was die we konden kopen of huren. Toen ging ik zelf naar Margarita, waar ik contact opnam met een Mexicaan – wiens broer tijdens de guerrilla was omgekomen – die whisky smokkelde van Port of Spain naar Margarita. Zoals Lunar al had gezegd, had hij geen boot voor ons, maar hij nam me mee naar een Boliviaan die er wel een had. Deze Boliviaan had zes dochters en een erg aardige vrouw, en samen maakten ze de heerlijkste gerechten, die twaalf uur per dag in een continue stroom werden opgediend. Op welk tijdstip ik ook naar het huis van de Boliviaan ging, er stond altijd een warme maaltijd op tafel.

Ik moet zo'n vijf bezoeken hebben afgelegd toen de Boliviaan zei: 'Je lijkt nogal nerveus. Wat is het probleem?' Ik legde uit dat ik een boot nodig had om naar Port of Spain te gaan en weer terug, en dat het me niet lukte er een te vinden. Hij zei: 'Geen probleem.' De volgende dag, vlak na zonsondergang, brachten twee mannen me terug naar Trinidad op een boot die groot genoeg was voor onze groep. De twee mannen bestuurden de boot en ik hing over de reling om de laatste heerlijke maaltijd van de Boliviaanse dames aan de vissen te voeren. Ik wist dat de toegang tot Port of Spain een van de lastigste wateren ter wereld was. Er zijn vier zeegaten, maar er is er maar één dat je veilig kunt bevaren, de andere drie betekenen je ondergang. Toen we het eiland naderden vroeg ik, puur uit nieuwsgierigheid: 'Hoe gaan we varen?'

De twee Margaritaanse zeelieden keken me wezenloos aan. Een van hen zei: 'Jij moet navigeren.' Ik had geen idee welk zeegat we moesten nemen. De twee zeelieden hielden voet bij stuk: zij bestuurden het vaartuig, maar ze kenden de wateren van Trinidad niet en ze weigerden zelfs maar een goeie gok te wagen over het te nemen zeegat. Wat een ironie dat de uitkomst van al onze inspanningen afhing van míjn navigatiekunst! Ik koos willekeurig een zeegat. Daar ik dit verhaal kan navertellen, mag het duidelijk zijn dat ik de juiste keuze maakte. De zee verzwolg ons die nacht niet en smeet ons niet tegen de rotsen.

De volgende dag kwamen Miguelito en El Bravo met het vliegtuig in Trinidad aan en diezelfde avond nog zetten we gezamenlijk koers naar Margarita. We waren zwaarbeladen met wapens en we hadden een hoop geld bij ons.

In het duister maakten we de overtocht met dezelfde twee mannen die mij hadden teruggebracht. Ze waren uit een andere wereld afkomstig en hielden er een andere agenda op na. Ze deelden niet het enthousiasme dat wij hadden gevoeld bij de officiële aanvang van onze campagne. Ze waren laconiek en enigszins blasé. Als smokkelaars die in het Caribisch gebied van eiland naar eiland voeren met hun vrachtjes illegale whisky, tabak en rum, hadden ze alles gezien wat goed en kwaad was in het leven. Het liet hun koud waar we vandaan kwamen, waar we heen gingen of wie we waren. We waren vracht die opgepikt en afgeleverd moest worden, en als echte professionals pikten ze ons op en leverden ons af zoals gepland. De enige interesse die ze die avond voor hun menselijke lading toonden, was erop te letten wie waar zat om de boot in balans te houden.

Vlak na zonsopgang bereikten we Margarita. Het laatste halfuur hadden diverse mannen zich niet meer wakker kunnen houden met praten, en ze zaten tegen de reling of tegen elkaars schouders aan te dommelen. Ik leunde achterover en keek naar hen en benoemde van elke man alle kleine dingen en gewoontes, de nukken en grillen die hem maakte tot wie hij was. Achter hen sprongen vliegende vissen met sierlijke bogen uit de zee. Na al het gepraat en geschreeuw, het gebrul en de grappenmakerij, het gevloek en de grootspraak had de kalmte van de ochtend iets bijzonder moois. Ik wist waarom ik hier was, maar weer vroeg ik me af of de anderen wisten waarom zij hier waren. Ik zag de zon opgaan met een snelle, rode sprong van de horizon naar de hemel, alsof het een rode ballon aan een touwtje was die door iemand omhoog werd getrokken.

Na al die zware jaren van voorbereiding hadden we bijna ons einddoel bereikt. Niets is zo echt als oorlog. Ik hoopte dat iedere man in de boot daar zat omdat zijn hart tegen zijn hoofd had gezegd dat hij daar moest zijn. Ik hoopte dat niemand alleen op grond van mijn overtuigingskracht op die boot zat. Een begaafd redenaar kan een volkomen gezond mens overhalen om van een rots te springen, een wisse dood tegemoet. Wij als groep sprongen geen wisse dood tegemoet, maar zeer waarschijnlijk zouden velen van ons, zo niet iedereen, in de komende paar dagen of weken sterven. Kijkend naar de opkomende zon die de horizon met rode en oranje vlekken beschilderde en de roze gekleurde vliegende vissen met hun fluorescerende ballet, voelde ik me opeens ongelooflijk gelukkig en bevoorrecht dat ik leefde.

Terwijl we het ondiepere water doorkliefden, waarbij we langs de kust naar de smokkelaarsbaai voeren, dacht ik terug aan een paar van de twijfels die zich in me hadden genesteld sinds het absurde debacle op Punto Zero. Ik was ervan overtuigd geweest dat de gewapende strijd de enige weg was om het kwaad in mijn land te bestrijden. Maar ik was last gaan krijgen van een innerlijke stem: als je bedenkt dat 'vrede' altijd een beter woord is dan 'oorlog', was ik of wie dan ook gerechtvaardigd om een oorlog te beginnen? Dan kwam mijn alter ego in het geweer en antwoordde dat we geen oorlog begonnen, maar een gewapende opstand. We wilden dat er een reactie kwam en vervolgens onze wapens neerleggen om het equivalent van een stadstaat te organiseren. We waren uit op een regionale, geen landelijke reactie. Ons offensief zou snel en effectief zijn. We zouden onze vijand verrassen en de macht overnemen en dan zouden andere regio's ons voorbeeld volgen. Als de meerderheid van het volk achter ons stond, was verdere strijd misschien niet eens nodig. Zelfs in Parijs waren een miljoen mensen de straat op gegaan en hadden hun rechten opgeëist. Wij hadden geen miljoen mensen nodig, wij hadden alleen steun van het volk nodig en dan konden we iets doen wat noodzakelijk, waardevol en verdedigbaar was. Het was het proberen waard. Als we halverwege moesten sterven, dan was het maar zo.

Toen de kapitein en zijn stuurman onze boot op het strand trokken, werden de andere mannen wakker en wreven in hun ogen om rond te kijken op wat mogelijk hun laatste ochtend was.

We waren allemaal opgewonden: we gingen naar huis! Margarita was al Venezuela, als we voet op het zand zetten, zouden we voor het eerst in jaren weer op vaderlandse bodem staan. Ja, ging dat innerlijke stemmetje verder, maar hoe weet je of het volk zich bij jullie aansluit? Hoe kun je op hun steun rekenen? En dat was mijn grootste probleem. Ik wist dat ik in de Andes op steun kon rekenen, maar ik wist niets over het oosten. Alles berustte op wat de anderen erover zeiden. Steeds wanneer ik dat te berde bracht, walsten ze over me heen. Het oosten was goed, volgens hen. Het oosten was de plek om te beginnen. In het oosten had de guerrilla al meerdere wapenfeiten op zijn naam staan. Ja, hield mijn innerlijke stem aan, maar heb je ooit meegemaakt dat wat anderen garandeerden ook maar enigszins de waarheid benaderde?

Ik was als laatste uit de boot, verzonken in overpeinzingen. Een stel mannen riepen me vanaf het strand toe. 'Hé, Otto! Kom dan. Dit is het!'

# 48

We verlieten Margarita met de veerboot naar Puerto la Cruz, een flinke stad aan de oostkust van Venezuela. Het was begin augustus 1968. Onze Boliviaanse leverancier op Margarita werkte bij de veerbotenmaatschappij, hij bezorgde ons personeelsoveralls en smokkelde ons als medewerkers van de maatschappij aan boord. Vier van ons gingen mee als voorhoede: Lunar Marquez, Elías, El Francés en ik. De anderen bleven op Margarita en zouden zich meteen bij ons voegen als we onze basis hadden uitgekozen en ingericht. We hadden twee moderne machinegeweren bij ons en ieder had een handwapen plus onze basisuitrusting en wat proteïnetabletten die we uit Trinidad hadden meegenomen.

We hadden er om de volgende reden voor gekozen om Venezuela via Puerto la Cruz binnen te komen. Ik geloofde dat het voor ons het beste was om ergens aan te komen waar we niet bekend waren, en dan te wachten tot zich een probleem zou voordoen – waarschijnlijk van boerse aard – en als het dan spontaan tot een conflict zou komen, zouden wij ons bij de strijd aansluiten.

Ik had voorgesteld om in de Andes over de grens te gaan, in het gebied waar ik vandaan kwam, en waar we dekking hadden kunnen krijgen van de kleine landeigenaren die mijn jeugdvrienden waren. Ik wist dat we daar veilig zouden zijn en steun zouden krijgen. Sommige Andesiaanse landeigenaren, onder wie Jaime Terán, stonden vierkant achter ons en hun macht en invloed in hun eigen deelstaat zouden ons onmiddellijk een hele stroom rekruten hebben opgeleverd. Het voordeel van dit plan was dat ik het terrein en de mensen kende, en dat ik wist dat wat we van plan waren daar ook kon lukken. Ik was echter de enige Andesiaan in onze groep en de enige die het gebied kende, dus het plan werd verworpen omdat er in onze Andes geen guerrillatraditie is.

Bovendien was Lunar Marquez vastbesloten om naar het oosten te gaan, waar hij vandaan kwam en waar al sinds mensenheugenis een guerrillaoorlog werd gestreden en nog steeds een paar heel kleine groepjes strijders van de MIR waren. Het was een gebied dat Lunar persoonlijk heel goed kende, dus hij stond erop dat we daar begonnen.

Het plan was om, zodra we in Puerto la Cruz hadden aangelegd, onmiddellijk de heuvels in te trekken en de berg naar Bergantín over te steken, waar naar men zei andere strijders waren. In de stad namen we alleen de tijd om ons van onze overalls te ontdoen voor we achter het ziekenhuis langs glipten en begonnen te klimmen. Het was een broeierig hete dag en onze bepakking was belachelijk zwaar voor een lange mars. Al waren we bij ons vertrek van Cuba in topconditie geweest, de tussenliggende maanden van Franse nagerechten en het wachten op diverse plekken ter wereld hadden ons geen goed gedaan. Lunar en Elías waren van nature fit en energiek, maar El Francés en ik waren eigenlijk alleen maar magere kamergeleerden. Binnen twintig minuten na de start van onze klim hadden we allebei al de grootste moeite om de anderen bij te houden.

Toen we allemaal een flink stuk hadden geklommen en ons veilig genoeg voelden om halt te houden en de situatie op onze eerste dag te bekijken, beseften we dat we een aantal cruciale dingen ontbeerden. Zo hadden we ons bijvoorbeeld niet tegen tetanus en tyfus laten inenten, we hadden geen malariatabletten meegenomen, en lest best: we hadden helemaal geen drinkwater meegenomen – zelfs niet om het tot de volgende dag te redden. Dus een van ons moest weer naar beneden om de dingen te halen die we nodig hadden. Er werd besloten dat ik van ons vieren de minst bekende van de drie Venezolanen was en van de Fransman en mijzelf degene die het beste in staat was om zonder achterdocht te wekken de spullen die we nodig hadden te kopen en mee terug te nemen. Deze beslissing werd genomen ondanks mijn gruwelijke gebrek aan richtinggevoel.

Nou ja, ik ging dus terug naar beneden, en natuurlijk verdwaalde ik. Ik was halverwege een steile heuvel, en met mijn hele bepakking, waar ik veel last van had, al was het alleen maar omdat die mijn evenwicht totaal verstoorde. Ik ga niet vertellen hoe vaak ik wel niet ben omgevallen. Toen probeerde ik te doen wat ons in het Cubaanse trainingskamp was bijgebracht: namelijk met een mes een gat graven en daar mijn spullen in verstoppen. De grond was keihard. Bij mijn eerste twee pogingen stootte ik op steen en mijn lemmet sloeg vonken. Ik hoorde mijn Cubaanse instructeur nog zeggen dat het gat minstens vijfentwintig centimeter dieper moet zijn dan wat je erin wilt verstoppen.

Ik bereikte niets meer dan dat mijn mes een beetje over het oppervlak schraapte. Zwetend als een otter zat ik op handen en voeten zachtjes te vloeken, toen ik iemand naderbij hoorde komen. Ik hield mijn adem in en wachtte, zonder om me heen te durven kijken. Tegen beter weten in hoopte ik dat ik niet gezien zou worden.

Net als een kind stelde ik me voor dat als ik hen niet kon zien, zij mij ook niet konden zien. Het volgende moment stond er iemand achter me zachtjes tegen mijn voeten te schoppen. Ik draaide me langzaam om.

Het was Elías. Hij zei: 'Otto, idioot die je bent. Ik wist wel dat ik een eeuwigheid zou moeten wachten tot jij een gat had gegraven en bij ons terug zou zijn, dus ik ben maar naar je op zoek gegaan. Zo graaf je geen gat, vriend.'

Onnodig te zeggen dat Elías het wel voor elkaar kreeg en kans zag om ons naar de stad te loodsen. Ik kocht de spullen die we nodig hadden, en samen keerden we naar de anderen terug.

Na onze terugkeer begon ons afgrijselijke avontuur in de bergen. Na al die jaren van voorbereiding werd D-day de verschrikkelijkste nachtmerrie. En dan van het soort waarin je droomt dat je wakker wordt, wat niet zo is, en die akelige droom gaat maar radeloos en redeloos door.

Om te beginnen kende Lunar Marquez het terrein niet. Hij kende het wel zo erg niet dat hij ons een gebied vol ondoordringbaar struikgewas binnenleidde. Het was zo dichtbegroeid dat we er ons alleen met behulp van een machete stap voor stap een weg doorheen konden hakken. Ondanks het zachte weer aan het strand van Margarita en de verzengende hitte op de heuvel voorbij Puerto la Cruz was het hartje winter. Dat wil zeggen dat we midden in ons tropische regenseizoen zaten, waarin het dag in dag uit urenlang stortregent. De muggen hielden huis, en de meeste van onze spullen waren het grootste deel van de tijd vochtig. Het kostte ons gemiddeld een hele dag om vijfhonderd meter vooruit te komen. We hadden een M16 machinegeweer, een AK47 en vier handwapens, diverse granaten, twee staven explosieven en God mag weten wat allemaal nog meer, maar we hadden al met al maar één machete. We hadden vrijwel geen drinkwater en wat voedsel betreft zaten we dankzij de tabletten goed in de proteïnen, maar koolhydraten en andere voedingsstoffen ontbraken geheel. Dus we waren nat, dorstig, hongerig, uitgeput en verdwaald.

En ondanks alles bleef Lunar dag in dag uit volhouden dat hij

wist waar we waren. Met mijn richtinggevoel kon ik daar nauwelijks iets tegen inbrengen, maar ik snapte wel dat het nergens op
sloeg om aan het begin van onze veldtocht al in het struikgewas
vast te zitten en het zo zwaar te hebben. Elías had geen haar op
zijn tong en maakte Lunar onomwonden duidelijk dat we bij twee
gelegenheden werkelijk in een rondje waren gelopen. Lunar bedacht een of andere smoes dat het tactisch gezien noodzakelijk
was geweest, maar het enige wat ons nou juist echt helemaal ontbrak was enige tactiek. Dus al struikelend, kruipend en worstelend door die berg van doornen liepen we ook nog eens in rondjes.

Toen we uiteindelijk in een gebied aankwamen dat niet geheel
uit ondoordringbare struiken bestond, waren we allemaal wanhopig en kapot. Tijdens de lange nachten maakten we onder bescherming van het duister geforceerde marsen in de richting van
een dal waaruit we rook hadden zien opstijgen. El Francés, die uit
Parijs kwam en een uitgesproken stadsmens was die nog nooit in
zo'n woestenij had verkeerd, liep achter Lunar stilletjes gek te
worden. Daarachter kwam Elías, die permanent woedend was. En
helemaal achteraan kwam ik. El Francés was er nog slechter aan
toe dan ik, omdat hij vaker was gevallen en nog meer schrammen
en blauwe plekken had.

Bij de guerrillabeweging moest iedereen zijn steentje bijdragen: we moesten de anderen bijhouden en op de been blijven, onze bepakking dragen en voor onszelf verantwoordelijk zijn. Als iemand door de vijand werd verwond, was het een ongeschreven
wet dat we allemaal onze gewonde kameraad hielpen. Als iemand
door zijn eigen onhandigheid of onzorgvuldigheid gewond raakte, was dat zijn eigen fout, en hij mocht het tempo van de rest van
de eenheid niet vertragen. Die regels gelden tot op grote hoogte
voor de Venezolaanse samenleving. Er is weinig mededogen voor
ziekte of zwakheid in het algemeen. Ziekte vertraagt een gezin en
put de bronnen uit. Misschien is er iets in de tropen wat het leven
harder maakt. De dood is een inheems verschijnsel, koortsen
kunnen mensen letterlijk neermaaien en natuurrampen houden

huis in de vorm van aardbevingen, orkanen, aardverschuivingen, sprinkhanenplagen, overstromingen en droogtes. Overleven is voorbehouden aan de gezondsten, en de natuur neemt het snoeien voor zijn rekening.

Onze 'mars' door de bergen in het oosten was voor ons allevier afschuwelijk, maar werd El Francés en mij bijna fataal. Toen we makkelijker terrein bereikten, waar we konden lopen zonder ons een weg door ondoordringbaar struikgewas te hoeven banen, verwisselden Pierre en ik van rol, omdat ik toen ineens meer gevaar liep dan hij. We marcheerden in het duister en waren gedwongen om ons op de sterren en ons richtinggevoel te verlaten om elkaar bij te houden. Lunar had me de staartpositie toebedeeld. Met mijn slechte oriëntatievermogen had ik niets aan de sterren. Ik kon de anderen niet bijhouden, dus ik raakte altijd achterop en ik kon geen koers houden, dus ik zou daar zonder enige twijfel zijn verdwaald en alleen zijn achtergebleven. Op die nachtelijke mars begon ik Elías pas echt naar waarde te schatten. Hij redde niet alleen naar alle waarschijnlijkheid mijn leven, maar ook mijn aanzien.

Hij had me namelijk in Cuba en in Parijs en in Trinidad in de gaten gehouden en zich gerealiseerd hoe werkelijk hopeloos slecht ik in staat was om mijn weg te vinden. Nu had Elías een geweldig grote, opschepperige Rolex met zo'n verlichte wijzerplaat die je in het donker heel goed kunt zien. Zonder iets te zeggen en zonder de anderen te laten merken wat hij deed, stak hij zo ongeveer om de minuut zijn arm in de lucht om op die manier aan te geven waar ze waren. Het was een piepklein gebaar, maar tot op de dag van vandaag is het een van de dingen die me van hem het meest hebben ontroerd. Nacht na nacht hielp hij me op deze manier. Als ik daaraan terugdenk, zie ik dat zijn vriendelijkheid me overeind heeft gehouden. Lang nadat mijn droom was verscheurd, was mijn loyaliteit het enige wat me nog restte. Elías geloofde in mij, dus ik kon hem niet teleurstellen.

Na vele weken kwamen we in een dunbevolkt gebied. Op kleine stukjes vrijgemaakte grond stonden geïsoleerde boerenhutjes.

Door een gat in primitieve strodaken kronkelde de rook omhoog die we van ver daarboven hadden gezien. Dagen-, zo niet wekenlang had het ernaar uitgezien dat ons expeditieleger op die berg het leven zou laten. En ineens bevonden we ons op nog geen kwartier afstand van voedsel en onderdak. Mijn gevoel van triomf was immens en werd alleen geëvenaard door mijn gevoel van opluchting. We zaten in een groep bijeen op het natte gras en voor het eerst sinds ik Salamanca had verlaten betrapte ik me erop dat ik dacht: dank u wel, God.

Mijn plotselinge terugkeer in de armen van het geloof werd ruw onderbroken doordat Lunar aankondigde dat hij het volgende had besloten: 'We kunnen ons niet aan de boeren laten zien, want anders verraden ze ons aan het leger. Dus voor we de strijd aanbinden, moeten we allereerst het terrein verkennen.'

Elías was aanzienlijk pragmatischer: 'Lazer op. We moeten eten.'

El Francés verkeerde nog in shocktoestand na ons recente trauma en had al verscheidene dagen niets meer gezegd, maar hij vermande zich een beetje en fluisterde: 'Ik moet eten.'

'Ze hebben gelijk,' zei ik. 'We zijn volkomen aan ons eind. We moeten eten om op krachten te komen of…'

Lunar onderbrak me met afgebeten stem, waardoor het duidelijk was dat hij op zijn strepen stond: 'Je moet het terrein kennen. Daarna beslis ik welke stappen we ondernemen. Maar voorlopig moeten we elk contact met de plaatselijke bevolking vermijden. Zodra je een boer onze kant op ziet komen, verstop je je. Ik wil geen enkel contact. We kunnen nu foerageren, daarna rusten, en om zeshonderd uur gaan we het terrein verkennen.'

Ondanks het feit dat we vrijwel uitgehongerd waren, was de opbrengst van onze strooptocht: Lunar: niets; ik: niets; El Francés: twee mogelijk eetbare paddestoelen en een kraai; Elías: een armvol maïskolven (dapper en tegen de orders in weggesnaaid van een armetierig strookje planten aan de rand van de dichtstbijzijnde open plek). Uit angst dat we zouden worden opgespoord, verbood Lunar de aanleg van een vuurtje. Geen van ons voelde zich geroepen om de tanden in de rauwe kraai te zetten, en na een hoop gedelibereer – naar mijn idee behoorlijk suïcidaal – schreef El Francés de paddestoelen af als giftig, en dus kauwden we om onze honger te stillen op de rauwe, kogelharde maïskorrels. De stoot koolhydraten was het eerste halfuur uiterst welkom, maar de diarree die vervolgens twee dagen aanhield, was dat niet.

Om het terrein te leren kennen liet Lunar ons vervolgens ruim twee weken de heuvel op en af lopen. Als vier complete idioten liepen we op en neer over richels en greppels en veldjes en braakliggende grond. We hadden ontzettende honger en waren gevaarlijk uitgeput en nog steeds sjouwden we met onze zware bepakking. Als iemand ons gezien had, waren we een legertje van vier complete nitwits geweest, dat dag in dag uit over dezelfde heuvel op en neer banjerde. Maar niemand zag ons, want dankzij Lunars instructies doken we bij het geringste teken van een menselijk wezen onmiddellijk weg.

Na de eerste week zinloos gemarcheer begonnen onze proteïnetabletten op te raken, dus we konden er maar om de dag eentje nemen. Dat betekende dat onze honger van daarvoor in echte ondervoeding veranderde. Intussen beweerde Lunar maar steeds dat hij een plan had en dat onze schijnbaar zinloze marsen daar een cruciaal onderdeel van waren. Aangezien we een legereenheid waren en Lunar onze bevelhebber was, was zijn wil wet, maar naarmate de dagen verstreken, kregen zijn wetten en woorden en ons gedrag iets absurds en waanzinnigs.

Onze marsen werden allengs korter, omdat Lunar zelf door gebrek aan voedsel begon te verslappen. Hij hief het verbod op vuur op zolang we maar enige kilometers verwijderd waren van de dichtstbijzijnde bewoonde hut; dus als we nu en dan geluk hadden, kregen we maïs te eten, en in de bossen plukten we soms een paar guaves.

Lunar bleef maar volhouden dat hij een alomvattend plan had; 's avonds praatte hij er bijna bezeten over hoe dichtbij het leger wel niet was en dat ze ons elk moment in een hinderlaag konden lokken en dat we klaar moesten staan en het terrein door en door moesten leren kennen. Ik wist dat we iets compleet belachelijks aan het doen waren. Ik betreurde het dat ik zoveel jaren had verspild om me op zulke futiele onzin voor te bereiden. Onder het marcheren dacht ik veel na over de verspilling van energie en tijd. Ik dacht aan alle vrouwen die ik had bemind en verlaten, ik dacht aan Vida, aan wie ik altijd zoetere herinneringen had naarmate ik verder van haar verwijderd was. Ik dacht aan Ramín, die ergens in Perzië opgroeide en die waarschijnlijk niet eens mijn naam kende. Ik dacht aan mijn familie: aan mijn broer Ivan die in de guerrilla was gestorven, en aan José en Irma, Marina en Gledis en Graciela en alle anderen die in de guerrilla hadden gevochten. Hadden ze hiervoor gevochten en waren ze hiervoor gestorven?

Mijn vader was gek op het gezegde: 'Je hebt je bed opgemaakt, ga er nou maar in liggen.' Ik wilde zo graag dat er een einde aan ons bergavontuur kwam, maar ik had er alles in gestoken. Dit was mijn enige kans om invloed uit te oefenen, en als ik daarvoor die onzinnige bevelen van Lunar moest doorstaan, dan moest dat maar, in de hoop dat hij tot bezinning zou komen en wij verder konden met datgene waarvoor we hier waren, namelijk vechten. Elías was des duivels. Ik hoorde hem diverse keren mompelen dat hij maar niet kon geloven dat hij het commando over onze eenheid had laten schieten om vervolgens in handen te vallen van zo'n totaal stuk onbenul als Lunar. Intussen bleef El Francés bewijzen dat hij volkomen ongeschikt was voor die marsen. Hij struikelde en viel voortdurend en naarmate wij dag na dag verder wegteerden, verloor El Francés allengs zijn geduld met onze leider. Elke avond ging hij met hem in discussie, maar telkens weer hield Lunar vol dat hij en hij alleen wist wat hij deed en dat we hem gewoon moesten vertrouwen en hij bleef angst zaaien met zijn overtuiging dat het leger vlakbij was en de boeren aan de kant van het leger stonden. Hij ging er niet verder op in hoe hij dat wist; hij hield alleen vol dát hij het wist. Aangezien we als legereenheid onder krijgswetten marcheerden, hadden we eigenlijk geen andere keus dan hem te vertrouwen; als we iets anders hadden gedaan, had dat betekend dat we waren doodgeschoten wegens insubordinatie, muiterij of allerlei andere beschuldigingen van verraad.

Soms had ik een sterke aanvechting om weg te lopen en mijn eigen gang te gaan, maar zoals gezegd waren we een guerrilla-eenheid en ongeacht hoe klein, slecht of gestoord die eenheid ook was, weggaan was verraad, en binnen onze erecode was de straf voor verraad de dood. Ik dacht bij mezelf dat Elías als eerste zou doorslaan en een coup zou plegen, maar gek genoeg was de Fransman de eerste die overstag ging. Als grondlegger en enig actief lid van onze internationale brigade viel hij minder onder de controle van onze eenheid dan de anderen.

Op een avond, toen Lunar er weer over had doorgezaagd dat enig contact met de bevolking er onmiddellijk toe zou leiden dat we aan het leger werden verraden en vrijwel zeker zouden worden geliquideerd, stond El Francés op en kuierde naar de open plek in de bosjes waar ik mijn kamp had opgeslagen. Ik volgde hem, en hij zei: 'Ik heb er genoeg van. Nu is het afgelopen. Ik ga contact zoeken met de plaatselijke bevolking. Het kan me niet schelen of ze me verraden. Ik hoop dat ze het doen. En ik hoop dat het leger komt opdagen, en ik hoop dat ze me doden, want ik hou het niet meer uit. De dood zal een verlossing zijn. Maar stel dat ik tegen ze ga vechten en het overleef, Otto – waar ben ik dan? Ik bedoel, ik weet dat ik in Venezuela ben, maar daar houdt het dan ook mee op. Ik ben een Fransman, en ik ben niet bepaald op een toeristenvisum binnengekomen.'

Daar zat wat in. Ik zei dat hij, als het nodig was, de dichtstbijzijnde stad moest opzoeken en daar een wederzijdse vriend, Fernando González, moest bellen, die samen met hem in Frankrijk had gestudeerd, en die hem wel kon opvangen. En vervolgens naturaliseerde ik hem min of meer. Ik gaf hem een Spaanse naam en wat Venezolaans geld, want dat had hij natuurlijk ook niet, zelfs niet genoeg voor een telefoontje. We namen afscheid en ik ging naar bed. Als we geen wacht moesten lopen, gingen we rond zeven uur naar bed, omdat er geen pest te doen was en we voortdurend uitgeput waren. 'Bed' was trouwens wel een te mooi woord voor het stukje platgeslagen gras waarop ik me te ruste legde. Het was vochtig en koud, krioelde van de insecten en zoemde van de muskieten. Maar ondanks dat, en afgezien van zijn herstellende kwaliteiten, was de slaap in die tijd dubbel welkom omdat het onze enige zinvolle actie leek.

De volgende ochtend werd ik wakker met het gevoel dat ik niet alleen was. Ik deed één oog open en zag Lunars schoen naast me staan. Dat was al vreemd, omdat we nogal precies waren geworden over wiens 'kamer' van wie was. Dus we zorgden meestal dat we uit andermans zelfgekozen ruimte bleven. Ik voelde dat er iets aan de hand was, dus ik kwam overeind en hij zei: 'Kom mee, en laat je wapen hier. Ik wil praten.'

Dat was heel vreemd. Ik stond op, liet mijn wapen achter en ging met hem mee. Zijn gezicht vertoonde tekenen van berusting en angst tegelijkertijd. Zo'n honderd meter van het kamp vandaan begon hij over mijn broer Ivan: over zijn leven en dood, en dat het zo'n goede vriend was geweest. Vervolgens vertelde hij hoeveel hij om mijn familie gaf. En toen drong tot me door waar dit gesprek om ging. Ik zei: 'Ik zie dat we "een eindje gaan wandelen" zoals ze dat noemen, Lunar. Aangezien je me dadelijk gaat doodschieten, denk ik: laat dat voorspel maar zitten en vertel me liever waar dit over gaat.'

Hij haalde zijn geweer tevoorschijn en ontgrendelde het. En hij zei: 'Je weet dat defaitisme een overtreding is die met de dood moet worden bestraft, Otto. Ik weet dat je de Fransman gisteren informatie hebt gegeven om hem te helpen ontsnappen, en dat toont aan dat je schuldig bent. Het heeft geen zin om het te ontkennen, want ik heb alles gehoord.'

Ik antwoordde: 'Ik heb ook over jou horen praten, Lunar. Over alle belachelijke dingen die je hebt gedaan en alle stomme fouten die je hebt gemaakt, waarvan deze expeditie er nog maar één is. Maar voordat jij me doodt, voordat ik sterf, beleg ik een bijeenkomst waarin jij moet uitleggen wat de zin is van dag in dag uit deze helling op marcheren. Want het slaat nergens op. Jij hebt het over defaitisme, maar welk defaitisme? Het enige defaitisme hier is het jouwe. Jij bent degene die geen contact wil maken, jij bent degene die weigert te vechten.'

Hij draaide zich snel om, om oog in oog met me te komen, en vroeg: 'Denk je dat werkelijk?' Zodra hij dat had gezegd, wist ik dat het moment voorbij was. Hij ging me niet meer doodschieten. Ik weet dat er bij andere gelegenheden, op andere plekken mannen in de guerrilla voor minder zijn doodgeschoten. Ongeacht wat eraan vooraf was gegaan en wat er nog zou volgen, verspeelde hij die ochtend mijn respect voor hem als man. Het kwam me zo laaghartig voor om je eigen probleem op te lossen door een ander het leven te benemen. Zijn probleem was doodeenvoudig dat hij niet wist wat we moesten doen.

We gingen op de grond zitten, die nog vochtig was en glinsterde van de morgendauw, en al zijn onzekerheden kwamen eruit. 'Wat moeten we doen, Otto? We kunnen onszelf niet laten zien. We zitten op dood spoor. We kunnen geen kant op. Wat moeten we doen?' Hij was van een tiran in een smekeling veranderd, en van een rots van onverzettelijkheid tot een klompje was in mijn handen. Ik wist dat ik nu moest doorzetten als we niet alleen wilden doen waarvoor we waren gekomen, maar ook wilden overleven.

'Wat we moeten doen, Lunar? We moeten op zoek naar een uitweg. We kunnen er een maken. We kunnen in het dichtstbijzijnde dorp of stadje op zoek gaan naar een paar mensen om een basis mee te vormen waar we iets aan hebben. Jezus, we zijn toch geen padvinders? Dit is een politiek probleem. We moeten met het volk samenwerken. We zijn nu hier. We willen iets doen, niet met het land als geheel maar met deze streek, Lunar, jouw streek. We moeten ons bij een bestaande groep voegen en hen helpen een bestaand probleem op te lossen. Die groep moet zo plaatselijk mogelijk zijn. Daarom zijn we hier.'

Hij was volkomen ingezakt. Hij zei: 'Goed, laten we dat doen. Ga jij met Elías het dorp in en leg daar het eerste contact. Praat met een paar mensen om te zien wat we kunnen doen.' Hij gaf me wat adressen, onder andere dat van zijn broer, die in Puerto la

Cruz woonde. Toen liepen we naar het kamp terug als de twee oude vrienden die we waren geweest, de twee jongens die elkaar al jaren kenden: in Venezuela, in Cuba, in China, in Frankrijk en Italië, in Algerije, in Trinidad, en nu hier. Hij deed opgewekt tegen de anderen en bracht het plan alsof hij het helemaal zelf zorgvuldig had uitgedacht. Toen we op weg naar het dorp gingen, kneep hij vriendelijk in mijn elleboog. Ik daalde de heuvel af met een arm die tintelde van zijn kameraadschappelijke greep, maar in mijn hersenen dreunde zijn kameraadschappelijke behoefte om mij te executeren nog na.

# 49

*E*lías en ik gingen via een andere route terug naar Puerto la Cruz. De terugtocht duurde drie dagen en was relatief gemakkelijk ten opzichte van de zware heenreis, die ons drie weken had gekost. Omdat Elías een beroemde guerrillacommandant was, kon hij zijn gezicht niet laten zien. Ik liet hem daarom achter in een klein pension terwijl ik de contacten legde. Gelukkig kende ik veel mensen in het oosten. Jaren geleden was ik bij de communistische partij de afgevaardigde voor het oosten geweest, en ik had een groot netwerk van vrienden en contactpersonen. Daarnaast zat Lunars broer er en een stel familieleden van Elías. Een contingent van onze eigen groep voegde zich vanuit Margarita bij ons, en binnen een paar weken hadden El Negro, Albertico, Il Pirocco, Elías en ik een heel netwerk opgericht.

Er werd via de man die de boot en onze overtocht had geregeld een bevoorradingsketen vanuit Margarita opgezet. Hij leverde alle logistieke ondersteuning die we nodig hadden, en voorzag ons van uiteenlopende dingen als geld, gedroogde vis, voedsel, explosieven, batterijen en medicijnen. Onze groep breidde zich langzaam uit in Puerto la Cruz. Soms kregen we steun uit onverwachte hoek. Zo was er een vrouw van rond de vijfenzestig die een fervente aanhanger van de partij was. Toen ik haar ontmoette, stelde ze ons al haar bezittingen ter beschikking. Aangezien ze de eigenaresse van twee bordelen was, betekende dat dat we gratis de prostituees konden bezoeken en dat we hun kamers konden gebruiken. De hoerenmadam was de beste dekmantel die we ons maar konden wensen en de prostituees zelf waren ook uitstekende rekrutenwervers en informatieverschaffers.

Vrij snel nadat we onze basis in de stad hadden opgezet, vertelde Lunars broer ons over een man die ons wel een koffieplantage wilde verhuren zolang hij en zijn gezin er konden blijven wonen. De boer zou een oogje toeknijpen voor onze activiteiten en wij zouden hem zijn koffie laten telen zonder hem lastig te vallen. Het was een prima regeling, die ons een ideale plattelandsbasis verschafte. We zetten daar ons kamp op en activeerden de bevoorradingslijn uit Margarita. We benaderden talloze andere boeren in de omgeving en haalden hen over om met ons samen te werken, zonder hun precies te vertellen wat ons doel was.

Tegen de tijd dat we ingeburgerd waren op onze gehuurde koffieplantage in de heuvels hielden we ons met andere zaken bezig. In plaats dat wij van de boeren leefden – wat guerrillastrijders doen – leefden de boeren van ons. We voedden hen en gaven hun werk door ze hekken te laten bouwen en greppels te laten graven en op de kippen en geiten te laten passen die we hadden aangeschaft.

De groep breidde zich zowel op het platteland als in de stad uit. We zochten continu naar een reden om in het gebied in te grijpen. In Puerto la Cruz heerste een sterk regionaal gevoel, zo sterk dat de meeste inwoners xenofobisch waren. De winkels waren van Arabieren, de levensmiddelenwinkels waren van Italianen en de marktkraampjes waren in handen van de Portugezen. De plaatselijke inwoners gaven de regering de schuld van deze situatie. De xenofobie was het enige echte punt van ontevredenheid dat gebruikt kon worden om verzet te creëren. Maar het stimuleren van deze onvrede lag niet op onze weg.

Ik zag dat veel kustbewoners moesten rondkomen van de vis die ze vingen, en dat de vissers van het oosten tot de sterkst uitgebuite mensen van Venezuela behoorden. Aan die uitbuiting kleefde ook een buitenlands element, maar in een andere vorm. Ik weet niet hoe het nu toegaat, maar in 1968 gingen de vissers in groepen de zee op. Elke groep beschikte over een uitkijk die op een hoge rots klom om de zee te observeren. De uitkijk gebaarde vervolgens naar de wachtende vissers waar de vis zat. Het bijzondere van die uitkijken was dat ze er nooit naast zaten. Ze wezen niet alleen de scholen aan, maar gaven ook aan welke kant ze op zwommen. In de tussentijd kampeerden de vissers op de kale stranden tussen bijvoorbeeld Colonada en Arepito. Ze zaten daar soms dagenlang te wachten. Als de uitkijk gebaarde waar de scholen zaten en welke kant ze op zwommen, gingen de vissers de zee op in hun kano's. Ze vingen de vis in alle weersomstandigheden en brachten die naar de stranden. Daarna namen de tussenhandelaren het over. Die tussenhandelaren hadden koelvrachtwagens en ze betaalden willekeurige, maar steevast lage prijzen voor de vangst van de dag. Als er veel vis was, verlaagden de tussenhandelaren de prijs, maar de vissers hadden geen andere keus dan aan de tussenhandelaren te verkopen, omdat die een monopolie hadden. De vissers maakten extreem lange uren op een gevaarlijke zee en verdienden vervolgens amper genoeg om in leven te blijven, terwijl de tussenhandelaren zich verrijkten. De Portugezen waren eigenaar van de vismarkten en ook zij werden rijk. Wij als groep zagen dat we de vissers op een verreikende manier konden helpen, en daar gingen we mee aan de slag.

Ons basiskamp was gevestigd op de koffieplantage, die op een heuvel lag op ongeveer twaalf uur afstand van de stad, en we hadden een leger. We hadden een netwerk van aanhangers in de afgelegen dorpen en in de stad Puerto la Cruz, en we hadden een effectieve bevoorradingslijn vanuit Margarita. Ook in de rest van het land hadden we een netwerk van aanhangers, waarvan een aantal naar Puerto la Cruz was verhuisd om zich bij ons aan te sluiten. Tot de laatste categorie behoorden mijn zus Marina, Chilo – die later mijn partner werd –, Miguel Nuñez, Luisito en Luís Fernando, om er maar een paar te noemen. Ikzelf schreef, om in Fidels voetspoor te treden, honderden gecodeerde brieven naar alle uithoeken van het land, aan verre groepsleiders als Rodolfo Hernandez Miliani, Lupe en Jaime Terán. Ik vertelde ze iets over wat we aan het doen waren en vroeg hun solidair met ons te zijn, en als het nodig was, ons te steunen.

Op een dag was ik met Elías, die naar Caracas moest om daar contacten te leggen, in de stad. Toen we net in Puerto la Cruz zaten, hield Elías zich schuil, omdat hij door het leger werd gezocht vanwege zijn voormalige leidersrol bij de guerrillabeweging. Elías zelf had een theorie dat je je het best kon verbergen door je niet te verbergen. Hij beweerde dat zijn enorme zelfvertrouwen en onverdachte gedrag hem onzichtbaar maakte voor zowel de autoriteiten als potentiële spionnen. Na het fiasco van onze geforceerde marsen en onze trek van drie weken de bergen in, begon Elías grotendeels het bevel over onze groep over te nemen. Hij had opdracht gekregen om uit het zicht van de mensen te blijven, maar hij begon zich steeds openlijker te bewegen. In een van de bordelen dronken we samen een koud biertje en toen vertrok hij, terwijl ik mijn spullen pakte en de terugtocht naar het basiskamp aanvaardde. Ik had post voor een paar mannen bij me, waaronder een brief voor Albertico van zijn adoptieouders in Parijs. In het hele land kwam buitenlandse post slechts sporadisch aan, dus het was altijd weer een wonder als er daadwerkelijk een brief werd bezorgd. Dit had minder met censuur te maken dan met de inefficiëntie op het sorteerkantoor. Soms had je evenveel kans om een ansichtkaart naar Mars verstuurd te krijgen als om er een uit Frankrijk of Italië te krijgen.

Ik legde de weg met een opgewekt gemoed af omdat het ons eindelijk allemaal een beetje mee begon te zitten. Maar toen ik de voet van de heuvel bereikte waarop onze koffieplantage lag, kwam ik voor het eerst in contact met het leger. Er waren overal soldaten, zodat ik niet terug kon naar het basiskamp en gedwongen was om halverwege dekking te zoeken.

Ondertussen werd ons basiskamp aangevallen en was onze groep in zijn eerste gewapende strijd verwikkeld. Die dag bevonden zich daar zes van onze mannen, onder wie Lunar Marquez, plus de drie boeren. Na een paar uur keerde ik op mijn schreden terug naar de stad en probeerde uit te vinden wat er was gebeurd. Ik had geweervuur en diverse explosies gehoord en ik had een dikke, zwarte rookkolom zien opstijgen van wat eens onze boerderij was geweest. Het was die eerste dag niet mogelijk om iets te ondernemen, dus ik vernam alleen geruchten. Geen van die geruchten klonk goed: het zag ernaar uit dat onze hele eenheid was weggevaagd. Onze zes mannen waren dood. De boerderij was met de grond gelijkgemaakt. De drie boeren waren zonder vorm van proces doodgeschoten. Blijkbaar was het een belangrijke interventie geweest, maar niemand kon me vertellen hoeveel gewonden of doden er aan de andere kant waren gevallen.

Op de tweede dag bewoog ik me steels door de stad op zoek naar meer nieuws toen ik de neef van de koffieplanter zag die op een bus stond te wachten. Hij rende weg toen hij me zag. Hij was een jaar of vijftien en een stuk lichtvoetiger dan ik, dus ik raakte hem kwijt, maar ik kwam er wel achter waar hij verbleef. Hij zat bij een neef op een kleine boerderij buiten de stad. Ik liet me daar door iemand van onze groep afzetten. Het huis was lang en laag en lag ver van alles vandaan, op een klein kerkje na. Ik verschool me in het kerkje om te observeren wie er kwamen en gingen. Dat was maar goed ook, want een kwartier later kwam er een legertruck vol soldaten aanrijden. Ik kroop nog verder uit het zicht en wachtte een tijdje. De koffieboer en zijn twee zoons werden door de soldaten meegesleurd, maar van de neef was geen spoor te bekennen. De legertruck reed weg en ik wachtte nog een tijdje.

De kerk werd niet langer gebruikt en was leeg, op een paar door houtworm aangevreten kerkbanken en een enorm, protserig beeld van Sint-Antonius na. Ik wist nog uit mijn jeugd dat Sint-Antonius de beschermheilige van de verloren voorwerpen is. Ik vond het van ironie getuigen – aangezien ik net zo'n beetje alles was kwijtgeraakt, waaronder zes kameraden – dat ik me die dag achter een beeld van hem verschool.

De zon ging onder en het kerkje vulde zich met vleermuizen. Toen er nog een uur was verstreken, waarin de vleermuizen me hadden ondergepoept met kleine, zure straaltjes, dook de neef van de koffieboer op, die naar huis terugkeerde. Hij was een aardige jongen en ik had medelijden met hem. Hij zou straks ontdekken dat zijn hele familie was gearresteerd en dat zijn leven verwoest was. Hij liep vlak langs mijn schuilplaats, waarop ik tevoorschijn kwam en hem riep. Hij stopte met fluiten en keek me angstig aan. Ik vroeg: 'Wat is er op de boerderij gebeurd?' Hij haalde zijn schouders op en mompelde: 'Niets.' Toen ik hem vertelde dat de nationale garde net zijn oom en zijn neven had opgehaald, staarde hij me een paar seconden aan, werd krijtwit en toen begaven zijn knieën het. We zaten op het verdorde gras en hij vertelde me wat hij wist, maar hij was er niet bij geweest toen de koffieplantage werd aangevallen.

Toevallig was die dag maar één neef van hem op de plantage geweest en die had weten te ontkomen. De rest van de familie, dat wil zeggen, zijn oom en zijn jongere neef, waren in de stad geweest. Na de aanval had hij met buren gesproken en hij wist zeker dat de familieboerderij volledig was verwoest. Alle schuren waren met de grond gelijkgemaakt, de koffieplanten waren in brand gestoken en het huis was in de as gelegd. Hij kon het lot van onze groep niet bevestigen. Hij wist alleen dat Albertico was gedood – kennelijk was hij al in de eerste paar minuten doodgeschoten.

'En de anderen? Wat is er met de anderen gebeurd? Heeft iemand hun lichamen gezien?'

De jongen wist me niets meer te vertellen. Op zijn beurt vroeg hij me naar zijn oom en zijn neven. 'Waar zijn ze heen gebracht? Wat gaat er met ze gebeuren?'

Ik wist het niet zeker, maar ik stelde me voor dat ze naar een militaire post waren gebracht voor een flinke afranseling en dat ze, als ze heel erg veel geluk hadden, na een paar maanden door de soldaten zouden worden vrijgelaten.

Later bleek dat de koffieboer en zijn twee zoons helemaal geen geluk hadden en dat ze hun relatie met ons met vele jaren gevangenisstraf moesten bekopen. Zelfs toen ik dat nog niet wist, kampte ik al met schuldgevoelens over wat we aan het doen waren en waarom. We waren erheen gegaan om de boeren te helpen en uiteindelijk hadden we de boerderij en het leven van een goede man en dat van zijn twee onschuldige zoons verwoest. Mijn schuldgevoel werd nog vergroot toen ik hoorde dat Lunar en de anderen samen met Albertico waren gestorven. Na de aanval had ik de brieven vernietigd die ik in zo'n vrolijke stemming naar het kamp had willen brengen. De brief voor Albertico was door de vrouw van de kernfysicus geschreven. Hij eindigde met een liefhebbend, moederlijk advies over hoe hij op zichzelf moest passen. De voorlaatste zin was een uitdrukkelijk verzoek geweest van een moeder aan haar onvoorzichtige jonge zoon in de tropen. Er stond: 'Albert, lieve jongen, blijf uit de buurt van poelen met stilstaand water. De tropen zijn gevaarlijk en vol bilharzia. Ik kan niet slapen tot je me hebt geschreven dat je nooit in zoetwaterpoelen zult zwemmen.' De laatste zin luidde: 'Zeg tegen je leraar dat hij op je moet passen en dat hij je veilig terug moet sturen naar je tweede huis waar je "maman" en "papa" met genegenheid op je wachten.'

Ergens in Parijs zou een oudere vrouw nooit meer goed slapen en was een fysicus met maar één been in de rouw. Zoals ze zo treffend hadden opgemerkt, was Albertico nog een kind. Hij was nog niet eens achttien. En nu zou hij nooit meer in zoet water zwemmen. Ik was zijn leraar geweest, zijn mentor, maar ik had nooit op hem gepast.

Toevalligerwijs, toen hij zich net bij ons in Puerto la Cruz had aangesloten, had hij allemaal alarmerende verhalen over bilharzia lopen vertellen, omdat hij op de overtocht naast een tropenarts had gezeten. Een van de eerste dingen die Albertico me had gevraagd, was: 'Otto, is het waar dat als je hier gaat zwemmen, er wormen zijn die in je pik kruipen en je lever opeten?'

Toen had ik hem over bilharziasis of schistosomiasis verteld: 'Bilharzia-wormen leven hier in zoet water. Volwassen bilharziawormen zijn ongeveer een centimeter lang en zitten in de bloedvaten die het bloed van de darmen naar de lever voeren. De wormen leven in paren. Het mannetje houdt het wijfje vast in zijn ventrale groef. Als ze eenmaal aan elkaar vastzitten, blijven ze continu copuleren. Het wijfje legt elke dag honderden eitjes, die de geïnfecteerde patiënt via zijn urine of poep uitscheidt. Uiteindelijk vergroot de ophoping van eitjes je lever en veroorzaakt een nierdefect.'

'Otto, vertel je me nou dat die wormen non-stop neuken?'

'Precies.'

'Hun hele leven lang?'

'Ja! Ze copuleren hun hele leven lang non-stop en zo hebben ze meer dan driehonderd miljoen mensen met bilharzia besmet.'

'Jezus, Otto! Wat zouden ze in een vorige incarnatie hebben gedaan om zo'n genetische beloning te krijgen?'

De pijnlijkste littekens op mijn ziel zijn niet door roddelaars of journalisten veroorzaakt. De diepste groeven zijn ontstaan door de koffieboer die in de gevangenis wegrot met zijn twee tienerzoons, en Albertico – een jongen die nooit had mogen sterven.

# 50

*D*e overlevenden van onze groep verbleven in Puerto la Cruz, waar iedereen die risico liep veilig ondergedoken zat in een van de bordelen. Nu ons basiskamp verwoest was en een derde van de oorspronkelijke eenheid was omgekomen, was ons moreel op een dieptepunt.

Elías keerde terug en nam het commando over, en hij weigerde pertinent te worden verslagen. Ik wilde niet opgeven, maar ik wilde ook niet dat we op dezelfde manier bleven doorgaan. Ik zag kans hem voor mijn standpunt te winnen en we belegden een vergadering van zoveel aanhangers als we landelijk maar bijeen konden krijgen.

Tijdens die vergadering stelde ik een geweldige omslag in onze plannen voor. Ik was nooit voorstander geweest van onze aanwezigheid in het oosten, en ik was ertegen om een actie te herhalen of te proberen te herhalen die tot dan toe steeds was mislukt; de plattelandsguerrilla was in Venezuela nooit aangeslagen. Ze had eenvoudig te weinig aanhang onder het volk om haar bestaan te rechtvaardigen. In bijna tien jaar hadden de guerrillero's geen duidelijke verbetering in het land weten te bereiken. Er was aan geen enkele eis tegemoet gekomen. Geen wantoestand waaraan een einde was gekomen of waar zelfs maar paal en perk aan was gesteld.

Onze eigen ervaringen – van bijna twee jaar trainen in Cuba, het uitrusten van onze eenheid en vervolgens als expeditieleger op de oostkust landen om daarna alleen maar als vier idioten in een komische voorstelling door de rimboe op en neer te marcheren – onderstreepte de futiliteit van onze dromen over een plattelandsguerrilla. Er was één keer gevochten, waarbij geen enkele soldaat gewond was geraakt. Na al die maanden was het enige positieve dat we op het platteland hadden bereikt dat we inmiddels

enige tientallen boeren aan werk hadden geholpen op de koffieplantage. Ik legde uit dat we beslist meer zouden hebben bereikt
als we rechtstreeks naar de Andes waren gegaan. Daarna zei ik:
'Maar nu we bij de boeren en de andere mensen hier – en dan bedoel ik niet de welvarende middenklasse, niet de landeigenaren,
en niet de intellectuelen, maar echt de mensen van deze streek –
nu we bij die mensen hebben gewoond en met ze hebben gepraat,
weten we dat geweld het allerlaatste is wat ze willen. Hun leven is
al zo gewelddadig. Elke dag is een strijd om te overleven.'

Ik stond net op het punt om uit te leggen waarom we ons plan
helemaal moesten omgooien, toen ik de broer van Lunar Marquez achter in de kamer zag binnenkomen. Hij kwam naar voren
en zei: 'Ik heb iets van Lunar vernomen. Toen Albertico was neergeschoten, is het hem en de anderen gelukt om weg te komen.'

Zodra hij dat had gezegd, begon iedereen te juichen en brak er
totale wanorde uit. Het kostte me enige minuten om alles onder
controle te krijgen. Zodra ik de aandacht had herwonnen, zei ik:
'Kameraden, we hebben een leger, en een ondersteunend netwerk, en dankzij onze vrienden van het eiland hebben we een fantastische bevoorradingslijn, maar ik ben ervan overtuigd dat we
de macht en de kracht die we nu hebben niet mogen misbruiken
om dit gebied een gewapend conflict op te dringen. Aan onze kant
is Albertico gestorven, en wij zijn allemaal bereid om te sterven.
Maar de vraag is: waarom? En waarvoor? En voor wie? Als we de
gewapende strijd als een klassieke plattelandsguerrilla zouden
voortzetten, doen we dat alleen voor ons eigen plezier.'

Er ging aardig wat gemompel van protest in het publiek op,
maar ik was vastbesloten om mijn zegje te doen en dus verhief ik
mijn stem en praatte eroverheen. 'We zouden tegemoetkomen
aan onze revolutionaire bevlogenheid zonder enige basis te hebben in het volk dat we beweren te bevrijden. En toch beschikken
we over macht en slagkracht. En op de een of andere manier zijn
we het er allemaal over eens dat we die willen gebruiken. Dus wat
doen we?'

Het liet me koud hoe onsamenhangend het overkwam. Het liet

me koud hoe stom het misschien leek om zo'n ingrijpende omslag voor te stellen: ik wist dat ik nu aan het vechten was om mijn
kameraden ervan te overtuigen dat we ons vergisten. En we vergisten ons niet alleen, we stonden op het punt de stap te nemen
waardoor alles verkeerd zou gaan.

Toen ik in 1966 in Cuba aankwam, was ik ervan overtuigd dat
de guerrilla de enige manier was om alles wat fout was in Venezuela recht te zetten. Tijdens mijn verblijf in Cuba begon ik er, om
redenen waarvan ik de meeste duidelijk heb gemaakt, aan te twijfelen of de guerrillaoorlog voor mijn land wel de juiste methode
was. Maar ik bleef de hoop houden dat het misschien wel zou
werken. Binnen een paar dagen na onze aankomst in het oosten
was het oogverblindend duidelijk dat dat niet zo was.

De mensen hielden niet zomaar niet van de guerrilla, ze haatten de guerrilla. Tijdens mijn maanden in het oosten kwam ik
door dorpen die in het verleden door andere guerrillagroepen bezet waren geweest, en ik trof een diepgewortelde afkeer aan van
alles en iedereen die op een of andere manier met de guerrilla te
maken had. In het hart van onze steden hadden wij, de revolutionairen, een plattelandsdroom ontwikkeld. Het was ons doel om
de heuvels in te trekken en te vechten. Maar in het kielzog van de
strijd werd die plattelandsdroom tot een plattelandsnachtmerrie.
De mensen wilden geen revolutie, ze wilden met rust worden gelaten. Ik bekeek de paar gehuchten en dorpen die in het verleden
door revolutionaire eenheden bezet waren geweest, en trok dat
handjevol getraumatiseerde nederzettingen door naar de hele regio, en ik besefte ten volle hoe gevaarlijk het zou zijn om zo'n negatieve kracht te ontketenen.

Om onze integriteit te bewaren moesten we opgaan in een al
bestaande groep die de steun van de bevolking had. Dus we
moesten zo'n groep vinden en we moesten onszelf onderhouden,
want we mochten onder geen beding een belasting voor die
groep zijn. We waren hier om hun armoede te verlichten – en hopelijk te bestrijden – en niet om hen te gronde te richten. Maar
hoe moesten we onszelf en onze medestanders onderhouden? Na

die vergadering besloten we een bank te beroven.

Opnieuw was het toeval mij goedgezind: terwijl alle revolutionairen in Latijns-Amerika zich het hoofd braken over de vraag hoe ze een internationale bank moesten beroven, was ik degene die precies wist hoe dat moest, dankzij mijn korte periode als vervangend hoofd van de juridische afdeling bij de Frans-Italiaanse Bank in Caracas. Toen ik daar in 1958 werkte, piekerde ik heel wat af over de vraag waarom ik het deed, want zelfs al was ik daar waarnemend hoofd en had ik een goed salaris, het leek me toch een verspilling van mijn talenten. Maar de gedetailleerde kennis die ik daar had opgedaan, bleek bij het uitdenken van de overval zelf en de nasleep van onschatbare waarde.

Ik was geen eerzaam burger, want ik was graag bereid om het over de criminele boeg te gooien en een overval te organiseren, maar ik wilde niet dat we een stel bandieten werden en banken (in het meervoud, dus) zouden gaan beroven. Ik wilde dat we een werkkapitaal van een flinke omvang zouden organiseren waarmee we een bepaald project en een bepaalde, geëxploiteerde sector van de samenleving zouden helpen.

Met deze beslissing maakte onze groep een sprong van zomaar een soort marxistische filosofie naar een basisprincipe van het socialisme: het grootste nut voor het grootste aantal mensen. De sector die we het best konden helpen waren de vissers. Als we een coöperatie opzetten en een stel koelwagens kochten – die stuk voor stuk een klein kapitaal kostten, vandaar die bankoverval –, konden we met de vissers samenwerken en hen in staat stellen om zichzelf te helpen. Ik was voor een deel gevormd in het centrum van het kapitalisme, dus ik begreep wat verstandige zakelijke principes waren. We hadden werkkapitaal nodig, maar we moesten ervoor zorgen dat dat kapitaal zichzelf vermenigvuldigde. Ik bedacht dat we ons kapitaal uit de voorgestelde bankoverval konden laten groeien als we een winstaandeel in de visserscoöperatie namen en met die middelen een regionale krant financierden. Ja, stelletje Chinese kwelgeesten: een krant. Zoals de junta in Peking zo verachtelijk had opgemerkt, hebben we in Venezuela de neiging om de revolutie gelijk te stellen met de pers. En we waren van plan om nog verder te gaan: we wilden uiteindelijk met een tijdschrift beginnen waarin we onze bezwaren tegen het communisme en het kapitalisme konden uitleggen.

Dus als groep geloofden wij niet langer in de foco, in de guerrilla-eenheid als aangewezen strijdvorm voor onszelf dan wel voor ons land, of met name voor de streek in het oosten, waar wij toevallig waren terechtgekomen.

Om een aantal redenen besloten we de Royal Bank of Canada te beroven. Een van de redenen was dat we zeker wisten dat er ruim een miljoen dollar aan gebruikte biljetten in de kluis lag; een andere belangrijke reden was dat het een grote, internationale bank was die de slag die we hen zouden toebrengen te boven zou komen zonder dat hun kleine, plaatselijke spaarders er de dupe van werden.

We beroofden de bank met een heel klein team. Deze overval bood mij de kans om alle logica, methodiek en nauwgezette voorbereiding toe te passen die ik bij al onze andere groepsactiviteiten zo deerlijk had gemist. Eindelijk was ik eens aan niemand verantwoording verschuldigd. Het was mijn plan en het was een meesterwerk. Natuurlijk was het ook het geesteskind van Elías, en zonder zijn genialiteit was het nooit gelukt. Voor één keer was ik de denker, en er werd van mijn talenten gebruikgemaakt, terwijl hij de man van de actie was, dat was zijn essentie en dat was waar hij het beste in was.

Het plan voor de bankoverval werd met enthousiasme ontvangen. Tegen die tijd waren we een kleine groep van achttien man met daaromheen nog eens zo'n veertig sleutelfiguren – mannen en vrouwen – en een kring van nog eens ongeveer honderd leden, en een paar honderd types met wie de band veel losser was. De noodzaak om aan kapitaal voor lokale interventies te komen, werd aan iedereen meegedeeld, maar het zal duidelijk zijn dat dat niet gold voor het plan om de bank te beroven.

Hoezeer je dingen ook geheim probeert te houden, ze dreigen

toch uit te lekken. Toen de bankoverval nog een theoretische mogelijkheid was, was er al te veel over gepraat in de tweede cirkel van onze groep om nog veilig te zijn. Toen het plan inmiddels op de rails was gezet, beperkte het zich tot een handjevol mensen, maar het probleem bleef dat sommige anderen al te veel wisten. Deels om ons werkelijke doelwit te camoufleren, en deels om aan geld te komen voor de verdere ontwikkeling van het plan voor dat doelwit, werd er bij een bank elders proefgedraaid.

Het werd een kleine, keurige, goed uitgevoerde overval op de Banco Nacional de Descuentos Universitarios. Toen de overval geslaagd was, concentreerden alle praatjes en roddels, alle veronderstellingen en mondvoorbijpraterij zich rond dat gebeuren. Intussen bereidden we met een team van slechts vijf man de grote overval op de Royal Bank of Canada voor. De overval die we daar pleegden was de belangrijkste in Venezuela en tot dan toe de grootste in heel Latijns-Amerika. Het was niet alleen indrukwekkend vanwege de hoeveelheid geld die werd gestolen, maar ook vanwege de stijl. Wat onze overval zo bijzonder maakte, was dat we al het geld meenamen, echt alles, tot en met de laatste cent.

Het was nog nooit voorgekomen dat iemand in Venezuela meer dan een miljoen bolivar had gestolen, ongeacht hoe grootscheeps of gewelddadig de overval ook was geweest. Bij zo'n bedrag moet je de huidige superinflatie in Venezuela uit je hoofd zetten. Ik heb het nu over de tijd dat we nog echte oliedollars konden uitgeven en de bolivar nog een valuta was die het waard was om te worden ingewisseld. Tegenwoordig zou je een heel konvooi vrachtwagens nodig hebben om een bank te beroven en genoeg weg te halen om het allemaal de moeite waard te maken. Maar indertijd was 2.600.000 bolivar* nog een smak geld. Het was zoveel dat het een schandaal was, en er was niemand bij de overval gewond geraakt – niemand daar had zelfs maar een klap opgelopen

---

* Ongeveer 754.000 euro.

en niemand van onze mannen was gewond geraakt of achtergelaten. Het was doodeenvoudig een modeloverval en een volmaakte operatie. En de afwikkeling werd, zoals ik al zei, dankzij mijn kennis van internationale banktransacties op dezelfde manier uitgevoerd. Het kapitaal werd veilig buitenslands gestort, na aftrek van bepaalde onmiddellijke kosten waarover we heel democratisch stemden in hoeverre ze ethisch gezien uit de kleine kas konden worden betaald. Op ons hoofdkwartier in het bordeel in Puerto la Cruz hielden we onze eerste triomfantelijke bijeenkomst.

We besloten unaniem dat El Francés, die zich weer bij ons had aangesloten, het geld voor zijn ticket terug naar Frankrijk moest krijgen. En we kozen voor de aanschaf van de koelwagens voor de visserscoöperatie. We waren allemaal voor de aankoop van nog wat wapens. Ons arsenaal was grotendeels vernietigd toen de koffieplantage met de grond gelijk werd gemaakt. Ikzelf wilde heel graag een tijdschrift beginnen, maar niemand anders behalve El Francés, die schrijver was, had daar zin in, dus dat plan viel af.

Wat onze strategie aangaat, besloten we onze inspanningen te concentreren op de visserscoöperatie en dan maar verder te zien. Via onze aanvoerlijn van Margarita bouwden we een voorraadje handwapens op – voornamelijk Colt 45's en een paar Garands, een M16 en een M6 SAR. Elías stond op een nieuwe voorraad pineapple-granaten, wat naar mijn idee het enige weggegooide geld van alle uitgaven was.

De reactie van de regering op de beroving van de Royal Bank was draconisch. Niets verwees naar ons, maar mensen zagen dat het een intelligente overval was, en zonder enig bewijs kwamen ze tot de conclusie dat Elías en ik erachter moesten zitten. Het was duidelijk het gezamenlijke werk van een strateeg en een militair commandant en wij waren het enige duo waar dat op van toepassing was. Sommige mensen zeiden dat ik de grootste drijvende kracht was en andere zeiden dat het Elías was, maar iedereen nam aan dat wij erachter zaten. De politie begon te arresteren en te martelen, te dreigen en om te kopen, en binnen een week na onze bijeenkomst waren we allemaal verraden en kende de regering de

393

namen van iedereen die bij de overval betrokken was. Onze hele organisatie moest zich verspreiden en iedereen die in die organisatie iets voorstelde moest onderduiken. Sommigen van ons trokken zich terug in de Andes en ik dook onder op de haciënda van Jaime Terán, hoog in de heuvels van Tempé. Daar, in het hart van de deelstaat Trujillo, hielden we weer een bijeenkomst over het feit dat we waren verraden.

Die tweede bijeenkomst was iets minder triomfantelijk. We kwamen unaniem tot de slotsom dat de gewapende strijd in Venezuela ten einde was. Teodoro Petkoff richtte een nieuwe partij op die later onder de naam de MAS* bekend zou worden. Iedereen sloot zich erbij aan en iedereen werd legaal. Het was ons soort beweging, maar we waren de buitenbeentjes. We waren nog steeds aantrekkelijk voor bepaalde facties van links, maar we werden gezocht. We waren bankovervallers en enige associatie met ons was voor de MAS een sta-in-de-weg; onze solidariteit begon ongemakkelijk voor hen te worden. Ze waren legaal en niet gewelddadig, terwijl wij illegaal en gewapend waren.

Andere punten waarover we het eens waren, waren bijvoorbeeld dat het binnen afzienbare tijd onmogelijk was om in Venezuela als groep wat dan ook te doen, dat ons geld goed maar onze aanwezigheid slecht was voor onze vissersvrienden, en ten slotte dat hoe meer we over de wereld verspreid zouden zijn, hoe beter het was.

Vanuit de Andes begonnen we leden van de groep naar de dichtstbijzijnde grens met Colombia te sturen om daar het land te verlaten. El Negro en Elías gingen naar ons voormalige geheime adres in Bologna van waaruit ze zich bij El Francés in Parijs voegden. Lunar ging naar Canada. En Jaime en ik gingen naar Italië, waar we Elías ontmoetten en ons een beetje oriënteerden om vervolgens naar Londen door te reizen. Verder werd iedereen in ons

---

* Movimiento al Socialismo – beweging voor het socialisme.

netwerk gevangengenomen, gemarteld en vastgezet, of gedwongen om te vluchten. Helaas was Chilo een van degenen die werd gearresteerd.

Binnen een maand na de klus bij de Royal Bank of Canada vond er een hele uittocht plaats. Voor de meesten van ons was het niet alleen een vertrek uit Venezuela. Het was alsof we uit het leven waren verbannen, we gingen uit vrije wil in een staat van niet-zijn over. We hadden weinig keus: de regering wilde ons koste wat kost te pakken krijgen. Onze mollen in de hoogste regionen lieten ons weten dat we niet zomaar 'gezocht' werden: mij zochten ze 'dood of levend', terwijl Elías 'dood' werd gezocht. Onder de gegeven omstandigheden was er niets wat we in Venezuela konden doen en geen enkele hoop dat we ooit uit ballingschap konden terugkeren. Onze vervolging stond in geen enkele verhouding tot wat wij hadden gedaan in een wereld vol gewapend verzet en gewapende groepen, en met zijn geschiedenis van bijna tien jaar vrijwel onafgebroken strijd. Wat waren we? Wat hadden we nu werkelijk gedaan? Wat had ik persoonlijk op mijn geweten dat reden genoeg was om de wet te overtreden, de rechtvaardigheid te negeren en een beloning aan te bieden aan degene die kans zag mij dood te schieten?

Begrijp me niet verkeerd, ik beweer niet dat ik een onschuldig slachtoffer was. Dat was ik niet, maar er was niet één soldaat, politieman of ambtenaar gewond of gedood als gevolg van onze beweging en onze inspanningen in Venezuela na onze terugkeer van Cuba. Niet één burger was gedood of gewond. De slachtoffers kwamen neer op één man aan onze kant, Albertico, en de eigenaar van de koffieplantage met zijn twee tienerzoons die nu in de gevangenis zaten. Dat waren dingen die mijn geweten belastten, maar ze verdienden niet het soort draconische maatregelen die tegen Lunar, Elías, El Negro, El Francés, Chilo en de anderen van onze groep werden genomen. In Londen volgde de CIA ons bijvoorbeeld voortdurend. De CIA hield zich gewoonlijk niet rechtstreeks met Venezuela of Venezolanen bezig. Ze beperkten zich hoofdzakelijk tot het bijbrengen van hun martelmethodes aan onze ondervragers en het geven van anti-opstandcursussen aan onze militairen. De rest lieten ze meestal aan ons over omdat de mythe op dat moment wilde dat er geen echte linkse beweging, geen echte guerrilla en geen echte opstandelingen waren, en dat er dus geen werkelijk gevaar bestond dat de status-quo in het olierijke Venezuela zou veranderen. Men getroostte zich heel wat moeite om de gewapende strijd in Venezuela te bagatelliseren. Dat wordt nog steeds gedaan, maar toen werd de guerrilla ontkend of gecriminaliseerd, omdat velen die het tegendeel konden beweren in de gevangenis of op de vlucht waren, en anderen op het punt stonden het parlementaire systeem te betreden en daarom uit naam van de vooruitgang gebeurtenissen moesten vergeten.

Tegen 1969 hadden we nog maar weinig vrienden. Enerzijds had je de MAS, die niets met de gewapende strijd te maken wilde hebben en er behoefte aan had om ons op een zo groot mogelijke afstand te houden, aangezien Teodoro en zijn partij alles op alles zetten om een nieuw imago te verwerven. Maar het was erger dan dat, omdat er banden bestonden tussen mensen van zijn partij en mensen van onze groep. Het waren geen rechtstreekse banden, maar ze bestonden wel en konden ernstige schade aanrichten als ze aan het licht kwamen.

Wat extreem-rechts betreft zouden er door getuigenissen van onze kant belangrijke koppen kunnen gaan rollen. Tien jaar lang was de gewapende strijd afgedaan als een rebelse plagerij en het handwerk van een stelletje kleine schurken. Maar als zou blijken dat de grootste bankroof in Latijns-Amerika een politieke daad was geweest, zou het verhaal van de tien jaar gewapende strijd in een ander daglicht worden gesteld en de regering ernstig in verlegenheid brengen. Dit waren een paar van de vele redenen waarom ze ons liever dood dan levend te pakken kregen.

Voorheen hadden we naar hartelust over de wereld kunnen zwerven en toen we ons visserijprogramma op poten aan het zetten waren, hadden we vrijelijk langs de oostkust kunnen rondreizen, maar plotseling werd er jacht op ons gemaakt. Aanvankelijk besloten we in de Andes onder te duiken, omdat het vrijwel onmogelijk was om iemand in die heuvels op te sporen, en omdat de boeren op de haciënda van Jaime Terán hem hondstrouw waren. Hij was een paar jaar tevoren gearresteerd en naar een concentratiekamp gestuurd en daarna naar de gevangenis in Trujillo, en al die tijd hadden zijn arbeiders en hun gezinnen hun absolute loyaliteit jegens hem bewezen. Dus we wisten dat ze ons niet zouden verraden.

Toen ik in 1959 docent was aan de universiteit van Mérida, was ik verantwoordelijk voor het over de Colombiaanse grens smokkelen van mensen. Dus ik wist precies hoe ik ons kon wegkrijgen. Bij elke grenspost keken ze naar ons uit, dus we moesten wachten, en het landgoed van Terán was de beste en veiligste plek om dat te doen. Met de hulp van Jaimes arbeiders zagen we kans om aan de speurhonden van de regering te ontsnappen.

De normale gang van zaken was dat als een revolutionair of misdadiger eenmaal het land uit was, hij kon doen en laten wat hij wilde, zolang hij maar niet terugkeerde. De wereld was vol verbannen Venezolanen die een nieuw bestaan leidden tot ze officieel amnestie of vergiffenis kregen. Zo was het niet in ons geval. Wij werden in het buitenland nog achtervolgd.

Dus we ontsnapten, maar we waren gedwongen om onze doelstellingen te wijzigen. In plaats van mijn volk te willen redden, moest ik mijn eigen huid redden. De twee jaar daarop was ons enige doel in leven blijven. Alles wat we deden, werd gadegeslagen door de CIA.

Achteraf gezien besef ik dat de CIA en Interpol ons ondanks al onze voorzorgsmaatregelen een groot deel van de tijd dat we tussen eind 1969 en 1971 in Italië, Londen, Oxford en Stockholm zaten behoorlijk in de peiling hadden. Dat roept de vraag op waarom ze ons dan niet doodden of lieten doden. Ik begrijp nu dat de Venezolaanse regering ons wel dood wilde hebben, maar dat we voor de Amerikaanse regering levend nuttiger en interessanter waren. Ze wilden zien met wie we praatten, aan wie we schreven en met wie we samenkwamen. De CIA wist dat er iets gaande was, want ze hadden brieven onderschept die we met de Cubanen hadden gewisseld.

Onbeschaamd opportunistisch, in aanmerking genomen dat ze nog maar twee jaar geleden hun handen van ons hadden afgetrokken, begonnen de Cubanen ons in 1970 als een waardevol wapen te beschouwen. Ze zagen ineens het voordeel van een onafhankelijke groep die kon worden ingezet als er in een reëel bestaande situatie hulp nodig was. Dit was iets wat onze groep ook wilde, vooropgesteld dat degenen met wie we te maken kregen geen communisten waren. Onze groep (die in ballingschap uit mijzelf, Elías, Jaime en Chilo bestond) was inmiddels uitgesproken anticommunistisch.

Vóór de overval op de Royal Bank hadden we een tamelijk grote groep aanhangers onder het gewone volk, maar alle steun van intellectuele zijde waren we kwijtgeraakt. Het communisme en het communistische gedachtegoed domineerden nog steeds de wereld van de linkse politiek. Onze totale verwerping daarvan had ons van de meeste van onze voormalige medestanders vervreemd, en ook van onze meeste vrienden. Onze aanhang bestond uit mensen die zagen hoe we te werk gingen, die zagen dat we serieus waren en echt veranderingen ten goede probeerden te bereiken. Hoe groots onze dromen ook waren geweest voordat we in het oosten aan land gingen, nu wisten we dat we ook op kleine schaal en bij een plaatselijk probleem effectief konden zijn. Aangezien het er veel van had dat we niet alleen op dat moment niet naar Venezuela konden terugkeren, maar dat dat nooit meer zou kunnen, waren we op zoek naar een surrogaatmoederland met een nationalistische, socialistische inslag, maar zonder een beweging die onder direct gezag van de sovjets, de Chinezen of de Cubanen viel. En we waren er niet zozeer op uit om aan een buitenlandse revolutie deel te nemen als wel aan buitenlands verzet. Dat verzet moest betrekking hebben op geweldpleging of openlijke misstanden.

Na de overval op de Royal Bank of Canada barstte er in de kranten van Venezuela een smaadcampagne los die met name tegen mij gericht was. Bovendien werd ik vanaf die tijd pas echt als 'een vijand van het volk' beschouwd. Ik stond als zodanig al sinds mijn vijftiende geregistreerd maar tot 1969 was het een betekenisloze titel geweest. Sindsdien hangt aan vrijwel elke bankoverval en elke misdaad die vanaf 1969 in Venezuela heeft plaatsgevonden mijn naam als een soort etiket van de maker.

Let wel, na de Royal Bank hebben ikzelf en onze groep ons met geen enkele bankroof meer ingelaten, in Venezuela noch elders. Iedereen die ook maar iets over het onderwerp weet, zal me onmiddellijk tegenspreken, maar ik herhaal: het is echt waar. Geloof me nou maar. Ik maak schoon schip, of ik daarbij nu goed of slecht uit de bus kom. Ik weet dat er honderden pagina's verslagen en op band vastgelegde bekentenissen over mijn deelname aan andere bankovervallen bij de geheime diensten van Venezuela en de cia in de archieven liggen, maar die zijn vals.

Waarom valt mijn naam dan toch in verband met zoveel andere zaken? Ik kan drie redenen bedenken. Ten eerste was die overval bij de Royal Bank een belediging van zowel de Venezolaanse als buitenlandse autoriteiten, het doelwit was tenslotte een Canadese bank. En ten tweede, omdat het net als de Grote Treinroof in Engeland zo'n geweldige belediging voor de autoriteiten was, verzamelde de vervolging die daarop losbarstte verdichtsels als een sneeuwbal op een skihelling. En vergeet niet dat het verhaal uit Latijns-Amerika kwam, de bakermat van het magisch realisme en de tempel van de grove overdrijving.

En ten slotte moest mijn naam voortdurend vallen in linkse, communistische, revolutionaire en criminele kringen, doodeenvoudig omdat het de naam was die iedereen kende. Niet in de laatste plaats omdat ik vrijwel nooit mijn schuilnaam gebruik: iedereen wist dat ik, Otto, Oswaldo Barreto Miliani heet, en ze wisten ook dat ik het brein achter allerlei uiteenlopende operaties was. Dus ruim honderd sleutelfiguren wisten dat ik dingen wist die zij niet wisten; en ze wisten dat ik de strateeg of de adviserend strateeg van de hoge piefen was.

Revolutionairen gaan met criminelen om: dat moeten ze wel, om wapens, valse identiteitsbewijzen enzovoort te bemachtigen. Na de gewapende strijd kwamen vele voormalige revolutionairen bijna als vanzelf in de misdaad terecht. Dus als je alleen een eerste contact meerekent, kenden al meer dan tweeëntwintigduizend mensen in de onderwereld mijn naam. Na de klus bij de Royal Bank stond ik niet alleen bekend als revolutionair en denker, maar ook als bankovervaller. En, zoals ik al vaker heb gezegd, wie gemarteld wordt, gaat uiteindelijk praten. Het is fysiek onmogelijk om dat niet te doen. Iemand zegt 'Oswaldo Barreto' en dan is het afgelopen. Hoe vaker dat gebeurt, hoe meer overvallen er voor mijn rekening komen, tot mijn kerfstok eruitziet als de beddenspijlen van Casanova.

Het maakt niet uit hoeveel dossiers de autoriteiten hebben waaruit mijn betrokkenheid bij tientallen zo niet honderden overvallen blijkt. Het klopt gewoon niet. Ik heb de Royal Bank of Canada gedaan. Die is van mij. En dat heb ik goed gedaan.

# 51

Toen ik in december 1969 naar Bologna ging, was ik vijfendertig. Als ik nu mensen van die leeftijd zie, vind ik ze jong. Maar toen ik voor het eerst op mijn smalle ijzeren bed in San Petronio Vecchio ging liggen, voelde ik me alsof ik een dozijn levens had geleefd en verspild, en ik was uitgeput. Ik was niet oud, maar ik was veruit de oudste van de groep. We waren een groep die klaar voor actie was, maar in een vrij unieke positie van inactiviteit – om niet te zeggen apathie – was gedwongen.

Jarenlang had ik mijn droom gevolgd. In Bologna werd ik gedwongen om toe te geven dat ik mezelf op een dood spoor had gezet. Ik had jammerlijk gefaald en ik voelde me er ellendig onder. Van het redden van mijn volk was ik gereduceerd tot het redden van mijn groep. We zaten met z'n drieën in een vreemd land, zonder bezigheid en met allerlei mensen op onze hielen. Aangezien ik de strateeg en polyglot was, en de onbezoldigde Europeaan, was het aan mij om te zorgen dat ons niets overkwam, dat we bij zinnen bleven en dat we daar uiteindelijk wegkwamen. Het enige wat we over hadden, was onze loyaliteit jegens elkaar. Als drie schooljongetjes zwoeren we plechtig dat wat er ook mocht gebeuren, we bij elkaar zouden blijven en niet naar Venezuela zouden terugkeren tot dat veilig was voor ons alledrie. Als dat betekende dat we de rest van ons leven in ballingschap moesten doorbrengen, zouden we – tot aan de dood – altijd nog elkaar hebben.

Onze eerste maand in Bologna kenmerkte zich door een bijzondere mengeling van lethargie en gespannen activiteit. Met name Elías wisselde lange periodes van slaap af met enorme uitbarstingen van energie. Elke keer als hij naar buiten ging, nam hij nieuwe hobby's op. Hij ging bij een vliegclub en een fotografieclub. Hij maakte kennis met een stel uit Santo Domingo en vond dat we allemaal direct daar naartoe moesten vertrekken. Hij was als een opwindsoldaatje dat te strak was opgewonden. Als hij 'actief' was sliep hij niet, maar las en studeerde hij. Zo probeerde hij alsnog de formele scholing die hij nooit had gehad erin te rammen in ons ijskoude zolderappartement.

Jaime daarentegen was in een staat van shock. Hij was zwaar getraumatiseerd door zijn eerdere ervaringen in de gevangenis en hij wist dat hij een tweede opsluiting niet zou overleven. Toen we Venezuela uit vluchtten, waren we zo vaak bijna gepakt dat hij aan het eind van zijn Latijn was. Toen we in Italië aankwamen, ging hij in bed liggen en deed een zelfopgelegde slaapkuur van een aantal weken, waarbij hij zich alleen vertoonde om te eten, als een slachtoffer van de slaapziekte-epidemie die in de jaren dertig Caracas had getroffen.

Vlak voordat we de Royal Bank beroofden, had ik een relatie met Chilo. Omdat ik haar volledig buiten de bankoverval wilde houden, gingen we tijdelijk uit elkaar. Na de overval, toen we verraden werden en alles in elkaar stortte, zat zij in Caracas en ik in de Andes. Als mijn vriendin was zij een van de eerste mensen die werden gearresteerd. Toen ik naar Italië vluchtte, wist ik dat ze nog steeds in de gevangenis zat, en ik wist ook wat onze politie met mensen in de gevangenis deed. Het maakte voor hen niet uit dat ze een vrouw was. En elke dag dat wij en andere leden van de groep, die verspreid over de aardbol zaten, in vrijheid doorbrachten, wist ik dat Chilo, die ons had kunnen verraden – ze wist bijvoorbeeld waar we ons schuilhielden – dat niet had gedaan.

In Puerto la Cruz had ik met Chilo samengewoond omdat ik verliefd op haar was. In de nasleep van de overval op de Royal Bank kwam er bij die liefde een intense bewondering en zo'n groot gevoel van dankbaarheid naar boven, dat ik uiteindelijk als was in haar handen werd en de balans in onze relatie zoek was. Maar ik loop op de zaken vooruit. Vooralsnog, in Bologna, verlangde ik naar haar en rouwde ik om haar, en ik kon me geen toekomst voorstellen zonder haar. Ze was onze gevallen soldaat. In tegenstelling tot Albertico, die in de strijd was gesneuveld, hadden we Chilo achtergelaten. Ik kon niet teruggaan om haar te redden, maar ik wilde zoveel mogelijk contacten aanspreken als ik kon om haar te helpen. Aangezien ik in de afgelopen acht weken zo'n beetje al mijn contacten was kwijtgeraakt, kende mijn gevoel van falen en frustratie geen grenzen.

Hoe hard ze het ook probeerden, de Venezolaanse regering kon geen enkele link vinden tussen Chilo en de Royal Bank. Die was er ook gewoon niet. Juist daarom hadden we ervoor gekozen om een tijdje uit elkaar te gaan. Ze was geen medeplichtige, ze was mijn minnares geweest. Zelfs in Venezuela is het geen misdaad om het bed met iemand te delen.

Met de dag zonken wij drieën op ons schuiladres in Italië dieper weg in een gevoel van zwaarmoedigheid en hopeloosheid. Zelfs Elías vond het moeilijk om optimistisch te blijven. Berichten over de vervolging van iedereen die op wat voor manier ook met ons verbonden was, deden ons besluiten om verder te trekken om onze Bolognese redders niet in de problemen te brengen. Het was een tijd van ernstige politieke onrust in Italië. De Rode Brigades beleefden hun bloeiperiode, de Italiaanse politie vervolgde aanhangers van links en martelde gevangenen. Italië was een politiestaat onder strenge bewaking. Onze beschermers hadden zelf al genoeg problemen zonder ook nog eens de last te moeten dragen van het verbergen van drie gevluchte Latijns-Amerikaanse bankrovers.

We bespraken dit met onze gastheren, die edelmoedig weigerden ons gelijk te geven, maar ondanks hun verzekering dat we zo lang mochten blijven als nodig was, besloten we een geheel nieuwe plek aan te doen terwijl de zaak een beetje tot bedaren kwam. Onze keus viel op Londen.

Tot dat moment had geen van ons ook maar iets met Engeland te maken gehad, maar Jaime, met zijn nobele labastida-erfgoed, was een ongelooflijke anglofiel. Hij was vrij apathisch geweest na ons vertrek uit Venezuela. Weg van zijn haciënda was hij als een vis uit het water en ademde hij nauwelijks, maar toen we moesten beslissen waar we heen gingen, wilde hij per se naar Engeland. Aangezien we van Jaimes privé-inkomen leefden, moesten we ons min of meer neerleggen bij zijn keus. Elías en ik waren bepaald niet tegen, want we zagen er allebei het nut van in om ergens heen te gaan waar niemand ons kende, waar de politie bekendstond om haar zachtaardigheid en waar we alledrie Engels konden leren. Wat we ook in de toekomst zouden doen of waar we ook heen zouden gaan, kennis van het Engels, de 'universele taal', zou altijd van pas komen.

Niet alleen kende niemand ons in Engeland, wij wisten er evenmin ook maar iets van af. Het eerste was gunstig, het tweede niet. Zo gingen we bij aankomst naar een huisvestingsbureau voor toeristen en kregen een huurhuis aangeboden op een 'steenworp afstand' van het centrum van Londen. We waren gedwongen om iets te huren, omdat we bij hotels het risico liepen dat onze valse paspoorten ons zouden verraden. Ik kende Zuid-Londen of de grauwe wijken Belham en Clapham niet, maar na een huurcontract voor zes maanden te hebben getekend voor een vervallen rijtjeswoning aan Abbeville Road in Clapham South leerde ik de omgeving meer dan goed kennen. Op ons huis was zo'n Engelse huurovereenkomst van toepassing waarbij een extra kamerbewoner bij de huur blijkt te zijn inbegrepen. Onze 'bekoorlijke woning' werd compleet geleverd met een mysterieuze Pakistani die uitsluitend leek te leven op kurkuma, rijst en marmelade – die hij twee keer per dag in ónze keuken bereidde. Hoe hard we het ook probeerden, deze Pakistani weigerde te praten of zelfs maar ons bestaan te erkennen, en beperkte elk contact tot bangelijke blikken terwijl hij kookte. Jaime, die het verbouwen van suiker met de paplepel ingegoten had gekregen, was een enorme zoetekauw en leed aan ernstige stemmingswisselingen als hij geen toegang had tot een constante voorraad aardbeienjam en sinaasappelmarmelade. Onze naamloze Pakistaanse kamerbewoner plunderde voortdurend Jaimes voorraad marmelade. We konden er niet achter komen hoe en wanneer hij dat deed, we wisten alleen dat hij het deed, en we probeerden dit op allerlei manieren tegen te houden.

Het niveau van ons bestaan in ballingschap daalde af naar een absoluut dieptepunt. Eens dachten we na over het lot van hele naties en regio's, nu dachten we alleen nog na over hoe we onze voorraad sinaasappelmarmelade konden verbergen, en later hoe we er alcohol door konden mengen. Het andere opvallende kenmerk van onze geërfde kamerbewoner was een droge hoest die de dunne voorstedelijke muren deed schudden en mijn toch al ernstige slapeloosheid nog erger maakte. Later zou die hoest ook mijn longen in de vernieling helpen.

Ongeveer een maand nadat we naar Londen waren verhuisd, werd Chilo vrijgelaten en ze vloog naar Londen om zich bij ons te voegen. Zo kwam onze groep uit vier mensen te bestaan. Maar los van een groep van vier strijders waren we vier oorlogvoerende facties die zich overgaven aan kleinzielige ruzies om de meest on-benullige dingen. Onze militaire strategie en criminele activitei-ten beperkten zich tot het langzaam leegroven van de boeken-planken van een aan de Theems gelegen internationale boekhan-del en die over te brengen naar onze kleurloze voorstedelijke huiskamer. Ik bracht mijn tijd door met lezen en studeren. Via omwegen probeerde ik contact te houden met mijn niet-Venezo-laanse vrienden en kameraden uit het verleden, waarbij ik de ban-den aanhaalde met Salvador Allende in Santiago en met diverse Cubaanse en Algerijnse collega's (hoewel men mij in Cuba offi-cieel nooit had vergeven dat ik Fidel 'in de steek had gelaten' en zijn bevelen had genegeerd).

Ik kan niet veel zeggen over onze tijd in Londen. Het was een vreemd, grauw intermezzo. We voerden niets uit en gingen zwaar gebukt onder ons falen. Het nieuws van het thuisfront was stee-vast slecht, en het idee dat we gedoemd waren om de rest van ons leven rond te zwerven zonder ooit naar huis te kunnen terugke-ren, was het ergste aspect aan onze ballingschap.

Na me mijn hele leven met politiek te hebben beziggehouden, soms tegen wil en dank, voelde het merkwaardig aan om in een land te wonen dat elke discussie over het onderwerp van tafel veegde door die als 'saai' te classificeren. De politieke apathie was er zo groot dat ondanks het universele stemrecht minder dan de helft van de stemgerechtigde bevolking van Groot-Brittannië de moeite nam om te gaan stemmen, en als het op de dag van de ver-kiezingen regende, zo werd me verteld, bleef nog eens een zoveel-ste deel van de bevolking van het 'glorierijke' Engeland weg bij de stembureaus. Áls het regende? Sinds onze aankomst had het nog geen dag níet geregend!

Waar mijn omzwervingen me ook hadden gebracht, hoe exo-tisch of onbekend een cultuur ook was, er was altijd een manier om die binnen te komen. In Londen had ik niet alleen het gevoel dat ik in een vreemd land zat, maar zelfs in een andere wereld, een die ondoordringbaar was. Ik denk dat de uitdaging om een kiertje te vinden waardoor ik naar binnen kon mijn drijfveer was om door te gaan. Als socioloog wilde ik graag uitvinden hoe het in hemelsnaam zat met de hippies en zakenlieden, de immigranten en de autochtonen, de snobs en de arbeiders, de vandalen en de dronkelappen, de Ieren en de IRA, de communisten en de socialisten, Labour en Conservative, de Liberals en de vakbondsleden en de neonazi's. Er waren zoveel groeperingen die in mijn ogen zo bizar waren, dat Venezuela er heilig bij leek.

Nadat ik een paar jaar de Britse maatschappij had geobserveerd, bracht ik het tot een paar conclusies, maar het was een verbijsterend, bijna surrealistisch proces. Er was sprake van een bijna onwankelbare status-quo. Zelfs de communisten vormden van oudsher een kleine minderheid van fanatiekelingen die erg weinig steun vonden, omdat Engeland uitblinkt in tolerantie. De Engelsen staan in het buitenland bekend om hun hypocrisie. Engelsen spreken met een gespleten tong, die in eigen land 'diplomatie' of 'tact' wordt genoemd. Wat de nadelen van deze benadering ook mogen zijn, historisch gezien heeft dit tot een tolerantie geleid voor zelfs de meest excentrieke elementen in de maatschappij. Dat wil niet zeggen dat zulke elementen worden geaccepteerd, maar doordat ze worden getolereerd kan zich nooit een bepaalde wrok opbouwen en tot uitbarsting komen, zoals je wel ziet in Latijns-Amerika. Deze hypocrisie, of 'de kunst van het compromis', effent alle hobbels en maakt alles nogal karakterloos en ongeïnspireerd. Niemand kan zeggen dat Engeland zus of zo is, omdat alles een kwikzilverachtige kwaliteit heeft, met inbegrip van de taal. Toen ik net Engels begon te leren, werd ik getroffen door het bizarre karakter van de grammatica met al haar uitzonderingen. Niets kan ooit helemaal goed zijn en evenmin kan het helemaal fout zijn. Er is altijd ruimte voor een compromis.

Dus alles gleed voort in een lege, mistige vorm tot 'BOEM!' er ergens in de stad een bom van de IRA ontplofte. Bommen en bommeldingen waren niet iets wat maar één of twee keer voorkwam, ze maakten deel uit van het Londense leven. Ik werd geacht een expert in geweld te zijn, en toch begreep ik niets maar dan ook niets van de ethiek van terroristische groeperingen of het terrorisme op zich. Ethiek lijkt niet het juiste woord, ik wilde weten wat die mensen dreef. En de reactie van de inwoners van Londen was voor mij onbegrijpelijk. Als er in het centrum van Caracas of Valera een vuurpijl, laat staan een waanzinnig grote bom, zou afgaan, zou de stad op zijn achterste benen staan! Als in Londen een bom ontplofte, gingen de Londenaren binnen tien minuten 'verder met hun leven', alsof er niets was gebeurd. Vóór Londen placht ik te denken dat alles wat ik had gehoord over kalm blijven als je onder vuur werd genomen een verzinsel was, maar ik heb het zelf meegemaakt en ik zag dat het een talent of misschien een kunst was. Maandenlang begreep ik niets van die maatschappij, en het zat me echt dwars dat het me niet lukte de juiste golflengte te vinden en erop af te stemmen.

Daar zaten we dan in Zuid-Londen, worstelend met het Engelse klassensysteem, pogend om inzicht te krijgen in de ontelbare nuances van de aristocratie, de lagere adel, de upper middle class, de middle class, de lower middle class, de arbeidersklasse en de daklozen, terwijl we tegelijkertijd onze vervolgers en hun internationale netwerk van spionnen en informanten een stap voor probeerden te blijven, toen Jaime weer met een labastida kwam.

Het was begin maart en de wind had net een vroege lentepoging van de enige, miezerige goudenregen in onze straat de kop ingedrukt. Er waren bijbelse regens geweest die zelfs Elías bijna een hele week lang aan huis hadden gekluisterd, maar op die dag was het weer alleen grijs en stormachtig. Jaime was een aantal weken niet buiten geweest en tussen siësta's door had hij als een gekooide panter heen en weer geijsbeerd over onze smalle overloop. Vanaf zijn dagbed – een lelijke bruine bank met kapotte springveren, waarop hij las, sliep en naar het vergeelde plafond staarde – kondigde hij aan: 'Ik ga naar buiten.' Het was geen wereldschokkende aankondiging, maar wij vonden het bijzonder omdat hij nooit naar buiten ging. Hij was in de loop der tijd weggezonken in een bijna volledige inertie, die onze verhuizing naar Londen niet had kunnen doorbreken, ook al was het zijn keuze geweest. Elías en ik keken op van onze studieboeken toen hij zijn corduroy jack greep, de trap af sprong en de voordeur uit ging, die hij met een klap dichtsloeg.

'Wat heeft die ineens?' vroeg ik.

Elías haalde zijn schouders op. 'Duidelijk een vrouw. Misschien heeft hij een afspraakje.'

'Hoe kan hij nou een afspraakje hebben als hij nooit van de bank komt?'

Elías haalde weer zijn schouders op en keerde terug naar zijn vlieghandleiding. Hij was zich aan het voorbereiden op het schriftelijk examen voor zijn vliegbrevet.

Elías bleek gelijk te hebben. Jaime had wat hij 'een afspraakje met het lot' noemde. Vanaf dat moment was er niets meer met hem te beginnen. Zijn intuïtie had hem opgedragen om op straat te gaan staan, wat hij deed, op de hoek van Abbeville Road en de South Circular. Binnen tien minuten liep hij letterlijk tegen een meisje aan – was het maar een vrouw geweest, zoals Elías had gesuggereerd, maar het was een schoolmeisje – en hij was op slag verliefd.

Binnen een halfuur had hij haar naar haar huis gevolgd en zich naar binnen weten te werken in haar moeders keuken. Binnen twee uur had hij haar bijna alles gegeven wat hij buiten Venezuela bezat. Binnen vierentwintig uur had hij haar naar ons schuiladres gebracht, haar al onze namen verteld met inbegrip van onze codenamen en zijn echte, had hij haar verteld waar hij vandaan kwam en wat zijn achtergrond was en ten slotte had hij haar ten huwelijk gevraagd!

Dit verhaal is te boek komen te staan als de ultieme romance. In die tijd zag Jaime het ook als zodanig en hij duldde geen verzet tegen zijn gekozen bruid, maar Elías, Chilo en ik waren ontzet door de stupide manier waarop hij ons had blootgegeven en tot schietschijf had gemaakt. Ik werd bevangen door hetzelfde defaitisme als waarvan Lunar me in het oosten had beschuldigd en ik besloot om mijn lot in de handen van de goden te leggen. Als ik vermoord of gearresteerd zou worden vanwege Jaimes loslippigheid, dan moest het maar! Ik was onderhand zo uitgeput dat ik amper de energie had om uit bed te komen, laat staan om ervandoor te gaan. Elías daarentegen pakte zijn tas in en vertrok direct naar Stockholm.

'Waarom Stockholm?' vroeg ik hem.

Hij haalde zijn schouders op en zei: 'Waarom niet.' Langzaamaan werd duidelijk dat Lisaveta, Jaimes zestien jaar oude doelwit, ons niet zou aangeven bij de politie, maar, zeer tot mijn wanhoop en Jaimes verrukking, vatte ze het huwelijk met een vreemde heel letterlijk op en maakte ze aanstalten om permanent bij ons in te trekken.

Ik dacht dat ik nooit meer zou bidden, maar toen ik die lange winternachten in bed lag te zweten, met op de achtergrond het gehoest van de Pakistani en het verliefde gefluister van Jaime en zijn kindbruidje in spe, bad ik dat ze weg zou gaan of dood zou neervallen, want ik had een hekel aan haar. Wat hadden ze nou om over te fluisteren? Jaime sprak geen woord Engels, en zijn leeghoofdige aanstaande sprak geen woord Spaans. De *caudillo* uit de Andes had haar een aanzoek gedaan met behulp van een woordenboek. Lisaveta sprak wel Frans en ik sprak ook Frans, maar de aanstaande bruidegom niet. Dus om het allemaal nog erger te maken, werd me constant gevraagd om hun onzin te vertalen. Ik zeg 'onzin' omdat het onzin was.

Lisa, zestien jaar jong, noemde zichzelf een 'dichteres' en een 'schrijfster' en mat zich een air aan van wonderkind omdat ze al sinds haar derde Engelse fictie las. Als ze aan een quiz over de achttiende- en negentiende-eeuwse Engelse roman had deelgenomen, had ze misschien geschitterd, maar van andere onderwerpen wist ze zo weinig dat het verontrustend was. Ze had geen enkele Spaanse, Latijns-Amerikaanse, Italiaanse, Duitse of Tsjechische schrijver gelezen. Sterker nog, als een roman niet Engels was, had ze er nog nooit van gehoord. Geïrriteerd, maar ook in een poging onze huid te redden, stelde ik alles in het werk om te maken dat ze ons met rust liet. De afkeer was wederzijds. Met haar gebrek aan inzicht in de dynamiek of geschiedenis van onze groep, werkte haar overdreven bescherming van Jaime bij mij als een rode lap op een stier. De bedreigde soort in die groep waren Elías en ik!

Alle onnozele dingetjes die aan mijn zenuwen knaagden, waren net zozeer een reactie op mijn eigen gevoel van falen. Het waren dingen waar ik me nooit mee had beziggehouden, omdat ik vroeger een leven en een doel had. Het enige wat ik nu nog voor me zag, was een afgrond. Ik merkte dat het zelfs invloed had op mijn lichaamstemperatuur. Mijn koortsachtige gedachten leken me echt koorts te hebben gegeven. Elke nacht dat ik in mijn kamer lag te zweten en naar het gehoest van de Pakistani luisterde, wilde ik dat ik de vraag kon beantwoorden waar het in godsnaam fout was gegaan. Ik had nogal wat om uit te kiezen! Er was niet één punt geweest, maar wel twintig! We probeerden wat enthousiasme op te brengen voor ons leven in Londen, maar ikzelf had het leven nog nooit zo zwaar gevonden. Ik had me nooit eerder verveeld en was het leven nooit beu geweest, maar nu was soms sprake van allebei. De hoogtepunten van ons leven bestonden uit eindeloze tochtjes naar de poste restante van het centrale postkantoor aan Trafalgar Square. Post was een verzetje – ondanks het grimmige nieuws dat het steevast bevatte – en het was onverdraaglijk als er niks was.

Na een tijdje kregen we een ansichtkaart van Elías uit Stockholm. Het was goed nieuws: hij was op de terugweg. Aangezien we alleen elkaar hadden, voelde niets goed tenzij we bij elkaar waren. Het feit dat heel weinig goed leek als we bij elkaar waren, negeerde ik liever. Onze groep had veel weg van een slecht huwelijk, maar het was ons enige vlot op een ruwe zee, dus klampte ik me er met beide handen aan vast.

Ik was altijd gewend dat er nooit genoeg uren in een dag gingen, maar in Londen doodden we de tijd. Als we naar buiten gingen, waren we vaak gedwongen om op de meest stupide plekken voor de motregen te schuilen. We dwaalden door warenhuizen en showrooms met elektrische apparaten. Een keer lieten we zelfs onze longen doorlichten in een mobiele medische post, alleen maar om elkaar te kunnen vertellen dat we die dag iets hadden gedaan. Jaime doodde de tijd met eindeloos tv te kijken. Het was het meest irritante aan hem. Hij stond erop om zelfs als hij sliep het beeld in de hoek van de huiskamer te laten flikkeren. We leefden dus in een continue zwart-witte monoloog van zwaarmoedigheid. Het nieuws was bijzonder deprimerend: de West-Duitse ambassadeur in Guatemala was ontvoerd en vermoord, slechts een paar dagen nadat een andere diplomaat in Argentinië was ontvoerd, en de twee zaken stelden Latijns-Amerika in een kwaad daglicht. Opeens was elke Londense winkelier en buschauffeur een expert in Latijns-Amerikaanse politiek. En ik zag Lisa naar me kijken en zich afvragen of ik deel uitmaakte van hun groep, alsof Guatemala-Stad een buitenwijk van Caracas was, en alsof omdat ik links was het dáárom mijn schuld was. Ik voelde me al zo schuldig vanwege mijn eigen mislukkingen dat het me buitenproportioneel raakte als ze dat soort dingen liet merken. Ik wist dat het niet logisch was, maar het werd een gewoonte om Lisa, de indringer, de schuld te geven van alle dagelijkse misstanden. Ik gaf haar de schuld van alles wat Engels was.

Ik zat in zo'n diep dal dat ik niets goeds aan haar wilde toeschrijven, dus ondanks dat ik het in die tijd niet wilde erkennen, was het in feite dankzij haar moeder, Joanna (die ik tien keer hoger had zitten dan die preutse en nietszeggende dochter), dat ik eindelijk Engeland en de Engelse maatschappij begon te begrijpen. Toen het weer opklaarde, liet Joanna ons kennismaken met verrukkingen als de Botanical Gardens in Kew, het Maritime Museum in Greenwich, boottochtjes over de Theems, de plaatselijke bibliotheek, Guy de gorilla in de London Zoo, een Poolse delicatessenzaak die echt voedsel verkocht en afternoon tea in de Ritz, om er maar een paar te noemen.

Lisa was een van die mensen die nergens op aandrong. Ze zei bijna nooit wat, en als ze wat zei, had ze niet echt een mening. Ze kon zelfs geen kop thee bestellen zonder haar minnaar of haar moeder te raadplegen. Toch was ze op de een of andere manier in staat om leeghoofdig en koppig tegelijk te zijn. Voor ons als groep was haar ergste eigenschap dat ze altijd per se in de belachelijkste, extravagante outfits wilde rondlopen. Hoe sterk Elías, Chilo of ik ook protesteerde, ze weigerde om zich normaal te kleden. En als ik extravagante kleding zeg, dan bedoel ik theaterkostuums, edwardiaanse japonnen, hoeden ter grootte van een schaakbord, handschoenen tot ellebooglengte en God weet wat nog meer! Ik vond altijd dat ze er idioot uitzag, maar had het me onder normale omstandigheden kunnen schelen wat een tiener aantrok? Het ging erom dat dit geen normale omstandigheden waren. We waren op de vlucht. We waren ons leven niet zeker en Lisa was als een wandelend reclamebord dat aangaf: 'Kijk nou naar ons. Kijk hier eens!'

## 52

Met het verstrijken van de weken moest ik verbitterd toezien hoe ons schuiladres in een soort geforceerde peuterspeelzaal veranderde. We reisden allemaal voor een korte tijd naar Parijs om mijn zus Marina te bezoeken en contact te maken met de mensen daar. Maar in sommige opzichten was Frankrijk nog deprimerender dan Engeland. In Londen waren we eenzaam en verveelden we ons, maar we waren er tenminste niet bekend. In Frankrijk liepen we veel meer gevaar en de bijna unanieme afwijzing door voormalige vrienden kwetste ons diep. Alles wat er van onze groep over was, waren wij, drie mannen en Chilo. Nu Lisa op het toneel was verschenen, begon ik te vrezen dat Jaime haar zodra het kon mee terug naar de Andes wilde nemen. Van ons allemaal was Jaime degene die de meeste kans maakte om amnestie van de regering te krijgen. Hij werd niet gezocht vanwege de overval op de Royal Bank, omdat hij daar niet bij betrokken was geweest. Aangezien talloze familieleden van hem hooggeplaatst waren, was het alleen een kwestie van tijd voordat hij amnestie zou krijgen. Zijn verlangen om naar huis te gaan was volgens mij de schuld van Lisa.

Op een avond werd aan de deur geklopt. Op de drempel stonden tegen de nachtlucht afgetekend twee politieagenten in uniform. Ze drongen langs Chilo heen naar binnen. Het huis was een smal rijtjeshuis met een trap die rechtstreeks naar de zitkamer leidde. Voordat ik een stap had kunnen verzetten, stonden de politieagenten al boven aan de trap. Elías, die een katachtig vermogen had om dreigend gevaar op te pikken, was de badkamer in gedoken, had de deur afgesloten en was via een raam op de begane grond weggevlucht. Jaime was tot halverwege zijn slaapkamer gekomen en was toen onderschept.

Ik lag op de uitgezakte, oude sofa. Ik keek op naar de politieagenten die boven me uit torenden en ik dacht: ze gaan me doodschieten. Toen bedacht ik dat Engelse politieagenten geen wapens dragen – of in elk geval niet in 1970. Ze vroegen me ernstig of ik die en die was (de schuilnaam die ik toen gebruikte). Het was me te veel moeite om nee te zeggen, dus ik zei: 'Ja.'

Zij zeiden: 'Wilt u met ons meekomen, meneer?' Ik stond op. Ik zag dat Jaime naar me keek, en ik zag Chilo. Ze maakten zich allebei zorgen om me. Ik maakte me geen zorgen om mezelf. In zekere zin was het een opluchting dat het voorbij was.

De politieagenten namen me mee in hun grote, zwarte auto. Door het raam zag ik Elías in de schaduw weggedoken staan toekijken hoe de politieauto onder begeleiding van zijn eigen sirene in de avond wegreed.

Daarna kwam de beste tijd die ik ooit in Engeland heb gehad. De politie was me komen ophalen omdat uit de röntgenfoto die bij de mobiele medische post was gemaakt was gebleken dat ik zware TB had. In Engeland is het bij de wet verboden om met een besmettelijke ziekte rond te lopen, dus ze kwamen me ophalen en stopten me in een sanatorium even buiten Oxford.

413

De uitputting, koortsen, hoofdpijn, nachtelijke zweetaanvallen en pijnlijke ledematen waren niet, zoals ik had gedacht, de bijeffecten van het feit dat ik mijn leven had verpest; het waren symptomen van tuberculose. Van de ene op de andere dag veranderde mijn leven. In die kliniek werd ik vertroeteld en verzorgd door de liefste verpleegsters die ik ooit heb ontmoet.

Ik bracht daar een idyllische zomer lezend en schrijvend door. Eens in de veertien dagen kwamen de anderen me opzoeken. De verpleegsters en patiënten leerden me Engels en ik herwon de kracht en de zin om te leven. Vroeg in de herfst mocht ik buiten het sanatorium verder herstellen, en de rest van mijn groep, Lisa incluis, verhuisde naar Oxford zodat we samen konden zijn. We huurden een appartement in het Cotswold Lodge Hotel en alles begon er een stuk zonniger uit te zien.

Terwijl ik in het sanatorium lag, was Jaime bij Lisa en haar moeder ingetrokken en verdergegaan met de voorbereidingen voor een echte bruiloft. De twee waren nogal openlijk plannen aan het smeden om naar Venezuela te gaan om Jaimes voorouderlijke haciënda te bestieren. Elías had Zweden bezocht en was met een gloednieuwe Mercedes teruggekomen, vraag me niet hoe. En Chilo had intussen genoeg gekregen van onze relatie.

We waren van Bologna naar Londen vertrokken om de druk op onze vrienden daar wat te verlichten. En vervolgens waren we daar langer dan de bedoeling was gebleven, deels vanwege Lisa – Jaime weigerde om zonder haar ergens heen te gaan – en deels vanwege mijn TB. Ons 'meesterplan' was echter altijd geweest om in Italië onze basis op te zetten en dan te wachten op de SAS-achtige missies die naar ons idee op onze weg zouden komen.

Intussen had mijn broer José zijn studie geologie aan de Lomonosov-universiteit in Moskou afgerond en zou na een afwezigheid van zeven jaar naar huis gaan. Hij reisde via Engeland en kwam me opzoeken. Aangezien ik Venezuela waarschijnlijk nooit meer zou kunnen bezoeken, brachten we samen wat tijd door. José en Lisa werden dikke vrienden. Hij haalde me over om het met haar bij te leggen, en om nu eens op te houden met dat gejeremieer over haar onwetendheid en in plaats daarvan haar opleiding ter hand te nemen. Het had op mij een therapeutisch effect om weer les te geven, en ik hoop dat het voor haar ook de moeite waard was.

Na de 'wittebroodsweken' waarin alle leden van de groep blij waren dat ik weer uit het ziekenhuis was en wij herenigd waren, verslechterde de huiselijke sfeer rap tot eindeloos gekibbel en geruzie. Jaime en Lisa formaliseerden hun merkwaardige relatie waarin ze beiden heel gelukkig leken te zijn zonder door iets anders te zijn verbonden dan hun gedeelde intuïtie dat het lot hun had samengebracht. Het kindbruidje had een nauwere band (dacht ik achterdochtig) met Elías dan met haar echtgenoot. Elías en zij verschilden het minste in leeftijd – zij was zeventien, hij zesentwintig – en ze deelden een aangeboren *joie de vivre*. Ik bezag die parallelle relaties en merkte tot mijn schande dat ik op beiden jaloers was. Intussen maakten Chilo en ik een stormachtige periode door van breken en goedmaken, en er was niets aan ons bestaan wat echt ergens op sloeg.

Sinds onze uittocht uit Venezuela had onze groep op de overvloed van Jaimes haciënda en zijn privé-middelen geteerd. Toen deze bron van de ene op de andere dag opdroogde – omdat zijn familie hem geen geld meer stuurde – besloten we dat het tijd was om naar Bologna en het huis dat nog steeds tot onze beschikking stond terug te keren. Het vooruitzicht dat we gingen verhuizen gaf onze groep nieuwe energie, maar die energie pakte een groot deel van de tijd verkeerd uit en ontaardde in talloze kinderachtige conflicten. Veel van die onwaardige confrontaties werden door mij aangewakkerd. Ik zag het mezelf doen, maar was niet in staat om er een eind aan te maken. Net als de anderen zat ik in een vicieuze cirkel gevangen.

We vertrokken naar Italië. Met 'we' bedoel ik Jaime, Elías, Lisa en ik, maar niet Chilo. Onze relatie was aan de spanningen van de ballingschap ten onder gegaan en we waren ieder ons weegs gegaan.

Als ik terugkijk, vraag ik me af waarom ik steeds naar Italië terugkeerde, in aanmerking genomen dat daar voor mij niets te beleven viel. Ik denk dat het kwam doordat het tien jaar de plek geweest was waar ik troost en plezier had gevonden. Het had me gevoed toen ik honger leed en me gered toen ik verdwaald was. Een
groep Italianen had onze groep van materiaal voorzien en onderdak geboden. Het was mijn reddingsboot. Als de zaken scheeflie-
pen, klauterde ik erin en ging zitten wachten. Een verblijf in Italië
had altijd onze problemen opgelost; als ik daar maar lang genoeg
wachtte, zou dat nu ook gebeuren.

We vertrokken uit Londen en kwamen voor onze Italiaanse
vrienden op een lastig moment aan. Er was nergens onderdak en
het net van de politie was zich rond hen aan het sluiten. Binnenkort zouden ze alles voor ons regelen, zeiden ze, maar in de tussentijd hadden ze niets anders voor ons dan een piepkleine op-
slagruimte in een huis aan de Naviglio Grande in Milaan. We werden daar allevier ondergebracht. We sliepen samen op een matras
op de vloer in die ene smerige kamer. Ik kon uiteraard niet slapen,
dus lag ik te luisteren naar de ademhaling van de anderen. Door
het daklicht kon ik sterren zien, maar daar hield het dan ook mee
op. Die zolderkamer was te smerig en te krap om met zijn vieren
op te bivakkeren, dus besloten Elías en ik naar Parijs te gaan.

Inmiddels hadden we nog maar heel weinig geld. We hadden
de buit van de overval op de Royal Bank zodanig ondergebracht
dat we er niet aan konden komen. Wat anderen ook mogen zeggen, ik was geen ordinaire dief, maar een revolutionair. Toch
moesten we in Italië bijna geheel van winkeldiefstal leven. Omdat
we geen geld hadden, en dus niets te eten, pikten we eten, boeken
en Mont Blanc-pennen. Ik ben altijd een klungelige winkeldief
geweest, want ik word er ontzettend zenuwachtig van. Zodra ik
mijn hand uitstrek om iets te stelen, krijg ik het gevoel dat mijn
moeder en mijn zwager Guillermo samen met de winkelier en alle
aanwezigen in de winkel naar me staan te kijken. In Italië bereidde
ik mijn kruideniersovervallen met bijna evenveel precisie voor als
de overval op de Royal Bank.

We hadden geen geld, maar wel een hele stapel ongedateerde retourkaartjes voor de trein van Milaan naar Parijs. Een van onze steunverleners die achter een loket van de Italiaanse staatsspoorwegen werkte, had ze gestolen en vervolgens aan ons geschonken. Dat betekende dat we naar believen over de Alpen heen en weer konden reizen. Aanvankelijk leek het een geweldige luxe, maar algauw ging de lol ervan af. Het werd er in Venezuela niet beter op en we waren in Parijs allengs minder welkom. Mijn aanwezigheid was zelfs voor mijn vrienden ongemakkelijk. Dus telkens als we naar Frankrijk afreisden, keerden we alweer na een dag of twee terug naar onze oncomfortabele, saaie en frustrerende Italiaanse reddingsboot.

Op een bepaald moment gingen Elías en ik naar Stockholm om daar bij een brouwerij kratten op vrachtwagens te laden. De bedoeling was dat we ervan zouden opknappen, maar de inspanning werd me bijna te veel en al na twee maanden gooide ik de handdoek in de ring en haastte me terug naar Italië. Lisa en Jaime waren naar het adres in Bologna verhuisd. Voor die tijd kon het niet worden gebruikt omdat er een andere behoeftige revolutionair zat ondergedoken. Toen hij wegging, trokken zij erin. Met het geld dat ik in Zweden had verdiend konden we een redelijk normaal leven leiden, ondanks het feit dat we eigenlijk clandestien waren.

Tot mijn verrassing betrapte ik mezelf erop dat ik vriendschap sloot met Lisa. Ik merkte ook dat ik weer net als vroeger kon studeren. Misschien was het uit pure opluchting dat ik geen bierkratten meer hoefde op te tillen, maar ik begon weer een echt leven te leiden in plaats van er als een schim doorheen te waren.

Rond die tijd begon ik te corresponderen met diverse vrienden in de nieuwe Chileense regering, onder wie de nieuwe president, Salvador Allende, met wie ik al jaren bevriend was. Allendes coalitie Unidad Popular was aan de macht en ondervond ernstige problemen. Misschien kon ik hem van dienst zijn. Het ging niet om zomaar een socialistische president in Latijns-Amerika, maar om een Latijns-Amerikaanse president met wie ik toevallig bevriend was. Aangezien we in de positie waren om voor onze etenswaren te betalen, richtte ik mijn activiteiten als winkeldief geheel op het stelen van boeken om een diepgaande studie van Chili te kunnen maken. Dat ik iets om handen had wat wellicht nog van nut zou kunnen zijn, was zo verfrissend dat ik me in een wilde liefdesrelatie met een getrouwde vrouw stortte en in een affaire met een veeleisende maar betoverende Bolognese hippie.

Elías had ons ingepeperd dat hij zichzelf nog liever door de voet schoot dan te moeten samenleven met een stelletje depressieve luiaards. Maar hij was eenzaam en had heimwee, en aangezien wij als groep zijn surrogaatthuis waren, besloot hij terug te komen.

Die zomer van 1972 was het hoogtepunt van onze tijd in Italië. Maar het duurde niet lang voordat de dieptepunten kwamen. Binnen zes weken na Elías' terugkeer raakten we ons appartement kwijt. Een vriend van een vriend van onze Italiaanse huisbaas werd gearresteerd en begon door te slaan. Het onmiddellijke resultaat was dat er in heel de regio Emilia mensen werden gearresteerd. Onze gastheer gaf ons voor onze eigen en zijn bestwil minder dan een uur om te pakken en te vertrekken. De enige andere stad die we kenden was Milaan, dus daar keerden we naar terug en we doken onder in dat grijze labyrint. Zonder basis raakten we opnieuw door ons geld heen en leefden we grotendeels van wat Elías met winkeldiefstallen bijeenscharrelde. Ik zeg 'grotendeels', omdat ik deed wat ik kon om te helpen, maar er nooit veel van terechtbracht, Jaime te veel een heer was, en Lisa te verwaand om erbij betrokken te willen zijn.

De helft van de tijd leefden we nauwelijks, maar er was in Santiago misschien een plek waar we heen konden en daarom was er hoop, dus stroopten Elías en ik de mouwen op om Allende en zijn regering van dienst te zijn. Intussen gedroegen Lisa en Jaime zich als de saboteurs van onze dromen door elkaar op te hitsen met de voorbereidingen voor het moment dat ze meester en meesteres over Jaimes voorouderlijke plantage zouden worden. Ze probeerden die plannen geheim te houden, maar hoeveel geheimen kun je helemaal bewaren als je met zijn vieren twintig vierkante meter deelt?

Ik ging niet met ze in discussie en evenmin probeerde ik ze ervan af te brengen, om de simpele reden dat Jaime, als hij naar Venezuela terugkeerde, doodgeschoten of op zijn minst gevangengezet zou worden; en dat wist hij zelf ook. Hij koesterde de hoop dat er een brief zou komen waarin hij van rechtsvervolging werd ontslagen. Dag na dag ondernam Jaime net als de kolonel van Gabriel García Márquez een pelgrimstocht naar het poste restanteloket, in de hoop dat er zo'n brief was gearriveerd. Ik hoopte dat die brief niet zou komen, maar ik wist dat Jaime hoe dan ook in zijn hart geen lid van onze groep meer was. Het 'één voor allen en allen voor één' was in rook opgegaan, evenals mijn hartstochtelijke Italiaanse affaires.

Het was al heel ironisch dat we zo diep gezonken waren dat we in een flatje in een sloppenwijk moesten bivakkeren en voor ons dagelijks brood van Elías' opmerkelijke talent als winkeldief afhankelijk waren. Maar het toppunt van ironie was de manier waarop hij werd betrapt; omdat Elías de meest gezochte Venezolaan ter wereld was en nooit was opgepakt. En dan bedoel ik echt nooit, hij was zelfs nog nooit gearresteerd of voor ondervraging meegenomen. Hij had nog nooit in de gevangenis of in een van onze onofficiële concentratiekampen gezeten. Hij was voor de autoriteiten eenvoudig een onbekende grootheid. Interpol zocht hem, maar ze hadden niet eens zijn vingerafdrukken. Ze hadden nauwelijks een foto en wisten niet waaraan hij te herkennen was en wat hij aan zijn gebit had laten doen. Dus hij was vrijwel niet te identificeren en hij was beroemd omdat hij zo ongrijpbaar was. En in Milaan werd hij niet gearresteerd voor de misdaden die hij in Latijns-Amerika had begaan – de lijst moet diverse pagina's hebben beslagen – maar voor winkeldiefstal in de supermarkt van de Standa.

Al maanden deed hij daar dagelijks onze 'boodschappen'. We

waren inmiddels zo brutaal dat we lijsten maakten van de moeilijkst verkrijgbare ingrediënten en die ging hij voor ons stelen. Maandenlang waren we op die manier in staat om als koningen te eten; en aangezien koken iets van de verveling wegnam, maakten we er een hele wedstrijd van en bereidden we om de beurt de heerlijkste gerechten.

Op de dag in kwestie werd Elías in de val gelokt. Hij was zo blasé over zijn kruimeldiefstallen geworden dat hij zijn uitzonderlijk goed afgestemde voelhorens voor gevaar niet meer gebruikte. De supermarkt van de Standa was in de kelder, dus hij zat in de val. De Italiaanse politie dacht dat het om de arrestatie van een seriewinkeldief ging en ze hadden daarvoor een groep carabinieri in burger in de etenswarenafdeling opgesteld. Maar Elías wist dat hij, als hij werd gearresteerd, ten dode was opgeschreven. Dus hij vocht voor zijn leven. De tien agenten moesten hem letterlijk tussen de schappen met etenswaren in elkaar tremmen. Ze droegen hem met een tot moes geslagen gezicht naar het politiebureau.

Het paspoort dat hij die dag bij zich had, was Peruviaans. Toen de mensen van de Peruviaanse ambassade erbij werden gehaald, konden ze zijn opgezette gezicht niet identificeren, maar ze waren door het dolle heen bij de gedachte dat ze misschien wel een Peruviaanse opstandeling hadden gevonden naar wie ze al sinds 1967 op zoek waren. Met dat idee in het achterhoofd haalde men er een van Italiës beruchtste ondervragers bij om Elías met geweld zijn ware identiteit te ontfutselen.

Intussen vernietigden wij alles wat maar enigszins als belastend kon worden beschouwd en vroegen we vertegenwoordigers van links in Milaan om ons te verbergen terwijl wij wachtten op het onafwendbare nieuws van Elías' dood. Het plaatselijke gebruik was om een gevangene uit een raam op de bovenste verdieping te duwen en dan aan de pers door te geven dat hij zelfmoord had gepleegd. We brachten drie afgrijselijke dagen wachtend door.

Achteraf gezien lijkt het een wonder dat in de tijd dat Elías in

Milaan werd ondervraagd, de Peruviaanse verdachte voor wie de politie Elías aanzag, in Duitsland werd gevangen. Aangezien ze Elías nu van niets anders konden betichten dan van winkeldiefstal – en in overeenstemming met het landelijke beleid om hun toch al overbevolkte gevangenissen niet ook nog eens met buitenlands gespuis te belasten – werd hij gedeporteerd. Ze namen hem geketend mee naar de grens. Onze vrienden gaven aan ons door in welke trein hij zou zitten. Toevallig was het de nachttrein naar Parijs, de stoptrein waarmee we het jaar daarvoor al zo vaak hadden gereisd.

Vanaf de overkant van de stationshal keken we discreet toe hoe hij over het perron werd voortgesleurd. Hij kon niet lopen. Zijn gezicht was grotesk. Uit de starende blikken van mensen sprak eerder afkeer dan medelijden: mensen zouden er zo niet moeten uitzien, en als dat wel zo was, zouden ze een zak over hun hoofd moeten trekken. Er waren een paar agenten in burger, en enkele agenten van buitenlandse geheime diensten, die eveneens discreet stonden te wachten. Iemand zou op onze beurs geslagen commandant afstappen en hem in het voorbijgaan toefluisteren in welke stad we elkaar zouden ontmoeten. Voor bijna elke stad in Europa hadden we een procedure; we moesten alleen allemaal weten welke procedure dat was. De stad die we uitkozen, was Straatsburg. Hij was geslagen, maar niet gebroken, want hij fluisterde terug: 'Aanvallen.'

De volgende dag verliet ik Italië op weg naar Straatsburg, wat erop neerkwam dat ik uit mijn reddingsboot klauterde. Na Straatsburg keerden Elías en ik naar Londen terug.

Rond die tijd kwam er een nieuw element in mijn leven, in de vorm van Mariana. Ik had nog nooit zo duidelijk geweten hoe waar het is dat het je kracht geeft om heel veel van iemand te houden. Terwijl Engeland steeds verder in een recessie en depressie verzonk, naarmate de werkloosheid omhoogschoot, en de *troubles* die in Ierland na de zogeheten 'Bloody Sunday' waren geëscaleerd zich als de angst voor een virale ziekte naar Engeland hadden verplaatst, was ik verliefd. Lang geleden, in Valera, had

Adriano González León me geprobeerd uit te leggen dat wat er diep vanbinnen uiteindelijk werkelijk toe deed het beleven van een grote liefde was. Ik had het met Vida geprobeerd, maar het was mislukt omdat maar vijftig procent van de optelsom klopte. In de liefde zijn er twee nodig. Met Mariana vond ik de hele optelsom, en tot mijn grote opluchting en dankbaarheid hervond ik ook mezelf.

We woonden als een stelletje tortelduiven in Chelsea, waar Mariana een flatje had, en ik kwam erachter dat je alles moet proberen – al is misschien niet alles haalbaar – en dat het gewoon een kwestie van tijd was voor ik de kans kreeg om het te proberen. Ik werd elke dag sterker, en soms was ik compleet in de wolken van geluk.

Helemaal op zijn Venezolaans werd ons flatje een pied-à-terre voor talloze Latino's die in Londen op bezoek waren. Af en toe deden zich in de gang waarachtig hele verkeersopstoppingen voor, met wel tien mensen die op onze vloer lagen te slapen en die ene – tamelijk luxueuze – badkamer belegerden. Eind 1972 keerden Jaime en Lisa uiteindelijk naar Londen terug. Binnen een paar weken na hun aankomst ontving Jaime de brief waarnaar hij zo had uitgekeken: de Venezolaanse regering had hem officieel gratie verleend en hij kon dus naar huis terug. Zij tweeën voeren naar Venezuela. De rest van ons – Elías, Mariana en ik – bleven in Londen en Parijs en bereidden ons intussen voor op de reis naar Santiago.

# 53

*T*oen ik in maart 1973 in Santiago aankwam, stond het land economisch aan de afgrond en de Chileense extreem-rechtse beweging, de CIA en de regering van de Verenigde Staten spanden actief samen om Salvador Allendes democratische socialistische regering ten val te brengen. Het Chileense congres werd gedomineerd door conservatieve christen-democraten die doodsbang waren voor het marxisme van hun president. Vlak voordat ik er aankwam, had Allendes coalitie Unidad Popular vierenveertig procent van de stemmen behaald in de congresverkiezingen, waardoor hij constitutioneel gezien sterk stond.

Desondanks, tegen de tijd dat ik met Mariana en Elías naar Chili verhuisde, was het glashelder dat de socialistische regering zou worden verdreven door een militaire staatsgreep. De putsch zat er aan te komen, het was alleen een kwestie van tijd. Al voordat Allende zijn ambt aanvaardde, had de ontvoering van en moord op René Schneider, de opperbevelhebber van het leger, duidelijk gemaakt dat de oppositie uit was op oorlog. De conservatief Schneider had zich tegen een militaire staatsgreep uitgesproken die moest beletten dat Allende aan de macht kwam en hij had erop gestaan dat het grondwettelijke proces zou worden gevolgd. De yankees wilden zich niet in de weg laten staan door zo'n ouderwetse pietlut en dus gaven ze bevel om het 'obstakel' te laten 'verwijderen'.

De moord op Schneider had de rechtervleugel moeten aansporen zich om de nationale vlag te scharen, maar toen dat niet werkte, waren de CIA en zijn bazen woedend. Ze waren absoluut niet van plan om een 'rode schoft' toe te laten. En in het Witte Huis waren ze erg teleurgesteld, omdat ze allemaal zo hard hadden gewerkt.

Op 15 september 1970, zeven weken voor de algemene verkiezingen, had de directeur van de CIA handgeschreven aantekeningen gemaakt tijdens een vergadering met president Nixon. Deze aantekeningen zijn inmiddels openbaar gemaakt, en bevatten onder andere het volgende bevel: 'Een kans van een op tien misschien, maar red Chili! Investering waard; risico doet er niet toe; geen betrokkenheid van ambassade; tien miljoen dollar beschikbaar, meer indien nodig; fulltime baan – beste man die we hebben; strategie; laat de economie bloeden…'

Toen Allende, als leider van de coalitie Unidad Popular, zesendertig procent van de stemmen won, werd hij de eerste democratisch gekozen marxistische president van Latijns-Amerika. Hij sprak zich openlijk uit tegen het sovjetcommunisme en bekritiseerde het kapitalisme, en zijn grootste misdaad in de ogen van de Verenigde Staten was zijn respect voor de Chileense grondwet.

De Verenigde Staten hadden bij drie eerdere gelegenheden hun uiterste best gedaan om Allende niet aan de macht te laten komen (in 1952, 1958 en 1964). Tegen 1964 voerde de CIA een vuile campagne die de Verenigde Staten drie miljoen Amerikaanse dollars kostte. In 1970, toen de charismatische arts Allende de verkiezingen won in weerwil van een door de Verenigde Staten gefinancierde en geleide angstcampagne, kwamen de Verenigde Staten in het geweer. Henry Kissingers reactie op het democratische resultaat was: 'Ik zie niet in waarom we moeten toekijken hoe een land communistisch wordt vanwege het onverantwoordelijke gedrag van zijn eigen volk.' Nixons bevel was 'de economie te laten bloeden' – en bloeden deed ze. Ze bloedde als een rund, maar de Chileense meerderheid wilde Allende niet kwijt.

Edward Korry, ambassadeur voor de Verenigde Staten, beloofde plechtig dat 'onder Allende nog geen schroef of moer Chili zal bereiken. Als Allende aan de macht komt, zullen we alles in het werk stellen om Chili en de Chilenen ontberingen en armoede te laten lijden.' Tegen maart 1973 was er daardoor een drastisch tekort aan zo'n beetje alles. Santiago, de enorme, naar alle kanten uitdijende hoofdstad, kenmerkte zich door eindeloze rijen wachtende mensen, lege winkels en klachten. Een door de Verenigde Staten gefinancierde staking van de vrachtwagenchauffeurs had het land praktisch lam gelegd. Er waren zo weinig benzine en reserveonderdelen verkrijgbaar dat elke vorm van vervoer een luxe was geworden.

De Verenigde Staten waren vastbesloten om Allende ten val te brengen, ook al hadden ze geen belangrijke nationale belangen in Chili. Een CIA-studie uit 1970 concludeerde: 'De machtsbalans in de wereld zal niet significant veranderen door een regering-Allende... een overwinning van Allende zou een uitgesproken psychologische nederlaag voor de Verenigde Staten en een uitgesproken psychologische winst voor het marxistische idee betekenen.' De voorbeeldwerking van een democratisch gekozen socialist met respect voor de grondwet ervoeren de yankees als te bedreigend.

Ondertussen hadden de Verenigde Staten ervoor gezorgd dat ontwikkelingsbanken zoals de Wereldbank hun leningen beperkten, en Chili worstelde om het hoofd boven water te houden, terwijl de rechtse partij Patria y Libertad Allende in de rug stak met een grote dolk van de Verenigde Staten.

Allende was een koppige, zachtaardige, erudiete man met een slaafs respect voor zijn land en diens grondwet. Hij wist dat de CIA zijn regering langzaam aan het ondermijnen was en dat de lastercampagnes en propagandaoorlog niets voorstelden vergeleken met zijn door de Amerikanen getrainde leger, waarvan het merendeel hem niet steunde. Maar hij geloofde zo sterk in vrijheid van meningsuiting en vrede dat hij niets deed om zijn vijanden in bedwang te houden.

Los van eventuele politieke redenen was ik er opgetogen over om naar Latijns-Amerika terug te keren en in het geboorteland van Pablo Neruda en Huidobro te wonen. Neruda was bijna deel gaan uitmaken van mijn genetische bagage. Maar ik merkte al snel dat Chilenen over het algemeen op Venezolanen neerkijken, ze noemden ons 'Tropicales', een neerbuigende term waarmee alles werd aangegeven wat Latijns was en ten noorden van de evenaar lag. Dat wil niet zeggen dat we er geen vrienden konden maken. Die maakten we wel, er moest alleen eerst een zeker vooroordeel worden overwonnen.

Politiek gezien bevond ik me daar in een onduidelijke positie. Ik was geroepen en ook weer niet. Ik was daar om te helpen met een aantal regeringszaken, maar officieel was ik er niet. Het was allemaal nogal ingewikkeld en paradoxaal en opeens begreep ik nu de ambivalentie in Neruda's regels:

> Ik houd niet meer van haar, dat is zeker
> Maar misschien houd ik van haar...

Toen ik ze destijds in Valera voor het eerst las, dacht ik dat het uitsluitend om een soort ambiguïteit in de liefde ging. In Santiago besefte ik dat die regels Chilenen als geboren weifelaars identificeerden.

Allende was een goede vriend, we dachten over veel dingen hetzelfde, maar om iets voor hem te kunnen betekenen mocht hij níet mijn vriend zijn. Ik moest net doen alsof ik hem niet kende. Want wat wij daar als groep moesten doen, was iets wat hij nodig had maar niet wilde, en belangrijker nog, waar hij absoluut buiten moest blijven. Naast mijn persoonlijke vriendschap met Salvador Allende was ik goed bevriend met enkele regeringsleden, maar zoals gezegd was ik daar omdat ze ons misschien nodig hadden. Dus iets zien en het niet zien, iets willen en het niet willen, en niet in staat zijn om snel een beslissing te nemen zouden de komende negen maanden van mijn leven kenmerken.

De afgelopen twee jaar waren behoorlijk schizofreen geweest, dus ik had wat meer geduld met de nationale schizofrenie van de Chileense autoriteiten dan ik zonder mijn recente verleden had gehad.

Bij aankomst namen we onze intrek in een redelijk mooi hotel en begonnen ons te oriënteren. Strikt onofficieel legde ik contact met de Chileense socialistische partij. Er was een groep socialistische politieke partijen die door de regering werden gesteund. Van deze was de MAPU* een belangrijke. Hij bestond uit twee takken, een linkse en een rechtse. Voor zowel Elías als mij was het belangrijk om deel uit te maken van een bestaande groep, maar we kregen niet makkelijk ergens een voet tussen de deur. Uiteindelijk werden we door de rechtse, maar nog altijd socialistische tak van de MAPU geaccepteerd en met hun zegen wijdden we ons aan de organisatie en later training van die partij, zodat ze tegenstand konden bieden aan de onvermijdelijke staatsgreep.

Het was geen sinecure, de MAPU was zo slecht voorbereid dat we niet wisten of we moesten lachen of huilen. Ze hadden bijvoorbeeld geen enkele walkietalkie – geen een! Ze hadden helemaal geen communicatiekaarten. Wij maakten hun kaarten, en we probeerden fundamentele strategische principes met ze te bespreken. Het laatste was bijzonder moeilijk, omdat ze niet eens wisten wat fundamentele strategische principes waren. Ze waren ons dankbaar voor de hulp die we hun boden en ze zeiden dat ze onze groep zouden bellen om een kleine, effectieve paramilitaire eenheid te trainen die Allende en zijn regering moest beschermen mocht er een ongrondwettelijke aanval plaatsvinden (bijna zeker in de vorm van een door de CIA gesteunde putsch).

Ze zeiden dat ze ons zouden bellen, maar ze belden niet. We hingen in Santiago rond en we probeerden ons nuttig te voelen terwijl we het land naar een nog diepere economische crisis zagen afglijden, maar na die eerste paar weken voerden we eigenlijk weinig uit. We gingen af en toe een dagje naar het strand en aten heerlijke kreeft en raakten bevriend met een aantal mensen onder wie wat Colombianen en Argentijnen, die allemaal even verbaasd waren als wij dat niemand iets ondernam om die kwetsbare democratie te beschermen.

Mariana en ik vierden een soort wittebroodsweken in Santiago, en toen vertrokken we weer. We waren erheen gegaan om te

---

* Movimiento de Accion Popular Unitario.

helpen, niet om vakantie te vieren. We vonden het allemaal deprimerend om te zien waar het land op af stormde terwijl wij machteloos stonden. Maar het was niet ons land en we hadden niet het
recht iets te ondernemen tenzij het ons specifiek gevraagd werd.
Het was verleidelijk om de president en mijn andere vrienden in
de regering op de hoogte te stellen van mijn aanwezigheid, maar
ik wist dat ik in het belang van de democratie en onze vriendschap incognito moest blijven. Wederom reisde ik onder een
schuilnaam.

Begin juni, na lange tijd vergeefs te hebben gewacht, verhuisden
we naar Peru. Ik had daar vrienden en ex-collega's zitten en Lima
was al voordat we Londen verlieten ons uitverkoren toevluchtsoord geweest. Dus streken Mariana en ik in Lima neer, maar Elías
wilde direct terug naar Santiago. Voordat hij vertrok, zei ik tegen
hem dat hij me moest bellen als er iets gebeurde.

Binnen een week belde hij en zei: 'Er is iets aan de hand, heel
veel zelfs!' Mariana en ik vlogen direct terug naar Chili. Er was een
mislukte staatsgreep gepleegd die de 'Stañazo' werd genoemd, de
'foute staatsgreep'. Er was slechts een klein legeronderdeel bij betrokken geweest, maar het drong nu eindelijk tot de MAPU door
dat er een gevecht op stapel stond, dat recht op hen af koerste als
een geleide raket.

Als gieren die aangelokt worden door een stervende koe, was de
internationale pers toegestroomd en zat alvast wat te pikken in afwachting van de dood van het dier. De neofascistische partij Patria y Libertad wachtte niet, maar begon al direct repen van de
huid te scheuren terwijl de koe nog op de grond lag te kronkelen.
Ook al hadden we het groene licht gekregen om een commando-
groep te trainen, de MAPU-afgevaardigden – net als bijna iedereen in Santiago – staarden nog met grote koeienogen vol vertrouwen de wereld in. Aanhangers uit de hele wereld gingen naar Chili
om Allende en zijn regering moreel te steunen, maar soms leek en
voelde het alsof we allemaal alvast waren bijeengekomen voor de
begrafenis van de president. Onder degenen die druppelsgewijs

het land binnenkwamen, bevonden zich leden van onze groep uit Puerto la Cruz, zoals Chilo en Julieta, 'El Cocido', Elías' broer 'Fedo' en diverse anderen. Régis Debray, de Franse journalist en schrijver die zo'n goede vriend was geweest in Havana, was er ook, zijn revolutionaire vuur niet getemperd door zijn gruwelijke ervaringen in Bolivia met El Che en zijn gevangenisstraf.

Elías, zijn broer en ik waren de leiders van de groep die zo'n twintig leden telde met ervaring in de gewapende strijd. Er zaten vier Colombianen bij, twee Argentijnen – onder wie 'El Chango' –, één Braziliaan, een handjevol Chilenen en de grootste factie bestond uit Venezolanen.

Het was begin juli 1973. Alles wat tijdens mijn verblijf in Santiago gebeurde, moet tegen de achtergrond van de kalender worden bekeken. Iedereen kent tegenwoordig de datum 11 september. Voor Latijns-Amerikanen was er echter ver voor de aanval op de Twin Towers in New York al een zwarte september. Het was op 11 september 1973 dat de door de Amerikanen gesteunde staatsgreep in Chili tot de dood leidde van duizenden burgers. 1102 mensen 'verdwenen' als gevolg ervan. Nog eens 2095 mensen stierven door foltering of door buitengerechtelijke executies. Dat zijn de gevallen die officieel erkend zijn door de Chileense staat. Op de lijst prijkt ook de naam van de gekozen president, Salvador Allende Gossens, die zijn laatste maanden leefde als een antimaffiarechter op Sicilië: wetend dat hij zou worden vermoord, alleen niet wanneer.

Ondanks de lastercampagnes en de felle anti-Allende-propaganda in die tijd zijn er maar weinig mensen en weinig politici die Allende niet als een goede, sommigen zouden zeggen: heilige, man bestempelen. Het ergste wat je over hem kunt zeggen, is dat hij zo naïef was om te geloven dat het goed over het kwaad zou zegevieren, en dat hij kortzichtig was, en, misschien, dat hij het slachtoffer was van die nationale kwaal – namelijk dat hij geen beslissing kon nemen. Niets van het voorgaande rechtvaardigde de draconische en onmenselijke maatregelen die er tegen zijn regering of zijn volk werden genomen.

We waren onze groep nog geen tien dagen aan het trainen toen duidelijk was dat het volk van Chili en hun leiders niet zouden vechten om hun democratie te redden, dat ze geen tegenstand zouden bieden; ze zouden zich als lammeren naar de slachtbank laten leiden.

Als groep hadden we een vrij groot huis aan de rand van het centrum gehuurd. Elke dag kwamen we bijeen ten huize van een geweldige Argentijn die dichtbij een winkel in lederwaren had. Achter deze winkel had hij een garage en een werkplaats, omdat hij ook monteur was. Tijdens onze training hadden we wat neveninkomsten uit de handel in gestolen auto's, die het broodnodige geld opleverde om zowel onze groep als de MAPU in het algemeen draaiende te houden. In die tijd was het nog helemaal niet zo makkelijk om een auto te stelen in Santiago. Er heerste zo'n ernstig tekort aan benzine en reserveonderdelen dat het openbaar vervoer praktisch stillag, en de mensen zich hun auto niet zomaar lieten afpakken. Om die reden hadden we niet bepaald een bloeiende handel in gestolen auto's, het was eerder een onregelmatig stroompje. Onze Argentijnse gastheer nam ze mee naar zijn werkplaats en maakte ze binnen een dag onherkenbaar.

Begin augustus waren we volledig getraind en stonden we paraat om in te grijpen, wachtend op het groene licht van de MAPU. De economische situatie was een ramp – vele malen erger dan alles wat er het afgelopen decennium in Venezuela was gebeurd. De inflatie was belachelijk hoog: één dollar was 2200 escudo's waard, evenveel als het weekloon van een arbeider. De mensen met geld behoorden merendeels tot extreem-rechts (omdat ze die tien miljoen CIA-dollars te besteden hadden).

Het halve land verhongerde, maar de stad beschikte nog altijd over een paar uitstekende restaurants. El Oriente aan de Plaza Italia was waarschijnlijk het beste. Voor anderhalve dollar kon je je volproppen met de beste fruits de mer. Omdat we uit het buitenland kwamen, hadden we uiteraard dollars. In het Chili van toen was je automatisch rijk als je dollars had. We gingen naar El

Oriente omdat het om de hoek was van waar we woonden en omdat we er voor praktisch niets als vorsten konden eten.

De aartsvijanden van de regering behoorden tot de extreemrechtse organisatie Patria y Libertad. Deze groep was gelegaliseerd dankzij Allendes opvatting dat je iemand altijd de andere wang moet toekeren. Het centrale comité van de partij kwam eveneens dagelijks bijeen in het restaurant van het El Oriente Hotel. In onze eerste trainingsweken wisten we van toeten noch blazen en we waren er dus ook niet van op de hoogte dat El Oriente een fascistische ontmoetingsplaats was.

Toen ik daar een keer op Elías aan het wachten was, moest ik naar de wc. Net toen ik naar binnen ging, kwam er een man naar buiten. Ik moet erbij zeggen dat de Chilenen destijds een fobie hadden voor Cubanen. Ze haatten hen. De gemiddelde Chileen kon een Cubaan niet van een Venezolaan onderscheiden, dus we waren allemaal Tropicales. De conservatieven waren ervan overtuigd dat alle Tropicales zich voorbereidden op een strijd tegen hen. Toen die vent – een grote sterke man luisterend naar de naam Irribotes – me zag, raakte hij de gulp van mijn broek aan en zei met een verwijfd stemmetje: 'Hoe kweek je nou zulke kleine vijgen?'

Ik haalde zijn hand van mijn broek, drukte hem even tegen mijn pik en zei toen op hooghartige toon: 'Hoor eens, flikker, je hebt deze lul nodig! En ik ben niet wat je denkt. Ik ben een paardenhandelaar en ik ben hier om Arras-paarden te kopen en Chileense Criollos, iets wat we in Venezuela al langer doen dan jij je kunt herinneren. En hoe durf je zo tegen me te praten!' Hij begon zich direct te verontschuldigen en probeerde me de hand te schudden. Maar ik zei: 'Ik geef idioten geen hand!' Waarop hij omstandig begon uit te leggen dat hij me voor een linkse rakker had aangezien.

De man had me goed ingeschat, maar toen ik zei dat ik een paardenhandelaar was, geloofde hij me zonder meer. Hij moet me diverse keren in de eetzaal van El Oriente hebben gezien – we aten daar soms twee keer per dag. Hij had het een en ander bij elkaar opgeteld, wetende dat in die tijd de revolutionairen net zo blut waren als de Parijse kunstenaars in de jaren twintig. Mariana – die echt rijk was – en wij twee zwervers werden in zijn ogen opeens megarijk. We moesten wel rijk zijn als we volbloeden kochten. Ik wist daar het een en ander van omdat Mariana's vader renpaarden bezat en hij ook echt Arras-paarden kocht.

Ik ging zitten en wachtte op Elías. Toen hij er was, vertelde ik hem over het voorval en hij keek naar Irribotes, de overgevoelige, handtastelijke man, en sperde zijn neusgaten open op een voor hem karakteristieke manier die hem een aristocratisch voorkomen gaf. Voor we het wisten, stond er een fles champagne op tafel, aangeboden door mijn neofascistische vriend in spe en hij kwam naar ons toe om zich formeel te verontschuldigen.

Elías bejegende hem beleefd maar een beetje afstandelijk en wendde toen opeens zijn charmes aan. Wauw! Binnen drie dagen hadden we zo'n goed contact met Irribotes dat hij maar informatie bleef spuien. We deden ons voor als edellieden, waar hij helemaal wild van werd. Hij was de grootste snob die ik ooit heb ontmoet. Elías, Mariana en ik leken over alle kwalificaties te beschikken die hij verlangde: hij was een salonanglofiel en wij kwamen net uit Londen. Hij had wat reizen gemaakt en hij kende wat namen van plekken in Rome en Parijs, maar wij kenden ze allemaal. Het werd al snel duidelijk dat hij deel wilde uitmaken van wat hij dacht dat ons jetsetkringetje was. Hij deelde alles wat hij had met ons in de hoop dat wij hem op gelijke wijze zouden terugbetalen. Hij wilde vooral graag worden uitgenodigd op onze stoeterij in Venezuela, en natuurlijk nodigden we hem uit!

Als wederdienst gaf Irribotes – die een hooggeplaatst lid van de Patria y Libertad was – ons informatie over zijn organisatie. Hij vertelde ons de namen van alle functionarissen, waar ze woonden, waar ze werkten, het merk en nummerbord van elke auto, wanneer ze een bom gingen plaatsen, wanneer ze geld gingen ophalen, wie ze gingen aanvallen: we wisten het allemaal.

Met zulke informatie moest het mogelijk zijn om het hele extreem-rechtse terroristische netwerk in een of twee dagen plat te leggen door hun huurmoordenaars en bommenleggers aan te pakken. We gingen met de informatie naar de MAPU en vroegen toestemming om de terroristische teams van Patria y Libertad uit te schakelen. Ik zei: 'We hebben alleen wat militaire uniformen nodig.'

De voorzitter keek me aan alsof ik niet lekker was om met zo'n onmogelijk verzoek te komen en zei: 'O nee, dat kunnen we niet doen! Dat zou een provocatie zijn!' Ik wees hem erop dat we dat stadium al voorbij waren. Ik legde uit dat we het punt hadden bereikt waarop je halverwege de vlucht bent en de stewardess je vraagt om in crashpositie te gaan zitten, omdat het vliegtuig over enige seconden in zee zal storten. Ons voorstel was het equivalent van een zwemvest.

'God nog aan toe! Geef ons het groene licht! Zo'n kans krijg je niet meer!' Ook de volgende dagen kwam het groene licht niet. We bleven met onze informant afspreken en hij bleef ons voorzien van geheime informatie, waarmee wij naar de MAPU gingen, die daar niets mee deed.

Irribotes was niet alleen een snob, hij wilde het liefst tot de allerhoogste kringen behoren. Aanvankelijk stelde hij zich nog tevreden met fantaseren over de Ritz en de Via Veneto en onze luxueuze stoeterij in het oosten van Venezuela, maar al snel wilde hij meer horen over onze societybals en banketten, onze liefdadigheidsgala's en adellijke titels. Om de informatiestroom op gang te houden, gaf ik hem wat hij wilde en meer.

Op ons schuiladres in Bologna deelden we de overloop met twee oude dametjes die zich voornamelijk bezighielden met het verzamelen van hofnieuws en roddels over de vorstenhuizen. Die dametjes waren erg aardig en erg eenzaam, dus om hun een plezier te doen, heb ik saaie uren doorgebracht met luisteren naar wat prinses Caroline van Monaco allemaal deed en wat prinses Margaret en lord Snowdon en lady zus en hertog zo allemaal uitspookten. In Bologna placht ik het stompzinnig te vinden, maar in Santiago was het de beste valuta die ik ooit had gehad. Ik strooide met namen en titels en spuide roddels over alle vorstenhuizen van Europa en onze verrukte informant dronk ze in en wrong zichzelf daarna uit.

Tot onze onmetelijke frustratie is er voorzover ik weet nooit iets gedaan met een van de geheimen van Irribotes. Omdat het met de dag duidelijker werd dat er een militaire staatsgreep op handen was, nam ik eind augustus zelf wat voorzorgsmaatregelen. Ik vroeg Mariana om een huurappartement voor ons te zoeken terwijl wij aan het trainen waren. Als dochter van Miguel Otero Silva had ze creditcards en meer dan genoeg geld, en ze was eraan gewend om een appartement te huren als ze op reis was, dus ik wist dat ze er een zou kunnen vinden. Als groep woonden we nog steeds in het huis dicht bij El Oriente, maar aangezien we met vrij veel mensen waren, hadden we de aandacht getrokken en als het fout zou gaan, zouden we makkelijk te vinden zijn.

Mariana gaf me de sleutel van het nieuwe appartement, maar vertelde er niemand over. Zodoende hadden we een onbekend onderduikadres achter de hand als het nodig was.

Het werd september en nog steeds had de MAPU geen toestemming gegeven om Patria y Libertad aan te vallen. Het gonsde in de stad van de angstige geruchten onder de buitenlanders, maar de linkse Chilenen waren merkwaardig zelfgenoegzaam en de conservatieven waren verdacht kalm. Binnen onze groep werd er gepraat over een tochtje naar het strand bij Antifogasta, waar Chilo en een aantal anderen graag naartoe wilden. Er werd over gediscussieerd of ze in het weekend zouden gaan of niet en uiteindelijk besloten ze op maandag of dinsdag te vertrekken om de drukte te ontlopen en dan twee nachten te blijven.

Op de vrijdag voor het weekend in kwestie (7 september) kwam een lid van de MAPU naar ons toe en zei dat ze een opdracht hadden voor twee leden van onze groep. Hij zei: 'We willen dat twee zich voordoen als advocaten, want een functionaris in de Rancagua-gevangenis wil ons een aantal wapens geven en hij wil dat twee wapenexperts zich voor buitenlandse advocaten uitgeven om de gevangenis in te komen.' Ik vertelde hem dat het geen probleem was, waarop hij zei dat we de komende maandag,

10 september, een afspraak hadden in de Rancagua-gevangenis.

Ik herinner me dat Mariana een net jasje voor me kocht omdat ik er geen had. Op maandagochtend ging ik samen met een andere Venezolaan, El Cocido, op pad. De Rancagua-gevangenis lag op een uur afstand van Santiago met de trein. Toen we aankwamen, zei de eerste man die we moesten spreken: 'Oké, ik zal met mijn baas praten. Blijf in de buurt in een van de cafés – het barst hier in de omgeving van de prostituees, dus kies maar uit.'

El Cocido en ik gingen wat drinken, en het krioelde in de cafés inderdaad van de meisjes. Sinds Parijs had ik het niet zo op prostituees, maar de meisjes in Puerto la Cruz waren zo aardig dat ik mijn fobie had overwonnen en ik zat net een meisje met groene ogen, een perkamenten huid, een grote bos bruine krullen en een aantrekkelijke glimlach te versieren, toen onze contactpersoon weer verscheen en zei: 'Mijn baas wacht op jullie.' Die 'baas' bleek niemand minder dan de gevangenisdirecteur zelf te zijn. Ik was blij met mijn nieuwe jasje, want El Cocido en ik werden geacht eminente hoogleraren in de rechten aan de universiteit van Salamanca te zijn, en ik denk niet dat een joekel van een erectie bij dat imago paste. Omdat ik ook echt in Salamanca was geweest, zou ik grotendeels het woord voeren.

Chili beschikte over een speciale instantie die toezicht op de gevangenissen uitoefende. Dat was niet de politie of het leger – het was een autonoom instituut van gevangenbewaarders. Alle gevangenisdirecteuren waren derhalve burgers en deze directeur was lid van de MAPU. Hij liep naar voren om ons te begroeten. 'Ah! Dus jullie zijn de hooggeleerde heren die we verwachtten!'

Ik zei: 'Ja, we willen graag zien hoe uw gevangenissysteem werkt.'

De directeur richtte zich tot een kolonel die zich ook in het vertrek bevond en zei: 'Wil je even koffie voor onze gasten halen?' Als gevangenisdirecteur was hij hoger geplaatst dan de kolonel en kon hij hem bevelen geven. Zodra de kolonel de kamer had verlaten, siste de directeur: 'Jullie moeten het nu doen! Nu! De putsch kan elke dag worden gepleegd. Begrijpen jullie dat? We hebben geen tijd te verliezen. Doe het nu! Oké… Als de kolonel terug-komt, moeten jullie hem vragen waarom de bewakers gewapend zijn en of dat gebruikelijk is. Oké?'

Een paar minuten later begonnen we aan onze rondleiding door de gevangenis en ik vroeg waarom de bewakers gewapend waren, zoals me was opgedragen. De directeur keek erg geïnteres-seerd en zei: 'Om u de waarheid te vertellen, dragen slechts vier van hen wapens. De rest is ongewapend, omdat we de wapens niet echt gebruiken, maar we hebben ze wel. We hebben zelfs een klein arsenaal voor noodgevallen. Wilt u dat zien?' We deden alsof we er niet echt zin in hadden om ook nog eens een heel arsenaal te in-specteren, maar uit beleefdheid zouden we toch een kijkje nemen.

Er stonden honderdvijftig wapens in een kleine ruimte. Alle wapens waren nog maagdelijk. Er waren Israëlische machinege-weren bij en meer dan honderd automatische geweren. Toen we de gevangenis verlieten, waren we weer even alleen met de direc-teur, die tegen ons zei: 'Jullie moeten met een vrachtwagen komen en ons overvallen, en jullie moeten ons ervan beschuldigen dat we contrarevolutionairen zijn. Sluit ons allemaal op, overmeester de bewakers. Zoals jullie zien, zijn maar vier van hen gewapend. Neem dan het arsenaal mee!'

El Cocido en ik keerden samen met onze eerste contactpersoon terug naar Santiago. Hij sprak amper, maar toen we onze bestem-ming naderden zei hij: 'We moeten tegen het einde van de week een vergadering beleggen. We hebben geen tijd te verliezen, we hebben maar een week om die wapens in handen te krijgen.'

Ik vroeg hem: 'Ben je gek? We moeten nu direct terug! We moe-ten morgen teruggaan. We hebben géén tijd. Hoorde je niet dat de directeur zei dat we het nu moesten doen?'

Hij wilde niet luisteren. Hij zei: 'We moeten ons aan het proto-col houden. We moeten eerst een vergadering beleggen en daarna nog een vergadering en dan kunnen we erover stemmen.' Ik hield vol dat we niet hoefden te vergaderen. We hadden enkel een stel uniformen en een stel auto's nodig. Hij werd een beetje nijdig en zei: 'We zijn geen heethoofden!' 'Heethoofden!' Hun ergste vijand had ze daar nog niet van kunnen beschuldigen!

We gingen direct terug naar het hoofdkwartier van de MAPU en ik herhaalde wat de directeur had gezegd en dat we uniformen en auto's nodig hadden om te kunnen handelen. De MAPU had een aantal auto's tot haar beschikking, maar die mochten we niet lenen als we ons niet aan het protocol hielden. Er brak een discussie over uit en het eindigde ermee dat ze ons niet wilden helpen om het gevangenisarsenaal te halen, ook al hadden ze ons er nota bene zelf heen gestuurd.

'We mogen niets overhaasten. Ze mogen niet denken dat we willen provoceren. We…'

Ik probeerde hen over te halen. 'Kijk dan om je heen! Patria y Libertad legt overal bommen en schiet jullie mensen neer in hun eigen huis! Ze hebben het hele land lam gelegd. We zijn ver voorbij het stadium van "provoceren". Ze zullen jullie verscheuren – als jullie je niet verdedigen, rukken ze jullie en je mensen straks letterlijk uit elkaar. Dit is een door de CIA geleide operatie. Dit is…'

Het was alsof je tegen een muur praatte! Ze waren zo koppig dat ze weigerden toe te geven hoe slecht het ervoor stond. Maar ook ik kan koppig zijn, dus ik bleef het proberen tot ze zeiden: 'Doe dan maar wat je wilt! Doe maar wat je denkt dat het beste is, zolang jullie het allemaal maar zelf regelen, en als jullie het verpesten, laat ons er dan buiten.'

Ik denk dat ze zichzelf wilden indekken: 'Doe het, maar doe het niet. Ga, maar ga niet.' Het was duidelijk dat een aantal afgevaardigden ook geloofde dat er een putsch op handen was, en toch waren ze niet in staat om iets te beslissen of te ondernemen. Sommigen van hen kende ik al jaren. De meesten waren goede mensen, maar hun enige beleid was hopen dat het goede zou overwinnen. Toen El Cocido en ik vertrokken, maakten ook de socialistische afgevaardigden zich op om naar huis te gaan. Ze liepen het kantoor uit en stelden zich op om afscheid te nemen. Net op dat moment kwam er een vliegtuig over. Ze stonden daar allemaal met open mond omhoog te kijken zoals eenden dat doen als ze regendruppels in hun keel opvangen. Het zag er enigszins lachwek-kend uit, maar het was niet grappig: ze zouden geen regen opvan-gen maar een orkaan. Toen ik over de geplaveide straat wandelde, met zijn graffiti en optimistische posters over gratis melk voor schoolkinderen en dat je geduld moest opbrengen als je in de rij stond, voelde ik me verdrietig en kwaad en buitengewoon gefrus-treerd. Waar wachtten ze op en wanneer was geduld omgeslagen in berusting?

# 54

*I*ntussen waren er overal verontrustende tekenen dat er een militaire overname broeide. Om tegenstand te bieden had-den we wapens nodig en die wapens konden we zo te pakken krij-gen, als we aan twee uniformen en twee wagens konden komen en naar de gevangenis teruggingen. Een van onze vrienden, Anna Maria Giovanni, was het nichtje van een militair. Via haar oom hadden een paar leden van onze groep kans gezien om sociale contacten op te bouwen met een aantal militaire types. Chilo had zelfs al een paar weken een soort flirt met een van hen. Zodoende slaagden de twee vrouwen erin om die twee uniformen te be-machtigen. Nu zaten we nog met het probleem hoe we aan de wa-gens moesten komen. Ik zag kans om op de naam die ik op dat moment gebruikte een Citroën te huren. Het plan was om de vol-gende ochtend, dat wil zeggen op 11 september, tot de aanval over te gaan.

Fase één zou zijn dat we op weg naar Rancagua een tweede auto en een vrachtwagentje zouden kapen. Tegen acht uur 's avonds waren de volgende fases van de overval allemaal uitgewerkt en konden we verder niets doen dan de volgende ochtend af te wachten. We gingen met z'n allen bij Casa Juancho eten, een goed restaurant in het centrum van Santiago. Chilo was er, en El Cocido en zijn vrouw, Elías, El Chango (de Argentijn), een paar Colombianen, de broer van Elías, Fedo, en ikzelf. Toevallig was Mariana er die avond niet bij. De adrenaline vloeide door onze aderen omdat we aan de vooravond van de overval allemaal de opwinding voelden nu we na twee maanden vrijwel geen donder doen eindelijk weer in actie zouden komen. Halverwege de maaltijd kwam aan het eind van de tafel de nerveuze spanning bij een of ander kinderachtig meningsverschil tot uitbarsting. Het werd een verhitte discussie en dreigde in een gevecht te ontaarden. Ik was pogingen aan het doen om een van de Colombianen in de wereld van de dichter Paul Celan te introduceren ('niemand herkneedt ons meer uit aarde en leem/niemand geeft een stem aan ons stof'), dus het was me ontgaan waar de ruzie over ging. Zodra de hartstocht eenmaal tot uitbarsting was gekomen, hield iedereen op met zacht praten. Om te voorkomen dat we ongewild de aandacht trokken, maakte El Cocido een einde aan het etentje en bood aan om zijn vrouw naar huis te brengen. Daarvoor moest hij de huurauto gebruiken. Ik gaf hem de sleutels van de Citroën en hielp hem eraan herinneren dat we bij zonsopgang van ons huis zouden vertrekken. Hij zei: 'Geen probleem, ik kom jullie ophalen.'

Na zijn vertrek was de stemming nog steeds verpest en we gingen allemaal naar huis om vroeg in bed te liggen. Alleen ik ging terug naar mijn geheime appartement.

Ik vroeg Chilo om met me mee te gaan zodat de conciërge niet achterdochtig zou worden over die buitenlandse kerel die in zijn eentje het gebouw binnenging. Ik had de administrateur verteld dat ik bij de UNESCO werkte en dat mijn vrouw die dag zou arriveren. Om dat verhaal overeind te houden moest ik mijn 'vrouw' die avond wel mee naar het appartement nemen. Ik zou haar daar achterlaten terwijl ik bij het ochtendkrieken zou vertrekken om de aanval op de gevangenis uit te voeren zonder ongewenste achterdocht te wekken. Het land was zo opgedeeld in links en rechts dat kleine dingen uitzonderlijk belangrijk werden omdat iedereen elkaar bespioneerde. Ik wist uit ervaring dat de details en het achtergrondverhaal van net zulk vitaal belang waren als de klus zelf.

We moesten zo vroeg vertrekken om de tweede auto en de vrachtwagen te stelen die we voor de bestorming nodig hadden. We wisten dat het organiseren van het transport het moeilijkste deel zou worden, omdat chauffeurs zichzelf zo'n beetje aan hun stuur vastketenden.

Niets aan die hele bestorming liep op rolletjes. Het kostte me zelfs moeite om Chilo mee te krijgen naar het appartement. Sinds we in 1971 uit elkaar waren gegaan, waren Chilo en ik op geen enkele manier 'samen', maar ze was wel een actief lid van onze groep. Aangezien ik een van de twee leiders was, stond ze onder mijn commando en moest ze doen wat ik zei. Maar omdat we voormalige geliefden waren, lag het een beetje ingewikkeld. Chilo was echter van plan geweest om een paar weken naar Antifogasta te gaan, samen met een onderafdeling van onze groep. Onze activiteiten in Santiago lagen stil en het uitstapje naar zee was uitgegroeid tot een project waarvan het Uur Nul toevallig hetzelfde was als dat van ons. De strandbezoekers wilden om twaalf uur diezelfde nacht van 11 september vertrekken om te kunnen reizen als de wegen koel en verlaten waren.

Chilo wilde heel graag naar Antifogasta en ze begreep niet waarom Mariana, die toch al met me samenwoonde, niet voor mijn vrouw kon spelen. Ik vertelde haar dat Mariana die avond niet beschikbaar was en dat zij vierentwintig uur moest invallen. Na een geweldige discussie wist ik haar er eindelijk van te overtuigen dat ik haar niet in bed probeerde te krijgen en dat het echt nodig was dat ze met me meeging.

Die nacht van 11 september 1973 ging ik naar bed en ik werd de volgende ochtend om zes uur wakker. Ik voelde me ziek – niets speciaals, ik voelde me gewoon ellendig. Onder het scheren keek ik uit het raam naar de schijnbaar verlaten stad en naar ons andere huis, waar in mijn verbeelding de anderen zich ter voorbereiding op de bestorming ook aan het scheren waren.

In een net pak gestoken, zoals ik me voorstelde dat een medewerker van de UNESCO gekleed zou zijn, verliet ik het gebouw. Ik nam mijn attachékoffer mee (waarin mijn browning zat – dezelfde die ik van Havana naar Praag had meegesmokkeld, en van Italië naar Londen, en dat een even trouwe reisgenoot was als de cassettebandjes van Bachs *Matthäus Passion* en de toegetakelde pocket van Paul Celans *Mohn und Gedächtnis*) en speelde mijn rol toen ik op weg naar Elías de op dat vroege tijdstip al opmerkzame conciërge passeerde.

Toen ik de straat op stapte, kwam er een auto op me af gescheurd. Een paar jongens en een meisje hingen letterlijk half uit de ramen, en ze schreeuwden: 'De staatsgreep heeft al plaatsgevonden. Het leger heeft de macht overgenomen.'

Ik stapte het portiek weer in. Er schoot weer een auto voorbij, gevolgd door een legertruck. Heel kalm wandelde ik het gebouw weer in, wisselde een verbijsterd schouderophalen uit met de conciërge die zich naar buiten haastte om te zien wat er aan de hand was, en nam de lift naar boven. Ik maakte Chilo wakker en zei: 'Dat tochtje naar Antifogasta zal op zijn minst tot volgend jaar moeten wachten.' Ze snapte niet wat ik bedoelde, maar ik zette de radio aan en toen werd het duidelijk. Het Chileense leger had een staatsgreep gepleegd. In tegenstelling tot hun progressieve tegenstanders was het leger uitzonderlijk goed georganiseerd en volledig op alles voorbereid.

Van vroeg in de ochtend werden er op de radio bevelen voor het Chileense volk afgekondigd. Ze noemden deze bevelen *bandos*, verordeningen, en gaven ze nummers. Bando nummer één was dat het leger de macht had overgenomen en dat het land nu in een noodtoestand verkeerde en onder bestuur van het leger stond. Bando nummer twee luidde dat president Allende tot tien uur die ochtend de tijd had om zich over te geven. Als hij dat niet deed zou het presidentiële paleis om kwart over tien worden gebombardeerd.

Toen bando nummer twee werd aangekondigd, keken Chilo en ik elkaar aan met een blik van: 'Wat een bluffers. Alsof ze dat werkelijk gaan doen: het is 1973, en we zitten in Santiago, in een stad vol internationale toeristen, en dan gaan zij zeker het achttiende-eeuwse presidentiële paleis La Moneda bombarderen, met iedereen erin.'

Heel voorzichtig waagde ik me de straat weer op om op zoek naar Elías te gaan. Hij zat in ons andere huis, slechts vijf minuten verderop, maar het wemelde inmiddels van de militaire auto's en trucks, en op zijn zachtst gezegd voelde ik me ongemakkelijk. Ik had al tientallen jaren over staatsgrepen gelezen en gehoord, maar ik had er nog nooit middenin gezeten. Ik had er nog nooit een echt zien gebeuren. Het was eng.

Elías bleek op me te zitten wachten. Met mijn browning erbij hadden we voor onze hele groep precies twee wapens; en El Cocido was niet met mijn auto verschenen. Het had er zelfs veel van dat El Cocido was verdwenen. Intussen bleven de radiomededelingen maar binnenstromen.

Om kwart over tien bombardeerden ze het presidentiële paleis. We luisterden diep geschokt toe, en vervolgens werd op de radio bando nummer vijf afgekondigd: 'Alle buitenlanders moeten zich op straffe des doods bij de betreffende plaatselijke autoriteiten melden. Elke Chileen die buitenlanders onderdak biedt, moet deze buitenlanders op straffe des doods bij de betreffende autoriteiten aangeven.'

De sleutelwoorden waren 'des doods' en 'buitenlanders'. Dat was een buitenlandse zet, een zet van de Verenigde Staten. Wat plaatsvond was genadeloos, op de manier waarop de nazi's genadeloos waren geweest. Het bombardement van La Moneda deed denken aan de inval van de Duitsers in Nederland. Die hadden het centrum van Rotterdam platgebombardeerd en vervolgens de Nederlandse regering een ultimatum gesteld om zich over te geven en als dat niet gebeurde zouden ze de ene na de andere Nederlandse stad platbombarderen totdat ze dat wel deed.

In Santiago probeerden we onze schok in actie om te zetten,

maar we raakten eerder verstikt. We moesten iets doen. We haastten ons naar ons punt van samenkomst in de leerwinkel van onze Argentijnse vriend, en onderweg vervloekten we El Cocido en baden we dat hij dan tenminste daarheen zou komen. De bedoeling was dat we met zijn veertienen de gevangenis zouden overvallen. Het viel niet mee om de stad door te komen, omdat veel straten waren geblokkeerd en de mensen in paniek raakten. Toen we bij de leerwinkel aankwamen, was El Cocido noch mijn huurauto te bekennen. Er waren maar twee van de Colombianen. De anderen waren in rook opgegaan. Zelfs de Chilenen waren niet komen opdagen. We wachtten nog een poosje, maar het werd duidelijk dat er verder niemand kwam.

Dit stemde me heel treurig. De stoep lag onder het stof van het zojuist gebombardeerde paleis. De lucht was dik van de kalk. Die elfde september was beslist de laatste dag waarop we nog een tegenzet konden doen en de laatste dag dat we onze verdedigingslinie konden versterken. Het was oorlog, en het was duidelijk dat de vijand geen strobreed zou toegeven. Door ons geweifel hadden we onze kans verspeeld om de putschisten uit te schakelen of voor te zijn; maar we hadden nog wel een kans om iets voor Chili te doen. Uit de manier waarop men in revolutionaire kringen praatte, en dan vooral onder de ballingen in Europa, zou je afleiden dat ze allemaal stonden te popelen om terug te gaan en iets te doen. En toch, toen dat moment kwam, toen de actie plaatsvond, toen het onheil toesloeg en er een complete oorlog losbarstte, vroeg ik me voortdurend af: 'Wie waren we eigenlijk? Wie had ons gestuurd? En waar kwamen we vandaan?' Lang geleden, in Valera, toen ik vijftien was, waren dat de vragen die ik voorlegde aan degenen die in Venezuela de macht hadden gegrepen. En toen ik eindelijk zelf een groep had en toen die groep eindelijk nodig was en een belangrijke taak kon verrichten, waren we niet meer dan stofvlokken die op de kinderhoofdjes in de stad neerdwarrelden. Het ellendige gevoel dat ik toch al had, verergerde toen duidelijk werd dat er aan het eind van die dag bloed over die kinderhoofdjes zou stromen. 'De Heer brak het brood/het brood brak de Heer.'

Ondanks de desertie van onze mannen gingen Elías, zijn broer en ik op pad om zoveel mogelijk te weten te komen over wat er gaande was. We ontdekten dat het leger rondom blokkades had opgeworpen, dat alle vluchten naar en van Santiago waren geannuleerd, en dat we dus geen kant op konden, en zonder El Cocido en mijn huurauto konden we ons ook niet door de stad verplaatsen. Ik was van Mariana gescheiden en maakte me grote zorgen over waar ze kon zijn. Zat ze ergens veilig ondergedoken? Was ze opgepakt? Leefde ze of was ze dood? Het voetbalstadion stroomde vol gevangenen: zat zij daarbij? De internationale telefoonlijnen lagen plat, dus ik kon niet eens haar familie in Caracas waarschuwen. Ze had machtige familieleden, ze wisten dat ze in Chili zat, en ze moesten inmiddels hebben vernomen dat er een staatsgreep had plaatsgevonden. Ik hoopte dat ze al aan touwtjes aan het trekken waren, want ik had me zelden zo machteloos gevoeld om haar te beschermen als toen die dag in Santiago.

De sinistere bandos werden voortdurend over de radio en via luidsprekers op straat afgekondigd. Elk daarvan leek nog strenger dan de vorige. Er werd een avondklok ingesteld vanaf vier uur 's middags, en iedereen die geen vrijgeleide had, zou worden doodgeschoten. Die bando maakte ons ongerust, want we waren nog op straat en een heel eind lopen van huis. De broer van Elías, Fedo, had een soort legerpas die als vrijgeleide voor hemzelf en zijn escorte gold – Fedo had elk denkbaar document of identiteitsbewijs dat je je maar kon voorstellen, dat was zijn specialiteit – en dus kwamen we voorbij een paar soldaten en zagen kans om tegen vijf uur mijn huis te bereiken om ons daar te verbergen. De paar groepsleden die de leerwinkel hadden weten te bereiken, kenden het nieuwe adres en dat werd gedurende de eerste dagen na de staatsgreep onze schuilplaats. Mariana kende het adres omdat zij het huis had gehuurd, maar tot mijn grote verdriet was ze er niet toen wij terugkwamen. Als ratten schoten we naar binnen, waar we door weer een nieuwe bando werden overvallen. Deze luidde dat iedereen die na zes uur 's avonds zonder het nieuwe soort vrijgeleide dat net was uitgevaardigd de deur uit ging, zou

444

worden doodgeschoten. Deze bando was tot nader order geldig.

We bleven de hele rest van die dinsdag en de hele woensdag in mijn appartement. Vanuit ons raam op de zestiende verdieping keken we toe hoe de stad Santiago zo te zien en te horen werd verwoest. Zesendertig uur lang was het lawaai oorverdovend.

Daar kwam nog bij dat onze huiselijke situatie uiterst benard was. Julieta, die lid was van onze groep, was een paar maanden daarvoor bevallen van een zoon van Elías. De baby en zij waren bij ons in het appartement, en we hadden geen druppel melk voor het kind – Julieta was fysiek niet in staat om melk te geven. Dus bij het lawaai buiten kwam ook nog eens het wanhopige gekrijs van een hongerige baby. Toen we ons in mijn appartement verschansten, waren we absoluut niet op een beleg voorbereid. Er was helemaal niets te eten. We hadden zelfs geen suiker, dus we konden ook geen fles suikerwater maken om de baby mee zoet te houden. Ik had het nieuwe appartement voor de avond van de tiende september nog nooit gebruikt, dus de kasten waren compleet leeg. Dat betekende dat de volwassenen uitgehongerd waren, maar we verdienden niet beter, omdat we geen voorzorgsmaatregelen hadden getroffen. Maar dat we geen melk voor de baby hadden, was verschrikkelijk. Het gejammer ging ons door merg en been.

En met elke kreet kregen we nog eens ingepeperd wat een schande het was dat een groep als die van ons zo kon worden overvallen door de situatie. Tegen middernacht werd het gehuil zo ondragelijk, dat ik op zoek ging naar de conciërge en hem uitlegde dat mijn schoonzus vanwege de avondklok zonder melk was komen te zitten. Vergeet niet dat het in Santiago, waar buiten de dollarrestaurants en afgezien van de door de CIA betaalde fascisten, verschrikkelijke voedseltekorten heersten, heel wat moeilijker was om om eten te bedelen dan elders. De conciërge gaf ons een beetje melk en we slaagden erin om de baby een uur lang stil te krijgen. Toen barstte het hongerige, woedende gehuil weer los, en er was niets wat we konden doen. We waren een flat vol illegale buitenlanders in een extreem-rechtse militaire dictatuur die alle buitenlanders, de legale incluis, dreigde te vermoorden. We waren geen toeristen die in een staatsgreep terecht waren gekomen: we waren linkse revolutionairen met een strafblad, valse identiteitsbewijzen, en een prijs op ons hoofd, en we hadden geen schijn van kans om iets te veranderen aan het feit dat we illegaal in ons appartement verborgen zaten. Het was een kwelling om de baby binnen te houden, maar als we naar buiten hadden proberen te gaan, waren we een wisse dood tegemoet gegaan.

De buren, die de ellende van de baby hadden gehoord en medelijden met ons hadden gekregen, kwamen de volgende dag met melk aanzetten en zelfs met wat eten voor ons volwassenen.

En steeds weer werden er nieuwe bandos afgekondigd, de bombardementen gingen door, er klonk onafgebroken geweervuur, en de dag sleepte zich voort. Elke kleine pauze en elke korte periode van relatieve stilte werden met angst gevuld. Onze groep was verre van compleet.

Op woensdagavond, 12 september dus, zagen we hoe een groep mensen naar hun executie werd afgevoerd. Ze werden onder bedreiging van geweren uit ons zicht een zijstraat in gedreven, en vervolgens hoorden we het snelle pangpangpang van het vuurpeloton. Het waren niet een paar schoten, maar een hele regen. En al die tijd, uur na uur, klonk er op de achtergrond het geluid van het machinegeweervuur door de stad.

# 55

O p donderdag de dertiende hief het leger het algemene uitgaansverbod op en waagden we ons buiten in wat wij dachten dat een volkomen verwoeste stad zou zijn. Afgaande op de geweersalvo's en het kanonvuur dat we hadden gehoord, had bijna elke façade vol kogelgaten moeten zitten en hadden er overal ramen aan diggelen moeten liggen. Dat was absoluut niet het geval. Santiago zag er nog precies hetzelfde uit en leek in het geheel niet op een stad waar net een meedogenloze militaire staatsgreep was gepleegd. Het merendeel van de schoten, de kanonnade en het bijna onafgebroken machinegeweervuur van de afgelopen zesendertig uur waren allemaal slechts bedoeld geweest om de burgerbevolking angst aan te jagen. Het leger moet duizenden losse flodders hebben afgeschoten om een beeld van verwoesting op te roepen. Als bangmakerij was het absoluut succesvol geweest: de bevolking sidderde.

Gezien de schaal van de staatsgreep en de grondige manier waarop die werd aangepakt, wisten Elías en ik dat we naar ons oude huis terug moesten om het nog eens goed te doorzoeken en al het materiaal te vernietigen dat ook maar enigszins naar ons was te herleiden. Onderweg kwamen we een stel van onze Patria y Libertad-vrienden tegen, die zo ongerust waren dat ze erop stonden ons te verbergen, zodat we niet direct geëxecuteerd zouden worden samen met 'het andere uitschot'.

'Ze schieten eerst en stellen dan pas vragen. Ze vermoorden jullie. Ze kunnen jullie nu elk moment vinden en dan schieten ze jullie neer – ze maken buitenlanders af alsof het zwerfhonden zijn.' Het was aardig van die doorgewinterde fascisten dat ze aanboden om ons te beschermen, maar we moesten onze sporen uitwissen, vooral ook om de Chileense socialisten te beschermen die ons hadden geholpen. Maar de kerels van Patria y Libertad waren zo vasthoudend dat ze ons zelfs nog een stukje achternaliepen, sissend en fluisterend uit vrees voor ons leven. 'Jullie snappen het niet! Ze zijn naar jullie op zoek. Ze weten van jullie omdat de man van wie jullie de auto hebben gehuurd jullie heeft aangegeven en het is slechts een kwestie van tijd voordat ze jullie hebben opgespoord. Laat ons jullie alsjeblieft helpen.'

Natuurlijk hadden ze geen idee wie we waren of dat we ze hadden gebruikt, maar het was ontroerend dat ze bereid waren hun nek uit te steken voor een stel buitenlanders. We vertelden ze dat we Mariana moesten vinden en ze vertrokken om te kijken of ze informatie over haar konden krijgen terwijl wij onopvallend ons oude huis binnengingen. We werkten snel en efficiënt en stonden binnen een halfuur weer buiten. We wisten dat onze fascistische vrienden gelijk hadden met hun waarschuwing. Aangezien de autoriteiten nu van mijn huurauto af wisten, zouden ze ook snel mijn nieuwe flat vinden, dus maakten we plannen om naar een veiliger plek te verhuizen.

We brachten nog één avond door in mijn schuilplaats op de zestiende verdieping en de volgende ochtend sloop ik naar buiten om El Cocido en mijn vermiste auto te zoeken. El Cocido had een buurvrouw, Gloria, aan wie niets ontging. Ik ging rechtstreeks naar haar toe en ze vertelde me dat El Cocido en zijn vrouw bescherming hadden gezocht in de Venezolaanse ambassade. Het duurde even voordat ik van deze mededeling was bekomen, want het scheen me toe dat ze van de wal in de sloot waren gesprongen.

We moesten naar de rand van de stad, waar een bevriende Chileense Venezolaan of Venezolaanse Chileen ongetwijfeld bereid zou zijn om ons onderdak te verschaffen. De stad wemelde van de soldaten en CIA-mensen, dus er was maar één manier om er veilig te komen en dat was met de auto. Ik snelde terug naar Elías om hem te vertellen hoe El Cocido op de staatsgreep had gereageerd en dat er geen spoor van mijn auto te bekennen was. Ik had geen andere keus dan naar de ambassade te gaan en El Cocido te vragen waar hij stond. Overal werden mensen gearresteerd en naar het voetbalstadion overgebracht. Er gingen geruchten dat er al duizenden mensen opgepakt waren. Elías was niet enthousiast over mijn voorstel, maar aangezien hij geen alternatief wist, haalde hij zijn schouders op en zei: 'Ga maar naar de ambassade als je dat wilt, maar ze zullen je pakken.'

Gelukkig was de ambassade niet ver weg en stonden er geen Chileense wachtposten omheen. Ik praatte met iemand die ik kende, Pascal Hedra, die deel uitmaakte van de staf. Hij kende me onder een andere identiteit. Het was een aardige man en in de afgelopen maanden hadden we zo nu en dan samen wat gedronken en een goed gesprek gevoerd. Hij zei: 'Je moet hier blijven. De Chilenen vermoorden je. Ze gaan alle buitenlanders vermoorden. Als je hier komt, beschermen we je. Ze zijn naar je op zoek, en je bent er geweest als we je niet nu direct beschermen.'

Wederom was het een genereus aanbod, maar ik wilde niet naar de ambassade gaan omdat ze me zochten wegens de overval op de Royal Bank.

Tot mijn grote opluchting bleek Mariana veilig in de ambassade te zijn. Anders dan ik had ze een onbesmet verleden en werd ze niet gezocht in Venezuela, dus voor haar was de ambassade de veiligste plek. Ik kreeg haar noch El Cocido te zien, omdat ik me niet in het diplomatieke web wilde wagen. In plaats daarvan besloot ik naar onze huisbaas, señor Amparo, te gaan en de huur te betalen. Zijn huis leek vol politie te zitten, dus liep ik een rondje om het blok en wachtte tot ze waren vertrokken. Toen ik hem het geld gaf, zag ik dat hij geroerd was. Hij vertelde me dat ons oude huis door de politie in de gaten werd gehouden. Toen zei hij dat mijn Citroën in zijn garage stond. Ik deed of ik kwaad was, maar in werkelijkheid was ik dolblij. 'Wat? Dat is mijn auto. Ik heb ervoor betaald en ik wil hem hebben!'

'Die auto brengt je alleen maar in de problemen. Ik ga me ervan ontdoen.'

'Niks daarvan,' zei ik tegen hem. 'Hij is van mij en ik neem hem nu mee!'

Het kostte wat moeite om hem over te halen, maar uiteindelijk liet hij me zien waar hij stond en gaf me de sleutels.

Elías en ik reden naar het huis van mijn Chileens-Venezolaanse vriend Pozo en zijn Duitse vrouw. Ondertussen zochten Julieta en de baby en een paar andere Venezolanen asiel op de Venezolaanse ambassade.

We bleven de rest van 14 september en de volgende twee dagen bij de Pozo's en luisterden naar wrede bandos over de radio. Het leger dreigde alle buitenlanders te doden die zich niet bij de lokale autoriteiten hadden laten registreren, samen met alle Chilenen die hun onderdak gaven. De nieuwsberichten uit de stad waren allemaal slecht. Niet alleen pakte het leger duizenden burgers op en hield hen vast in het stadion, ze haalden er ook systematisch mensen uit die ze martelden en vervolgens executeerden. Het staatsgeweld escaleerde volledig. Dag na dag werden zowel buitenlanders als Chilenen vermoord om veel onschuldiger situaties dan die van ons en de Pozo's. Met huiszoekingen van deur tot deur was het slechts een kwestie van tijd voor ze ons zouden vinden en ons samen met onze gastheer en gastvrouw zouden doodschieten.

Ondertussen had in Venezuela onze president, Rafael Caldera, een olijftak aangeboden aan de Venezolanen die in Chili vastzaten. Hij had zich er persoonlijk garant voor gesteld dat ieder van zijn landgenoten die in zijn geboorteland werd gezocht, niet naar Venezuela zou worden gerepatrieerd als hij asiel zocht op de Venezolaanse ambassade. De deuren van de ambassade stonden open en alle Venezolanen werden aangespoord om er direct heen te gaan.

Nu we deze garantie hadden, besloten Elías en ik naar de ambassade te gaan. Ik weet de precieze datum nog: 18 september, want dat was mijn verjaardag. Bij aankomst kreeg ik een telefoontje van Mariana en kort daarop werden we herenigd.

We waren met massa's mensen in de ambassade en in de dagen en weken erop zochten nog veel meer Venezolanen (en niet-Venezolanen) er hun toevlucht. Kort daarna stelde het Chileense leger een kordon wachtposten op rond de diplomatieke complexen, waardoor het onmogelijk was om er nog binnen te komen.

Op de ambassade hing een uitzonderlijke sfeer. We waren allemaal door het oog van de naald gekropen, en ons gedeelde trauma en de euforie van onze ontsnapping schiep een band. Voor de zakenlieden, de reactionairen en de verwende rijkelui die met hun dure dollars hier halverwege hun kooptripje waren gestrand, was het bezoek aan Santiago een verpletterende onthulling geweest. Zo nu en dan brak er paniek uit bij een groepje als iemand vreesde dat in de nieuwe Chileense wereld van gesanctioneerde terreur en

450

wetteloze excessen, de diplomatieke onschendbaarheid van onze ambassade niet meer van kracht zou zijn en we allemaal afgeslacht zouden worden.

Toen ik eenmaal binnen zat, wist ik dat ik weer enorm veel geluk gehad had, maar mijn toekomst was leeg. Zelfs mijn relatie met Mariana stond op de rand van de afgrond, omdat haar ouders woest waren dat haar leven gevaar had gelopen, en dat mij zouden aanrekenen. Ze stond op de passagierslijst van het eerste vliegtuig dat gestrande Venezolanen mocht gaan repatriëren. Aangezien ik niet terug kon, zouden we gescheiden van elkaar verder moeten. Ze verzekerde me dat haar liefde voor mij blijvend was, maar het scheen me toe dat als ze weer veilig thuis was haar ouders hun geliefde dochter niet snel weer zouden laten gaan. Mariana was een onafhankelijke geest, maar we waren allemaal hevig geschokt door het geweld van de staatsgreep, en haar verlangen om aan mijn zijde over de aardbol te zwerven begon langzaam te tanen.

De recente gebeurtenissen vervulden me met afschuw en ik was zo ziek van de wreedheid dat ik niets meer met revoluties te maken wilde hebben. Wat moest ik in godsnaam gaan doen? Ik was een bankier die een bank had beroofd. Ik was een universitair docent die geen college meer mocht geven en ik was een Franse jurist die niet in Frankrijk woonde en nog nooit als jurist had gewerkt.

Het uitvaardigen van de bandos ging onverminderd voort. We waren bij nummer vierenvijftig of vijfenvijftig aanbeland toen ik een van de stakkers herkende op wiens hoofd een prijs was gezet. De radio stond dag en nacht aan op de ambassade. De lawine van neofascistische propaganda was buitengewoon eentonig. Het was een onafgebroken stroom agressie en haat. Ik probeerde net aan een vrouw, wier zoon getrouwd was met een meisje uit Antifogasta, uit te leggen dat het feit dat ze sinds de staatsgreep nog niets van hem had gehoord niet per se een ongunstig teken was in deze woelige tijden, toen de omroeper zei: 'Señor Die-en-die wordt gezocht, dood of levend. Hij was directeur van de gevangenis in

Rancagua.' Deze boodschap werd zo vaak herhaald dat het duidelijk was dat de gevangenisdirecteur niet zomaar iets kleins had gedaan. Van de ambassadestaf hoorde ik dat hij, voorzover bekend, de enige Chileen was geweest die weerstand had geboden aan de staatsgreep. Hij had van de verwarring op 11 september gebruikgemaakt om het gevangenispersoneel met een machinegeweer om te brengen, waarna hij ervandoor was gegaan.

Ik heb nog vaak aan de gevangenisdirecteur moeten denken, een man die je op het eerste gezicht niet als held zou herkennen. Het was moedig van hem geweest om zijn partij te vragen twee wapenexperts naar de gevangenis te sturen om zijn arsenaal te inspecteren, en hij had een groot risico gelopen door ons aan te sporen dat van hem te stelen. Maar om daarna in zijn eentje stelling te nemen tegen de vijand terwijl de rest van het land zich als makke schapen naar de slachtbank liet leiden, was een echte heldendaad. Hij moet geweten hebben dat het een verloren zaak was, maar dat had hem er niet van weerhouden. Zijn verhaal ging rond op de ambassade en elke keer als de bando werd herhaald, werd er bewonderend gejuicht. Toen de radio zijn naam niet langer noemde, wisten we allemaal dat hij vermoord of opgepakt was. We hoopten voor hem dat het eerste het geval was, want het laatste zou alleen maar een langzamer en pijnlijker dood voor hem betekenen.

De ambassadeur, Tovar, was een rots in de branding en bovendien een heel aardige man. Ik wist dat ambassadeurs paspoorten konden afgeven zonder de gebruikelijke wegen te bewandelen en dat hij, gezien onze penibele situatie, er af en toe een afgaf om een leven te redden. Dus ging ik op een dag naar hem toe en vroeg: 'Denkt u dat u me een nieuw paspoort kunt geven? Het mijne ziet er niet uit en ik heb echt een nieuwe nodig.'

Hij had het nogal druk, maar vroeg me mijn document te laten zien. Ik trok mijn gescheurde valse paspoort uit mijn zak en reikte het hem aan. Hij wilde het niet eens pakken. Hij keek er alleen naar en floot: 'Jezus, wat een vod.'

Een paar dagen later riep de ambassadeur me bij zich op zijn kantoor en vulde een nieuw paspoort voor me in. Toen hij me naar mijn volledige naam vroeg, zei ik in een opwelling: 'Oswaldo Antonio Barreto Miliani.' Hij trok een wenkbrauw op, om te laten zien dat hij zich bewust was van de discrepantie met mijn schuilnaam, maar stelde geen vragen. Ik wandelde zijn kantoor uit als mijzelf. Voor het eerst in tien jaar was ik weer mezelf. Ik had mijn naam terug, al mijn vier namen zoals ze bepaald waren door mijn vader en mijn afkomst. Ook al had ik verder niets, het feit dat ik mijn naam terug had, gaf me het gevoel dat ik een toekomst had, hoe onduidelijk die ook was.

# 56

$\mathcal{E}$en sociaal antropoloog zou in de ambassade in Santiago zijn hart hebben kunnen ophalen. Terwijl buiten de poorten de terreur heerste, vergaten de vluchtelingen al heel snel dat ze het er allemaal op het nippertje levend van af hadden gebracht, en begonnen ze zich te concentreren op dingetjes die ze waren kwijtgeraakt. Er waren vetes en facties, geroddel en speculaties, liefdesrelaties en mogelijke echtscheidingen, en een toenemend ongeduld om daar weg te komen. We waren door de Venezolaanse regering gered, maar de stijgende ergernis om het feit dat diezelfde regering wel erg traag was met ons per vliegtuig weg te halen begon elk gesprek te domineren. Als gespreksonderwerp nam het de plaats in van onze pogingen om te bedenken wat er in de stad gaande was en het discussiëren over de vraag of president Allende zelfmoord had gepleegd, zoals het regime beweerde, of dat hij door het leger was vermoord, zoals vrijwel iedereen veronderstelde.

De ambassadestaf had ongelooflijk veel geduld met de dwarse

gasten en weerstond de ongetwijfeld constante verleiding om klachten te beantwoorden met een verwijzing naar de deur en de opmerking dat iedereen uit vrije wil was gekomen en dat het ons net zo vrij stond om weer naar buiten te gaan en het erop te wagen met het draconische, xenofobische militaire regime.

Ten slotte arriveerde het eerste vliegtuig, en Chilo, Julieta, Mariana en een aantal andere Venezolaanse vluchtelingen vlogen daarmee terug naar Caracas.

Iemand anders van onze groep was ook op die vlucht teruggegaan, als een soort proefkonijn, om te zien hoe het ons zou vergaan als we hem zouden volgen. Hem stonden heel wat minder ernstige beschuldigingen te wachten dan de anderen en hij bood zich vrijwillig aan om naar huis te vliegen.

In de loop van de jaren heb ik heel wat roddels over die proef gehoord, dus ik wil benadrukken dat onze kameraad op geen enkele manier onder druk was gezet om op dat vliegtuig te stappen. Het stond hem net zo goed als de anderen vrij om overal elders heen te vliegen. Hij werd bij aankomst gearresteerd, maar toen het op een formele beschuldiging aankwam, was het vanwege een vormfout onmogelijk om hem de beroving van de Royal Bank aan te rekenen.

President Rafael Caldera had de zogenaamde pacificatie van Venezuela in werking gesteld. Dat gebeurde door middel van de afkondiging van een algemene amnestie voor iedereen die bij de gewapende strijd betrokken was geweest. Op die manier kregen alle voormalige guerrillastrijders een legale status. Dankzij die algemene amnestie had Jaime Terán naar zijn haciënda kunnen terugkeren, en bijna al mijn vroegere kameraden hadden uit ballingschap kunnen terugkomen of uit hun schuilplaatsen in Venezuela kunnen opduiken. Ongeacht wat iemand in de guerrillaperiode had gedaan, stond het hem dankzij die beslissing van president Caldera vrij om een normaal leven te leiden en het verleden achter zich te laten. Deze amnestie gold voor iedereen behalve voor Elías en mij.

Al hadden we mollen in de regering, we konden vanuit het buitenland niet bepalen of de amnestie ook voor de beroving van de Royal Bank gold. Wilden we daar zeker van zijn, dan moest er een hoorzitting komen en een rechterlijke uitspraak over de zaak worden gedaan, en dat was precies wat gebeurde toen onze kameraad vanuit Chili terugvloog. De rechter bepaalde dat de zaak onder de amnestie viel en niet voor de rechtbank kon komen, aangezien de beschuldiging in eerste instantie door de geheime politie was gedaan.

Het was allemaal een beetje gecompliceerd, maar het kwam erop neer dat Elías noch ik ooit konden worden beschuldigd van de overval op de Royal Bank of Canada. Ondanks dat, of misschien wel juist daardoor, was het nog steeds niet veilig voor me om naar Venezuela terug te keren. We konden niet van onze misdaad worden beschuldigd, maar Elías en ik werden nog steeds gezocht.

Als je erover nadenkt, slaat het nergens op in mijn geval, want die overval was echt het enige wat ik op mijn geweten had. Ik bedoel, als strijder had ik op straat gevochten, zoals de meeste jongens, maar verder had ik nooit echt aan gevechten deelgenomen. En ik heb nog nooit een mens vermoord. Ik heb zelfs nog nooit een kip gedood. De Venezolaanse overheid beschouwde me als een monster, dus het feit dat ik formeel niet vervolgd kon worden was indertijd absoluut geen garantie, maar eerder een uitnodiging om me te laten verdwijnen.

Er was maar één persoon die de regering nog liever te pakken zou krijgen dan mij, en dat was Elías. Als guerrillacommandant had hij bloed aan zijn handen, maar niet meer dan menigeen en nooit zonder reden.

Wij konden dus onmogelijk van Chili naar huis vliegen. Na verloop van weken regelde een bevriende arts dat we met een privé-vliegtuigje naar Mexico-Stad konden reizen. We gingen met zijn zessen, allemaal Venezolanen die onder bescherming van ambassadeur Tovar in de ambassade opgepropt hadden gezeten.

Tot mijn onmetelijke opluchting kwam Mariana een poosje

naar me toe in Mexico. Ik had haar gemist. Naarmate de weken verstreken, begon ik te vrezen dat ze onder druk van het ongetwijfeld reusachtige verzet onze moeilijke relatie zou opgeven. Maar ze had sinds haar terugkeer kans gezien om de afkeuring van haar ouders te trotseren. En bovendien had ze hen zelfs weten over te halen me te helpen binnen afzienbare tijd redelijk veilig naar Venezuela terug te keren. Ik denk dat ze aanvankelijk bij navraag naar deze mogelijkheid zoveel negatieve reacties kregen, dat ze zelf de onrechtvaardigheid van mijn zaak inzagen en de aanmoediging van hun dochter niet meer nodig hadden. Ik wist dat ik met Mariana's vader, Miguel Otero, en Mariana's moeder, Maria Teresa, en hun invloed meer kans maakte op succes bij een eventueel beroep dan met wie ook behalve de president zelf. Miguel Otero Silva was niet alleen onze grootste nog levende schrijver, hij was ook een magnaat. En als het op lobbyen via de kranten aankwam: hij had niet alleen toegang tot de kranten, hij bezat zelf een van de grootste kranten van het land.

Mariana bleef een paar weken bij me. We verhuisden vaak, niet omdat dat nog nodig was voor onze veiligheid, maar uit pure luxe. Ik vond het heerlijk om mijn splinternieuwe paspoort bij een receptie te overhandigen. Het was een echt paspoort met mijn echte naam.

Toen Mariana naar Caracas terugkeerde om bij haar ouders voor mijn leven te pleiten, vond ik Mexico-Stad zonder haar heel treurig. We hadden in juni in Lima een appartement gehuurd en er waren nog diverse maanden van ons jaarcontract over. Ik pakte de weinige bezittingen in die ik had, mijn boeken en bandjes met Bach en een kleine tas met kleren, en ging op weg naar Peru.

Mariana schreef me regelmatig – maar naar mijn idee nooit genoeg – en vertelde dat het nog vele maanden zou duren voor mijn probleem zou zijn opgelost. Als mijn zaak voor de rechtbank zou komen, kwam het goed, dacht ze, omdat er op het hoogste niveau over een soort transactie werd onderhandeld. Het probleem was dat ik lang genoeg in leven moest worden gehouden om de rechtbank te halen. De logistiek was behoorlijk gecompliceerd, en ze waarschuwde me dat het haar ouders misschien wel een jaar zou kosten voordat alles voor mijn terugkeer was geregeld.

In Lima voerde ik eigenlijk niets uit. Ik had niets om handen. Ik probeerde te studeren, maar ik kon me niet concentreren. In mijn slaapkamer hing zo'n grote, koloniale ventilator die dag en nacht rond rammelde en 'sukkel, sukkel, sukkel' leek te fluisteren.

Als ik een jaar in Lima bleef wachten, zou ik mijn tijd verspillen. Ik kon me daar niet concentreren en ik zag me ook geen baantje voor korte tijd vinden. Bovendien had ik vrienden op de Canarische eilanden die me hadden uitgenodigd om bij ze te komen logeren, en ik had het gevoel dat ik daar zou kunnen schrijven aan een boek over de cocaïne-industrie in Bolivia. Er zou een tijd komen dat ik het onderwerp ter plekke kon bestuderen, maar het fiasco van Che en Régis lag nog te vers in mijn geheugen om dat nu te kunnen doen. Ik geloofde dat als ik me ook maar een beetje zou kunnen ontspannen, ik op zijn minst aan de opzet van het boek zou kunnen werken. En ik had het gevoel dat ik om me te kunnen ontspannen een tijdje bij vrienden moest zijn. Sinds Santiago had ik me erg eenzaam gevoeld. De gruwelijkheden waarover ik in Chili had gehoord en die ik had aanschouwd, hadden mijn vertrouwen geschokt – niet mijn vertrouwen in de kerk (zoals in Salamanca), of in de partij (zoals in Praag), of in de revolutie (zoals in Cuba), of in mijn bestaan als revolutionair (zoals in het oosten van Venezuela), maar in de mens. De onmenselijkheid van ons ras stemde me mismoedig. Ik begon de voor de hand liggende overeenkomsten tussen de ss en rechts in Chili te zien, en die hele wrede vicieuze cirkel was buitengewoon deprimerend.

Het deed me geen goed in mijn eentje te zitten piekeren over de vraag waarom we elkaar toch zo kwellen. Ik moest hoognodig weer eens echt nadenken. Ik stelde me voor dat zeelucht daarbij zou helpen. En aan het eind van de reis zouden daar Tenerife en mijn vrienden zijn. Er was een Peruviaans schip dat die route bevoer en onderweg in Panama-Stad, Curaçao en La Guaira aanlegde. Als passagier mocht ik in elke haven aan land gaan. Op een dagpas of een toeristenkaart die door de purser werd uitgeschreven kon ik wat rondstruinen, de bezienswaardigheden bekijken en ijs eten.

Hoe langer ik erover nadacht, hoe aantrekkelijker ik het idee vond om op die manier Venezuela voor een middag binnen te glippen en wat met Mariana rond te wandelen en vervolgens een plekje te zoeken om met haar te vrijen en haar in mijn armen te houden. Daarna zou ik de loopplank weer op rennen en naar Tenerife doorvaren. En tegen de tijd dat ik terugkwam, zou haar familie ervoor gezorgd hebben dat ik met een gerust hart gearresteerd en berecht kon worden. Onder de algemene amnestie was het in Venezuela best mogelijk dat ik als vrij man de rechtbank zou verlaten.

Ik besteedde er zoveel dagen aan om over dit plan te fantaseren en mijn korte ontmoeting aan wal met Mariana te organiseren, dat tegen de tijd dat ik eindelijk mijn kaartje ging kopen, het schip net uit Lima was vertrokken en op weg naar Panama was. Ik had voor mijn vrienden op de Canarische eilanden diverse Peruviaanse souvenirs gekocht en voor Mariana een prachtige ketting van Potosí-zilver, en mijn tasje met mijn drie T-shirts en Rilke gepakt. Het kwam erop neer dat ik alles had wat ik nodig had, behalve het schip. Omdat ik mijn uitstapje niet wilde laten lopen, zette ik door de lucht de achtervolging van het schip in en het lukte me om in Panama aan boord te gaan.

De Caribische Zee was zo kalm en het schip zo stabiel dat ik nauwelijks zeeziek was. De aanblik van de vliegende vissen die over de waterspiegel sprongen, bracht me in herinnering dat ik voor mijn gevoel een eeuwigheid geleden naar vliegende vissen boven het gehamerde tin van de zee had staan kijken toen onze smokkelboot de oversteek maakte van Port of Spain naar Margarita, aan de vooravond van ons vertrek als expeditieleger. Toen was ik gebiologeerd door die vissen en stelde ik me voor dat ik in hun lichtgevende vleugels gecodeerde waarschuwingen las. Ik moet toegeven dat ik beide keren te veel goedkope rum achter mijn kiezen had, maar dat neemt niet weg dat er iets vreemds en bijna gechoreografeerds aan die vissen was. Mijn moeder geloofde stellig in voortekenen. Als zij had gezien wat ik in de formatie van die vissenvleugels las, was ze beslist naar Curaçao gegaan. Maar na de Chileense staatsgreep dacht ik gewoon niet helder. Ik was op vakantie en ik had mijn geest zolang uitgeschakeld. Als ik niet met de bemanning aan het kletsen was, bracht ik het grootste deel van mijn tijd zonnebadend aan het zwembad door, omdat ik me had voorgenomen om bruinverbrand te zijn als ik Venezuela bereikte. Niets verandert zoveel aan je uiterlijk als een verandering van je tint.

## 57

We meerden op Curaçao aan en ik ging van boord met mijn toeristenkaart en keek wat rond en at een paar kipkerrieroti's in een barretje aan de boulevard. En ik dronk een paar koude biertjes en een paar glaasjes Curaçaose rum met een visser die een duikschool wilde beginnen, maar niet aan het geld kon komen om de uitrusting te kopen en de Nederlandse regering de schuld gaf van deze situatie. Toen ging ik weer aan boord en ving de laatste zonnestraaltjes op naast het zwembad. Het was een ideale manier om wat bij te slapen. Mijn levenslange zoektocht naar het perfecte matras was al enige maanden opgeschort, maar door alle toestanden had ik maandenlang nauwelijks een oog dichtgedaan. Met het opgewonden gekwebbel van de terugkerende passagiers in mijn oren en de stank van chloor in mijn neusgaten, zakte ik steeds even weg in een enigszins dronken tropische siësta.

Toen het schip Curaçao verliet, hoorde ik mijn naam omgeroepen worden via de luidsprekers. Er werd me verzocht om naar de hut van de kapitein te gaan. Nadat ik me tien jaar lang van andere identiteiten had bediend, klonk mijn eigen naam me als muziek in de oren, en enige minuten lang maakte de aankondiging deel uit van mijn droom, tot de dringende klank me deed beseffen dat het een oproep was en geen wiegeliedje.

Ik ging naar de hut van de kapitein en klopte aan. Naast de kapitein zat een politieman. Ze stonden allebei op toen ik binnenkwam. De politieman liep naar me toe en gaf me een hand. Hij stelde zichzelf voor met zijn naam en rang en zei dat hij bij de Peruviaanse politie werkte. 'Señor Barreto, we zien dat u een vergunning heeft om in La Guaira aan wal te gaan.' Ik knikte. 'We willen u ervan op de hoogte stellen dat er een bevel is uitgevaardigd om u te arresteren zodra u voet aan wal zet in Venezuela. We weten dat omdat we van Curaçao naar Aruba zijn gevlogen om de dagpassen met de Venezolaanse autoriteiten door te nemen, en ze stortten zich op die van u. Als passagier op dit schip hebt u het recht om aan boord te blijven. Aan boord bent u op Peruviaanse bodem en wij zullen u beschermen.'

Ik sloeg mezelf voor mijn kop dat ik niet had geweten van het vliegtochtje naar Aruba om de passen te controleren. Op Curaçao waren ze niet gecontroleerd! Ik dacht een paar seconden na en zei toen: 'Dank u, maar ik ga aan wal zoals ik van plan was.' De kapitein sprong op en greep me bij mijn schouder. 'Doe het niet, señor Barreto! Uit wat ik heb gehoord, zal het niet goed aflopen. Blijf aan boord. Wij zullen die schoften niet op de loopplank toelaten. Blijf bij ons!'

Ik vertelde hem dat ik hem dankbaar was voor zijn aanbod, maar dat ik toch aan wal ging. Beide mannen smeekten me om op mijn besluit terug te komen en zeiden dat ze me wilden helpen waar het kon. Het enige wat ik hun vroeg, was om de Otero Silva's te vertellen dat ik 'thuiskwam', zodat er wijd en zijd over mijn aankomst zou worden geschreven. Hoe meer mensen me van boord zagen gaan en getuige waren van mijn arrestatie, des te kleiner de kans dat ik daarna zou 'verdwijnen'.

Het nieuws van mijn aanstaande arrestatie verspreidde zich als een lopend vuurtje onder de bemanning. Tot aan onze aankomst in La Guaira werd ik overspoeld met verzoeken van bemanningsleden om mezelf niet over te geven. Er werd veel gediscussieerd over de reden van mijn arrestatie en er werd gespeculeerd over mijn lot, maar mijn besluit stond vast.

Ironisch genoeg is me nooit zoveel solidariteit ten deel gevallen als aan boord van dat Peruviaanse schip. De hele bemanning stond aan mijn kant en was bereid om voor mijn vrijheid te vechten. Ik moest mijn uiterste best doen om bij de loopplank te komen, zo intens was het emotionele afscheid van de kapitein, de purser, de Peruviaanse politieman, het keukenpersoneel en de bemanning. Er hadden zich zelfs een paar passagiers bij de strijd aangesloten en ook zij drongen erop aan dat ik niet van boord zou gaan.

In plaats van Venezuela in het geheim aan te doen, zoals ik oorspronkelijk van plan was, ging ik van boord ten overstaan van een menigte verslaggevers en televisieploegen en een kordon politiemensen en soldaten.

Eerst kwam Mariana aan boord en we brachten een paar minuten door met praten en elkaar vasthouden. Ze vertelde dat het allemaal te snel was gegaan en dat we geen garantie hadden dat haar vaders plan zou werken. Ik legde uit dat dit mijn kans was om voor eens en altijd met de politie af te rekenen en dat ik, wat er ook zou gebeuren, van plan was die te grijpen.

Toen ik eindelijk ging, nam de bemanning nogmaals afscheid van me en ze zagen me als een veroordeelde die zich in de klauwen van de dood begaf. Tevergeefs legde ik uit dat het mijn keus was. Ik wist dat ik meer dan vijftig procent kans had en dat die kans zelfs in jaren niet zo hoog was geweest. Ik was relatief kalm, maar de bemanning raakte in paniek. Op het laatste moment, toen de politie op de loopplank stapte, besloot de Peruviaanse bemanning me te redden. Een van de mannen greep me bij de arm, waarop de anderen een menselijke keten vormden, en samen probeerden ze me tegen te houden om aan wal te gaan. Ik liet mijn koffer vallen en greep mezelf aan de reling vast, maar ze waren te sterk.

De Venezolaanse politiemannen gingen achter me aan terwijl ik naar het dek werd teruggetrokken onder uitingen van genegenheid en solidariteit. Toen greep een van de agenten mijn andere arm en was ik net een stuk vlees waarom door twee rivaliserende leeuwen werd gevochten.

Het duurde een paar minuten voordat ik, met twee ontwrichte schouders, door de Venezolaanse autoriteiten kon worden meegenomen. De hele vertoning was de volgende dag op de televisie te zien. Zo zag mijn moeder haar verloren zoon terugkeren als de trofee in een touwtrekwedstrijd. Ze was boos dat ik haar niet op de hoogte had gesteld van mijn terugkeer. Ze heeft nooit echt geloofd dat ik het tot het laatste moment zelf ook niet had geweten. In de nieuwsfilmpjes zag ze de menigte die zich daar voor mij had verzameld en ze voelde zich achtergesteld dat zij niet was uitgenodigd. Een keer, toen ze ergens anders gekwetst over was, zei ze: 'Je had al je andere vrienden uitgenodigd om je op te komen halen, maar mij niet.'

Vrienden? Mariana was er, en een stuk of tien sleutelfiguren die getuige moesten zijn van mijn arrestatie. Alle andere 'vrienden' over wie mijn moeder het had, waren lid van de geheime dienst van Venezuela of politie of CIA of verraders. Mijn echte vrienden, mijn beste, waren er niet. Zelfs als ik tijd had gehad om hen te waarschuwen en zelfs als het veilig was geweest om mij te begroeten, waren ze nog niet gekomen, want toen ik naar Venezuela terugkeerde, zaten al mijn echte vrienden in het buitenland. Alleen Jaime en Lisa en mijn broer José waren in het land, maar alledrie zaten ver weg in de Andes. De rest zat verspreid over de aardbol. Elías zwierf ergens in de vijfde ring van de hel rond, El Cocido zat in Zweden, anderen in Canada en Frankrijk en Spanje, en ga zo maar door.

Tijdens en na mijn arrestatie hing er geen aangename sfeer in Venezuela, omdat Carlos Andrez Perez net was beëdigd als president, dus de hele politiemacht bestond uit Adeco's. Ik had aan het begin van Caldera's termijn het land verlaten en ik had het met Rafael Caldera's politie aan de stok gehad vanwege de overval op de Royal Bank. Alles is relatief en Caldera's COPEI-politie was erg geweest, maar niet zo erg als de politiemacht daarvoor, de Adeco-politie, die in 1974 weer aan de macht was gekomen.

Mijn arrestatie ging gepaard met een zeker geweld, dat voor mij, hun slachtoffer, enigszins werd verzacht door een grappig incident kort na mijn arrestatie. Een van de politieagenten doorzocht mijn koffer, haalde er spullen uit en smeet die op de grond. Zo gooide hij ook een flesje stuk dat ik in Lima had gekocht. Ik had twee van die glazen flesjes meegenomen die de Peruviaanse indianen als souvenir voor toeristen maken. Binnenin zat een mannetje dat in een vloeibaar antibioticum dreef. Ik had de twee flesjes als cadeautje gekocht voor mijn vrienden op de Canarische eilanden. Toen het ene flesje brak en het mannetje over de grond rolde, zei ik: 'Gelukkig maar dat je de andere niet hebt gebroken!' De politieagent staarde vol afgrijzen naar het menselijke figuurtje en toen sprong hij naar achteren alsof hij door een bij gestoken was. Hij wendde zich doodsbang naar me toe en zei: 'O mijn god! Gaat me nu iets overkomen? Wat heb ik gedaan? Zijn het voodoo-poppetjes?'

Ik was hun gevangene en ze tuigden me af en ik was angstig. Maar ze hadden allemaal zoveel over me gehoord en ze waren zo bang voor me dat ze dachten dat ik over bovennatuurlijke krachten beschikte. Dat die politieman het bijna in zijn broek deed, vond ik zo grappig dat ik alles die eerste paar dagen beter aankon.

Ik werd vastgehouden in de gevangenis Catia la Mar, een van de gewelddadigste gevangenissen van Venezuela met, naar ik meen, een van de hoogste moordpercentages onder de gevangenen van heel Latijns-Amerika. Als een soort straf werd ik in bijna volledige isolatie gehouden. Mijn cipiers hadden er geen idee van dat dit voor een geleerde zoals ik een enorme luxe was.

Mariana's familie zorgde voor een gigantische hoeveelheid publiciteit rond mijn zaak en dat sleutelfiguren op hoge posities te allen tijde wisten waar ik was. Ik kwam mijn deel van de afspraak na door in leven te blijven tot ik terecht zou staan. Al snel werd op het hoogste niveau overeengekomen dat ik uiteindelijk vrij zou komen.

Hoewel veel mensen misschien niet begrepen wat ze in me zag en haar smaak in twijfel trokken, bleef het een feit dat ik Mariana Otero's uitverkorene was, en zowel zij als haar ouders waren machtige mensen. Ik was zo berucht dat ik nooit zonder meer ervandoor had kunnen gaan nadat ik aan wal was gegaan. Ik moest nog terechtstaan, maar vanaf de week dat ik werd gearresteerd, wist ik al dat als ik een paar maanden gevangenis wist te overleven en kon voorkomen dat ik verdween of werd 'doodgeschoten tijdens een vluchtpoging' of 'zelfmoord pleegde', ik gratie zou krijgen en de gevangenispoorten van Catia la Mar als een vrij man uit zou wandelen.

Ik werd inderdaad, zeer tot afschuw van mijn vele vijanden, vrijgesproken. Na een uitbundig diner met Mariana en veel andere mensen die mijn zaak hadden bepleit, moest ik opnieuw een leven voor mezelf opbouwen. Ik had daarbij weinig om op terug te vallen. Maar hoe slecht het er op professioneel gebied ook voorstond, het woog niet op tegen het feit dat ik vrij was, en thuis en weer mezelf, mijn echte zelf: Oswaldo Barreto, en dat ik me weer van mijn eigen naam kon bedienen, en natuurlijk had ik ook Mariana nog. Deze zegeningen waren verweven met een gevoel van onrust dat ik geen baan, geen partij, geen geld en praktisch geen vrienden had. Mijn vrienden zaten in het buitenland. Mijn nog levende broers en zussen vervulden prestigieuze functies in landen over de hele wereld. En alsof ik buiten mijn familiekring nog niet genoeg vijanden had, had een van mijn zussen zich tegen mij gekeerd vanwege mijn anticommunistische houding. Ik was vrij, maar werd veracht.

In die periode was het erger met mijn slapeloosheid gesteld dan ooit. Ik had weerkerende nachtmerries over mijn verblijf in

China, en in mijn onrustige dromen stond ik steeds weer voor het comité van lagere ambtenaren uit Peking. 'Wees voorzichtig met wat je wenst, kamelaad Oswado! Je hebt je tijd verdaan met het bestuderen van Kafka's decadente *Die Verwandlung* en je wilde naar huis. Nu ben je terug in Caracas en ben je een bicho geworden. Insecten moeten verpletterd worden, kamelaad Oswado! Hier in de Volksrepubliek China hebben we honderden miljoenen tweevleugeligen geëlimineerd, samen met hun families, stammen en onderstammen.'

Bijna niets is zo irritant als wanneer je vijanden gelijk hebben. Kafka was oké, maar ik? Ik was minder dan een bicho, minder dan de Chinese vliegen, want ik kon niet eens vliegen. Ik was een kruipende soort. Bicho's hebben tenminste nog een leven: ze maken zich nuttig in hun insectenmaatschappij en komen niet in een neerwaartse spiraal terecht van zenuwzwakte, slapeloosheid en angst als hun de weg wordt versperd. Ze gaan altijd door, en uiteindelijk deed ik dat ook.

Samen met een oude vriend uit Praag, Dario Lanzi, betrok ik een huisje in Caracas. Ik wist een contract af te sluiten met Monte Avila Editoriales om een boek van Ronald Aronson over Jean-Paul Sartre te vertalen, waardoor ik weer wat inkomsten had. Ik dacht dat ik een waanzinnig goede deal had gesloten met die vertaling omdat ik er een exorbitant bedrag, ver boven de normale tarieven, voor vroeg. Wat een sof! Het boek stikte van de voetnoten, de gerenommeerde schrijver was hoogleraar interdisciplinaire studies aan de Wayne State Universiteit en zijn verwijzingen waren zo gecompliceerd dat hun eruditie de mijne tot zulke proporties terugbracht dat ik als een gek heb zitten zwoegen op het boek, waarvoor ik in verhouding niet meer dan een fooi kreeg.

De wetenschap dat ik mezelf zo in de vingers had gesneden – aangezien ík het bedrag had moeten noemen – en de enorme concentratie die ik moest opbrengen, gaven me een uitermate zenuwachtig gevoel. In plaats van door het boek heen te vliegen zoals de bedoeling was geweest, moest ik me terugtrekken in Bobures en deed ik er uiteindelijk vijf keer zo lang over als ik van tevoren had geschat.

Bobures is de voormalige havenstad aan het Maracaibomeer waar ik als kind op weg naar Valera vanuit San Cristóbal de Torondoy voor het eerst in contact kwam met twintigste-eeuwse technologie. De eens zo drukke minimetropool was in 1974 verworden tot een slaperige spookstad, bewoond door de afstammelingen van weggelopen slaven die een leven van nietsdoen leidden. Kinderen liepen over de onverharde weg naar het nabijgelegen Caja Seca en keerden terug met blokken ijs in plastic emmers, en een paar ondernemers stalen suikerriet van de omringende plantages om er inferieure rum van te stoken. De enige andere vorm van nijverheid was voorbehouden aan het jaarlijkse Cimbanguele-festival, waarbij de kleine populatie van Bobures zichzelf in trance danste op de rituele trommelslag van Afrikaanse drums.

De oude stad was grotendeels weer door het oerwoud heroverd en de nieuwe stad, gebouwd tijdens de dictatuur van Pérez Jiménez, was na de val van die dictatuur bevroren in de tijd, alsof er een vloek over was uitgesproken. Alle bouwwerkzaamheden waren stilgelegd, en aan de oever van het meer stonden honderden lege huizen langs keurige asfaltwegen. De meeste plaatselijke bewoners woonden in lemen twee- of driekamerhutten zonder sanitair en een keuken van drie haardstenen op een aarden vloer en een paar takjes, waar de Venezolaanse boeren zo op gesteld zijn. In eenentwintig jaar tijd had niemand zijn intrek willen nemen in de nieuwe woonwijk of iets anders willen doen dan van de avondzon genieten op de buitenproportioneel grote pier.

Het was een fantastisch toevluchtsoord en het maakte een einde aan mijn slechte humeur. Als vertaler voltooide ik mijn werk. Als socioloog bestudeerde ik de rudimentaire West-Afrikaanse elementen bij de slaperige, verborgen dorpelingen en als toerist wachtte ik tweemaal per dag tot de bejaarde blinde Alminda Rosa haar wandeling over het strand zou maken met haar mand zelfgemaakte *empanada's*, waarop ik leefde.

In mijn relatie met Mariana was de liefde helaas plaats aan het maken voor vriendschap. Van een nederlaag gaat geen bekoring uit en zonder mijn wapenrusting van eeuwig optimisme was ik tijdelijk een wezen zonder pantser. Ik bouwde mijn pantser weer op door te werken en na te denken en me af en toe in zeer ongepaste affaires te storten. Als ik op die periode terugkijk, kan ik me van alle vrouwen Alminda Rosa het best herinneren. Ze was zeker zeventig, maar even koket als een meisje van zeventien, en er was sprake van een enorme, niet-geconsumeerde flirt tussen ons.

Toen ik naar Caracas terugkeerde, had ik besloten om mezelf nooit meer met politiek bezig te houden en me in het bijzonder afzijdig te houden van linkse politiek. Je wil aan andere mensen opleggen – hoe helder van geest of welwillend je ook bent – trof me als bijzonder inhumaan, want je ontkent daarmee het zelfstandig denkvermogen van de mens. Als revolutionair had ik de ruggengraat van het revolutionaire credo gebroken, want als een revolutionair er niet in gelooft dat hij een ander zijn overtuigingen moet opleggen, is hij geen revolutionair. Dus was ik er geen, maar ik was nog steeds zeer begaan met het lot van mijn vrienden die er nog wel in geloofden en die over de wereld zwierven en die weer een groep wilden oprichten.

De belangrijkste van hen was Elías. Ik reisde naar Guadeloupe om hem te ontmoeten en daarna naar Trinidad, waar ik een netwerk opzette om mensen van die groep naar Venezuela terug te halen. Elías had geen legale status, maar we wisten identiteitspapieren voor hem te bemachtigen zodat hij naar huis kon. In Venezuela bleven we daarna als groep voortbestaan, zij het zonder specifiek doel.

Chilo en ik kregen een kind zonder dat we echt een relatie hadden. Toen onze dochter, Laura, werd geboren, kon ik me, inadequaat maar wel met hart en ziel, weer overgeven aan het vaderschap. Chilo en ik wilden geen van beiden onze oude relatie voortzetten, maar dankzij ons kind vonden we de intimiteit en rust die altijd buiten ons bereik waren gebleven toen er nog lust-gevoelens in het spel waren.

Ondertussen raakte ik in een stormachtige relatie verzeild met een jonge Haïtiaanse, Michelle, en werd mijn derde kind, Melissa, geboren onder een orkest van hooglopende ruzies tussen haar ouders. Bijna tegelijkertijd dook mijn zoon Ramín op uit Perzië, een hoogopgeleide jongeman met een voorliefde voor schaken en een heftige nieuwsgierigheid naar de tot zwijgen gebrachte kant van zijn erfgoed. Van een ongebonden en zelfzuchtige verschop-peling werd ik de vader van drie kinderen, met alle vreugde, ver-antwoordelijkheden en zorgen die bij het vaderschap horen. Hoe-wel ik alleen bleef wonen, zou ik nooit meer vrijgezel zijn.

In de tussentijd had een vriend me gebeld om te zeggen dat de decaan van de faculteit der geesteswetenschappen aan de univer-siteit van Caracas besloten had de vakgroep kunsten om te vor-men tot een kunstacademie op voorwaarde dat de nieuwe acade-mie door Joaquín Gonzalez en mij zou worden geleid, en of ik daarmee akkoord ging. Niet alleen had ik in die tijd de banen niet voor het uitkiezen, het was ook een aanbod dat me echt inte-resseerde. Samen met de grote Argentijnse kunstcriticus Marta Traba en Joaquín ging ik aan het werk om de nieuwe academie, het Istituto Rómulo Gallegos, op te richten. Het was een acade-mie voor beeldende kunsten, film, theater en cultuurpromotie; het laatste was mijn specialiteit. Later kwam er nog de richting muziek bij.

We deden een jaar over de voorbereiding van het project, en dankzij dat project kreeg ik weer een poot aan de grond als acade-micus en geleerde. Dat kwam doordat de thesauriër van de uni-versiteit een kink in de kabel ontdekte toen ze me voor mijn in-spanningen wilden betalen. Ze konden me niet als een gewone freelancer of afgestudeerde werknemer betalen, omdat ik al uni-versitair docent was geweest. Dat leidde tot een aanzienlijke ver-traging in de uitbetaling, maar uiteindelijk werd ik wel weer als universitair docent aangenomen, waarmee ik mijn verloren academische status herwon. Daarna was ik niet alleen mededirecteur van de nieuwe kunstacademie, maar mocht ik ook weer op elke universiteit ter wereld lesgeven.

Misschien klinkt dit allemaal wat kortaf en rationeel maar geloof me: het was alsof de zon na jaren van duisternis weer terug was in mijn leven. Nu we het toch over licht hebben, mijn volgende carrièrestap maakte ik in die tijd dankzij een artikel, 'De zwarte zon van het neokolonialisme', dat door de man van mijn collega Marta Traba was gepubliceerd. De auteur, Angel Rama, was zo beroemd geworden in de wereld van de literaire kritiek dat zijn verkondigingen als het woord Gods op een jezuïtisch seminarie waren. Veel mensen waren het stiekem niet met hem eens, maar niemand durfde openlijk tegen hem in te gaan, want zijn analyse was belangrijker dan die van hen. Ik schreef een reactie op zijn essay, toonde de zwakheden ervan en aan de hand daarvan ontstond een publiek debat. Zo veroverde ik een plek in de kringen van de literaire kritiek, en het Venezolaanse establishment prees mijn aanval en schikte een klein beetje in om ruimte voor me te maken. Ik geloof dat mijn aanval op Angels artikel er medeoorzaak van is geweest dat mijn tegenstander korte tijd later zijn koffers pakte en Venezuela verliet.

Ik won meer bij zijn verlies dan iemand kon vermoeden. Ik had altijd al schrijver en literair criticus willen worden en opeens was ik er een. Ik besloot het ten volle uit te buiten en me verder op dat terrein te wagen.

# 58

*I*n dezelfde tijd dat ik vanuit mijn functie als directeur van het Rómulo Gallegos-instituut de literatuur begon te onderzoeken, begon Elías geheel andere dingen te onderzoeken. Vanaf dat moment nam zijn groep de stap de onderwereld in en begon aan de afdaling in de duisternis. Metaforisch gezien was Elías mijn Euridice en ik zijn Orfeus. Ik daalde in de hel af om hem terug te halen. Ik haalde hem over om mij naar het licht te volgen; maar net als Orfeus mocht ik op onze reis naar huis niet omkijken, en als ik dat wel deed, zou ik voor altijd mijn beminde verliezen.

Als je uit een samenleving komt waar een liefde voor boeken over het algemeen gelijk wordt gesteld met een neiging tot homoseksualiteit, zit je als geleerde altijd verkeerd. Van jongs af aan ben ik een nicht genoemd. Lang geleden in Valera vatte Adriano González León belangstelling voor me op, en de roddelaars namen onmiddellijk aan dat het seksuele belangstelling was – want waarom had een patricische prins anders belangstelling voor een minkukel als ik? En tijdens mijn revolutionaire jaren noemden de 'echte kerels', de krijgers, me een nicht omdat ik nog steeds belangstelling voor boeken en ideeën had. En nog later zijn een paar van de intensieve vriendschappen die ik met mannen heb of gehad heb, door de media als seksueel geaard geïnterpreteerd. Van die vriendschappen is de opmerkelijkste die met Elías. In een machowereld waar loyaliteit in hoog aanzien staat maar verraad aan de orde van de dag is, is ware loyaliteit moeilijk te bevatten. En men acht het vrijwel onmogelijk dat een man van een andere man kan houden zonder dat er van enige seksuele aantrekkingskracht sprake is. Maar in die zin, in de zin van 'hogere liefde', wanneer een man bereid is om zijn leven voor een vriend in de waagschaal te stellen, hield ik van Elías.

Voordat ik op pad ging om Elías terug te halen, wist ik dat ik rechtstreeks de onderwereld in moest lopen en vervolgens met hem in mijn kielzog er rechtstreeks weer uit. Ik wist dat het voor mij ongelofelijk gevaarlijk zou zijn om daar ook maar even te talmen en voor hem om daar langer te blijven. Met wat voor pleidooien hij ook zou komen aanzetten en hoe mooi hij ook op zijn lier zou spelen (die zich in Venezuela natuurlijk in de vorm van onze kleine viersnarige gitaar voordeed), het pad dat ik had gekozen was elders en ik kon niet in zijn hel verblijven.

Helaas werd mijn poging om Elías te redden alweer een missie om aan mijn lange lijst mislukkingen toe te voegen, want hij bleef in de hel gevangen zitten. Enige jaren lang was hij een verloren ziel; en het verschil tussen wat hij was en wat hij had kunnen zijn en wat hij uiteindelijk werd, vond ik hartverscheurend.

Uiteindelijk kwamen zijn daden hem duur te staan. Maar onze vriendschap kwam mij duur te staan. De langste tijd die ik in de gevangenis heb doorgebracht en de ergste wandaden jegens mijn geest en mijn lichaam die ik als gevangene onderging, waren het rechtstreekse gevolg van mijn vriendschap met Elías.

Zoals ik al zei: ik hield van hem, maar ik zou liegen als ik er niet aan toevoegde dat ik een klein beetje minder van hem hield als ik bijvoorbeeld de 'watermarteling' onderging om me aan te moedigen me de details van zijn plannen te herinneren die ik niet eens had kunnen verraden als ik dat al had gewild, omdat ik ze eenvoudig niet kende. We waren bevriend, maar na de staatsgreep in Chili in 1973 en mijn terugkeer naar Venezuela liepen onze paden uiteen. Maar soms, als de paar dingen over Elías en zijn capriolen die ik wel wist uit me geslagen en geschroeid werden, kwam ik in de verleiding om die 'hogere liefde' niet tot het uiterste vol te houden.

Ik zou mijn leven voor hem hebben gegeven, maar dan voor Elías als man, en niet voor de onbesuisde toeren die hij uithaalde. Maar zelfs als de folteraars mijn lichaam teisterden, besefte ik dat als ik zou toegeven dat ik van zijn plannen of van details die de politie nog niet kende op de hoogte was, ik mezelf even erg zou beschuldigen als de vriend die mij in zijn val had meegesleurd.

Paradoxaal genoeg werd ik het nadrukkelijkst van misdadige plannen beschuldigd toen ik juist heel vastbesloten was om me voor mijn academische carrière in te zetten. Telkens als er een bank werd overvallen, werd ik ervan beschuldigd, en de pers genoot ervan om dat te doen. Vroeger had ik nauwelijks last van die beschuldigingen omdat ik met mijn bende revolutionairen over de wereld zwierf, maar toen ik als docent sociologie en huisvader in Caracas woonde, was ik altijd bij de hand om te worden gearresteerd, ondervraagd en in de gevangenis te worden gegooid.

Mijn koppigheid stelde me in staat om het jaren vol te houden als aspirant-guerrillero. En mijn koppigheid had me in staat gesteld om mijn leven diverse keren van een hoop puin en stof weer op te bouwen. In de periode tussen 1974 en 1994 stelde diezelfde koppigheid me in staat om door te gaan op mijn weg als geleerde, ondanks de arrestaties die een vast onderdeel van mijn leven werden.

Toen ik in de gevangenis zat, besteedde ik, zodra ik mijn ledematen weer kon gebruiken, mijn tijd aan nadenken over het leven. Toen ik uiteindelijk boeken, pennen en papier kreeg, besteedde ik mijn tijd aan studeren en schrijven. Nadat ik uit eenzame opsluiting was overgeplaatst naar de slangenkuil van de 'gewone misdadigers', gebruikte ik mijn gaven als leraar voor de verkrachters en moordenaars, en onderwees ik wat ik maar kon aan mannen wier dorstige geest nog nooit een druppel water uit de oceaan van kennis had ontvangen. Op die manier heroverde ik in de gevangenis mijn bijnaam 'El Profe', en overleefde ik niet alleen de ruwe omstandigheden maar maakte ik ook nog een paar vrienden en bracht ik in elk geval een paar van mijn medegevangenen op een beter pad.

Als ik niet in de gevangenis zat, gebruikte ik mijn verergerde slapeloosheid om tijdens mijn lange, slapeloze nachten te studeren met de intensiteit die ik als jongeman aan de Sorbonne had gekend.

Intussen groeiden mijn kinderen op tot volwassen mensen, op afstand gevolgd door een laatste zoon uit de enige langdurige relatie die ik ooit heb gehad. Die zoon, Elíazar, is nu twaalf. Een paar jaar voor zijn geboorte gebeurde er iets dat mijn leven opnieuw op zijn kop zette. Het zou elke angst die ik ooit had gehad doen herleven en bracht opnieuw een gevecht met de man met de zeis met zich mee. Het gebeurde toen ik mijn rol als docent sociologie aan de universiteit van Caracas vervulde. Ik was net teruggekeerd van een jaar in Bolivia om een boek over de drugshandel en het effect daarvan op het land en Latijns-Amerika in het algemeen te schrijven. Ondanks de strijd die de autoriteiten nog steeds tegen mij voerden om alles wat ik ondernam te saboteren, had ik toch in academische kringen in Zuid- en Midden-Amerika en in mindere mate in Europa – waar mijn geschriften over Sartre vooral in Frankrijk hier en daar door critici enthousiast waren ontvangen – een zeker aanzien verworven.

Ik reisde regelmatig naar Frankrijk, meestal naar Parijs, om lezingen te houden en op uiteenlopende gebieden adviezen te geven. Mijn meest in het oog lopende adviserende rol speelde ik bij de beroepszaak van Pierre Goldman, mijn metgezel El Francés. In 1976 kwam een moordzaak die hij in de schoenen geschoven had gekregen voor het hof van beroep, en ik stofte mijn Franse graad in de rechten af en werd lid van het team dat hem verdedigde.

Pierre Goldman had in de tussentijd een succesvolle roman geschreven en naam gemaakt als literair criticus. Het schandaal vanwege de gerechtelijke onrechtvaardigheid en het antisemitisme van de rechtszaak waarin hij in eerste instantie werd veroordeeld, hadden hem de naam van 'de moderne Dreyfus' bezorgd. Onder internationale druk kon hij na twee jaar in de gevangenis in beroep gaan. Met een paar van de allerbeste advocaten ter wereld die de handen ineensloegen om hem te verdedigen – en wier uitmuntendheid de mijne vele malen overtrof – kregen we hem vrij.

Na zijn vrijlating werd Pierre samen met Jean-Paul Sartre, die zich erg voor zijn vrijlating had ingezet, uitgever van het tijdschrift *Les Temps Modernes*. Rechtse figuren en de antisemitische beweging zwoeren dat ze Pierre Goldman zouden vermoorden vanwege zijn linkse standpunten en de schande die de publiciteit rond zijn beroepszaak volgens hen over Frankrijk had gebracht.

De tijd verstreek en de dreigementen bleven onuitgevoerd. Pierre trouwde met een vrouw uit Guadeloupe en ze woonden samen in Parijs. In 1979 was ik heel toevallig net in Parijs bij de Goldmans op bezoek toen Pierres vrouw weeën kreeg en in een privé-kraamkliniek werd opgenomen. Op de avond dat zijn eerste en enige zoon werd geboren, had Pierre het uitgebreid over zijn overtuiging dat rechts in Frankrijk er nog steeds op uit was om hem te vermoorden. Hij was een in Parijs woonachtige, gewaardeerde Franse intellectueel, dus zo'n veronderstelling leek niet alleen uitzonderlijk onwaarschijnlijk, maar zelfs een beetje absurd. Pierre was nooit helemaal hersteld van de kwelling in het oosten van Venezuela met Lunar Marquez en mij, en zijn tijd in de gevangenis. Hij had soms aanvallen van paranoia. Ik herinner me hoe ik hem heel kalm uitlegde waarom hij moest proberen te voorkomen dat die angsten zijn leven gingen overheersen. Het viel me op dat hij voortdurend uitgebreide voorzorgsmaatregelen nam, zoals zijn flat via de brandtrap betreden en op het laatste moment van de ene op de andere metro overstappen. Hij verzekerde me dat hij gelijk en ik ongelijk had. In plaats van er ruzie over te gaan maken, dronken we op zijn baby en haalde hij zijn Afrikaanse trommels erbij.

Een van zijn vele talenten was dat hij een briljant trommelaar was. Die avond vulde Pierre ter ere van zijn zoon tot de kleine uurtjes zijn Parijse appartement met de bijna hypnotiserende klanken van de trommelaars van Bobures. De volgende dag verliet ik de stad en bezocht hij zijn vrouw en kind in de kraamkliniek. Op de trappen van die kliniek werd hij bij klaarlichte dag neergeschoten door een neofascistische groep die Honneur de la Police heette.

Tienduizend mensen liepen bij zijn begrafenis mee in een processie met aan het hoofd Jean-Paul Sartre. Ik was een van de velen die spraken bij zijn graf.

Een voor een stierven mijn vrienden en familieleden. De vuren doofden en er was nog maar weinig licht te zien. De politieke partij van Teodoro Petkoff, de MAS, deed het goed bij de peilingen. Mijn broer José was afgevaardigde en vurig campagnevoerder voor die partij geweest, maar in 1977 stierf hij zinloos aan de verwondingen die hij had opgelopen bij een auto-ongeluk toen een band van zijn jeep op de snelweg klapte. Ik zeg 'zinloos', omdat hij bij een betere medische verzorging in leven had kunnen blijven. Op het laatste moment was het een bekende van de familie die de alomtegenwoordige lethargie van zich afschudde en regelde dat er een vliegtuigje met aan boord een eersteklas chirurg en alles wat er nodig was om mijn broer naar een fatsoenlijk ziekenhuis in Caracas over te brengen op het voorplein van het ziekenhuis landde. Maar helaas leed José net als onze wederzijdse vriend Che aan astma, en hij stierf op de brancard op weg naar het vliegtuig bij gebrek aan de tracheotomie die de voorafgaande achtenveertig uur makkelijk had kunnen worden uitgevoerd.

Een voor een zijn de heldere vlammen die mijn broers en zussen waren, uitgeblazen. Van de tien broers en zussen Barreto zijn er nu nog maar vijf over.

En dan had je Elías – 'van nature een gentleman', zoals een elegante, oudere Engelse heer eens opmerkte over Eliás' vlekkeloze manieren en aangeboren charme, toen we in Oxford woonden. En dat was hij, maar hij was een gentleman die in een twijfelachtige wereld was afgedaald waar zijn verslaving aan actie soms zijn geweten vertroebelde. Zijn gevoel voor humor en zijn aangeboren neiging tot rebellie brachten hem ertoe om sommige sensationele stunts van de stadscommando's uit begin jaren zestig na te apen.

Elías was nog steeds de meest gezochte man in Venezuela. Zijn acties vonden meestal weinig steun onder de bevolking, afgezien van het soort steun dat mensen een bandietenkoning verlenen. Als bandiet had Elías meer weg van Giuliani op Sicilië dan van Robin Hood in Engeland.

Uiteindelijk werd Elías door een lid van zijn eigen bende verraden en in een hinderlaag op het vliegveld van Caracas neergemaaid toen hij naar zijn privé-vliegtuig op weg was. De omvang van zijn executiepeloton schijnt zo groot te zijn geweest dat er van zijn lichaam weinig meer over was dat kon worden geïdentificeerd. Ik veronderstel dat hij wel een gewelddadige dood moest sterven. Hij flirtte al jaren met het noodlot. Maar het weerspiegelt ook de gewelddadige en in veel opzichten onrechtvaardige samenleving die we in Latijns-Amerika kennen, dat een misdadiger in duizend stukjes over het asfalt wordt gesproeid en niet gewoon wordt gearresteerd en voor het gerecht gebracht. En stel dat zo iemand zich tegen zijn arrestatie verzet en dan wordt neergeschoten, dan volstaan op zijn hoogst drie kogels.

Niet zo lang geleden besefte ik hoeveel tijd ik heb doorgebracht in handen van folteraars, en hoe verknipt de relatie tussen de beul en zijn slachtoffer kan zijn. Dat kwam in me op na een voorval dat me ervan doordrong hoe belangrijk het voor een mens is om ergens bij te horen, om bevestigd en geprezen te worden. Ik was in een supermarkt in Caracas op de fruitafdeling, een soort trog vol mango's, sinaasappelen en papaja's. Aan de andere kant van de trog zag ik iemand die ik kende, en mijn hart sprong op alsof het om een vriend ging. Ik wist dat ik hem kende maar ik kon hem niet meteen plaatsen. Hij had een mango vast en kneep erin om uit te maken hoe rijp hij was. Ik glimlachte over het fruit heen en zwaaide. De man keek niet-begrijpend terug. Ik wilde dat hij ook glimlachte en me herkende, maar in plaats daarvan was er alleen een blanco ogenblik. En toen hij mij eindelijk herkende, keek hij snel om zich heen, liet de vrucht op de stapel vallen en haastte zich weg.

Toen hij zich omdraaide om te vertrekken, schoot me te binnen wie hij was en hoe ik hem kende. Ik voelde me misselijk en een beetje duizelig – ik heb het tegenwoordig aan mijn hart en zulke aanvallen van duizeligheid doen zich vrij vaak voor. En zeker als ik in een supermarkt een van mijn beulen tegen het lijf loop. Tussen de wrede sessies door was hij vaak in mijn cel teruggekomen en probeerde dan voorzichtig vriendschap met me te sluiten, op de bekende 'worst aan een stok'-methode die door politiemensen en militairen overal ter wereld wordt toegepast.

De band tussen degene die martelt en zijn slachtoffer is zodanig dat een vriendelijk woord en elke vorm van goedkeuring even welkom zijn als de aanraking van een geliefde. Ik had nog nooit zo'n concreet voorbeeld ervaren van het verschijnsel dat de grenzen tussen liefde en haat zozeer kunnen vervagen. Nadien zat ik twee dagen in mijn appartement en voelde me een gebroken oude man, en ik vroeg me af wat voor zielig wrak ik was geworden dat ik troost had gezocht in de herkenning van de verachtelijke en sadistische rotzak die mij had gemarteld.

Volgens *De kunst van het oorlog voeren* zijn er zes types tot de ondergang gedoemde legers: het type waarbij manschappen weglopen, en het lakse, het wegzinkende, het versplinterende, het chaotische en het opgejaagde type. Helaas heb ik in allemaal gediend. Ik had niemand en niets anders nodig om het me onder de neus te wrijven: ik was gewoon een sukkel. Ik was wel zover dat ik met dat idee kon leven, maar ik kon niet leven met de gedachte dat ik als een aap naar dat stuk ongeluk had staan grijnzen.

Kort na het incident in de supermarkt werd mijn hele leven op zijn kop gezet door alweer een nieuw begin. Het Franse ministerie van Defensie nodigde me uit lid te worden van zijn nationale denktank. Ik werd uitgenodigd om als belangrijke gast van de Franse regering naar Parijs te verhuizen en met onmiddellijke ingang te gaan zitten brainstormen met een groep eminente personen die waren geselecteerd om de regering over strategie van advies te dienen.

Het had niet op een beter moment kunnen komen. Ik belde meteen een eminente Parijzenaar, mijn oude vriend Régis Debray, om hem het goede nieuws te vertellen en aan te kondigen dat ik binnen een paar dagen deze prestigieuze aanstelling zou komen aanvaarden. Hij was een van de weinige mensen die de grap ervan inzagen, dat ik na mijn vroegere levenswijzen in Frankrijk nu met egards werd binnengehaald.

Er is zoveel in mijn leven dat een soort driedimensionale illu-

477

stratie vormt van Monods bevindingen op het gebied van toeval en onvermijdelijkheid, dat het niet zal verbazen dat die twee thema's ook in mijn terugkeer naar Frankrijk weer opdoken.

In 1994, een paar maanden na mijn pijlsnelle carrière in Parijs, maakte de kwaadaardige tumor in mijn keel een einde aan mijn korte carrière bij de overheid. Het Franse ministerie van Defensie was zo genereus om mijn baan open te houden, maar de bijeffecten van de chemotherapie waren zo ernstig dat ik besefte dat ik zeker een halfjaar zou moeten aansterken. Uit hoffelijkheid jegens de overige leden van de denktank nam ik ontslag.

Toen ik voldoende hersteld was om te reizen, bracht ik de zomer in Italië door, in een klein dorpje buiten de oude ommuurde stad Città di Castello. En daarna keerde ik naar huis terug. Nou ja, ik keerde terug naar Venezuela, omdat ik naar huis wilde, maar daarvoor moest ik naar de Andes. Naarmate ik ouder word, besef ik steeds meer dat ik daar wil sterven.

De kranten mogen dan beweren dat ik reusachtige sommen geld die een misdadig leven me hebben opgeleverd achter de hand heb, maar ik heb niets meer dan mijn boeken en kleren, en wat souvenirs die ik aan mijn reizen heb overgehouden. Toen ik een paar jaar geleden in Valera was, vroeg Jaime Terán waarom ik geen huisje ergens in de buurt van Mendoza Fría kocht. Ik wees hem erop dat dat soort dingen voor een man in mijn financiële situatie pure dagdromerij is. Hij vroeg: 'Hoezo?' Rijke mensen snappen nooit hoe je geen geld kunt hebben.

Zes weken later kwam per post de akte van een stuk land op zijn voorouderlijke haciënda. Ik kan nauwelijks vertellen wat een geruststelling het bezit van die lap grond voor me is. In de loop der jaren heb ik er een klein huisje gebouwd en ik weet dat ik binnenkort in staat zal zijn om daarheen te gaan om er te schrijven en te denken, iets waar ik altijd naar heb uitgekeken. Ik hoop dat ik mijn boek over Latijns-Amerika als continent in relatie tot andere continenten zal afmaken. En hopelijk lukt het me mijn kritische studie van de gedichten van Paul Celan en zijn eigen verkenning van de Duitse paradox af te krijgen.

Intussen heb ik het einde bereikt: niet van mijn leven, maar van dit verhaal. Mijn handelen zal zich op cerebraal niveau voortzetten en ik ben van plan om mijn vijanden in de gordijnen te blijven jagen door nog zo lang mogelijk te blijven leven. Het is niet waarschijnlijk dat dat gebeurt, maar bedenk eens hoe onwaarschijnlijk de meeste dingen waren die me zijn overkomen.

José Martí geloofde dat de beste manier om iets te vertellen is om iets te doen. Meer dan een halve eeuw lang heb ik daarnaar gestreefd. En nu is het moment gekomen om iets te doen door iets te vertellen. Misschien hebben anderen er iets aan. Misschien doe ik er alleen mijn vijanden een groot plezier mee. Ik heb, hoe het ook zij, de meeste van mijn geheimen verklapt, want geheimen voor je houden is net zoiets als stenen inslikken.